国家社科基金
后期资助项目
GUOJIA SHEKE JIJIN HOUQI ZIZHU XIANGMU

数字经济时代体育产业供给侧改革的理论探索与实践路径

沈克印　著

WUHAN UNIVERSITY PRESS
武汉大学出版社

图书在版编目(CIP)数据

数字经济时代体育产业供给侧改革的理论探索与实践路径/沈克印
著.—武汉：武汉大学出版社,2024.3(2025.2 重印)
国家社科基金后期资助项目
ISBN 978-7-307-24032-2

Ⅰ.数…　Ⅱ.沈…　Ⅲ.体育产业—改革—研究—中国　Ⅳ.G812

中国国家版本馆 CIP 数据核字(2023)第 188223 号

责任编辑:徐胡乡　　　责任校对:汪欣怡　　　版式设计:韩闻锦

出版发行:**武汉大学出版社**　(430072　武昌　珞珈山)
　　　　　(电子邮箱:cbs22@whu.edu.cn　网址:www.wdp.com.cn)
印刷:武汉邮科印务有限公司
开本:720×1000　1/16　印张:19.5　字数:337 千字　插页:1
版次:2024 年 3 月第 1 版　　2025 年 2 月第 2 次印刷
ISBN 978-7-307-24032-2　　定价:78.00 元

国家社科基金后期资助项目（20FTYB013）

国家社科基金后期资助项目
出版说明

后期资助项目是国家社科基金设立的一类重要项目，旨在鼓励广大社科研究者潜心治学，支持基础研究多出优秀成果。它是经过严格评审，从接近完成的科研成果中遴选立项的。为扩大后期资助项目的影响，更好地推动学术发展，促进成果转化，全国哲学社会科学工作办公室按照"统一设计、统一标识、统一版式、形成系列"的总体要求，组织出版国家社科基金后期资助项目成果。

全国哲学社会科学工作办公室

前　言

　　供给侧结构性改革是在我国经济发展进入新常态后党中央根据国内外环境提出的具有全局性和系统性的战略举措，对于推进新时代体育产业供给侧改革，实现体育产业高质量发展具有重要的指引作用。数字经济是以创新为核心驱动力的新型经济形态，与体育产业深度融合，可以催生新产业、新业态、新模式，提升体育服务与产品的质量和价值。中国特色社会主义进入新时代，贯彻新发展理念，构建"双循环"新发展格局，破解人民群众对多元化体育需求与不平衡不充分供给之间的矛盾，决定了我国体育产业的发展重心需要放在质量和效益上，必须以体育产业供给侧改革为主线，扩大有效供给，提高全要素生产率，数字经济成为赋能体育产业高质量发展的关键举措，积极发展数字经济和推动体育产业数字化已成为未来的大势所趋。

　　本书基于网络强国与体育强国战略背景，以贯彻新发展理念为分析基础，运用文献资料、专家访谈、案例分析、比较分析等研究方法，开创性地把数字经济研究与体育产业研究相结合，基于大力发展数字经济时代背景，研究体育产业供给侧改革的理论与实践路径，对于丰富数字经济理论研究、拓展体育产业高质量发展理论、探索体育产业的创新驱动路径等具有重要学术价值和实践意义。

　　本书站在系统高度和新时代的前沿，以经济学、管理学、社会学等多学科的理论视角，结合数字经济的发展趋势，一方面对数字经济和体育产业供给侧改革的内涵特征、时代背景、价值意义、理论渊源、逻辑关联等基本理论问题进行研究；另一方面对数字经济赋能体育产业供给侧改革的作用机制、应用场景、行动逻辑、实践案例、现实问题等进行研究。研究结论认为：

　　（1）数字经济是世界经济发展的重要驱动力，是以使用数字化的知识和信息作为关键生产要素，以现代信息网络作为重要载体的新型经济形态，具有较强的系统集成和规模经济效益，与体育产业进行深度融合，能够提升体育产业智能化与数字化水平，为新时代体育产业供给侧结构性改革提供发展动力。

（2）大力发展数字经济背景下，实施体育产业供给侧改革是实现体育产业高质量发展的主线和抓手。破解新时代人民群众对多元化体育需求与不平衡不充分供给之间的矛盾，需要不断增加有效供给，推进体育产业供给侧改革，用改革的办法推进体育产业结构调整，提高全要素生产率。体育产业数字化是顺应新时代发展潮流的必然选择，是推动体育产业高质量发展的重要引擎，是助力体育产业转"危"为"机"的重要工具。数字经济赋能体育产业供给侧结构性改革，实质上就是运用数字经济思维使数字技术与体育产业深度融合，不断提高体育产业的供给效率和产出效益。

（3）体育产业供给侧改革的核心任务是增加体育产品与服务的高质量供给，提高全要素生产率，从"追求速度"转向"追求效率"，推动体育消费全面升级。新冠疫情对体育产业供给侧产生较大冲击，需要在常态化疫情防控机制下积极促进体育企业复工复产，有效纾解体育企业的困境；加强跨产业、跨地区的全产业链协同发展，提高体育产业链安全及现代化水平；促进数字技术创新与推进新型体育基础设施建设，加快体育产业的新旧动能转换。

（4）实施体育产业供给侧改革有以下五大路径：第一，在要素市场化配置层面，从制度、土地、资本、人力、创新、数据要素六大要素进行供给侧改革；第二，在政府宏观调控层面，要体现出数字化政府在体育产业供给侧改革中的制度优势，发挥制度效能；第三，在体育产业发展层面上，要积极推动体育产业数字化转型；第四，在体育企业的微观层面上，全面实现体育企业数字化转型；第五，在个体消费层面，坚持消费者导向，推动体育消费场景化升级。

（5）体育产业发展进入高质量发展阶段的特征表现为创新发展成为体育产业发展的第一动力、协调发展成为体育产业发展的内生特点、绿色发展成为体育产业发展的普遍形态、开放发展成为体育产业发展的必由之路、共享发展成为体育产业发展的根本目的。未来发展体育产业要发挥体育企业作用，提升体育企业的体育产品供给质量；以工匠精神为引领，创新体育产业高质量发展的供给动能；增加要素有效供给，提高要素供给效率；完善产业制度供给，为体育产业高质量发展提供制度激励；优化体育组织能力，用数字经济助推体育企业数字化转型。

目　　录

导　　论

供给侧结构性改革是习近平新时代中国特色社会主义经济思想的重要理论与实践创新成果，是解决当前我国发展中的突出问题，破解社会主要矛盾、建设现代化经济体系、推动经济高质量发展的主要抓手和工作主线。

党的十九大提出，必须坚持质量第一、效益优先，以供给侧结构性改革为主线，推动经济高质量发展，不断增强经济竞争力和创新力。随着我国经济发展步入新常态，经济发展方式已从"规模扩张"向"结构升级"转变，从"规模速度型"向"质量效率型"转变，从"要素驱动"向"创新驱动"转变。推进供给侧结构性改革，就是扩大有效和中高端供给，减少无效和低端供给，要用改革的方式来优化产业结构，推动产业迈向中高端水平，提升产业价值链和产品附加值，提高全要素生产率。2019年12月的中央经济工作会议再次提出，要坚持以供给侧结构性改革为主线，坚持以改革开放为动力，推动高质量发展。2022年，党的二十大报告提出，贯彻新发展理念，加快构建新发展格局、推动高质量发展，把实施扩大内需战略同深化供给侧结构性改革有机结合起来。市场经济内在关系中包括供给和需求两个基本方面，但当前和今后一个时期，制约我国经济发展的主要因素体现在供给侧，这就要求我们不断改善供给结构，提升供给体系质量，着力扩大国内需求，坚定不移地推进供给侧结构性改革，创造适应新需求的有效供给，增强经济高质量发展的新动力。

数字经济是当前世界经济发展的重要驱动力，是以使用数字化的知识和信息作为关键生产要素，以现代信息网络作为重要载体的新型经济形态。以5G、区块链、大数据、云计算、人工智能等为代表的网络信息技术飞速发展，深刻改变着人类的生产和生活方式，对世界各国的经济社会发展产生重要影响，促进人类社会快速迈进数字经济时代。数字经济是以创新为核心驱动力的新型经济形态，具有较强的系统集成和规模经济效益，是未来世界经济转型升级的核心内容，与传统产业发生深度融合，不仅可以提高数字化水平和产业智能化,还能够加速重构政府治理与服务模式,催生新产业和新业态。我国经济社会中的各行各业已开始加快产业数字化进程,旨在适应我国高质量发展所提出的新要求,不断满足人民对美好生活的向往。习近平总书记高度重视数字经济发展,多次强调要坚持以供给侧结构性改革为主线,做大做强数字经济,拓展经济发展新空间,推动互联网、大数据、人工智能、区块链等与实体经济深度融合。目前,受世界经济下行影响,我国经济发展面临巨大挑战,需要构建以数据为关键要素的数字经济。推动体育产业由高速增长转向高质量发展,需要以新发展理念为根本遵循,把握高质量发展和构建新发展格局的要求,充分发挥数字经济对体育产业供给侧结构性改革的推动作用。

　　推进体育产业供给侧结构性改革,是基于我国经济发展新常态背景下在体育产业领域提出的具有全局性的方略举措,是实现体育产业高质量发展的主线和抓手,对于我国经济结构转型与优化具有重要的推动作用。数字经济是世界经济发展的重要驱动力,与体育产业进行深度融合,不仅可以有效提升体育产业数字化与智能化水平,还可以催生新产业、新业态和新模式,是经济新常态背景下体育产业供给侧结构性改革的主攻方向。步入新时代,我国体育产业发展中出现的不平衡和不充分的发展问题,需要推进体育产业供给侧结构性改革,不仅要重视体育产业发展的规模和速度,还要提高体育产业发展的质量和效益,而基于数字经济时代背景推动体育产业数字化是实现体育产业高质量发展的关键举措。在大力发展数字经济背景下,推进体育产业数字化是新时代提高体育服务与产品供给的内在要求,是优化体育产业结构的必然选择,是推进新时代体育强国建设的客观需要。近年来,部分体育企业利用移动互联网、5G、区块链、物联网、VR、人工智能等新一代数字技术,开展线上体育用品销售、线上健身指导、线上体育培训与教育等商业活动,彰显了体育产业数字化的优势与价值。2020年3月17日,时任国务院总理李克强在国务院常务会议上提出,要大力发展数字经济新业态,对平台经济、"互联网+"等加大支持,依托工业互联网促进传统产业加快上线上云,发展线上线下融合的生活性服务业。党的二十大报告再次提出,加快发展数字经济,促进数字经济和实体经济深度融合。步入数字经济时代,未来数字经济的重要发展方向是实现数字经济助力实体经济发展,数字化和信息化技术带动了质量变革、动力变革和效率变革,促进了体育产业数字化转型。

　　破解新时代人民群众对多元化体育需求与不平衡不充分供给之间的矛盾,需要用改革的方式来推进体育产业结构调整,提高全要素生产率,不断推进体育产业供给侧改革。数字经济在提高体育的全要素生产率、培育体育市场和体育产业新增长点等方面具有重要现实意义。步入数字经济时代，体育产业数字化转型成为未来发展趋势，实现体育产业高质量发展需要加快体育产业与其他行业的跨界融合，通过数字化来提高全要素生产率，提升体育服务与产品的质量和价值，实现体育企业的商业模式创新。数字经济赋能体育产业，在产业和企业层面可以在结构升级、产业融合等方面催生新业态和提高体育企业竞争力。数字经济赋能体育产业，在资源和要素层面可以在生产要素组合效率、创新效率、政府管理效率等方面提高全要素生产率。本研究成果基于数字经济时代背景，以贯彻新发展理念、助力构建新发展格局为分析基础，运用专家访谈、比较分析、案例分析、文献资料等研究方法，研究推进新时代体育产业供给侧结构性改革的基本理论与实践路径、实现体育产业高质量发展等问题，具有重要的学术价值和实践意义。

一、学术价值与实践意义

（一）扩大数字经济与体育产业的研究领域

数字经济成为我国经济高质量发展的新引擎，本研究成果基于数字经济时代背景，开创性地把数字经济研究与体育产业研究相结合，研究数字经济赋能体育产业供给侧改革的内涵特征、时代意义、应用场景等，对于丰富数字经济研究具有重要价值。

（二）为体育产业供给侧改革提供理论参考

本书研究体育产业供给侧改革的内涵特征、时代背景、理论和行动逻辑，从产业数字视角提出应对困境的发展策略，为推进新时代体育产业供给侧改革提供理论参考。

（三）拓展新时代体育产业高质量发展理论

本研究成果基于新发展理念和高质量发展的时代要求，置于中国经济步入新常态的背景，基于新时代社会主要矛盾转化的现实状况，从创新驱动角度，提出体育产业供给侧改革的实施路径，有利于拓展数字经济时代体育产业高质量发展的理论研究。

（四）为制定体育产业制度提供必要的建议

本研究成果基于网络强国与体育强国战略背景，站在系统高度和新时代的前沿，围绕"如何实现推进体育产业供给侧改革"问题，破解"要素驱动"发展模式的路径依赖，分析"创新驱动"发展模式，在政策优化上"找准路子"和争创"政策有效"。

（五）为体育产业的结构优化提供方略举措

本研究成果致力于找寻推动体育用品制造业转型升级之路和促进体育服务业提质增效发展之路，解决体育产业高质量发展的结构优化问题。为体育产业结构、需求结构在高质量发展的背景下如何进行统筹布局和推进产业数字化提供参考。

（六）为体育企业数字化转型提供发展方案

本研究成果基于新发展理念，推动"质量变革、效率变革、动力变革"三大变革，从技术创新角度，构建以企业为主体、市场为导向、产学研相结合的创新体系，为体育企业、体育组织等主体的数字化转型提供实践指导与发展方案。

二、研究主要内容

（一）数字经济与体育产业供给侧改革的基础理论研究

数字经济成为引领产业变革、带动经济增长的重要动力，在降低市场交易成本、加快培育增长新动能、深入贯彻落实五大发展理念等方面有着显著优势。作为以互联网、云计算、大数据等数字技术为支撑的数字经济本身就是新常态下供给侧结构性改革要培育和发展的主攻方向，能够带来新的生产要素和新经济增长点，加速传统行业转型。数字经济与体育产业进行深度融合，能够持续提升体育产业数字化与智能化水平，并不断催生新产业和新业态，为体育产业供给侧改革提供新的发展契机。为此，本部分首先对数字经济的内涵、核心特征、时代背景、制度供给、当代意义等基本理论问题进行研究；然后结合中国经济发展步入新常态和中国社会主要矛盾转化的现实，依据党的十九大报告所提出的"供给侧结构性改革成为实现经济高质量发展的主线和抓手"，阐述体育产业供给侧改革的内涵、时代意义、理论渊源等基本理论问题；在此基础上，从提高全要素生产率、培育新市场和产业新增长点、推动实现包容性增长和可持续发展等方面阐述"数字经济是体育产业供给侧改革的新引擎"这一论点。

(二)数字经济驱动体育产业发展的作用机制与场景研究

以 5G、区块链、大数据、云计算、人工智能等为代表的网络信息技术飞速发展,产生了数字经济这一继农业经济和工业经济之后的新经济发展形态。数字经济具有较强的规模效应和范围经济效应,成为世界经济发展的重要驱动力,也是未来世界经济转型升级的重要载体,与传统产业发生深度融合,可以不断推动产业提质增效。数字技术被广泛应用于经济、金融、文化、体育等诸多领域,不仅作为技术要素促进了生产率的提升,还作为一种经济发展模式和思维方式颠覆了传统的发展动力、发展方式与社会治理格局。为此,本部分从产业数字化的视角,分析了数字经济时代背景下体育产业数字化的理论内涵、发展机遇与时代背景;从数据要素投入的宏观角度、从产业数字化的中观角度、从企业数字化的微观角度等不同视角分析数字经济助力体育产业发展的作用机制。同时,以 vSport 体育价值链为例,分析区块链技术驱动体育产业发展;以北体传媒直播冰球赛事为例,分析 5G 技术驱动体育产业发展;以 Nike 的"直击消费者"战略为例,分析大数据、人工智能驱动体育产业;以浙江省黄龙体育中心为例,分析互联网驱动体育产业等经验做法。

(三)体育产业供给侧改革的学理逻辑与现实诉求研究

体育产业供给侧结构性改革以中国供给侧结构性改革为理论支撑,其理论渊源沿着供给侧改革的理论主线展开探索,是不同于西方供给经济学派或"萨伊定理"的经济学革新。体育产业供给侧改革与中国体育产业不平衡不充分的发展现状紧密相连,是对马克思主义政治经济学的理论升华。伴随新供给经济学派的成立和供给侧改革政策主张的不断深入,体育产业供给侧改革具有更为深厚的理论基础与时代意义,在推动体育产业成为国民经济支柱性产业的过程中发挥着重要作用。为此,本部分从供给侧结构性改革的理论渊源、新供给经济学派的形成及理论创新、体育产业供给侧改革的历史演进三个方面来论述体育产业供给侧改革的学理逻辑。同时,从推动我国经济转型与升级的时代要求、实现体育产业高质量发展需要进行改革、"互联网+"为发展体育产业提供了新动力、满足社会公众多元化体育需求的必然选择四个方面来分析体育产业供给侧改革的现实诉求。

(四)体育产业供给侧改革的要素投入与行动逻辑研究

推进体育产业供给侧改革,其核心任务是激活生产要素和提高全要素生产力，旨在解决体育产业发展中所出现的"不平衡"和"不充分"的发展问题，必须对土地、资本、劳动力、技术、制度、数据等要素投入进行优化。土地要素的滞后成为阻碍体育产业发展的一大因素，资本要素是发展体育产业过程中获取其他生产要素的重要手段，劳动力要素是生产要素中的第一资源和唯一能动的要素。目前，以新技术为核心的创新驱动模式成为焦点，数据要素可提升供给能力和生产效率，有效的产业制度供给与制度创新成为体育产业数字化发展的重要保障，且以数据为基本要素的数字经济和体育产业的深度融合发展，可以有效提升供给能力和提高生产效率。以推进供给侧结构性改革为抓手，结合体育需求侧管理是实现体育产业高质量发展、更好满足人民日益增长的美好生活需要的必然选择，需要以政府与市场的关系、供给与需求的关系作为切入点，研究体育产业供给侧改革中政府与市场的行动逻辑。为此，本部分从土地、资本、劳动力、制度、技术、数据等要素层面，以政府职能转变与市场资源配置为视角，阐述新时代体育产业供给侧改革的要素投入，分析体育产业供给侧改革中政府与市场的行动逻辑。同时，以"数字浙江"为研究背景，研究浙江省体育产业供给侧改革的行动逻辑与经验借鉴。

（五）体育产业供给侧改革的案例分析与实践探索研究

推动体育产业供给侧改革，是应对我国体育消费需求升级的现实要求，是促进其转型升级的重要抓手，也是我国经济新常态下发展体育产业的新动力。在我国经济进入新时代和全民健身的背景下，在国家政策支持和人民对于美好生活需要的追求这一基础上，体育产业供给侧改革不断深入推进，并与人民追求高质量、多元化的需求密切结合。基于供给侧改革的视角，本部分运用案例分析方法，选取城市马拉松、体育特色小镇等较为热门的案例作为切入点，分析其当前现状以及发展成效，同时就健身休闲业、体育用品制造业、体育赛事表演业在发展中的困境与路径进行研究。

（六）数字经济时代体育产业供给侧改革的实现路径研究

随着网络强国、健康中国、科技强国、体育强国等国家战略在体育产业领域的实施，社会公众认识到数字化与信息化作为科技创新的先导力量发挥了重要作用，体育科技创新在体育产业发展中的地位日益凸显，促进体育产业数字化转型已成为实现体育产业高质量发展的重要途径。为此，从要素、政府、产业、企业、个体等层面探析数字经济时代体育产业供给侧改革路径。体育要素市场化配置层面，分别从制度要素、土地要素、资本要素、人力要素、创新要素和数据要素六大要素进行供给侧改革；在政府层面，要体现出数字化政府在体育产业供给侧改革中的制度优势；在体育产业层面，要实现产业数字化的功能和发展趋势；在体育企业层面，要加速体育产业的数字化转型与升级，提高我国体育企业数字化转型水平；在个体层面，要坚持消费者导向，从强化服务意识、注重优质服务、提高产品质量和优化消费环境等角度，提出体育产业供给侧改革路径。

三、主要观点

（1）数字经济是世界经济发展的重要驱动力，是以使用数字化的知识和信息作为关键生产要素、以现代信息网络作为重要载体的新型经济形态。数字经济具有较强的规模效应和范围经济效应，是产业转型升级的重要载体，与体育产业进行深度融合，不仅可以催生新产业和新业态，还可以提升体育产业数字化水平，为体育产业供给侧结构性改革提供新的发展契机。

（2）我国体育产业已由高速增长阶段转向高质量发展阶段，需要优化产业结构，加快转变体育发展方式，转换产业增长动力，必须以体育供给侧改革为主线，贯彻新发展理念，建设中国式现代化的体育市场体系与产业体系。步入数字经济时代，经济高质量发展要求下实施体育产业供给侧改革是实现体育产业高质量发展的主线和抓手。

（3）破解新时代人民群众对多元化体育需求与不平衡不充分供给之间的矛盾，需要深入实施创新驱动战略，推进体育产业供给侧改革。体育产业供给侧改革的实质是用改革的方式来推进体育产业结构调整，用好市场的"无形之手"，充分发挥市场在体育资源配置中的决定性作用。数字经济是新时代推动体育产业供给侧结构性改革的新引擎，在提高全要素生产率、培育新市场和产业新增长点、推动实现包容性增长和可持续发展等方面具有重要意义。

（4）数字经济赋能体育产业供给侧改革，是借助于数字经济思维使数字技术与体育产业深度融合，促进产业数字化转型，可以提升体育产业效率和增加产出。体育产业数字化的实质就是把数字化的知识和信息作为关键生产要素，通过数字技术优化体育资源配置，推动生产方式创新并优化原有业务流程，促使供给侧改革不断推进。

（5）以区块链、物联网、VR、5G、人工智能、移动互联网等为代表的新一代数字技术在体育领域中应用场景不断丰富，在体育产业领域产生巨大而深刻的变革。体育产业数字化是顺应时代发展潮流的必然选择，是推动产业高质量发展的重要引擎，是助力体育产业转"危"为"机"的重要过程。

（6）为最大限度地满足人民群众的多元化体育需要，需要通过供给侧改革的"增加供给"来解决"不充分"问题，通过"优化结构"来解决"不平衡"问题，核心任务是激活生产要素和提高全要素生产率，要以改革方式最大程度解放和发展生产力，增加体育产品与服务的高质量供给，从追求速度转向追求效率，推动体育消费全面升级。

（7）数字经济时代，要以新发展理论为指导，推进体育产业供给侧改革，具体需要从五个层面来实施。第一，在体育要素市场化配置层面，要分别从制度要素、土地要素、资本要素、人力要素、创新要素和数据要素六大要素进行供给侧改革；第二，在政府层面，要体现出数字化政府在体育产业供给侧改革中的制度优势；第三，在体育产业层面，要实现产业数字化的功能，归纳、总结体育产业数字化发展的规律和趋势；第四，在体育企业层面，要加速体育产业的数字化转型与升级，全面实现我国体育企业数字化发展；第五，在个体层面，要坚持消费者导向，扩大体育消费，从个体层面推进体育产业供给侧改革路径。

四、研究方法

（一）文献资料法

围绕研究议题，收集大量国内、国外有关产业高质量发展、体育产业供给侧改革、数字经济的经典文献，对研究中的经典论据、理论评述、经验介绍、发展态势和实证分析进行了系统梳理，并结合研究实际进行总结和思考。以数字经济、体育产业、供给侧结构性改革、数字化转型、高质量发展等为关键词，在2008—2022年的时间跨度内，通过中国知网全文数据库等进行搜索，得到期刊和硕博论文2000余篇，经过筛选查阅比较，遴选相关文献（接近200篇）作为直接参考文献。同时，搜集网络报道、时事新闻、书报杂志、统计年鉴、各专项网站、官方文件、会议纪要等文献资料，力求从文献层面为本研究提供理论研究资料。

（二）专家访谈法

访问体育局官员、体育企业负责人、体育产业领域教授等35名专家，其中体育企业负责人10名、教授15名、政府官员10名。在2019—2022

年，围绕"数字经济与体育产业供给侧改革"，通过电子邮件、走访、电话等多种方式进行访谈。访谈主要内容涉及数字经济的基本理论、体育产业高质量发展的路径、体育产业供给侧改革的内涵、创新驱动路径、体育用品制造业、体育赛事表演业、健身休闲业等改革举措，通过对这些专家进行访谈，整理出有效的信息。

（三）案例分析法

一方面，分析数字经济驱动体育产业发展的应用场景。以 vSport 体育价值链为例，分析区块链技术驱动体育产业发展；以北体传媒直播冰球赛事为例，分析 5G 技术驱动体育产业发展；以 Nike 的"直击消费者"战略为例，分析大数据、人工智能驱动体育产业；以浙江省黄龙体育中心为例，分析互联网驱动体育产业的做法及成效。另一方面，选取城市马拉松赛事、体育特色小镇等较热门的案例作为切入点，分析其当前现状以及发展成效，同时就健身休闲业、竞赛表演业、体育用品制造业在发展中的困境与路径进行剖析。

（四）比较分析法

一方面，进行数字经济时代体育产业供给侧改革发展的理论与时代背景研究。通过横向比较与纵向比较两个维度展开论证，基于历史视角对我国创新驱动政策与体育产业发展阶段进行梳理，对比分析"要素驱动"与"创新驱动"两种发展模式。另一方面，基于国内外数字经济和体育供给侧改革进行比较分析，对体育用品制造业、体育赛事表演业、健身休闲业等领域的发展状况进行比较。

五、创新之处

（一）在学术思想上

基于数字经济时代背景，以贯彻新发展理念为分析基础，从高质量发展理论视角阐释体育产业供给侧改革的内涵与特征；基于创新驱动发展的国家战略，对数字经济赋能体育产业供给侧改革进行研究，全方位多角度进行理论建构；分析体育产业供给侧改革的要素投入，重点从技术创新（大数据、5G、区块链等技术）构建理论分析框架；基于新结构经济学视角，构建"有效市场"与"有为政府"相结合的驱动机制，丰富中国特色社会主义的体育产业高质量发展理论。

（二）在学术观点上

系统而全面地对数字经济时代体育产业供给侧改革的理论与实践路径进行研究，提出了诸多新的学术观点。例如，数字经济是体育产业供给侧改革的新引擎，要体现出数字化政府在体育产业供给侧改革中的制度优势；体育产业供给侧改革要用改革的办法推进体育产业结构调整，发挥市场的决定性作用，提高全要素生产率；体育产业数字化是顺应时代发展潮流的必然选择，是助力体育产业转"危"为"机"的重要过程；面对诡谲的全球经济形势变化，要推动体育企业数字化发展，坚持消费者导向，扩大体育消费等观点。

（三）在研究视角上

该研究成果置于体育强国、网络强国等国家战略背景下，开创性地把数字经济研究与体育产业研究相结合，不仅扩大了数字经济研究领域，还拓展了体育产业高质量发展的理论研究。该研究成果基于中国经济步入新常态的发展现实，以贯彻新发展理念为分析基础，对体育产业供给侧改革的理论进行探索。该研究成果运用案例分析、专家访谈、比较分析等研究方法，借鉴经济学、管理学、社会学等多学科知识与研究视角，不仅从理论上研究数字经济和供给侧改革的内涵、背景、意义、机制等，还从实践层面研究了区块链、大数据、互联网、5G 等数字技术的应用场景，以及数字经济时代我国体育产业的发展现状与困境。

第一章 数字经济与体育产业供给侧改革的相关理论

数字经济是世界经济发展的重要驱动力，在降低市场交易成本、加快培育增长新动能、深入贯彻落实新发展理念等方面有着显著优势。供给侧结构性改革是党中央在我国经济发展新常态背景下提出的战略举措，对于体育产业的发展具有重要的指引作用。推进体育产业供给侧结构性改革，是实现体育产业高质量发展的主线和抓手。实现体育产业高质量发展需要新动能，而数字化工具、数字化生产、数字化产品可为我国新时代体育产业数字化转型提供坚实保障，以网络化、数字化、智能化为特征的数字革命蕴藏着巨大的发展契机，为数字经济时代推进体育产业供给侧改革提供动力。

第一节 数字经济的相关理论

一、数字经济的内涵

(一)数字经济的内涵界定

步入数字经济时代，以 5G、区块链、AI、云计算、大数据等为代表的新兴数字技术迭代发展，全面渗透于金融、文化、交通、体育、政务、民生等经济社会各领域，数字技术快速演变为基础创新与创造的赋能者，经济社会迈入以数字化生产力为主要表征的发展新阶段。继农业经济与工业经济之后，数字经济作为一种新型经济形态，其概念起始于 20 世纪 90 年代的美国，美国商务部将其视为一种以信息技术生产行业为基础的经济。数字经济中充满了影响经济多个方面的、数字化的技术性变革，相较于以往其他类型的经济，具有更高的长期生产率和总增长率的特质。

在我国，数字经济作为一系列经济活动，以现代信息网络作为重要载体，以使用数字化的知识和信息作为关键生产要素，以信息通信技术的有效使用作为效率提升和经济结构优化的重要推动力。[1] 在要素维度，数字化的数据资源是驱动数字经济发展的核心与关键要素，数据化的知识、信息的集聚与流通能够降低土地、资本、人力等传统要素有限供给对经济增长的制约作用，并推动技术、劳动等生产要素的数字化发展。在载体维度，数字经济发展的载体依托现代化信息网络、数字化基础设施和平台，为数据储存与传输，人、机、物的互联与融合，以及参与者的信息交换、传递等提供必要条件与基础支撑，进而形成循环往复的"数据价值链"。在技术维度，5G、人工智能、区块链、大数据等数字技术的创新与融合是数字经济的重要推力，多种技术群携手共进的链式创新是数字产业蓬勃发展与应用的技术支撑。在系统维度，数字经济是数字技术对于整个经济环境和经济活动的系统性变化或结果，是比数字产业更具影响范围的概念范畴，强调数字技术对于经济的驱动方式和对经济各领域的赋能作用。

数字经济作为全社会信息活动的总和，更加强调数字化信息的关键资源和信息网络的依托，在信息通信技术与其他领域的紧密结合中，逐步形成基础型、融合型、效率型、新生型、福利型五个类型的数字经济。[2] 产业数字化、数字产业化和数字治理组成数字经济发展的三个方面，其中，数字产业化要求发展一系列信息和数字技术及产业，涉及数据的采集、处理、储存等领域；产业数字化主要包括数字技术在经济运行和发展中的应用，以及用数字技术改造传统产业。[3] 随着数字经济浪潮席卷全球，新兴技术的持续深入扩散，世界经济版图、国家创新体系、产业经济格局、企业组织方式、个人生产生活和思维方式等将面临一系列革命性、系统性和全局性变革。

(二)数字经济的核心特征

数字经济作为依赖于使用数字化手段促进社会进步和推动经济增长的经济发展模式，呈现出较强的运作的快捷高效性、数据依赖性、信息的交

① G20 杭州峰会.《G20 数字经济发展与合作倡议》为世界经济创新发展注入新动力[EB/OL]. [2016-09-29]. http://www.cac.gov.cn/2016-09/29/c_1119648535.htm.
② 中国信息化百人会. 数字经济：概念、规模、共识与展望[EB/OL]. [2017-10-23]. http://www.chinainfo100.com/document/201710/article13573.htm.
③ 任保平. 数字经济引领高质量发展的逻辑、机制与路径[J]. 西安财经学院学报, 2020, 33(2): 5-9.

互渗透性、资源的高度流通性、网络外部性、用户身份虚拟隐藏性等特征。随着我国经济步入高质量发展阶段，数字经济的特征得到更为充分的挖掘，其核心特征仍未发生实质性变化。

一是知识信息智能化成为数字经济的主要经济特征。数据、知识、信息取代传统生产要素，在数字经济时代的海量信息条件下，智能技术带来的价值创造能够促使产业结构在多变的市场格局中更具竞争力。通过分析判断增强经济活动的灵敏性、便捷性，智能化技术的搜集处理，并改变生活场景与工作场景，比如：智能生产、管理、运行系统能够帮助企业提升效率和降低成本。[1]

二是经济形式的重大变化必然产生新的生产要素，数据资源成为数字经济时代的核心生产要素。数据伴随生产商品与交易行为而产生，在生产与流通的过程中，通过对数据进行处理与分析，打破传统单个价值体系的封闭性，利用数据能够创造出新的价值和财富，并整合创建出崭新的巨大的价值链。[2]

三是云计算、互联网等数字基础设施成为数字经济发展的重要物质基础。数字基础设施包括传统物理基础设施数字化改造和现代信息基础设施，可以让信息技术革命大规模扩散，对经济增长产生正向溢出效应，促进数字经济价值的指数级增长。

四是平台经济是在数字经济条件下诞生的新型生产组织形态，成为实体经济商业模式创新的新型载体。基于交叉网络外部性形成的平台经济能改变传统生产与分销的组织形态，具有开放包容、协作共赢等性质。以众创众筹、开放共享为主导模式的平台，以极低的成本整合碎片化资源，加快资源的使用权与所有权的分离速度，促使资源使用权效率最大化，碎片化资源的使用不再受时空限制，提升"使用而非占有"和"使用价值重于价值"等观念接受度，并能够实现按需优化配置。[3]

五是多元化、个性化、私人化的新消费理念成为数字经济时代最普遍的消费理念。随着移动端互联网的发展，产业与消费者之间逐步建立起有效对接、产需匹配的智能生态系统，产品与服务的生产者与消费者之间的单向价值传递关系演变成生产者和消费者的联动价值创造。为满足消费者

[1]　沈克印，林舒婷，董芹芹，等．数字经济驱动体育产业高质量发展的变革机制与推进策略[J]．体育学研究，2022，36（3）：46-59．

[2]　郭晗，廉玉妍．数字经济与中国未来经济新动能培育[J]．西北大学学报（哲学社会科学版），2020，50（1）：65-72．

[3]　杨佩卿．数字经济的价值、发展重点及政策供给[J]．西安交通大学学报（社会科学版），2020，40（2）：57-65，144．

需求和激活新型信息消费，企业的盈利模式由传统生产导向型演变成消费者需求导向型，"线上+线下"的联动模式要求企业提供更加多元个性的产品和服务。

六是多元共治成为数字经济的核心治理模式，能使数字经济生态系统参与者的权益保障最大化。平台也具有治理的优势，作为协调和配置资源的基本单位，它对各种经济问题具有管理的责任和义务，将政府、平台、社会组织与公众等纳入治理体系，可以形成全社会的市场化、内生治理模式，可以破解数字经济中的权力下放问题。[1]

二、数字经济的时代意义

(一)积极培育经济新动能，实现高质量发展

当前，数字经济作为推动经济复苏新动能、新引擎的定位在全球范围内得到普遍认可。中国信息通信研究院于 2022 年 7 月 29 日发布的《全球数字经济白皮书(2022 年)》显示：截至 2021 年，全球 47 个国家的数字经济增加值为 38.1 万亿美元，占 GDP 比重为 45.0%，其中产业数字化是数字经济发展的主引擎，占数字经济比重为 85%，第三产业数字化引领行业转型发展，占比为 45.3%；我国数字经济总量仅次于美国，排在第二，规模为 7.1 万亿美元，同比名义增长 16.2%，显著高于同期 GDP 平均增速，占 GDP 的比重已达 39.8%。[2] 数字经济的持续稳定增长成为全球经济增长的关键动力，有效挖掘释放数字经济的动能是我国把握新一轮科技革命与产业变革新机遇的重要表现，是我国实现经济高质量发展的重要抓手。

数字经济发展与高质量发展的紧密相连，与新发展理念的多重融合，具有的规模效应与高成长特性能够增加创新要素投入、改善要素配置效率，通过技术创新和技术溢出推动全要素生产率的提升。新生产要素形成并将其补充至宏观生产函数中，突破传统资源约束与增长极限，提高劳动、资本等传统要素的生产效率，对传统产业进行全方位、全角度、全链条赋能，通过数字经济与实体经济的融合，将技术创新扩散应用到经济各领域，数字技术对经济增长的驱动作用倍增。数字经济领域中的颠覆性创

① 童锋，张革.中国发展数字经济的内涵特征、独特优势及路径依赖[J].科技管理研究，2020，40(2)：262-266.

② 中国信息通信研究院.全球数字经济白皮书[EB/OL].[2022-12-08].https://www.163.com/dy/article/HO2HATHV05346KF7.html.

新创造了市场机会，吸引在位企业与创新者推动技术产业化，开发新产品、新模式、新服务，催生新的细分产业并赋能传统产业，进而增强新技术与市场需求的契合度，发挥共享经济、平台经济等优势，帮助企业打破资源和技术限制，通过"蒲公英效应"吸纳更多数字经济企业，实现新旧动能转换。通过创新驱动发展战略引导，依靠数字技术不断培育高技术、高效益、低能耗、低污染、高质量的战略性新兴产业，加快推动数字产业化、产业数字化，切实提高全要素生产率，推动我国经济高质量发展。

(二)促进产业融合发展，推动产业转型升级

产业转型升级的作用主要体现在产业结构更加合理和产业效率不断提升两个层面，即产业结构从低级形式向高级形式转变，产品由低附加值向高附加值提升，产业由劳动密集型向技术密集型、资本密集型转变，产业内各部门间相互关系的协调性不断提高。一方面，数字经济为传统产业提供技术支撑，变革其生产方式与组织方式，二者相互融合使得产业系统更加高级化、复杂化。云计算、大数据等数字技术及智能设备在生产中的综合运用，促使传统产业向数字化、智能化发展，标准化、统一化的生产方式向精细化、个性化、差异化生产方式转变。在传统产业生产、销售、经营等内部流程中，数字技术帮助产品打破时空的边缘限制，增强资源流动性，降低交易成本和提高交易效率。另一方面，数字经济加快产业分化、重组的速度，不同产业间融合进程提高，其中，"三新经济"(新产业、新业态、新商业模式)更为显著。

数字资源作为数字经济的关键资源，在各产业中的应用能够打破产业边界，促进产业向数字化和无形化方向发展，形成新产业。数字经济的创新性和强渗透性能够加速关联产业的渗透融合，形成新模式、新业态。例如，通过网络平台完整记录消费者行为，运用算法模型进行数据挖掘和趋势分析，帮助传统零售企业打通人、货、场之间的壁垒，实现多场景的购物体验，推动零售企业向智能化企业管理升级，开启"新零售"模式。以数字经济为依托的新零售、平台经济、在线支付等新业态兴起，改变了消费者的传统消费习惯、消费方式与消费行为，不断满足市场需求。在产业之间或产业内部，数字技术将原本独立的产品与服务再次融合以形成新服务或新产品，从而有效促进产业链上下游的重组融合，不仅可以丰富产业层次，还可以扩大产业范围。用户对于数字经济需求的增加促使资源向数字经济产业部门流动，能够带动数字经济产业与相关产业共同发展。随着我国虚拟现实、人工智能、区块链等新兴技术发展，将推动产业步入以智

能化为代表的数字经济阶段，以应用和服务创新改善和提升产业效率、优化产业发展方式。①

(三)增强政府治理能力，提高公共服务水平

随着社会形态从农业社会到工业社会再演变至数字社会，信息化程度逐步提高，要求政府治理方式由传统的单向控制、代议互动转换为共商共建共享、数字协商，更加侧重于数字政府与其他治理主体间的联动性变革与共享发展，创造共同价值。② 2017 年 12 月 9 日，习近平总书记在中共中央政治局第二次集体学习时强调，加快建设数字中国，实施国家大数据战略，借助大数据提升国家治理现代化水平。③ 以数据为关键要素的数字经济，促进政府管理与社会治理模式的双重创新，要求政府决策科学化、社会治理精准化、公共服务高效化。新技术与新业态以现实存在的"正当性"突破法律规范的"合法性"，虚拟世界与现实世界的融合造成监管的灰色地带，技术发展和商业创新的快速迭代提高了公共服务效率，数字经济的到来使政府治理面临"倒逼、错位、重新定位"的新生挑战。④ 2022 年 10 月，习近平总书记在党的二十大报告中提出，要走中国式现代化道路，加快发展数字经济，坚持把发展经济的着力点放在实体经济上，促进数字经济和实体经济深度融合，这需要加强数字政府建设并促进职能赋权。⑤

《关于推进"上云用数赋智"行动 培育新经济发展实施方案》《数字化转型伙伴行动倡议》等政策文件的相继出台，国家层面对于数字经济的扶持与重视程度不断提升，对于新兴技术产生的新业态采取鼓励策略，一定程度上缓解了政府治理变革的压力，加快了政府治理变革的步伐。基于大数据精准分析的数字经济治理，能够促使政府降低治理成本、提高治理效率、提升治理效能，构建数字化、网络化、平台化、可视化的政府数字社

① 沈克印，曾玉兰，董芹芹，等. 数字经济驱动体育产业高质量发展的理论阐释与实践路径[J]. 武汉体育学院学报，2021，55(10)：5-12.
② 朱玲. 我国数字政府治理的现实困境与突破路径[J]. 人民论坛，2019(32)：72-73.
③ 新华网. 习近平：实施国家大数据战略加快建设数字中国[EB/OL]. [2017-12-09]. http：//www.xinhuanet.com/2017-12/09/c_1122084706.htm.
④ 衡容，贾开. 数字经济推动政府治理变革：外在挑战、内在原因与制度创新[J]. 电子政务，2020(6)：55-62.
⑤ 习近平. 高举中国特色社会主义伟大旗帜为全面建设社会主义现代化国家而团结奋斗——在中国共产党第二十次全国代表大会上的报告[N]. 人民日报，2022-10-26(1).

会治理模式。通过数据的集中与共享，破除信息壁垒，形成技术、业务、数据三方融合的模式，在全国范围内形成能够统筹接入的数据共享平台，实现多方共同跨域的协调管理与服务，破解政务数据碎片化困境。以大数据为资源和技术赋能，使政府决策方式由"经验主导"转向"数据量化驱动"，通过信息化手段优化公共服务资源配置，创建教育、医疗、文体、社保等领域服务模式，深度开发各类便民应用，有效提升公共服务均等化、便捷化、普惠化水平。

三、数字经济的制度供给

数字经济作为信息革命在经济领域的新形态，已成为信息产业中最具活力的细分市场，代表着新生产力的发展方向。互联网、云计算、大数据等数字经济本身就是新常态下供给侧结构性改革要培育和发展的主攻方向。在数字经济领域，我国正从跟跑者、并跑者逐渐变为领跑者，尤其是以互联网、大数据等为代表的数字经济已深深融入我国经济社会各领域，成为推动经济发展质量变革、效率变革、动力变革的重要驱动力。

现阶段，数字经济在我国已经覆盖制造业、服务业和农业等多个领域，政府支持和企业创新"双驱动"模式效果显著，各中小企业在政策指引下相继参与数字创新，使得我国数字经济发展呈现出覆盖面较全、市场应用广泛、民主接受度高的良好氛围。2020年5月22日，时任国务院总理李克强作政府工作报告时指出，电商网购、在线服务等新业态在抗疫中发挥了重要作用，要继续出台支持政策，发展工业互联网，推进智能制造，培育新兴产业集群，全面推进"互联网+"，打造数字经济新优势。①随着我国经济社会的不断发展壮大，数字经济的相关政策更加清晰具体，有力的政治保障、战略规划、政策体系为数字经济的发展创造了适宜的制度环境，促使整个经济社会向数字经济转变。

1994年，我国正式接入国际互联网，开启数字经济的初步探索，在早期的关于支持数字经济发展的相关政策中，主要致力于推动信息化建设和发展电子商务。2012年，《"十二五"国家战略性新兴产业发展规划》首次将"云计算"作为国家的重点工程写入规划。2013年2月，国家发改委下发《关于加强和完善国家电子政务工程建设管理的意见》，提出在电子

---

① 政府工作报告［EB/OL］．［2020-05-29］．http：//www.gov.cn/premier/2020-05/29/content_5516072.htm.

政务项目中应积极采用物联网、云计算、大数据等新技术。2014年，中央网络安全和信息化领导小组成立，为此后高度重视数字经济制度供给奠定了基础。2015年3月，时任国务院总理李克强在政府工作报告中提出，开发利用网络化、数字化、智能化等技术，推动移动互联网、云计算、大数据、物联网等与现代制造业结合。① 2016年7月，《国家信息化发展战略纲要》明确了在提升能力、提高水平、改善环境等方面，为数字经济发展作出明确的路线规划；同年12月发布的《智能制造发展规划（2016—2020年）》和《智能制造"十三五"发展规划》均提出将提升我国信息化、数字化水平作为重要目标，到2020年，我国传统制造业重点领域基本实现数字化制造。2017年3月，时任国务院总理李克强在作政府工作报告时再度提及，推动"互联网+"深入发展，"数字经济"首次被写入政府工作报告。2017年12月，习近平总书记在中央政治局第二次集体学习时指出，加快建设数字中国，做好信息化和工业化深度融合，推动制造业加速向数字化、网络化、智能化发展。② 2018年4月，习近平总书记在全国网络安全和信息化工作会议上强调，加快推动数字产业化和产业数字化。此后，习近平总书记在"2018中国两院院士大会"以及"首届中国国际智能产业博览会"等会议上都提及把握数字化、网络化、智能化融合发展的契机，促进数字经济和实体经济融合发展，加快推进数字产业化、产业数字化。2018年9月，国家发改委联合18部门共同颁布《关于发展数字经济稳定并扩大就业的指导意见》，从大力推进就业创业服务数字化转型、加快培育数字经济新兴就业机会等方面提出措施，致力于数字经济领域就业稳定增长，推动经济转型升级与就业提质扩面相互作用、共同进步。2020年10月29日，"十四五"规划提出："发展数字经济，推动数字经济和实体经济深度融合。"③各省市紧跟国家顶层设计，相继出台有关数字经济发展的相关政策，着力推进数字经济，实现地方经济健康可持续发展（见表1-1）。例如，《广东省数字经济发展规划（2018—2025年）》（征求意见稿）中指出，加快发展数字经济，推动广东加快向制造强省、网络强省、数字经济强省转变；浙江省提出把数字经济作为"一号工程"来抓，出台多项举

① 政府工作报告（全文）［EB/OL］.［2015-03-16］. http：//www. gov. cn/guowuyuan/2015-03/16/content_2835101. htm.

② 习近平主持中共中央政治局第二次集体学习并发表重要讲话［EB/OL］.［2017-12-09］. http：//www. gov. cn/xinwen/2017-12/09/content_5245520. htm.

③ 中共中央关于制定国民经济和社会发展第十四个五年规划和二〇三五年远景目标的建议［N］. 人民日报，2020-11-04（1）.

措推动智能制造、工业互联网、两化融合等发展，深入推进经济社会各领域数字经济发展。

从全球视角可知，美国在数字经济体量上位居榜首，中国居第二位；从占比的角度，英、美、德的数字经济占比非常高，我国在20个主要国家中处于中等位置。美国基于"美国优先"理念以及"工业互联网"，巩固加强在数字经济领域中的优势地位，以"软"服务推动新一轮工业革命，通过网络和数据的作用来增强价值创造，从而形成制造业的长期竞争优势。在2018年，美国在数字经济领域发布的《美国国家网络战略》《数据科学战略计划》《美国先进制造业领导力战略》都涉及数字经济发展。德国则基于"信息物理系统"实现"智能工厂"推动"工业4.0"计划，在国际市场中通过智能工厂标准化范式推动制造业生产模式转型，提升生产效率，将技术创新与模式创新的市场化效率融入标准化范式中，突出在世界工业发展中的领先地位。2018年，德国发布《联邦政府人工智能战略要点》《高技术战略2025》《人工智能德国制造》等文件，明确提出将推动人工智能技术的应用(见表1-2)。与之相对的"中国制造2025"，旨在建设制造强国，以推进智能制造为主攻方向，以加快新一代信息技术与制造业深度融合为主线，构建有中国特色的现代制造业体系。

表1-1　　　　　我国主要省、重点城市数字经济相关政策

地区	政策发布时间	政 策 名 称
河南	2018.11.15	《河南省促进大数据产业发展若干政策》
广州	2020.04.09	《广州市加快打造数字经济创新引领型城市的若干措施》
湖南	2020.02.06	《湖南省数字经济发展规划(2020—2025年)》
天津	2019.06.03	《天津市促进数字经济发展行动方案(2019—2023年)》
福建	2018.09.21	《福建省数字经济发展专项资金管理办法》
	2018.04.02	《2018年数字福建工作要点》
	2018.02.06	《关于加快全省工业数字经济创新发展的意见》
	2017.08.31	《关于启动数字福建物联网领域首批重点实验室的通知》
	2016.05.17	《福建省"十三五"数字福建专项规划》
	2015.09.29	《关于印发数字福建公共平台开展政府和社会资本合作建设运营管理暂行办法》

续表

地区	政策发布时间	政 策 名 称
山东	2020.04.03	《数字山东 2020 行动方案》
	2019.03.13	《数字山东 2019 行动方案》
	2019.02.27	《数字山东发展规划(2018—2022 年)》
浙江	2018.09.14	《浙江省数字经济五年倍增计划》
	2016.11.15	《浙江省信息化发展"十三五"规划("数字浙江 2.0"发展规划)》
广西	2018.09.17	《广西数字经济发展规划(2018—2025 年)》
	2018.09.17	《广西数字经济发展三年行动计划(2018—2020 年)》
	2018.08.30	《数字广西"广电云"村村通、户户用工程三年攻坚会战实施方案(2018—2020 年)》
	2018.08.29	《数字广西信息通信基础设施会战三年行动计划(2018—2020 年)》
	2018.08.29	《关于加快数字广西建设的若干措施》
内蒙古	2019.01.11	《数字内蒙古建设发展规划(2018—2025 年)》(征求意见稿)
吉林	2018.07.17	《关于以数字吉林建设为引领加快新旧动能转换推动高质量发展的意见》
安徽	2018.10.23	《安徽省人民政府关于印发支持数字经济发展若干政策的通知》
	2018.09.12	《关于加快建设"数字江淮"的指导意见》
江西	2019.02.18	《江西省实施数字经济发展战略的意见》
广东	2018.04.10	《广东省数字经济发展规划(2018—2025 年)》(征求意见稿)
四川	2018.11.16	《四川省人民政府关于加快推进四川省数字经济与实体经济深度融合发展的实施意见》
贵州	2018.06.21	《省人民政府关于促进大数据云计算人工智能创新发展加快建设数字贵州的意见》
	2018.02.11	《省人民政府关于印发贵州省实施"万企融合"大行动打好"数字经济"攻坚战方案的通知》
	2017.03.21	《中共贵州省委 贵州省人民政府关于推动数字经济加快发展的意见》
	2017.02.07	《贵州省数字经济发展规划(2017—2020 年)》

续表

地区	政策发布时间	政 策 名 称
云南	2019. 02. 19	《云南省人民政府办公厅关于成立建设"数字云南"领导小组的通知》
陕西	2018. 04. 17	《陕西省 2018 年数字经济工作要点》
甘肃	2018. 06. 11	《甘肃省数据信息产业发展专项行动计划》
青海	2018. 10. 16	《青海省人民政府办公厅关于成立青海省数字经济协调推进领导小组的通知》
长春	2018. 07. 27	《关于加快数字长春建设推动老工业基地全面振兴发展的意见》
杭州	2018. 10. 09	《杭州市全面推进"三化融合"打造全国数字经济第一城行动计划(2018—2022 年)》
福州	2018. 07. 10	《关于加快数字经济发展的七条措施》
福州	2018. 06. 29	《关于加快工业数字经济创新发展的实施方案》
福州	2017. 05. 08	《关于印发数字福州"十三五"发展规划的通知》
福州	2017. 03. 27	《关于印发 2017 年数字福州工作要点的通知》
济南	2019. 01. 09	《关于印发济南市促进先进制造业和数字经济发展的若干政策措施的通知》
南宁	2018. 11. 23	《南宁市数字经济发展三年行动计划(2018—2020 年)》
成都	2018. 03. 01	《成都市推进数字经济发展实施方案》

来源：根据中国信息通信研究院公布信息整理

表 1-2 **2018 年全球部分国家、地区数字经济政策梳理**

	政策时间	政 策 名 称
欧盟	2018. 04. 25	《欧盟人工智能战略》
欧盟	2018. 05. 25	《通用数据保护条例》
欧盟	2018. 06. 07	《地平线欧洲》
欧盟	2018. 10. 04	《非个人数据在欧盟境内自由流动框架条例》
欧盟	2018. 12. 07	《促进人工智能在欧洲发展和应用的协调行动计划》
欧盟	2018. 12. 18	《可信赖的人工智能道德准则草案》

续表

	政策时间	政 策 名 称
美国	2018.06.04	《数据科学战略计划》
	2018.09.18	《美国国家网络战略》
	2018.10.05	《美国先进制造业领导力战略》
英国	2018.01.25	《数字宪章》
	2018.04.26	《产业战略：人工智能领域行动》
	2018.06.01	《国家计量战略实施计划》
德国	2018.07.18	《联邦政府人工智能战略要点》
	2018.11.15	《人工智能德国制造》
	2018.09.05	《高技术战略 2025》
法国	2018.03.29	《法国人工智能发展战略》
	2018.07.16	《5G 发展路线图》

第二节　体育产业供给侧改革的相关理论

一、体育产业供给侧改革的内涵界定

2016 年 1 月 18 日，习近平总书记在十八届五中全会专题研讨班的讲话中指出，通过改革的办法进行结构调整，扩大有效和中高端供给，减少无效和低端供给，提高全要素生产率。[①] 在新的历史阶段，推进供给侧结构性改革是适应和引领经济发展新常态，是党中央的一个重要创新。面对我国经济由高速增长转向中高速增长，从规模速度型粗放增长转向质量效率型集约增长的新常态，为增强经济持续增长动力，供给和需求两手都要抓，在适度扩大总需求的同时，更应注重并着力推进供给侧结构性改革。供给侧改革的本质是处理好政府与市场的关系，发挥市场在资源配置中的决定性作用，有效化解产能过剩，推进产业优化重组，减少企业生产成本，促使战略性新兴产业、现代服务业共同发展，提供公共服务与产品供

[①]　习近平在省部级主要领导干部学习贯彻党的十八届五中全会精神专题研讨班上的讲话 [EB/OL]. [2016-05-10]. http://www.xinhuanet.com//politics/2016-05/10/c_128972667_3.htm.

给，促进经济社会持续稳定和健康高效发展，更好地满足广大人民群众日益增长的物质和文化需要。

在党的十九大报告中，中国经济由高速增长阶段转向高质量发展阶段的新表述，意味着深化供给侧结构性改革将围绕高质量发展推进。供给侧动力决定着经济增长潜力和生产可能性边界扩大，从供给侧增添经济高质量发展的动力是解决长期发展问题的关键，依靠创新驱动提高潜在经济增长率，借助结构调整扩大生产可能性边界，为新经济增添新动力。① 随着新时代的开启，供给侧结构性改革成为实现经济高质量发展的必要举措，以"巩固、增强、提升、畅通"八字方针不断深化供给侧改革。

体育产业供给侧改革可以从"体育产业+供给侧+结构性+改革"的公式进行解读，从供给侧出发，强调市场竞争，创新改革方式。体育产业供给侧结构性改革实质是改革政府公共政策的供给方式，发挥市场导向作用，充分发挥市场在体育资源配置中的决定性作用。② 供给侧改革是培育和发展体育产业新动力，优化体育产业要素配置，激发创新创业活力，释放新体育消费需求，创造新体育服务和产品供给，推动新技术、新产业、新业态与体育产业融合发展、协同发展的有效措施，是实现体育产业发展动力转换的重要途径。2014 年《关于加快发展体育产业促进体育消费的若干意见》出台后，体育产业迎来发展元年，此后，《中国足球改革发展总体方案》等系列政策文件相继颁布，意味着以足球改革为突破口的体育改革逐渐步入深水区，为全面开启体育改革奠定理论与实践基础，体育产业发展随之进入深水区。

体育产业供给侧结构性改革成为解决体育产业发展中产业结构失衡、区域结构失衡、消费结构失衡、供需结构失衡等问题的重要举措，对于提高体育产业发展质量水平和动力的健康可持续性有着实际意义。体育产业结构的优化升级作为体育产业发展的一项长期任务，关系到体育产业的质量与效益的提升，供给侧结构性改革体现的正是体育产业发展从注重短期增长向注重长期可持续增长以及提高产业发展质量和发展效益的整体思路。体育产业在过去的发展历程中，为实现短期增速多从需求侧强调政府的宏观调控作用，"有形之手"作用过于突出，通过供给改革简政放权，更好地激活市场中微观主体的创造力，可以增强体育产品和服务的有效供

---

① 任保平. 中国经济高质量发展三维动力体系的系统再造研究[J]. 社会科学辑刊, 2020 (3): 5-10.

② 沈克印, 吕万刚. 体育产业供给侧结构性改革: 学理逻辑、发展现实与推进思路[J]. 武汉体育学院学报, 2016, 50(11): 29-35, 41.

给，提高企业的发展能力。①

为盘活我国整个体育产业，针对体育产业的发展现状与当代实践，体育产业供给侧改革以体育产业机制创新为切入点，以优化体育产业结构为重点，增加体育产业的有效供给和减少无效供给。② 供给侧改革的深入推进，立足于人民群众的多元化、多层次的体育需求，将需求和供给结合以实现体育产业短期和长期的共同发展，深化土地、技术等要素市场化配置改革，加快推进"放管服"、市场准入等领域改革，推动政府、市场、社会、公民的四轮驱动转换，在体制机制、社会资本、土地政策、创新驱动等方面为实现体育产业高质量发展打下扎实基础。

二、体育产业供给侧改革的时代意义

(一)有助于推动"健康中国""体育强国"等国家战略实施

加快推进体育强国建设，是新时代中国强起来的重要内容。2016 年 6 月，国务院印发的《全民健身计划(2016—2020 年)》指出，统筹建设全民健身的生态圈和产业链，要提升全民健身现代治理能力，让全民健身成为拉动内需、形成新的经济增长点和促进体育产业发展的动力源。同时，《"健康中国 2030"规划纲要》提出，引导社会力量积极发展健身休闲运动产业，要不断优化市场环境。2019 年 9 月，国务院发布《体育强国建设纲要》明确指出：培育体育经济发展新动能，持续提升体育发展的质量效益，力争体育产业在高质量发展上取得新进展，开始建设世界体育强国新征程。③ 以体育产业供给侧结构性改革为代表的一系列体育改革发展新战略，形成了一条具有中国特色的体育强国之路。

我国体育产业发展已经形成上、中、下共同发展的成熟产业链，涵盖以体育竞赛表演、健身休闲为主的上游，以赛事转播、体育传媒为主的中游，以体育用品、体育彩票等衍生消费为主的下游，体育产业消费向多元化、多层次的产品和服务阶段转变。供给侧结构性改革的本质是为实现体育产业的发展成果全地域覆盖、全周期服务、全社会参与、全人群共享，以体育产业发展中的问题为导向，聚焦体育产业发展中的制度性、体制性

① 沈克印，吕万刚. 体育产业供给侧改革：投入要素、行动逻辑与实施路径——基于社会主要矛盾转化研究视角[J]. 中国体育科技，2020，56(4)：44-51，81.

② 殷俊海. 体育产业供给侧改革的方向[N]. 中国体育报，2016-04-22.

③ 国务院. 关于印发体育强国建设纲要的通知[EB/OL]. [2019-09-02]. http：//www. gov. cn/zhengce/content/2019-09/02/content_5426485. htm.

痛点和难点，以体育体制机制改革突破体育行政管理部门枷锁，通过"扁平化"管理方式提升行政效率，进而带动全民健身活动和群众体育的蓬勃发展，不断增强广大群众的体育获得感和幸福感。通过体育产业供给侧结构性改革，实现体育强国和健康中国的战略目标。

（二）有助于更好地满足人民日益增长的美好生活需要

新时代，供给侧改革是破解新时代社会主要矛盾的战略举措。中国社会主要矛盾的转化意味着供给与需求之间的矛盾发生转变，需求方的转化是新时代社会主要矛盾转化的必然要求，而供给方的转化是引起新时代社会主要矛盾转化的前提条件。推进供给侧改革必须把"人民日益增长的美好生活需要"放在首位，必须秉承解决中国社会主要矛盾的基本立场，增加有效体育供给。党的十八届五中全会所提出的新发展理念，为马克思主义中国化增添新篇章，为经济新常态下供给侧改革提供行动指导。供给侧改革的根本是"一切发展为了人民"，这是经济社会发展的出发点与落脚点，在新发展理念的价值引领下，致力于推进社会公平正义，形成具有中国特色社会主义的显著制度优势。

现阶段，社会主要矛盾由"生产需要"转向"发展需要"，反映出人民群众由较低层次的物质文化需求提升为对"美好生活"全方位、高层次的需要；反映出我国社会生产力已从相对落后转变为发展受部分突出短板的结构性制约。① 社会主要矛盾的变化作为新时代的重要特征之一，为我国确立发展方式、发展动力、发展结构等基本问题提供了理论指向，同时表明不平衡不充分的发展是矛盾的主要方面与最亟须解决的问题，表明满足亿万人民日益增长的美好生活需要成为发展的内生动力。新时代的体育发展观念回答并解决了体育发展本质和价值取向的根本问题，即"体育为谁发展、体育发展依靠谁"，明确当代体育特色事业的"初心"是坚持以人民为中心的体育发展观，体育成果更加公平地由人民共享，满足人民对于体育与健康的需要。同样，满足人民群众的多元化体育需求，让人民共享体育改革与发展的成果是新时代推动体育产业供给侧改革的出发点和落脚点，充分体现出"共建共享"理念，在五大发展新理念的引领下，不断增进人民福祉，彰显了社会主义体育发展的优越性。体育产业供给侧结构性改革是通过深化改革和创新驱动，拓展市场资源配置的深度和广度，提升

---

① 王伟光. 当代中国马克思主义的最新理论成果——习近平新时代中国特色社会主义思想学习体会[J]. 中国社会科学，2017(12)：4-30，205.

体育服务和产品的质量与数量,破解体育产业供给与人民群众体育需求之间存在的结构性矛盾。

(三)有助于体育产业转型升级,实现高质量发展

在全球新一轮科技与产业革命时期以及世界经济结构与秩序的裂变期,传统经济要素驱动、需求拉动的增长模式无疑会加大国家陷入"中等收入陷阱"与"刘易斯拐点"的风险。[1] 在当前发展中,过去单纯依靠原始的比较优势或要素禀赋获取产业市场主导权的方式不再具有绝对优势。稳抓供给侧改革的结构性问题即供给主体的结构问题,不断增强供给主体的市场活力和竞争力,形成供给侧改革的内生力量,向市场提供更加优质的有效供给,进一步激活市场需求并创造新消费动力,才能促进经济发展质量不断提升,只有经济数量增长健康有序,才能在复杂的国际经济格局中占据优势地位。可理解为,供给侧结构性改革中融合五大发展理念的相关措施与高质量发展所追求的经济有效性、协调性、持续性、创新性与稳定性等特性相呼应。通过供给侧改革对传统产业进行改造,弥补产业发展短板,促进产业结构不断优化,加快推进工业转型升级,增强企业效益,培育"三新经济",实现经济高质量发展的有效循环。

2014—2021 年,我国 GDP 增长速度逐渐放缓,而同期体育产业总规模从 13574.71 亿元增加到 31175.0 亿元,总产出增长率与增加值增长率,远高于同期 GDP 增速。我国体育产业保持高速增长,到 2021 年体育产业增加值占 GDP 比重提升至 2.72%(见表 1-3)。体育产业迅速占领新经济风口,为实现高质量发展奠定坚实的基础,而在我国体育产业结构中,劳动密集型和自然资源密集型的产品仍然是主要供给者,体育产业发展处于价值链的中低端环节。就 2018 年国家体育产业发展内部状况可知,体育用品及相关产品制造的总产出与增加值在体育产业内部所占比重最大,分别为 49.7% 和 33.7%,体育服务业增加值比重已超过体育制造业,但体育用品及相关产品制造与体育服务业比例仍存在明显差异,体育竞赛表演业与健身休闲业作为主导产业在内部占比不容乐观。

高质量发展要求体育产业实现结构高级化、效率最佳化和价值最大化的有机统一,强调高资源配置效率、高经济社会效益的质量型发展、低生

---

① 中国人民大学中国宏观经济分析与预测课题组.2018—2019 年中国宏观经济报告——改革开放新征程中的中国宏观经济[J]. 经济理论与经济管理,2019(1):4-26.

产要素投入、低资源环境成本。① 体育产业供给侧改革强调体育供给与需求之间的精准匹配和有效对接，强调市场在体育资源配置中的决定性作用，推动优质体育产业资源共享，实现体育产业高质量发展的目标。供给侧结构性改革可有效避免过度强调体育产业结构性升级所导致的路径偏差，仍发挥体育用品制造业在体育产业中的支撑地位，突出体育服务业的持续驱动作用。落实集约化节约化的生产要素投入、创新驱动的发展动力、环境友好的发展过程、物美价廉的产品和服务、合力共享的发展绩效和稳健的规模扩张等。② 供给侧改革是响应体育产业高质量发展的根本出发点与落脚点，满足人民群众的体育利益需求，以创新驱动发展战略立足需求侧，促进"体育+"融合发展，提升体育产业多元文化价值，推动体育产业转型升级。

表 1-3　　**2014—2021 年国家体育产业总规模与国内生产总值数据**

年份	体育产业总规模/亿元	体育产业增加值/亿元	体育产业增加值增长速度/%	GDP/亿元	GDP增长/%	体育产业增加值占GDP 比重/%
2014	13574.71	4041.0	13.42	641280.6	7.3	0.63
2015	17107.0	5494.4	35.97	685992.9	6.9	0.80
2016	19011.3	6474.8	17.84	740060.8	6.7	0.87
2017	21987.7	7811.4	20.64	820754.3	6.8	0.95
2018	26579.0	10078.0	29.02	900309.0	6.6	1.12
2019	29483.0	11248	11.6%	986515.0	6.1	1.14
2020	27372.0	10735	7.00%	1015986.0	2.3	1.06
2021	31175.0	12245	14.1%	1143670.0	8.1	2.72

注：数据均源于国家统计局和国家体育总局官网，体育产业增加值增长速度由计算所得。

三、体育产业供给侧改革的理论渊源

体育产业供给侧改革的理论源自供给侧结构性改革，供给侧结构性改

---

① 徐开娟，黄海燕，廉涛，等. 我国体育产业高质量发展的路径与关键问题[J]. 上海体育学院学报，2019，43（4）：29-37.
② 丁正军，战炤磊. 新时代我国体育产业高质量发展的综合动因与对策思路[J]. 学术论坛，2018，41（6）：93-99.

革的理论追溯可从经济学界的供给侧理论学派的形成和发展演变得到验证。诞生于 19 世纪初的"萨伊定律"（Say's Law）即"萨伊市场定律"（Say's Law of Market），认为"供给自动创造需求"，成为"供给侧"经济学派最早的思想来源，基于该理论所提出的"减少税收""打破垄断""通过市场竞争来达到供求平衡"等措施为古典经济学派奠定主流经济思想和理论基础，并在当时产生深厚的影响力。伴随 20 世纪 30 年代世界经济危机的出现，"萨伊定律"受到严重质疑，进而被凯恩斯主义几乎全盘否定。20 世纪 70 年代，以"萨伊定律"为理论基础的"供给学派"在美国诞生，以亚瑟·拉弗、罗伯特·蒙代尔、马丁·斯图尔特·费尔德斯坦等为代表的供给学派否定凯恩斯主义的"需求侧"宏观管理思想，充分肯定"萨伊定律"，认为"供给侧"管理对国家经济具有重要的影响，需求在促进经济增长方面并非核心因素，强调通过大幅度降低税率等手段来促进经济增长和激发经济活力。20 世纪 80 年代末，新古典综合学派的代表人物保罗·萨缪尔森复辟了凯恩斯主义，但在 21 世纪初，由于世界金融危机的出现，凯恩斯主义的负面作用凸显，再次遭到经济学界的质疑，"供给管理"被再度传播并成为这一时期的主流经济思想，传统供给学派再次登上历史舞台。传统供给学派的主要理论观点均是从"供给侧"出发并由此展开，其政策主张都是在强调供给方对于经济增长的重要性，要求通过增加投资来增强对生产以及经济的刺激作用，减税和放松管制是主要的行政手段。不同国家在经济政策背景、目标和手段等方面均有差异，传统供给学派的宏观经济管理思想为我国在新时代实施体育产业供给侧结构性改革提供了一定的理论与实践借鉴，但我国在开展体育产业供给侧结构性改革的具体过程中应结合我国经济社会和体育产业的发展状况，而不是对西方供给理论进行简单地复制与照搬。

2012 年 11 月，"新供给主义经济学"的概念在经济学者滕泰所发表的《新供给主义宣言》中出现，这一概念开始浮现于大众视野。新供给经济学派认为，"新供给创造新需求"的理论思想针对中国宏观调控面临新环境和新挑战的时间节点，对中国的经济发展具有重要的推动作用，是以改革为核心的理论创新，以结构优化为重点，不断强化供给侧制度改革，是具有中国特色的理性的"供给管理"，而非对"萨伊定律"传统供给经济学的直接延续。需求侧改革从经济运行的结果入手，采取短期的反周期宏观调控措施，短期效果显著但不利于持续健康发展，而供给侧改革是推动经济持续健康发展的各种政策总和，政策着眼点是从经济运行的源头入手，从要素、生产端入手，更突出长远的转型升级和活力再造。① 需求侧的"三驾马车"是应对宏观经济波动的需求侧动力，但不是发展的原动力，而供给侧则是从原动力入手，能够更加突出长远地转型升级。我国的经济步入新常态倒逼生产关系变革，需要新的经济管理思想，需要新兴产业来优化经济结构。中国供给侧结构性改革针对我国生产力与生产关系的现状，具有系统性和全局性，为体育产业的发展提供重要的改革指引。体育产业供给侧改革是破解新时代社会主要矛盾的战略举措，决定了体育产业的发展重心要在质量和效益上，解决体育产业发展中出现的"不平衡"和"不充分"的发展问题，增加有效供给。②

体育产业在推动我国产业转型升级和释放经济新增长点方面扮演着重要的角色，大力发展体育产业和促进体育消费，提高服务业在整个国民经济中的占比，促进经济转型与升级。目前，体育服务和产品的质量不高、体育产业与外界融合力度不够、区域发展不均衡、健身及竞赛表演业等本体产业在内部占比过低等问题，普遍存在于我国体育产业发展的过程中。体育服务和产品的供给难以满足社会公众日益增长的体育消费需求，需要实施体育产业供给侧改革，化解体育产业发展中存在的不平衡不充分问题，深入实施创新驱动发展战略，推动体育产业转型与升级。

第三节　数字经济：体育产业供给侧改革的新引擎

一、提高全要素生产率，促进创新驱动型转变

当前，数字经济的促进作用显著，表现为经济增长从高速追赶向高水平赶超，供给结构从中低端增量供给向中高端供给优化，生产驱动从密集要素投入向持续创新驱动，从模仿跟跑、陪跑走向自主型并跑甚至领跑的全面转型。习近平总书记多次强调，要推动产业数字化，释放数字对经济发展的放大、叠加、倍增作用，迈向网络强国。③ 在数字经济时代，数据要素作为一种独立的生产要素融入实体经济中，并与劳动力、土地与自然

① 王佳宁，盛朝迅. 重点领域改革节点研判：供给侧与需求侧[J]. 改革，2016(1)：35-51.
② 沈克印，吕万刚. 体育产业供给侧改革：投入要素、行动逻辑与实施路径——基于社会主要矛盾转化研究视角[J]. 中国体育科技，2020，56(4)：44-51，81.
③ 抓住历史机遇 建设网络强国——论习近平总书记在全国网络安全和信息化工作会议重要讲话[EB/OL]. [2018-04-21] http://www.xinhuanet.com/2018-04/21/c_1122720249.htm.

资源、资本、制度等非现代要素相结合，能够提高要素利用效率和要素价值。体育供给侧改革强调以要素市场化配置为核心，要求消除资本、技术、土地、劳动要素流动的阻碍，增强要素的有效流通，建立健全由市场决定要素配置的市场经济体系。通过数据这一新生产要素，对传统生产要素进行重新组合，促进资源与要素的集约化整合、高效化利用和协作化开发，提高全要素生产率。数字技术将体育产业中的资源要素"在线化"，搭建以互联网大数据平台为主导的产业生态系统，将数据实时在线共享，将驱动体育产业发展的关键生产要素逐渐转移至自动化、模式化的数据中，打破信息孤岛。例如，体育用品制造企业若想在研发设计、采购生产、销售服务等众多环节提高生产效率、降低生产成本，就需具备强大的市场反应能力和有效的市场要素配置方法，通过数字经济中的大数据思维，将数据要素与资本、土地、劳动力等传统要素相融合，推动传统生产要素配置的投入最低化和效益最大化，生产出最符合市场需求的产品。数据作为核心生产要素驱动其他要素，有助于克服传统生产要素的资源总量限制，激活闲置的生产要素，而数字化网络平台则能够吸纳更多的微观主体参与，通过企业间共享数字化信息与资源，为体育消费者提供更多元化的线上体育产品和服务。

　　创新驱动是战略导向，是引领体育产业发展的第一动力，能够立足需求侧，促进"体育+"融合发展，实现更加多元化、多层次的体育产品和服务供给，提升体育产业多元文化价值。数字技术在世界经济中，凭借其独有的创新驱动能力改变着人们的生产和生活方式，尤其是体育服务与体育消费活动的"上云上线"，在全球范围内促进了体育资源的重新配置。例如，数字技术成为"天生"的全球化技术，在世界职业体育领域，数字化形态成为职业体育新的重要增长点，使职业体育全球化收益扩大，为资源配置提供新机遇，有助于扩展职业体育市场，创新职业体育商业模式。[①]体育产业高质量发展要求体育产业的发展动力由"要素驱动"转向"创新驱动"，发展方式必须实现由"高速度"转向"高质量"。体育产业供给侧改革推动传统要素投入型向创新驱动型转变，以创新驱动为引领的产业数字化成为推进供给侧改革的新途径，通过打通体育产业创新要素流动渠道，加速体育产业从价值链的中低端向中高端上升，实现体育产业全角度、全方位、全链条的数字化改造。如：利用区块链去中心、开放透明、状态一

---

① 江小涓，李姝. 数字化、全球化与职业体育的未来[J]. 上海体育学院学报，2020，44（3）：1-16.

致、强依赖密码学的特征，开发体育融资新生态系统；利用 5G 技术大宽带、高速率、低延时高可靠和海量链接的特性，打造赛事转播新生态等。通过这些举措促使体育产业与区块链、互联网、大数据等领域深度融合，提高体育产业中的制度创新、管理创新、流程创新的效率，实现以数据流为基础，资金、人才、物质等资源的高速循环，且能够在市场机制作用下通过自身掌握的信息，自动筛选创新平台，向低风险、高效益的创新平台和企业集聚，转化为内在的创新动力，以提高科技创新资源配置效率。[①]总而言之，以创新要素为支撑的数字经济不断驱动体育产业在发展方式、经济结构、治理模式等方面实现变革，为供给侧改革提供了新方法。

二、培育新市场和新业态，开拓产业新增长点

2019 年，在《体育强国建设纲要》《关于促进全民健身和体育消费推动体育产业高质量发展的意见》等政策文件出台后，我国体育产业迈上高质量发展的新台阶，体育教育与培训、冰雪产业、健身休闲、竞赛表演、赛事转播等体育服务业得到快速发展，在体育产业中的比重逐步提升。然而，我国体育产业规模在国内生产总值中的比重不足、产业结构不均衡、关联度低，以及在市场产值中体量不突出等问题仍然存在，因此通过新引擎带动体育产业整体发展是现阶段需要思考的命题。体育产业供给侧改革是为解决体育产品和服务的供给问题，促进供给质量与数量更加充分，从而与人民不断提高的体育消费水平和不断变化的体育消费结构相呼应。个性化和中高端的休闲体育消费成为亟须满足的体育消费热点，新需求意味着新供给和新发展方式。

2020 年 3 月 17 日，时任国务院总理李克强在国务院常务会议上指出，要大力发展数字经济新业态，发展线上线下融合的生活服务业。数字经济与实体经济深度融合的发展方式呈现出强劲优势，能够充分发掘数据资源支撑创新的潜力，带动技术创新体系、产业价值链体系重构，推动管理方式变革、商业模式创新，增强跨领域、跨行业的数据融合与业务链协同。通过数字技术与体育产业的深度融合，对体育产业进行全角度和全方位的改造，将数据、知识、信息等新生产要素投放至体育产业的生产环节中，打破线下体育资源的信息盲区，改变传统的营销模式，加快数据作为生产要素的流通，倒逼体育企业提高创新能力，推进体育企业与体育消费

---

① 王定祥，黄莉．我国创新驱动经济发展的机制构建与制度优化[J]．改革，2019(5)：80-91．

者的价值共创，从而催生新商业模式和新业态。例如，阿里体育以专业的体育产业团队，利用互联网链接各类生态合作伙伴，依托阿里的营销、视频、金融、媒体、电商等平台，帮助体育产业构建网络化、智能化的数字生态，实现了商业开发、版权、赛事运营、媒体等全新体育服务生态体系的系统化运作。

体育产业供给侧改革通过结构优化调整，能够培育新的经济发展动能，淘汰无效供给和低端供给，扩大有效供给和中高端供给，推进存量调整，同时技术创新、商业模式创新则能够培育体育新业态。数字化发展有助于打破传统的产业边界，降低产业进入壁垒和产业信息不对称对要素流通的约束，推动企业以价值传递和协同、价值创造、价值交付等方式来提高竞争力，最终实现供应链、产业链、企业链的三维整合，建成高效的价值网络。① 2020 年 2 月 26 日，彭维勇在国务院联防联控大会上指出，应对疫情对体育行业的冲击，要利用 5G、云计算、人工智能等新技术，培育新业态和新模式。② 5G、大数据、移动互联网、云计算等现代信息技术在企业中的运用，能够提高企业在产品、服务、营销等方面的市场竞争力，推动体育企业互联互通和协作互助，创造跨界融合发展的新机遇。在此情形下，2021 年 11 月 10 日，国家体育总局印发《"十四五"体育发展规划》，正式提出要推进体育产业数字化转型战略，以构筑现代化的体育产业体系。

三、推动实现包容性增长，深入可持续发展观

2007 年，亚洲开发银行首次提出"包容性增长"的概念，其内容包括机会平等的增长、可持续发展的平衡增长以及共享式增长，与单纯追赶式经济增长方式有所不同，它致力于社会和经济协调发展、可持续发展。西方发达国家致力于信息与生物、新材料技术等前沿高新技术的融合发展，打造具有高技术、高附加值、低排放等竞争优势的高端产业，以新兴数字产业带动国家经济的快速和持续发展。数字经济作为可持续发展和包容性增长的关键抓手，数字经济战略的制定与实施能够帮助一国在面对复杂的数字信息革命浪潮时占据国际竞争制高点。体育产业供给侧改革的目的是使供给能力更好地满足广大人民日益增长、不断升级和个性化的体育产品

---

① 肖旭，戚聿东. 产业数字化转型的价值维度与理论逻辑[J]. 改革，2019(8)：61-70.

② 国家体育总局. 疫情对体育行业造成很大冲击 [EB/OL]. [2020-02-26]. http：//www. chinanewscom/ty/2020/02-26/9105574. shtml.

及服务需求，与包容性增长有着理论逻辑和实践意义的共同点。体育场馆智慧化、互联网体育社区、体育数字传播等新兴数字智能技术在体育领域得到广泛应用，以阿里巴巴、万达为代表的大型社会资本密集涌入促进了体育产业生态的可持续发展，体现出包容性增长。同时，体育产业供给侧改革中所实施的破除体育管理体制机制障碍、促进体育制造业等实体经济与数字经济深度融合、支持体育用品制造业创新发展、推动体育社会组织发展等政策措施，最终都是为了实现"包容性增长"，优化体育要素资源配置，提高体育产业经济水平。体育产业与数字经济结合的后发优势明显，是产业数字化与数字产业化的共同发展，通过数字技术整合优质体育资源，打造互通互联共享的一体化发展模式，实现供需平衡发展。

体育产业在发展中存在体育产品与服务供给不足、运动项目产业供给不足与体育市场需求加大之间的矛盾，体育产业制度供给不足与"放管服"改革需求加大之间的矛盾。[①] 可通过数字经济培育 VR 健身装备、运动时间银行等新产品和服务，缩小与大众多样化需求间的矛盾；开发以电子竞技为代表的新运动项目，减小与体育市场需求之间的矛盾；丰富电子政务、体育市场黑名单等制度供给，弥补"放管服"改革需求间的不足，从而为体育产业发展提供原生动力。同时，我国的休闲健身、赛事表演、体育媒介、体育场馆等体育服务业还不成熟，潜在的价值还未完全释放，服务链还不完善，需要发挥数字经济的放大与倍增作用；体育用品制造业依然以劳动密集型为主，缺乏核心竞争力，需要推动数字经济与体育制造业的融合。通过使用数字技术助力于体育产业包容性发展，将数据资源作为推进体育产业发展的关键要素，释放数字经济在提高全要素生产率、提升体育福利、缩小业态差距等方面的潜力，进而使数字经济成为推动体育产业供给侧改革，实现体育产业高质量发展、包容性增长的助推器。而高质量发展归根结底要通过微观主体，即企业的高质量发展予以实现，企业作为经济实体，其高质量发展是产业高质量发展能否成功实现的"承载体"。[②] 这意味着企业数字化转型同样是体育产业数字化转型成功与否的"承载体"，是体育产业数字化的重要组成部分。

提高体育企业竞争力成为发展体育产业的关键任务，竞争是市场经济条件下体育企业的生存方式。数字技术在体育企业经营中具有战略性价

---

① 任波，黄海燕.供给侧改革视角下我国体育产业的供需矛盾与消解路径[J].天津体育学院学报，2020，5(3)：295-301，309.

② 李巧华.新时代制造业企业高质量发展的动力机制与实现路径[J].财经科学，2019(6)：57-69.

值，通过数字化转型驱动企业生产、组织、管理效率提升，以技术升级对信息进行定制化、智能化处理，改变传统协助方式，重构体育组织竞争模式，打破物理环境对体育企业的发展束缚，以体育消费者为核心，形成体育企业之间更为广泛的互联互通和合作共享，降低行业壁垒对外来者的抵御，使得更多体育企业有机会进入体育产业的平台，借助数字技术，建立立体式、交互式网络平台，全面整合体育产业存量资源，对数据资源进行管理和运营，打破线下体育资源信息盲区，推进体育企业与体育消费者的共同创新和价值共创。例如，阿里巴巴、腾讯、PPTV 等企业通过构建大型平台整合体育资源、激烈角逐体育赛事版权、布局电子竞技新兴业态等，是数字化经济下体育产业包容性增长的体现。

第二章 数字经济驱动体育产业
发展的机制与场景

人类社会的每一次产业技术革命，都在不断塑造人类认识世界、改造世界的方式与能力，人类经历的包括农业革命、工业革命、信息革命在内的一系列重大变革，都给人类生产生活带来巨大且深刻的影响。伴随当今世界数字技术的突飞猛进，数字经济已走上了发展的"快车道"，应用潜能得到不断释放，并广泛渗透经济社会各个领域，为传统产业带来了巨大的变革。数字技术作为一种经济发展模式和思维方式颠覆了旧的发展动力、发展方式与社会治理格局，作为技术要素促进了生产率的提升。中国互联网协会数据显示：2016—2021 年，数字经济连续多年维持 20%~30% 及以上的名义增速，高于同期 GDP 名义增速 10 余个百分点，特别是在 2021 年，我国数字经济规模达 45.5 万亿元，占国内生产总值比重达 39.8%，[①] 数字经济作为推动经济高质量发展的重要引擎的定位已经愈发凸显。"十四五"时期，将是我国培育和壮大发展新动能，发展数字经济的战略机遇期。体育产业应准确把握数字化发展的大势，明确历史方位和发展方向，打开新局面、转变新动能、开创新模式，完成供给侧改革的时代任务，最终实现体育产业的高质量发展。[②]

第一节 数字经济时代的体育产业数字化

一、体育产业数字化的内涵界定

(一)体育产业数字化的定义

数字经济与实体经济进行深度融合，可以催生新产业、新业态和新模

---

① 中国信息通信研究院. 中国数字经济发展与就业白皮书[R]. 北京，2021.
② 沈克印，林舒婷，董芹芹，等. 我国体育产业数字化转型的现实要求、发展困境与实践策略[J]. 武汉体育学院学报，2022，56(8)：51-59.

式，可以提高传统产业数字化水平，其具体实践包括数字产业化和产业数字化两部分。数字产业化是指通过对数字技术的市场化应用，推动新兴产业形成并发展的整个过程，主要包括互联网行业、电信行业、软件和信息技术服务行业等；产业数字化是把数据作为一种新的生产要素，利用数字技术对传统产业进行全方位、全角度、全链条的改造，促进产业效率不断提升的过程。产业数字化是数字经济发展的核心，其为传统产业带来的新增产出是数字经济的重要组成部分。

体育产业数字化就是把数字化的知识和信息作为关键生产要素，通过数字技术优化资源配置、推动生产方式创新并优化原有业务流程，为传统体育产业带来数字化、网络化、智能化等全方位的转变，其实质就是借助于数字经济思维使数字技术与体育产业深度融合，促进产业效率提高和产出增加的发展过程。体育产业数字化涵盖了要素、流程和产品三个维度的数字化转型：要素层面的数字化转型在于借助互联网，以大数据为支撑、以人工智能为引擎的"数据链"穿插联动，实现产业链、创新链、人才链与资金链的协同发展与高效组合；① 在流程层面，数字化转型主要体现在体育产业产品与服务的运营流程数字化、业务流程数字化和全生命周期数字化；产品层面的数字化转型在于借助数字技术实现体育服务模式的创新与体育产品的智能化。

（二）体育产业数字化的特征

体育产业数字化是信息通信产业与体育产业的深度融合。信息通信技术是数字化发展的工具与手段，数据作为一种新的生产要素被投入体育产业的发展，通过数据的合理流动来降低体育企业的投入成本，提升要素利用效率，同时促进体育产品和服务的供给与体育需求的精准匹配，并催生出体育产业的新模式和新业态。体育产业的数字化具有以下三个主要特征。

第一，数字化。数字化主要体现在数据已经成为体育产业的核心生产要素，体育企业在遵循大数据价值生成的内在规律的基础上，利用统计学方法、计算机技术、大数据技术、人工智能技术等对体育产业业务流程与运营流程中产生的数据进行深刻认识与深层次利用，在体育服务与产品的生产和交易中创造出新的财富与价值。例如，国内体育大数据头部企业魔

① 王建冬，童楠楠. 数字经济背景下数据与其他生产要素的协同联动机制研究[J]. 电子政务，2020(3)：22-31.

方元科技，深耕于体育数据增值服务领域，主营业务包括向 Nike 等体育品牌企业提供大数据商业决策服务；向体奥动力、城市足球集团等公司提供大数据服务，推动公司旗下的体育产业资源形成高效联动，进而构建涵盖体育产业上中下游的"数据体育"生态链；通过建立"足球魔方"体育赛前大数据决策平台，向球迷与彩迷提供数据资讯与产品销售服务。①

第二，智能化。智能化体现在体育产业领域中运用物联网、大数据、人工智能、虚拟现实等前沿数字技术对体育产品和服务进行创新，赋予体育产品感知、记忆、思维、自适应等能力与特性，使其更好地满足消费升级趋势下大众多样化与差异化的体育需求。例如，近些年兴起的高尔夫球模拟器、虚拟棒球机、室内滑雪机、智能骑行台等智能体育设备，能够摆脱时间与空间的限制，使用户在室内较小的空间范围内体验高尔夫、棒球、滑雪、骑行等对场地要求较高的运动。同时辅以配套的可穿戴设备，通过对用户运动过程中的生物学信息数据进行采集，利用人工智能算法进行处理，帮助用户进行运动健康的指导和管理。

第三，网络化。网络化体现在"互联网+体育"模式下人与人、服务与服务之间的互联，以及依托物联网技术的人、物、服务之间的交叉互联，泛在互联将为体育产业活动中各要素的创造、转移和应用提供更便利的条件。例如，新冠疫情期间，超级猩猩、乐刻运动、威尔士健身等体育企业在线下场景无法正常为用户提供健身服务时，大规模拓展线上业务板块，通过向用户提供无接触、网络化、云端化的健身视频和直播课程，实现了特殊时期健身休闲服务快捷便利的递送。

二、体育产业数字化的发展机遇

数字经济具有较强的规模效应和范围经济效应，成为世界经济发展的重要驱动力。生产性服务业就是数字化推动产业高质量发展的典型案例。从数字经济的萌芽期到高速发展期，再到成熟期，生产性服务业从来都没有停止过对包括消费互联网、工业互联网、物联网、大数据、云计算、人工智能等信息数字技术以及数字基础设施的大规模投资，同时，企业的业务流程和组织文化也在不断做出调整以适应数字化发展的现实需要。

数字化发展战略使得信息网络行业以及互联网、商务服务业等知识密集型行业开始摆脱"鲍莫尔成本病"的低劳动生产率限制，实现比制造业

---

① 沈克印，寇明宇，吕万刚. 数字经济时代体育产业数字化的作用机理、实践探索与发展之道[J]. 上海体育学院学报，2021，45(7)：8-21.

更快的全要素生产率增速,① 成为数字技术浪潮中受益最多的行业。OECD 研究表明,2000 年以来,数字经济模式下人力资本、组织形式和数字技术的发展演进使相关产业部门劳动生产率平均提升约 3.5%,远高于未进行数字化转型行业 0.5%的增幅。② 麦肯锡数据显示,数字技术去中介化、分散化和非物质化的三大推动力将重塑产业价值链并提高劳动生产率,到 2030 年或将转变和创造 10%~45%的产业总收入。③

目前,数字技术对体育产业的渗透率总体还处于较低水平,数字技术对行业增加值的贡献远不及数字化程度较高的生产性服务业。数字技术在体育领域应用的场景中不断丰富引发体育产业深刻变革,传统体育市场质量和效率的提升与新兴体育市场催生的新模式、新业态、新产品、新服务,将会为体育产业带来前所未有的发展机遇,也将成为体育产业的新增长点。

(一)体育产业数字化催生新模式与新业态

一方面,数字经济时代,众多"冷僻"和"小众"健身休闲需求的汇聚可产生和主流需求相匹敌的市场能量,形成强大的需求方规模经济。④ 随着电子商务的发展和移动支付的普及,长尾商业模式的优势愈加凸显。线上经营不需要实体店面,能够同时聚集大量买家与卖家,极大丰富了健身休闲产品的销售品种,满足了多样化的小众需求。2020 年新冠疫情期间,软轴乒乓球训练器这种小众的健身商品在淘宝上仅 3 月一个月的综合销售额就突破了百万件,并且,数字技术虚拟化、低边际成本的特性可以突破地理空间限制,让体育赛事借助互联网渠道低成本地传播,使世界各地的消费者无论贫富都可以低价或是免费在移动端与 PC 端观赏到世界最顶尖的赛事。腾讯体育、乐视体育、PPTV 聚力体育、优酷等体育视频平台,从传统的足球、篮球、棒球等热门体育项目到斯篮搏、极限飞盘、水下曲棍球等小众的冷门运动项目,各类体育赛事资源应有尽有。

另一方面,体育产业数字化还催生了线上线下融合发展的 O2O 商业模式。传统健身休闲企业利用互联网传输快、用户多、不受物理空间限制

① 顾乃华,夏杰长. 生产性服务业崛起背景下鲍莫尔—富克斯假说的再检验——基于中国 236 个样本城市面板数据的实证分析[J]. 财贸研究,2010,21(6):14-22.
② OECD. OECD Digital Economy Outlook 2017[R]. Paris:OECD Publishing,2017.
③ 华强森,成政珉,James Manyika,等. 数字时代的中国:打造具有全球竞争力的新经济[R]. 上海:麦肯锡全球研究院,2017.
④ [美]克里斯·安德森. 长尾理论[M]. 乔江涛,译. 北京:中信出版社,2006.

的特点，在线上提供多元化、多层次的健身休闲服务，开展灵活多变、直达用户的多媒体营销，降低实体店面对地理位置的依赖，增加健身休闲企业与潜在消费者互动的机会与形式。① 在线下则通过企业数字化对传统业务模块、流程进行全面改造与创新，实现数字化营销和数据化运营。最终，通过将各环节产生的数据作为黏合剂，打通线下物理世界和线上数字世界的隔阂，实现线上和线下的互相补充和高效联动。互联网健身平台 Keep 以 O2O 商业模式为指导，制订了线上线下场景打通的战略目标，不断拓展线下直营门店，通过线上和线下业务的有机融合，使移动端健身 APP 和线下 KeepLand 互为流量入口，有效地拓宽获客渠道、降低获客成本，并实现了业务的闭环。

(二)体育产业数字化催生新的运动项目

电子竞技是最近几年国内发展最为迅速的新兴运动项目，它集大数据技术、人工智能技术、计算机通信技术、虚拟现实技术与体感技术于一身，是前沿数字技术在体育领域的主要试验田和应用场。电子竞技项目在世界范围内具有庞大的参与和观看人群基数，以韩国仁川举行的 LPL 全球总决赛为例，该场比赛共有 9960 万独立观众参与观看，同时在线人数峰值达到 4400 万，平均每分钟收视人数为 1960 万。艾瑞咨询数据显示，2020 年、2021 年中国电子竞技整体市场规模分别为 1365 亿元与 1445 亿元，电子竞技产业用户规模达到 4.88 亿人。从现有数据来看，无论在用户还是市场规模方面，电子竞技都已远远超越很多传统体育项目。

国家层面对电子竞技的支持力度不断增强(见表 2-1)，推动电子竞技迎来发展的"黄金时代"，各省市为贯彻落实国家对电子竞技的顶层设计并促进电竞产业大规模落地，近年来陆续出台一系列电竞扶持政策，例如，上海市发布促进电子竞技产业健康发展 20 条意见，力争在 3 至 5 年内全面建成"全球电竞之都"；海南省出台"海南国际电竞港专项政策"，在资金支持、人才引进、税费减免、入境审批、流程优化、赛事传播六个方面推出相应的电竞产业支持政策；广州市颁布《广州市促进电竞行业发展行动方案(2019—2021 年)》，采取十项措施促进电竞产业发展，力争到 2021 年基本建成"全国电竞产业中心"等。

随着近几年我国电子竞技产业的快速发展，电子竞技产业已经初步实

---

① 沈克印，寇明宇，吕万刚. 数字经济时代体育产业数字化的作用机理、实践探索与发展之道[J]. 上海体育学院学报，2021，45(7)：8-21.

现成熟化运营并形成了一个较为完整的产业链。电子竞技产业链包括上游的游戏开发、发行企业；中游的电子竞技俱乐部、赛事运营企业；下游的宣传媒体和赛事直播平台，以及作为消费者的电子竞技爱好者以及广告商、赞助商等。电子竞技超高的关注度与参与率引起了许多体育用品制造企业的重视，耐克、阿迪达斯、彪马、安德玛、New Balance 等纷纷开展与电子竞技的跨界合作，期待借助电子竞技领域的巨大流量提升自身影响力。2019 年 2 月，耐克以 2 亿元的独家赞助开启与 LPL 为期四年的深度合作，从 2019 年 LPL 春赛季开赛到 2022 年年底，耐克成为 LPL 官方服装合作伙伴，合作内容包括 LPL 赛区服装及球鞋设计、LPL 联名运动产品以及包括创意和营销联动在内的衍生服务。不仅是体育用品制造企业，传统体育组织也争相布局电子竞技领域，2017 年，F1 创办了一级方程式电子竞技系列赛，赛事采用《F1 2019》游戏；以 NBA 为代表的美国四大职业体育联盟不但陆续推出了 NBA 2K 电竞联赛、eMLS 电竞联赛、NHL 电竞世界锦标赛等以线下传统运动项目为原型的电竞比赛，还对电子竞技产业进行大规模的战略投资，并组建了自己的电竞产业部门，以期收获不同层面的球迷和电竞爱好者。电子竞技在我国具有广阔的发展前景，不仅自身创造了巨大的产业价值，也为传统体育企业带来了合作机会与发展机遇。

表 2-1　　　　　**国家层面推动电子竞技发展的政策与事件**

时间	内　　容
2003. 11	国家体育总局将电子竞技列为第 99 个正式运动项目
2004. 06	中华全国体育总会主办第一届国家级电子竞技联赛 CEG
2009	电子竞技主管部门明确为国家体育总局信息中心
2013	国家体育总局组建 17 人电竞队出席第四届亚洲室内运动会
2016. 01	文化部牵头成立中国文化娱乐行业协会电子竞技分会
2016. 03	国家体育总局牵头举办全国移动电子竞技大赛 CMEG
2016. 04	国家发改委发布《关于促进消费带动转型升级的行动方案》明确指出要"开展电子竞技游戏游艺活动"
2016. 05	国家体育总局发起"新电竞联盟"
2016. 09	教育部公布 2016 年 13 个增补专业内包括"电子竞技运动与管理"
2017. 04	文化部"十三五"发展规划中明确提出推动游戏产业结构升级，促进电子竞技、移动游戏、游戏直播、虚拟现实等新业态发展

时间	内　　容
2018.05	《英雄联盟》等6个电竞项目获准入选雅加达亚运会表演项目，中国队获得两金一银
2019.03	国家统计局发布《体育产业统计分类(2019)》，将电子竞技归为"职业体育竞赛表演活动"，与足球、篮球、排球三大球同类
2021.07	工信部等10个部门发布《5G应用"扬帆"行动计划(2021—2023年)》，打造AR/VR业务支撑平台，推动与5G结合的电子竞技等互动内容产业发展
2021.06	文化和旅游部发布《"十四五"文化和旅游市场发展规划》，提出加强对电竞酒店、电竞娱乐赛事等新业态新模式的引导、管理和服务
2021.10	国家体育总局印发《"十四五"体育发展规划》，明确了加快数字化发展、建设数字体育的创新发展思路

(三)体育产业数字化创造新产品与新服务

数字技术、智能技术在体育各个领域的广泛渗透，催生出大量的新型体育产品和互联网健身应用，它们通常具备智能化、网络化、数据化、娱乐化等特征，主要被应用于大众健身领域和竞技体育领域，具有良好的市场发展前景。物联网技术和智能芯片技术的发展，使得智能运动装备出现在竞技体育的赛场上，用以实现高效的科学训练和精确的赛事分析。美国职业棒球洛杉矶安那罕天使队的 Mike Trout 在比赛中使用的 Smart Bat，可以准确记录挥杆速度、轨迹和角度。通过对记录数据的科学分析，Mike Trout 可以采取有针对性的日常训练，提升其在比赛中的运动表现。俄罗斯足球世界杯期间，官方指定的颇具现代感的 Telstar 智慧足球，内置一枚可以记录足球行进轨迹、球员射门的力度以及足球是否出界等信息的 NFC 芯片，不仅可以辅助裁判对争议球进行界定，还能助力球队教练在赛后根据场上数据进行相应的攻防调整。

随着各种智能技术应用的不断成熟与市场需求的持续积累，智能体育设备逐渐下沉到大众健身领域，一些操作方便、成本适中的可穿戴设备与智能化运动器材逐渐出现在消费市场，使全民健身向科学化与智能化不断迈进。① 智能手环、智能跑鞋、智能哑铃等运动产品能让健身爱好者真实、实时地记录人体运动过程中的生物学信息，形成客观、系统的认知，甚至通过设备的项目智能选择或专家云指导等方式，向用户提供更为科学的运动健康指导和管理，进而改变用户无计划、盲目的运动习惯。VR 技术的应用也催生出多种多样的智能体育器材。用户通过使用高尔夫球模拟器、虚拟棒球机、室内滑雪机、智能骑行台等智能体育设备，在室内较小的空间范围就可以体验高尔夫、棒球、滑雪、骑行等对场地要求较高的运动。

随着智能硬件市场规模的不断拓展，相应的互联网健身应用也逐渐丰富起来，越来越多的企业在获得一定规模的消费群体后，开始趋向于提供"制造+服务"相结合的智能体育产品以拓展内容和市场，如传统运动健身APP 开始结合智能系统或成熟的核心技术打造与自身 APP 绑定的运动器材和装备，传统体育内容制造商则倾向于打造自主运动社交平台。② 各大应用市场中已有 7 大类共计千余种体育健身服务类 APP，多种多样的体育智能产品为广大用户创造了个性化、定制化的专业服务。③

虽然智能健身的观念已被大众广泛接受，但智能体育设备的普及率一般，智能体育的市场还未被充分打开。艾瑞咨询数据显示，大众普遍认为智能体育产品科技感低于预期（占 41.4%）、功能过于单一（占 41.1%）和价格过高（41.3%）。由此看来，数字技术、智能技术在体育领域应用的不断深入，带来品种功能更加丰富、更迎合消费者需求的智能体育产品，还将进一步为创造体育智能消费提供更为广阔的市场空间。

三、体育产业数字化的时代意义

近年来，国家出台的体育产业的政策文件中，多次提到推动网络与数字技术应用于服务业或体育产业发展。例如，2010 年颁布的《国务院办公厅关于加快发展体育产业的指导意见》中提到，推动体育与文旅、电信等相关产业融合发展。④ 2016 年印发的《国务院办公厅关于加快发展健身休闲产业的指导意见》中指出，培育基于移动互联网、云计算、大数据等技

---

① 温煦，袁冰，李华，等．论智能可穿戴设备在我国体力活动大数据分析中的应用[J]．中国体育科技，2017，53(2)：80-87．

② 郑芳，徐伟康．我国智能体育：兴起、发展与对策研究[J]．体育科学，2019，39(12)：14-24．

③ 江小涓．体育产业发展：新的机遇与挑战[J]．体育科学，2019，39(7)：3-11．

④ 国务院办公厅．国务院办公厅关于加快发展体育产业的指导意见[Z]．2010-03-24．

术的健身休闲服务，促进健身休闲在线平台发展。① 2019 年颁布的《国务院办公厅关于促进全民健身和体育消费推动体育产业高质量发展的意见》中指出，推动电商平台提供体育消费服务，大力发展"互联网+体育"，推动新兴数字技术应用于体育产业，支持各类智能体育赛事发展。② 相关政策文件还有很多，由于篇幅限制，不再赘述。从各类文件中提及网络与数字技术的频率越来越高，表述越来越细，涉及范围越来越广，足以体现出数字化对于体育产业高质量发展的重要作用。

（一）体育产业数字化是顺应时代发展潮流的必然选择

数字经济在我国蓬勃发展，以大数据、区块链、5G 技术、互联网、云计算、人工智能、物联网等为代表的新一代数字科技与实体经济的日趋融合，为各行各业带来强劲的发展动力与前所未有的发展机遇。2017 年《政府工作报告》强调，"要推动'互联网+'深入发展，促进数字经济加快成长"。在以习近平同志为核心的党中央的高度重视下，各地政府纷纷出台政策大力发展数字经济。2018 年 5 月，习近平总书记在出席两院院士大会时指出："世界正在进入以信息产业为主导的经济发展时期，我们要把握数字化、网络化、智能化融合发展的契机，以信息化和智能化为杠杆培育新动能。"2019 年 11 月，国家发改委制定印发《国家数字经济发展试验区实施方案》，在河北、广东、浙江、福建、重庆等地启动国家数字经济创新发展试验区创建工作，大力推动数字经济发展。③ 数字经济已成为推动新旧动能转换的关键动力，因此加快推动体育产业数字化转型是顺应时代发展潮流的必然选择。

（二）体育产业数字化是推动产业高质量发展的重要引擎

体育产业具有资源消耗低、市场需求大、融合带动作用强等特征，对国家稳增长、调结构、惠民生、促就业发挥着重要作用。新时代下推动体育产业高质量发展是实施全民健身和健康中国战略的重要保障，也是满足人民日益增长的美好生活需要的题中应有之义。数字经济与高质量发展的内涵高度契合，是实现体育产业质量变革、效率变革和动力变革的内生动力。

① 国务院办公厅. 国务院办公厅关于加快发展健身休闲产业的指导意见[Z]. 2016-10-28.
② 国务院办公厅. 国务院办公厅关于促进全民健身和体育消费推动体育产业高质量发展的意见[Z]. 2019-09-17.
③ 中国通信研究院. 中国数字经济发展与就业白皮书[R]. 北京，2019.

第一，数字经济有利于提升体育产业的产品和服务质量，推动质量变革。随着社会经济的发展，人们的消费观念逐渐发生转变，体育消费需求也从单一的体育用品购买需求转向差异化、多样化的健身休闲服务需求和竞赛表演观赏需求。① 体育消费还表现出由"随意性"向"专业性"的转变。② 与大众体育消费需求的转变相比，我国当前的体育产业结构还存在一定程度的落后性和不合理性，主要体现在体育本体产业与外围产业发展的不充分和体育高端供给与低端供给的失调。数字化转型将会使体育企业获得更多直面消费者的机会，通过分析消费端的大数据，企业能够更加了解消费者的偏好和需求，进而为其提供个性化的体育产品与服务。同时，依托数字技术的电子商务能聚合大量质量信号，有效降低信息不对称和不完全对要素资源的流通约束，有利于营造公开透明的信息环境。③

第二，数字经济有助于降低市场交易成本，推动效率变革。体育企业的数字化运营将以数据作为新的生产要素，建立体育企业内部以及外部的数字化连接，在内部重塑员工之间、各部门之间的沟通模式，实现基于大数据的科学决策，在外部提升供应链的数字化管理水平，使供应链各环节更加协同。数字技术的发展与应用可以降低市场交易成本，大幅提升体育产业上游、中游和下游的信息共享水平，实现供需双方资源的有效对接。

第三，数字经济推动体育产业的动力变革，有助于加快培育市场新动能。数字技术本身就是科技革命产生的创新成果，并以数字化方式促进体育领域宏观、中观和微观层面的创新。宏观层面，要素数字化推动体育产业由传统要素驱动的粗放化发展向数据驱动的精细化发展转变，实现了体育产业新旧动能的转换续接；中观层面，体育产业数字化催生了一批极具活力的新模式和新业态，有力推动了体育产业结构升级和跨界融合发展，拓展了体育产业新的市场空间；微观层面，体育企业数字化有助于提升体育企业的整体效益，能够推动营销创新、商业模式创新、品牌创新和管理创新。

(三)体育产业数字化是助力体育产业转"危"为"机"的重要过程

2020年，突如其来的新冠疫情打破了体育产业的原有计划，包括东京奥运会、卡塔尔世界杯预选赛、跳水世界杯系列比赛、亚足联杯东亚区

---

① 沈克印，曾玉兰，董芹芹，等. 数字经济驱动体育产业高质量发展的理论阐释与实践路径[J]. 武汉体育学院学报，2021，55(10)：5-12.

② 江小涓. 体育产业发展：新的机遇与挑战[J]. 体育科学，2019，39(7)：3-11.

③ 江小涓. 高度联通社会中的资源重组与服务业增长[J]. 经济研究，2017(3)：4-17.

系列比赛、北京冬奥会首场测试赛、NBA、中超、CBA等在内的大型体育赛事与不计其数的中小型赛事被迫取消或延期举办；冰雪产业面对着最好的雪季与最短的营业期，最多的滑雪场与最少的客流量，最充分的准备与最差的市场表现，收入与往年同期相比呈断崖式下滑；体育用品制造与销售业面临跨区域交通封锁导致的物流受限和产业链上下游复工复产不协同造成的产业整体运转效率不高等问题，生产和流通受到严重影响；健身场馆、商场、景区等线下经营场所在疫情防控要求下几乎全面关闭，严重依赖线下消费的健身休闲企业受到巨大冲击，在场租与员工薪资的双重压力下面临资金流动性危机。

与线下业务发展几乎停滞形成鲜明对比的是，线上业务开展得如火如荼。超级猩猩、乐刻运动、威尔士健身等具备数字化经营能力的体育服务企业针对疫情做出快速反应，大规模拓展线上业务板块，通过开展"云办公"和提供无接触、网络化、云端化的体育服务，维系了线下会员的用户关系，很大程度上对冲了疫情的不利影响，而KEEP、SPAX、TT健身等具有互联网基因的健身平台甚至实现了线上业务的爆发式增长。疫情期间，数字经济发挥了短期的补位支撑作用，帮助体育产业在一定程度上化解了危机，而未来更长时间内，数字经济与体育产业的深度融合将成为发展趋势。

第二节　数字经济驱动体育产业发展的作用机制

一、新要素投入：数字经济助力体育产业发展的宏观分析

(一)数字化有助于提高体育产业生产要素的组合效率

生产要素是经济学理论的基本概念，是对生产经营中所需的社会资源的形象概括，其涵盖的要素种类会随着社会发展的时代特征而不断变迁。从农业时代以土地作为核心生产要素，到工业时代以资本和技术作为核心生产要素，再到数字经济时代来临，由云计算、大数据、人工智能等新一代数字技术的快速发展引发的人与人、人与物、物与物之间的泛在互联，使得数据成为经济活动中的重要资源，并以自然溢出的方式向各行业拓展。习近平总书记在全国网络安全和信息化工作会议中指出，要充分发挥数字对经济发展的叠加、放大、倍增作用，通过产业的数字化转型实现对

传统产业的全面改造，进而提高全要素生产率。党的十九届四中全会首次增列"数据"作为新的生产要素，并提出要健全由市场评价贡献、按贡献决定报酬的机制，这为体育产业数字化发展指明了方向。

体育产业数字化可以打破线下企业与企业之间、人与人之间、人与物之间多节点、低效率的平面连接，利用云端的智能化算法对线下资源与场景进行模拟，采集体育企业业务流程和运营流程产生的海量数据，生成反向控制线下要素的指令，并使其进行重新组合，利用协作化开发、集约化整合和高效化利用，能够促进体育企业的高效协同。数字化转型能够驱动体育产业的发展方式发生变革，从传统要素驱动的粗放化发展向数据驱动的精细化发展转变。例如，在传统的体育用品制造业中，不管是由企业内部的采购部门、生产部门、仓储部门、销售部门构成的内部供应链，还是由企业外部的原材料供应商、生产商、储运商、经销商、客户组成的外部供应链，其各节点的供需连接大多依靠沟通的语言、汇报的文字、战略化的表述，产业运行中海量数据没有得到存留，其规模越大，管理效率越低。而由数据驱动的体育互联网企业，利用大数据、人工智能等新一代数字技术，采用敏捷的组织架构，充分采集和分析研发、设计、生产、销售、服务等诸多环节产生的海量数据资源，优化配置生产资源，促使各环节高效协同并大幅提升应对市场变化的快速反应能力。互联网健身平台Keep借助互联网思维和数据驱动的高效运营，从仅包含健身和社交基本功能的1.0版本，升级到涵盖重训、跑步、瑜伽、骑行、饮食、训练计划、UGC与PUGC内容、社交、传统运动+新玩法的5.0版本，仅花费两年零六个月的时间，高效的产品迭代是传统体育企业难以企及的。

(二)数字化有助于提高体育行政部门管理效率

近年来，随着国民收入的增加、健康意识的普及以及需求层次的提升，我国体育产业迎来了难得的发展契机，产业规模不断扩大。同时，体育产业的快速发展带来的市场复杂程度和多元程度不断加剧，也为体育行政部门的服务与监管提出了更高的要求。在数字中国建设持续推进的背景下，大数据、人工智能、5G、工业互联网等新兴数字技术在政府部门不断得到应用，通过构建大数据驱动的政务服务新机制，重塑了政务信息化管理架构、业务架构和技术架构，驱使政府由以政务信息公开、群众网上办事和政府公众沟通为核心的"政务信息化1.0时代"向以数据驱动的"数字政府2.0时代"转变，这为体育行政部门强化监管和提升服务效能提供了新思路。

政务服务方面，浙江省体育局着眼于新时代发展要求，深化"最多跑一次"改革，通过建立完善"浙江省体育公共服务平台"与"浙江省体育数据归集共享管理平台"，实现了公共服务事项 85% 的移动端办理率和100% 的互联网端办理率，以规范化的互联网服务流程提升了业务办理效率与进程的透明度。市场监管方面，2014 年国务院颁布的《关于加快发展体育产业促进体育消费的若干意见》明确提出，要全面取消商业性和群众性体育赛事活动审批，降低体育市场准入门槛，并减少事前监管，这种情况下，将管理重心逐步后移，强化事中事后监管就显得尤为重要，而"互联网+监管"具有边际成本低、效率高、灵敏度高、可追溯、可计量的特点，成为提升政府治理能力的不二之选。政府可以通过建立健全政务数据开放机制，加强体育行政部门与工商、民政、统计、发改、税务、公安等业务部门的数据交换与共享，并全面接入和融合社会投诉举报信息、第三方信用数据等，构建覆盖体育企业、体育社会组织和体育从业人员的监管主题数据库，通过智能算法对数据进行挖掘、利用和管理，以较少的行政资源实现更好的监管效果，推动实现体育行政部门治理能力的现代化。总而言之，体育行政部门的数字化转型和对政务大数据的充分开发利用，有助于实施更加科学的宏观调控、出台更加精准的产业政策、提供更加高效的政务服务和实现更加精细的政务管理。

二、产业数字化：数字经济助力体育产业发展的中观分析

（一）数字化有利于促进体育产业跨界融合并重塑产业竞争格局

数字经济具有融合性与虚拟性的特点，通过信息和数据要素在不同产业与不同经营主体之间交换与共享，使得不同产业、同一产业的不同环节、不同经营主体之间的关联性变得更强。而大数据、人工智能、区块链、5G 等技术的广泛应用，也会为产业融合创造更加便利的条件。数字经济的规模效应和范围经济效应促使大型平台产生，使企业之间形成更为广泛的互联互通和协作互助，进而构建以数据驱动的规模庞大的跨产业生态系统。原本由体育产业自身从事的用户价值创造工作将逐渐被跨产业生态系统共同创造的价值网络所替代，价值链的解构与价值网络的重组将会使体育产业的边界变得愈加模糊，进而推动体育产业的跨界融合和商业模式的不断创新。产业融合方面，例如，围绕用户价值"健康"的"体医融合"，与围绕用户价值"运动、快乐"的"体育+旅游"等。

数字经济时代，体育产业的行业壁垒将会不断降低，体育产业内不仅

会增加更多新的市场主体，还会面临来自外部更大的竞争压力，原本产业内部企业与企业之间的竞争，将会拓宽到产业与产业之间以及生态系统与生态系统之间。体育产业竞争格局的重塑对产业效率的提升大有裨益。近年来，以 PPTV、万达、乐视、腾讯、阿里等为代表的巨头企业，跨界大举进军体育产业，通过构建大型平台整合体育资源、斥资并购老牌体育企业、激烈角逐体育赛事版权、布局电子竞技新兴业态等，为体育产业的蓬勃发展注入了前所未有的活力。①

（二）数字化催生体育产业新业态

2020 年 2 月 26 日，国家体育总局经济司副司长彭维勇在国务院联防联控机制新闻发布会上提出，要鼓励体育企业利用 5G、大数据、人工智能、云计算、区块链等新兴数字技术，培育体育产业的新业态。② 数字技术和信息技术对现代体育产业进行改造与升级，重塑了体育企业的业务流程和交付形式，进而催生了体育产业各细分领域的新业态，也带来丰富的数字化实践样板。

第一，健身休闲领域，KEEP、SPAX、TT 健身等互联网健身平台汇集了传统健身俱乐部所不能比拟的大量优质健身资源，通过向用户提供网络化、云端化的内容，尤其是丰富的健身视频和直播课程，使用户能够摆脱地域空间束缚，根据个人需求自由地利用碎片化时间进行娱乐健身，创新了传统健身休闲业提供服务的方式。第二，竞赛表演领域，阿里体育将阿里巴巴集团的多层战略业务单元加入马拉松的运营之中，通过"数字化杭马 2.0"的具体实践，探索总结出了一套通用的马拉松赛事数字化解决方案，为全面助推我国马拉松赛事数字化转型与提升赛事运营效率提供了支撑。第三，体育传媒和信息服务领域，社交媒体与直播平台的快速发展使传统模式下单项传播的赛事变得更具即时性、连通性与互动性，让观众获得了更为优质的观赛体验。第四，体育用品制造与销售领域，Nike 凭借 3D 扫描技术和人工智能技术的 FeetID 鞋类匹配引擎，在短短数秒内对顾客脚部的生理结构进行扫描并建模，通过移动端应用将三维立体模型传送至顾客的手机，使顾客在实体店、家中或线上都能依据自己的脚型获得精准的产品推荐和个性化的定制服务，Nike 对数字技术的创新性应用大

① 沈克印，曾玉兰，董芹芹，等. 数字经济驱动体育产业高质量发展的理论阐释与实践路径[J]. 武汉体育学院学报，2021，55（10）：5-12.
② 国务院联防联控机制. 2020 年 2 月 26 日新闻发布会文字实录[EB/OL].［2020-02-26］. http：//www.gov.cn/xinwen/gwylflkjz32/wzslqt.htm.

幅提升了传统体育用品制造与销售业提供个性化服务的能力。第五，体育场馆服务领域，阿里体育一方面利用阿里云 IoT 技术综合监控和管理用电、照明、闸机、停车等模块，使场馆运营更加智能化；另一方面向用户提供集成便捷购票系统和丰富赛事信息的移动端应用，使球迷在现场观赛期间可以得到周全的服务。丰富的新业态为体育企业提供了巨大的发展机遇，使其能够跳出传统体育产业白热化的存量市场竞争，驶向利润更为丰厚、规模更为广阔的增量市场发展。

三、企业数字化：数字经济助力体育产业发展的微观分析

（一）数字技术有利于提升体育企业的劳动生产率

追求效率是经济发展永恒不变的主题，如何提升体育企业的劳动生产率成为发展体育产业的关键任务。随着网络与数字技术在体育领域应用的不断深入，数字经济将会大幅提升传统体育服务企业和体育用品制造企业的劳动生产率。

一方面，在体育服务业领域，传统上认为体育服务具有生产和消费的同步性、不可储存性、不可贸易性等特征，无法实现规模经济，因而体育服务业表现出经济学上所谓的"鲍莫尔成本病"。"鲍莫尔成本病"会导致体育服务业的劳动生产率提高缓慢，相对生产成本不断提升。具体来看，传统的体育服务供给模式较为依赖服务者和消费者处于同一场景，人力资本是主要生产要素，劳动量难以压缩，就像在健身休闲市场上，健身教练在指导一个顾客参与健身活动并不会比几十年前花费更短的时间。数字经济在我国的蓬勃发展，为体育服务业克服"鲍莫尔成本病"、实现劳动生产率的大幅提升提供了可行的路径。近年来，新一代互联网智能健身平台如雨后春笋般涌现，为大众休闲健身提供了新选择。新冠疫情期间，App Annie 的数据显示，互联网健身领域头部产品 Keep、SPAX 与 TT 健身直播，在 2020 年 1 月 20 日到 2 月 9 日下载量较之前三周环比上涨 116%、523% 与 600%，单在 SPAX 一个平台上，全网每天上课人数就能突破 200 万人次。互联网健身平台的快速发展，完全颠覆了线下健身休闲俱乐部一对一、一对多的服务模式，使健身休闲产业的服务效率大大提升。在过去，体育赛事只能面向赛场内观众，其服务的人群范围极其有限，无法与赛事直播动辄上亿的人数相提并论。数字技术虚拟化、低边际成本的特性可以突破地理空间限制，让体育赛事借助互联网渠道低成本地传播，使世界各地的消费者无论贫富都可以低价或是免费地在移动端与 PC 端观赏到

世界最顶尖的赛事，实现观赛人数的爆炸性增长，大幅提升赛事的传播效率。国际足球联合会（FIFA）的数据显示，2018 年俄罗斯世界杯期间，通过电视和网络直播收看比赛的人数达到了 35.72 亿人次。

另一方面，在体育用品制造业领域，我国的体育用品制造业缺乏核心竞争力，在全球价值链中处于中低端。新一代数字技术的应用能够提升体育用品制造企业业务流程的整体效率。第一，研发设计阶段，体育企业应用大数据虚拟仿真技术，将实体场景的各个模块数据化，整合并建立多体多态耦合的虚拟仿真模型，提升设计的直观性和交互性，优化研发设计流程。第二，监督管理阶段，体育企业通过对采购、生产过程产生的大数据进行分析，能够对业务流程进行全面而系统的监督，及时发现经营过程中的异常与隐患，实现精益化管理。[①] 第三，生产制造阶段，人工智能技术可以对生产过程中设备和产品的质量信号进行实时捕捉并做出反馈和调整，代替人工生产，实现智能化生产。第四，产品销售阶段，基于互联网技术的电商平台、社交媒体、直播平台能够突破物理空间限制，使生产者有更多机会直面消费者，转变线下多层级的分销模式，实现交易的去中介化。例如，德国的 Adidas Speedfactory 概念工厂，通过动作捕捉技术采集人体脚部骨骼、皮肤等参数建模，在生产过程中除了少量技术人员之外，全部由 3D 打印机和智能机械臂进行球鞋生产，大幅提升了个性化产品的生产效率。

（二）数字化使体育企业的盈利模式更加多元

传统体育产业商业模式和盈利模式较为单一，体育企业大多只能采用要素驱动的粗放化模式进行发展，场地、资本、劳动力等传统生产要素的瓶颈约束较为突出。以健身俱乐部低质量的扩张模式为例，在产业萌芽之初，健身俱乐部的数量尚不能满足国民健身需求，在市场中大规模投资开设门店具有较高的市场收益和发展效率。而近些年来，随着健身休闲产业的快速扩张，三四线城市的健身市场都已近乎饱和，同质化的健身俱乐部充斥市场，粗放化发展模式的弊端愈发凸显。健身休闲行业普遍采用预售模式，在俱乐部开业之前，以较低的价格超量预售长达 3 到 5 年的超长期会员卡，加速资金回笼并转投下家。竭泽而渔的发展方式严重透支了后期的市场需求，大量健身俱乐部在开业后的营业收入长期难抵场租、水电、

---

① 陈晓红. 数字经济时代的技术融合与应用创新趋势分析［J］. 中南大学学报（社会科学版），2018，24（5）：1-8.

员工工资等高额的日常开支，若是再因经营不善导致资金链断裂，引发的连锁反应将会严重侵害消费者权益。健身俱乐部粗放的发展模式已饱受市场诟病。练多堡2018年健身行业报告显示，74.7%的健身俱乐部倒闭(或转让)的核心原因是现金流断裂，倒闭(或转让)门店中超八成生存周期不足1年。[①]

数字经济时代，随着移动支付的普及和电子商务的发展，体育企业获得了更加丰富的变现渠道。除了线下的产品和服务售卖以外，健身休闲平台企业和内容创作者还可以通过版权增值、垂直电商嵌入、用户打赏、广告点击率和转化率变现、品牌代言、线下健身俱乐部流量引入等方式获得盈利。以互联网健身头部品牌Keep为例，基于丰富的业务结构(如图2-1)，其变现方式也较为多元。

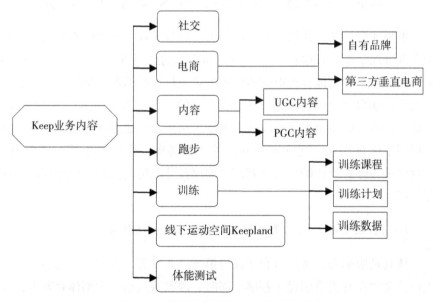

图 2-1　互联网健身平台 Keep 的业务内容

(1)用户服务方面，用户对动作教学视频类服务价格极为敏感，并且普遍还未形成付费习惯，此部分采取免费模式。付费服务主要包括精品课程、付费定制健身计划和其他会员服务。(2)广告投放方面，Keep则较为克制，为照顾用户情绪，广告商选择以少量知名品牌为主。(3)电商方

---

① 三体云动，三体商学院，等. 2018中国健身行业数据报告——健身房生存白皮书[R]. 上海：三体云动数据研究中心，2019.

面，Keep 采取了差异化的营销策略，第三方电商以国内暂未开通官方售卖渠道的精选品牌为主，自有品牌在设计和定价上走的则是亲民路线。(4)线上线下融合方面，线下运动空间 Keepland 是 Keep 为发掘用户的高阶健身需求，对其线上业务的补充，线上线下的融合发展起到了相互促进的作用。据悉，Keep 凭借平台优势，未来或将拓展教练资质认证和群众体育赛事运营业务。数字经济下多元化的变现渠道使 Keep 拥有更强劲的发展动力与市场竞争力。

第三节　数字经济驱动体育产业发展的应用场景

一、区块链技术驱动体育产业发展：以 vSport 体育价值链为例

世界体育商业模式目前面临的最大问题就是权益分配的不均衡，权益的合理分配是提升各权益主体积极性和推动商业高效运行的基础。vSport 是区块链技术促进体育产业提质增效与高质量发展的典型案例，顺应了国家大力推动数字经济与实体经济深度融合的时代要求。vSport 基于现有的区块链技术基础做出大胆的改进与创新，从体育产业的核心问题出发，将其应用于体育产业，建立全新的涵盖体育赛事、体育俱乐部、体育 IP、体育明星等体育资产的价值评判体系和权益分配机制，并在世界范围内进行推广。

(一)区块链技术应用于体育中介服务业的价值体现

体育是影响力经济，有利于促进第三产业发展，增加就业机会，产生正向社会效益并提升居民幸福感。同时，国家通过举办大型体育赛事，能够提升自身的社会、文化、政治和国际地位，打造城市名片，实现城市转型发展的重大升级。[①] 而对于企业来说，投资体育赛事、体育俱乐部能够帮其塑造品牌形象、提升全国知名度并维护和地方政府的良好关系。例如，广州恒大淘宝足球俱乐部长期处于亏损状态，其母公司恒大地产集团还能对其源源不断地注资。恒大地产充分享受到了足球俱乐部影响力带来的收益，但对整个体育产业来说，赛事举办通常不是一家企业能够独自完

---

① 毛丰付，郑芳，朱书琦. 重大体育赛事对城市经济发展的影响——基于中国 70 个大中城市面板数据分析[J]. 上海体育学院学报，2020，44(5)：24-36.

成的，会牵涉体育俱乐部、赛事运营公司、政府、行业协会、体育媒体等方方面面，需要各个环节的相互配合，体育行业整体盈利水平较低，且缺乏完善的利益共享机制，使得各利益相关者很难从各自的工作和贡献中获取相应的报酬，严重阻碍了体育产业的规模化发展。以利益的整合推动观念、意识与组织的整合，促使利益相关者能够为了共同的事业凝聚成一个利益均衡的系统，通过建立体育媒体与大型赛事的利益共享机制，优化职业体育的营收结构，打造同一区域内和产业上下游共生的价值链条。① 因此，如何构建合理的利益共享机制成为解决问题的关键所在。

区块链作为一种底层技术，已被逐渐应用到征信、版权交易、金融、供应链溯源等领域，有力推动了相关产业的提质增效，有效地解决了该领域信任机制构建问题。区块链具有时序特征，本质上是一个由数据区块通过链式结构组成的去中心化分布式共享账本系统。② 由于每一个数据区块内都包含一个时间戳和上一个区块的加密散列，使得区块链上的数据具有不可篡改、不可逆和可信任的特性。在区块链技术构建的分布式账本系统内进行交易，可以使得交易记录被永久查验。区块链技术通过使用密码学和数学巧妙的分布式算法，无需借助任何中心化机构的管理就建立了稳固的共识机制，以极低的成本解决了互联网上价值与信任的可靠传递难题。区块链技术在体育资产权益分配方面的应用，能够降低沟通与协调成本，有效增进利益相关者之间的信任，为体育产业的价值表现、价值聚拢、价值流通与价值变现提供解决方案，③ 也为体育产业的变现难问题提供了新的解决方案与思路。

（二）vSport 体育价值链的应用场景与成效

vSport 体育价值链是全球首个利用区块链技术构建的体育价值确权和交易平台。该平台采用双通证机制，流通通证 VSC（vSport Coin 体育币）主要用于 VSC 钱包下用户对体育商品和资产交易的流通使用，权益通证则是投资者获取体育资产投资权益的唯一凭证。为了丰富体育价值链的应用场景，打造可持续的体育产业价值生态系统，vSport 体育价值链基于 VSC 的底层价值结算机制，为第三方私有链和侧链提供可兼容的协议接口，支

① 易剑东. 论体育产业的发展逻辑[J]. 体育学研究, 2019, 2(4): 1-12.
② 黄道名，郭孟林，杨群茹. 体育产业区块链技术的应用选择与实现路径[J]. 体育科学, 2019, 39(8): 22-28.
③ 沈克印，曾玉兰，董芹芹，等. 数字经济驱动体育产业高质量发展的理论阐释与实践路径[J]. 武汉体育学院学报, 2021, 55(10): 5-12.

持合作伙伴在公链上进行拓展。该平台转换成加密货币价格，打造价值区块，通过鉴定评估体育资产的真实价值，形成价值链条，实现体育资产的"上链"流通和价值交换。vSport 体育价值链目前已成功应用于球星专属数字资产交易、彩票销售、俱乐部资产通证化、体育公益活动募资等场景，创造了可靠的合作机制与坚实的信任基础，也在一定程度上解决了体育产业融资难、变现难、市场集中度低和市场化程度低等问题。

第一，vSport 体育价值链有利于将体育产业的影响力变现。vSport 创建体育价值链的目的在于使旧模式无法凝练的价值、影响力和流量聚拢在一起，使体育企业从传统市场中重新获利。新三板体育企业代表着中国未上市体育企业的最高水平，此类企业受到"连续 3 年净利润为正且累计超过 3000 万元人民币"的条件限制，普遍存在上市难问题，很大程度反映出体育企业盈利能力不强的现状。① 体育活动虽然盈利能力不强，但其影响力和流量产生的溢出效应则能为体育相关产业、体育延伸产业和地方经济带来重大利好。vSport 打破体育产业不同业态间条块分割的状态，构建包括赛事运营、门票销售、体育媒体、俱乐部、广告、运动员、体育竞猜等在内的庞大链上社区，使各个环节与模块互为流量入口，将体育产业的影响力汇聚到一点，在区块链体育生态圈中创造着共同的价值。vSport 通过创造性地应用区块链技术和价值观，汇集线上线下逾 4000 万的体育爱好者，成功使链上社区的各个生态伙伴从"体育产业+区块链"的商业模式中共同获利。为持续推动链上社区的高质量扩容和落地，vSport 还在全球范围内不断搜寻优质的生态合作伙伴，其公有链现已聚合了包括世界顶级足球俱乐部、足球巨星、国家级足协、体育社交媒体公司 433、运动营养领军企业康比特等在内的诸多世界级体育资源。

第二，vSport 体育价值链有利于构建合理的利益分配机制。区块链去中心化、不可篡改的特质使得原本难以被量化的成员贡献得到公正的衡量，在此基础上才能形成稳定的分利模式，进而促进利益相关者形成规模庞大的体系，推动体育的规模化发展。② 乌德勒支 DHSC 是一支曾经获得过荷兰冠军杯的历史悠久的足球俱乐部，vSport 依托区块链技术重新构建这支俱乐部，欲将其打造成荷兰的顶级足球俱乐部。vSport 对 DHSC 俱乐部的改造，主要在于其会员架构，利用区块链去中心化、不可篡改等特

① 体育产业生态圈.IPO 太严，借壳太贵：体育企业上市到底有多难？[EB/OL]. [2017-09-20]. https://36kr.com/p/5094079.
② 沈克印，曾玉兰，董芹芹，等.数字经济驱动体育产业高质量发展的理论阐释与实践路径[J].武汉体育学院学报，2021，55(10)：5-12.

质，建立俱乐部会员间合理的利益分配机制，并向其分发相应的权益通证，使得持有通证的会员能够参与俱乐部的参赛、签约等重要决策以及获得公平合理的利益分配。区块链技术对 DHSC 会员架构的重塑，整合了松散的会员关系，构建出一种体系严密的组织结构，带来了生产关系和组织结构的变革。每个会员不用考虑投入回报，而是以促进俱乐部的发展为共同目标全身心地为 DHSC 创造价值，使俱乐部的整体收入上升，然后再按照区块链记录的工作量来分配利益。

第三，vSport 体育价值链有利于体育产业的资金募集。体育企业普遍面临资金紧张的问题，其原因主要包括以下三个方面：一是体育产业部分领域的盈利方式随机性较大、不够持续稳定。例如，依靠几年一次的赛事爆发和广告赞助等方式获得收益，这使得投资机构很难对体育项目进行评估投资。二是体育资产的投资回报周期较长。例如，体育场馆从规划设计到动工建设，到投入运营，再到资金回笼需要很长的周期，体育赛事的 IP 培育和俱乐部的人才培养更是需要长达数十年的时间。私募股权投资和风险投资通常以 3 至 5 年的中期投资为主，他们并不会持续投资某一项目来获取长期的价值回报，而是在投资之前就已考虑清楚资本未来的退出机制，不能满足体育产业的投资需求。三是中小体育企业使用的场馆设施大多依靠租赁，在贷款时基本没有能用来质押的有形资产，而其核心资源——体育人才（如体育产业高管、运动员）和各类无形资产（如特许经营权、商标专利权、专利权、赛事所有权、运营权、客户关系、销售网络等），由于缺乏完善的评估体系，质押贷款难度更大。① vSport 体育价值链是一种非常灵活的融资方式，权益通证将体育场馆、体育赛事这类大型资产拆分成小单元，有效扩充了体育产业的投资主体的种类，使个人投资者和体育迷能够与自己热爱的体育事业共同成长。vSport 经过在体育产业各个业态的长期探索，将体育俱乐部、足球场、滑雪场、球星等体育资产的真实价值与 VSC 进行锚定，通过向他们发放权益通证，让线下体育资产大规模"上链"，体育爱好者和投资者购买通证后便可得到相关权益。球迷在该平台上可以购买 VSC 以支持自己喜欢的球星，进而获得某种通证，不同的通证代表着不同的权益，例如，获得购买明星限定商品的特殊权限、领取 vSport 的世界杯赠票。② 以 vSport 建立的球星专属数字资产交

① 肖淑红，张佳春，侯昀昀．构建体育无形资产价值评估制度的必要性及重要意义[J]．北京体育大学学报，2019，42（8）：1-8.
② 沈克印，曾玉兰，董芹芹，等．数字经济驱动体育产业高质量发展的理论阐释与实践路径[J]．武汉体育学院学报，2021，55（10）：5-12.

易平台为例，该平台以区块链作为底层技术，通过球星的"上链"实现球星影响力的数字化，并将其作为可以投资的资产向球迷开放，同时提供数字资产的确权、交易和流通服务。

二、5G 技术驱动体育产业发展：以北体传媒直播冰球赛事为例

国内新晋体育垂直媒体平台北体传媒联合数十家高科技公司首次采用 5G+8K 对 2019"丝路杯"国际女子冰球联赛首站比赛的成功直播，成为 5G 赋能体育赛事颇具代表性的案例，也为 2022 年北京冬奥会的高质量直播提供了宝贵的经验借鉴。① 通信技术的迭代创新和媒体平台的不断发展为竞赛表演业带来了巨大的发展机遇，特别是随着 5G 通信技术在体育赛事直播领域的逐步推广，为赛事直播赋能，重塑其业务流程和交付形式，并为观众带来更高质量的观赛体验。

（一）5G 通信技术应用于竞赛表演业的价值体现

5G 是第五代通信技术的英文缩写，其诞生是为了应对数字经济时代移动数据流量的爆发式增长、海量设备的连接需求和不断涌现的新业务与新应用场景。5G 相比于上一代移动通信技术，在传输速率、设备连接密度、流量密度、传输可靠性、端到端时延等关键性能上均有大幅提升。② 2019 年是 5G 商用元年，工信部正式向中国移动、中国联通、中国电信和中国广电发放了 5G 商用牌照，这意味着 5G 将在远程教育、远程医疗、无人驾驶、智慧安防等各个领域逐渐融入人们的生活。纵观赛事传播方式的变化历程，从广播电视时代赛事资源的单项传播，到互联网刚刚兴起时夹叙夹议的文字直播，再到如今画质清晰、形态多样的直播形式，每一代通信技术的发展与进步都为体育赛事的传播带来翻天覆地的变化。

5G 通信技术与竞赛表演业的深度融合，将推动大视频业务、虚拟现实业务和增强现实业务的规模化发展，使竞赛表演业迎来技术创新、产品创新和商业模式创新的巨大而深刻的变革。体育赛事之所以能够成为 5G 通信技术应用最前沿的"试验场"，源于其对视频直播清晰度、流畅度和延迟度的高需求，观众能否在赛事直播中体验到高质量的现场感和参与感是其选择特定直播平台的首要考量条件。5G 通信技术将带动产业链全面

① 沈克印，曾玉兰，董芹芹，等. 数字经济驱动体育产业高质量发展的理论阐释与实践路径[J]. 武汉体育学院学报，2021，55(10)：5-12.
② 中国电信. 中国电信 5G 技术白皮书[R]. 2018.

发展，在产业链上游升级基站，中游优化网络服务，下游丰富产品与拓展数字化应用场景，① 为高质量的赛事传播提供强大的网络支撑。由于受到赛事直播技术手段的限制，大量体育赛事直播存在资源清晰度欠佳、传输不稳定、话音不同步等现象，② 严重影响了观众的视频观赛体验。随着三星、夏普、索尼等各大硬件厂商不断加速对大尺寸、高清视频播放设备（如分辨率为 7680×4320 的 8K 电视）的研发和生产，低质量的赛事直播内容已难以适应硬件的发展潮流，满足观众日益提升的视听体验需求，而 5G 通信技术的韧性补位，将完美解决体育赛事传播的这一痛点。在确保网络服务的基础上，5G 的超高清技术还能够带来高分辨率、高帧率、高动态范围、宽色域、高色深的视觉呈现，③ 将紧张激烈的体育赛事展现得淋漓尽致，使观众获得更沉浸的观赛体验。

（二）北体传媒直播冰球赛事中 5G 技术的应用场景与成效

2019 年 8 月 27 日至 28 日，体育类垂直媒体平台北体传媒在北京市广电局的指导下，联合数十家科技公司对 2019"丝路杯"国际女子冰球联赛首站比赛成功直播。这次直播在无既有经验可循的情况下，克服了多项技术难题以及设备和标准的兼容性问题，在国内首次成功实现利用 5G+8K 技术直播体育赛事在"采集、回传、编排、播放"等各环节的全流程打通，大幅提升了赛事直播质量并降低了视频和音频信号的采集成本，充分验证了新技术应用于赛事直播的整体解决方案的科学性和有效性。④

第一，5G 通信技术作为赛事直播的最前沿应用，重塑了传统媒体行业的采编流程。为满足遍布赛场各角落的视频采集设备的高质量网络传输需求，传统模式下直播冰球、篮球、足球这类在体育场馆等固定场所进行竞技的体育赛事时，赛前通常需要花费大量人力和时间成本进行通信设备的部署和光纤线路的铺设，以保证比赛时视频信号能够稳定传输至中心机房；由于全程跟踪拍摄需求，对于马拉松这种在开放场景进行比赛的体育赛事，更是要调度费用高昂的卫星转播车或是提前架设微波传输设备，直播过程中还要特别注意避免大型建筑物对微波信号点对点直线传输的阻

① 吴承忠.5G 智能时代的文化产业创新[J].深圳大学学报（人文社会科学版），2019，36（4）：51-60.
② 田香凝，刘沫潇.美国体育赛事直播中 5G 应用的经验与启示——以福克斯体育台为例[J].电视研究，2019（4）：18-20.
③ 刘峣.5G 让体育赛事更精彩[N].人民日报海外版，2019-11-04（9）.
④ 沈克印，曾玉兰，董芹芹，等.数字经济驱动体育产业高质量发展的理论阐释与实践路径[J].武汉体育学院学报，2021，55（10）：5-12.

挡。5G技术则摆脱了光缆对视频信号采集的物理场景限制，使得摄像机的机位布置更加灵活，例如，可将摄像设备装在球队大巴车中、更衣室内，甚至将8K超清迷你摄像头加装在冰球运动员的头盔上，从而大幅拓展了赛事的覆盖深度。① 5G通信技术在冰球赛事直播中的应用，使得高清、超高清信号的采集与传输变得极度简化，摄影师通过随身携带集采集设备与便携式编码设备为一体的"5G超高清视频采编传输背包"即可轻松完成超高清视频上传任务。

第二，5G通信技术高速率与低延时的特性，为赛事直播带来了更好的观赛体验。第五代通信技术相比于上一代通信技术在传输速率方面提升了10~100倍，峰值传输速度可达10Gbit/s，很好地满足了8K视频传输的带宽需求。北体传媒直播"丝路杯"冰球联赛的8K摄像系统实现了7680×4320分辨率、50P帧率、Rec.2020广色域以及HDR高动态，其呈现在播放端的像素密度分别是UHD（超高清，3840×2160分辨率）和FHD（全高清，1920×1080分辨率）的4倍和16倍，高清晰的直播画质对应的是数据量的倍增，为保障大量数据的低延时传输，强大而稳定的网络传输系统就显得尤为重要。北体传媒利用此次冰球赛事直播，成功探索了基于5G通信技术的8K+5.1环绕声视听技术整合解决方案，并将为8K赛事资源的进一步规模化生产提供经验借鉴，进而推动体育赛事直播行业的全面变革与高质量发展。② 北京体育大学为全方位优化赛事直播体验，在距比赛现场2公里的北体大体育馆内专门搭建了一个8K豪华视听体验馆，当冰球比赛现场采集的多路8K+5.1环绕声信号通过5G技术回传到北体大体育馆内近乎10个乒乓球桌大小的8K大屏上时，观众可以近距离清晰地观赏到赛场中激烈角逐的每一个细节，并听见球与球杆碰撞的乒乓作响和运动员高亢的呐喊。

第三，5G通信技术连接密度与流量密度的大幅提升，能够充分保障体育场馆高标准的通信要求并创新数字化和智能化的赛事服务。5G相比于上一代通信技术在流量密度上提升了1000倍，在设备连接密度上提升了10~100倍，能够更好地满足大型赛事高负荷场景的通信需求。大型体育赛事动辄成千上万人，在场观众通过接入无线网络以图片或视频的形式在社交媒体上分享比赛的精彩瞬间，而对于附近为应对日常通信需求而规划建设的4G基站来说，不管是接入通信设备的数量还是数据的流量，都已远远超出

---

① 沈克印，寇明宇，王戬勋，等. 体育服务业数字化的价值维度、场景样板与方略举措[J]. 体育学研究，2020，34（3）：53-63.

② 沈克印，曾玉兰，董芹芹，等. 数字经济驱动体育产业高质量发展的理论阐释与实践路径[J]. 武汉体育学院学报，2021，55（10）：5-12.

其服务能力，导致网络拥堵与设备无法通信，严重影响观众的观赛体验。北体传媒在冰球赛事中大规模应用 5G 技术优化现场与远程观赛体验仅仅是 5G 技术与竞赛表演业融合的开端，随着 5G 技术与竞赛表演业融合的不断深入，将会不断创新应用场景，为观众带来更多数字化和智能化的赛事服务。例如，基于云数据库的智能检票系统、提供多国语言服务的机器人向导、增强现场观赛体验的 AR 眼镜以及智能调度、智能医疗、智能安防等。

三、大数据、人工智能驱动体育产业：以 Nike 的"直击消费者"战略为例

Nike 的"直击消费者"战略为大数据和人工智能技术赋能体育产业高质量发展提供了经验借鉴。Nike 作为全球最大的体育用品品牌，为建立与消费者更为紧密的联系，成立了与研发、营销级别对等的数字运动部门，并陆续推出 Nike+iPod 无线运动配件、Nike+Sport Band 跑步腕带以及 Nike+跑步、篮球等全系列产品手机应用。Nike 早在 2005 年就卓有远见地开始进行数字化探索，"直击消费者"（Consumer Direct Offense）战略，则是 Nike 在 2017 年为应对销售增长放缓和竞争对手挤压而提出的全方位、全链条的数字驱动战略，是其数字化转型的核心。该战略旨在运用新兴数字技术、数据要素和互联网思维重塑企业研发、生产、流通与营销等环节的业务流程，使其全面提质增效，从而实现双倍创新、双倍速度和双倍消费者关联。

（一）大数据、人工智能技术应用于体育用品制造与销售业的价值体现

数字化转型使体育企业能够建立和消费者之间更为紧密的数字化连接，实时掌握消费者的行为和情绪，使消费者偏好和个性化的体育需求融入设计生产成为可能。传统商业模式中，消费者总是作为被动接受者，无法参与体育产品和服务的设计生产环节。而如今，体育企业可以借助大数据、物联网、人工智能等新一代数字技术，突破"面对面""点对点"的物理时空限制，通过收集消费者在互联网上的浏览、查询以及消费记录，或是物联网中可穿戴体育设备反馈的健康状况、运动能力、体格体态等数据，与消费者建立互动的数字化连接，通过人工智能算法赋能下的"人与信息对话""人与数据对话"，乃至"数据与数据对话"，[①] 使数据成为体育

---

① 何大安. 互联网应用扩张与微观经济学基础——基于未来"数据与数据对话"的理论解说 [J]. 经济研究，2018，53（8）：177-192.

企业的核心生产要素，实现企业对消费者体育需求的敏锐洞察和快速反应，开发适应市场的体育用品和个性化定制服务。体育企业洞察消费者需求的过程中，消费者大数据是核心资源，人工智能算法是重要工具，利用消费者大数据挖掘出的多维度的信息可以有效"喂养"算法，通常数据越全、质量越可靠，算法的准确度就越高，[①] 进而体育企业就越能了解到消费者的偏好与需求，越能把握体育市场的潮流风向。F1 全球赞助与商业伙伴负责人 Murray Barnett 也表示，与消费者直接建立关系为版权所有者提供了一个很好的机会，使他们能更了解消费者的体育需求，未来也极有可能有效地从中获利。根据普华永道 2019 年体育行业调查报告显示，"提高消费者参与度"将成为数字经济时代推动体育产业收入增长的首要原因。

（二）"直击消费者"战略中大数据、人工智能技术的应用场景与成效

"直击消费者"战略是 Nike 公司于 2017 年 6 月提出的以大数据作为核心驱动力的数字化发展战略，该战略意图通过公司内部组织的数字化运营，建立并加强和消费者的直接连接，从终端获取具有丰富维度和密集颗粒度的海量消费者数据，通过人工智能团队精准的大数据分析，将海量数据转化为有意义的信息，为产品研发、生产交付和销售推广提供有力支撑，最终实现供应链资源效率的大幅提升与销售业务的快速增长。Nike 在提出该战略后，为推动战略的实施，加强数字人才积累并提升大数据应用能力，在随后一年内收购了两家在用户行为分析和预测领域具有深厚积累的高科技公司，两家公司分别为大数据分析公司 Zodiac 和人工智能预测分析公司 Celect。Nike 还在其招聘网站上以"数据"为关键词列出了 300 多个开放职位。在"直击消费者"战略的指导下，Nike 专业的数据科学团队通过接入线上销售渠道 Nike.com、移动端应用 SNKRS、线下 DCT 零售和集可穿戴设备与健康追踪软件为一体的数字平台 Nike+，源源不断地收集大量的用户数据，再经过科学严谨的大数据分析，使 Nike 更加了解消费者的运动偏好与消费习惯，为 Nike 在产品设计、新品推广和线上线下营销等方面的商业决策提供依据。

一方面，大数据、人工智能技术赋能 Nike 供应链，缩短产品生产上架的全流程时间。Nike 在还未进行数字化改造之前，传统模式下的订单

---

① 郑芳，徐伟康. 我国智能体育：兴起、发展与对策研究[J]. 体育科学，2019，39(12)：14-24.

生产需要预留长达 6 个月的提前量，过长的生产流通周期将严重影响产品的迭代速度，使企业难以把握快速变化的市场需求。Nike 在生产端推动 3D 打印技术、智能机器人的应用、自动化设备的自动化改造，并进行名为"快车道计划"（Express Lane）的供应链的数字化变革后，将生产周期大大缩短，并控制在 20 天以内。在其"快车道计划"中，就包含利用人工智能和大数据技术，采集和分析供应链各个环节不断生成的数据，使供应链上的企业更加协同，大幅缩短产品设计、更新和补货周期，全面提升供应链的效率。"快车道计划"使 Nike 能够通过数据资源的整合与共享，实现与外部更多合作伙伴的价值共创。具体实践中，Nike 根据大数据分析团队提供的精准的市场信息，快速洞察消费者需求，及时预测市场的消费和流行趋势，并依托其强大的研发设计团队，加速对畅销品进行升级，同时采用最新潮流的材料和颜色快速推出迎合市场需求的新产品，抓住新产品的销售趋势，大幅提升全价商品销售比例。同时，Nike 通过在货品标签中内置 RFID 芯片，实现了对库存产品款式、颜色、码数的可视化管理，使其能够快速了解产品销售情况，从而方便其根据销售数据制订更为合理的生产计划，减少库存积压与商品缺货情况的发生。Nike 在大数据分析团队的建议下，精简了 25% 的鞋款数量，并根据消费者喜好对畅销鞋款推出了更多配色，实现了销售业务的实质性增长；其复古跑鞋 Lunar Charger 和 Presto Mid Utility 在快车道改造之下更是将投入市场的时间缩短了四倍。

　　另一方面，大数据、人工智能技术加强企业与消费者的直接关联，推动数字化营销持续发力。Nike+是 Nike 数字化转型的重要抓手，也是其获得消费者大数据的主要来源。为加快推动企业数字化转型，建立长期而紧密的客户关系并提升一对一服务能力，Nike 高度重视 Nike+的软硬件开发与直营渠道的拓展。Nike+的软硬件开发主要包括 Nike＋Move、Nike＋Running、Nike+Basketball、Nike+Training、Nike+iPod 等一系列移动端应用以及 Nike+SportWatch、Nike+SportBand 等各种可穿戴设备的生产。Nike 公司通过 Nike+获得了更多直面消费者的机会，高效地接触到热爱运动并有购买意愿与支付能力的核心人群，通过与消费者的密切互动，维护了良好的客户关系，形成了整个业务流程的闭环。Nike 凭借运动爱好者在 Nike+上传的海量运动与消费数据，成功构建了全球最大的线上运动社区，重塑了传统体育企业与用户的沟通模式。Nike 公司从 Nike+上收集用户的浏览、消费与运动大数据，借此了解用户需求和消费习惯，并增强其提供定制产品与个性化服务的能力，从而有利于将消费者转化为忠实会员。

Nike 非常重视直营渠道的铺设，因为直营业务是与消费者直接接触的业务，也是采集消费者大数据的重要场所。① 同时，借助以用户大数据为支撑的精准投放和精准营销，Nike 有效地影响了用户的消费决策。线上直营渠道方面，Nike 已全面建成包括 Nike APP、SNKRS APP、Nike.com、Nike 天猫旗舰店、Nike 官方微信小程序在内的线上销售体系；线下则试水新零售，开设了包括上海 001 创新旗舰店与两家天猫智慧门店。Nike以大数据作为黏合剂，实现了线上与线下渠道的深度融合与高效联动，有效解决了线上物流和线下库存的两大零售痛点。Nike 曾在其宣传活动中表示："您越多使用 Nike.com 以及各种移动端应用，Nike 公司就会越了解您，并根据您的兴趣和目标定制促销活动，为您提供服务。"大数据的有效利用已然成为拉动 Nike 业绩增长的新引擎。

四、互联网驱动体育产业：以浙江省黄龙体育中心为例

（一）互联网技术应用与体育场馆服务价值体现

"互联网+"是以互联网为核心发展模式，在数字技术和信息技术发展的推动下不断演进出来的一种新经济社会发展形态。"互联网+体育场馆"作为一种新体育产业形态，是产业数字化背景下互联网在体育服务业应用中催生出来的，体育场馆服务业可为消费群体提供包括健身休闲、运动训练、竞赛表演和体育培训等一系列配套服务，并在体育场馆服务中充分发挥互联网在场馆资源配置中的优化和集成作用，并将互联网的创新成果深度融合于体育场馆服务的各个环节。"互联网+体育场馆"是利用"互联网+"模式及思维理念与体育场馆服务进行深度融合的发展模式，旨在通过加强体育场馆的数据化、信息化和智能化建设，促进场馆多元业态发展与场馆运营模式的创新，拓宽体育服务领域，提高体育场馆的运营和服务供给能力，满足人民群众日益增长的体育服务需求。② "互联网+体育场馆"具体表现为将一切智能设备和技术应用于体育场馆服务内容中，根据需求定制线上和线下相结合的闭环服务形态。"互联网+体育场馆"表现出信息化、智能化、互动化、创新化等特征，这种智能型服务场馆的出现并非偶然，而是在"互联网+"时代体育服务业转型升级的一个标志

———————————

① 沈克印，曾玉兰，董芹芹，等. 数字经济驱动体育产业高质量发展的理论阐释与实践路径[J]. 武汉体育学院学报，2021，55（10）：5-12.
② 张森木. 互联网+体育产业发展战略研究[J]. 体育文化导刊，2016（3）：121-124，166.

性产物。①

（二）浙江省黄龙体育中心互联网技术的应用场景与成效

依托于"互联网+体育场馆"的创新技术模式，从数字体育培训到智能场馆建设，再到数据要素运用与运动分析等，浙江省黄龙体育中心充分利用互联网技术推进体育服务业数字化发展，并取得较好成效。浙江省黄龙体育中心作为我国首批实现人脸支付应用场景的体育场馆，也是浙江省数字场馆建设的参与者和先行者，依托"互联网+体育场馆"的创新技术模式，在数字体育、智能场馆建设中走在全国前列，为体育场馆服务业数字化发展提供借鉴样板。一方面，通过体育场馆智慧化改造与升级，推动体育场馆服务的数字化进程。黄龙体育中心改变了传统体育场馆的运营与服务模式，开创了在线预订、门票售卖和会员储值等线上平台以及人脸识别认证、无人值守等线下服务渠道。黄龙体育中心进行技术革新与产品迭代，利用人脸识别技术助力智能场馆建设，由原有的"一码通""一卡通"向"一脸通"的支付消费场景转变，在全国率先步入运动健身"刷脸"时代。另一方面，提高智能场馆综合服务能力，开展体育场馆的智慧化输出。黄龙体育中心将进一步提升场馆的智能化服务水平，在原有"互联网+"模式的基础上，促进智慧健身房、智慧体育培训场景化服务和健身大数据分析等一系列智能服务。"互联网+"是体育产业供给侧改革的推动力，是促进体育与相关产业融合发展的重要路径，要以"互联网+体育"为契机，促使体育产业不断催生新业态。② 在新技术和新业态引领下，运用"互联网+"技术和产业模式，不断推动体育与其他产业进行深度融合。③

① 沈克印，寇明宇，王戬勋，等.体育服务业数字化的价值维度、场景样板与方略举措[J].体育学研究，2020，34（3）：53-63.
② 黄海燕，张林，陈元欣，等."十三五"我国体育产业战略目标与实施路径[J].上海体育学院学报，2016，40（2）：13-18.
③ 沈克印，吕万刚.体育产业供给侧改革的现实诉求与实施策略——基于资源要素的视角[J].西安体育学院学报，2017，34（6）：641-646.

第三章　体育产业供给侧改革的学理逻辑

供给侧结构性改革是党中央在经济发展新常态背景下，提出的具有系统性和全局性的战略举措，对于数字经济时代实施体育产业供给侧结构性改革具有重要的指引作用。推进体育产业供给侧结构性改革，是实现体育产业高质量发展的主线和抓手，对于我国经济结构转型与优化具有重要的推动作用。体育产业供给侧改革与中国体育产业不平衡不充分的发展现状息息相关，以中国特色社会主义政治经济学为指引，是对马克思主义政治经济学的理论延伸与升华。国发〔2014〕"46 号文件"的颁布标志着体育产业迎来大发展时期，伴随新供给经济学派的成立和供给侧改革政策主张的不断深入，体育产业供给侧改革具有更为深厚的理论基础与时代意义，在推动体育产业成为国民经济支柱性产业的过程中发挥着重要作用。[①]

第一节　供给侧结构性改革的理论渊源

供给侧结构性改革的经济学基础是供给学派，理论源头可追溯至供给理论的源头，即古典经济学，供给侧结构性改革理论与供给理论二者相互联系、相互交叉，但不可等同。在两个多世纪的实践中，供给学派的理论发展可追溯为从"萨伊定律"到"凯恩斯主义"，再到"供给学派"，从"凯恩斯主义复辟"到"供给管理"的历程演进，发展轨迹历经两轮的"否定之否定"。

一、古典经济学派

古典经济学诞生于资本主义市场经济兴起和资本主义制度确立的历史

---

① 沈克印，吕万刚.体育产业供给侧改革：投入要素、行动逻辑与实施路径——基于社会主要矛盾转化研究视角[J].中国体育科技，2020，56(4)：44-51，81.

交叉期，这一阶段显著的生产特点是工场手工业向机器大工业的过渡，科技革命促进了生产力的巨大发展和社会财富的急剧增长，重商主义不能有效解释经济增长与工业化发展的相关内容，迫切需要反映资本主义生产方式及其规律的新经济思想提供理论支撑。新兴资产阶级的利益代表者古典经济学家，深入生产领域研究资本主义发展的客观要求，力图从供给侧探索资本主义制度的经济基础，构建以劳动价值为基础的经济学体系，批判封建主义和重商主义，形成资产阶级古典政治经济学说。在欧洲的一个半世纪中，古典政治经济学与资本主义同步发展，其奠基者是亚当·斯密，英国的威廉·配第、曼德维尔、休谟、坎蒂隆以及法国的布阿吉尔贝尔和重农主义学派可视为古典经济学的先驱者。该学派的基本思想主要有：(1)理性"经纪人"假设，即人的行为都是追求自身利益最大化；(2)市场机制有效性和利益和谐论，即"看不见的手"；(3)经济自由主义主张和最低限度政府干预的信条；(4)以劳动价值论为理论核心和基础，主张一切经济生活具有规律性，认为自由放任是社会事务中最高形式的智慧。学派中的收益递减规律、比较优势、资本积累等理论观点的提出对于经济思想的演变产生了重要的作用，并延续至今。

　　威廉·配第是英国经济思想史上具有重要影响力的人物，是具有浓厚重商主义色彩的古典经济学的创始人，是政治经济学之父。配第将货币视为财富的标志，同时提出土地等自然力、人口及其素质、工具等是财富的要素，"土地为财富之母，而劳动则是财富之父和能力的要素"①，并指出国家实力和财富的强弱取决于技术、产业发展、政策和得天独厚的地理位置，该思想同现阶段供给侧改革中的提高技术水平、推动科技创新、促进产业转型升级、调整政策规划等内容存在理论共通。马克思在《政治经济学批判中》称赞配第比亚当·斯密在更广泛的基础上研究分工。配第揭示出分工会使得劳动更加简单容易，而劳动产品则会更加低廉和精良，将分工看成促使国家生产力增长的最重要原因，是西方供给经济学中"劳动分工促进生产力提高，降低生产成本"这一观点的源泉，同时，"完善资源配置，以提高生产效率"的观点也可在其理论中找寻。

　　17世纪末至18世纪初的法国在封建性质的行会制度和封建割据下，社会经济相对英国比较落后，封建农业在社会生产中占据主要优势。在国家的扶持下，法国的工商业得到较大程度的发展，但税收制度严重阻碍了工商业发展，加之封建王朝推行重商主义政策导致农业衰败和农民破产，

---

① ［英］威廉·配第. 配第经济著作选集[M]. 陈冬野，等，译. 北京：商务印书馆，1981.

法国国民经济面临崩溃的现实危机。法国古典经济学的早期代表人物阿吉尔贝尔在此背景下，强调以农业为行业基础主张，认为社会经济活动及其发展具有自己的规律性，人们在经济活动中只能按照自然规律发展社会经济。平衡社会的"自然秩序"是增进社会财富、促进经济发展的唯一维护者。在说明"自然秩序"的实现过程中，提出其自由放任的政策主张，国家要尽量少地干预经济，自由竞争会使一切按应有的比例分配。以阿吉尔贝尔为代表的重农主义观点尽管是片面的，但同样从供给方探寻社会财富和经济发展的源泉。

亚当·斯密是西方经济学的鼻祖，其撰写的《国富论》是论述经济发展和自由主义政策的著作，该著作系统地批判重商主义，创立以自由主义为中心，以富国裕民为目标的古典政治经济学体系，标志着古典经济学体系的形成。他认为增进一国的土地和劳动年产物的价值只有两个办法：一是增加生产性劳动者的数目；二是增进受雇劳动者的生产力。在分析增进受雇佣劳动者生产力的因素中指出，分工是国家财富增长的根本原因，机器设备和劳动的合理分配对于提高劳动生产力具有重要作用，影响劳动者生产力和国民增进的因素包括：工艺和技艺的应用和改进程度、人口的数量和质量以及自然资源的贫富等。斯密强调资本积累对于增加生产者人数的意义，资本的合理配置对于促进国民财富增长的作用。

斯密在"经济人"假设和"看不见的手"的基础上，主张经济自由，提出自由放任的基本政策主张，明确了国际分工优势原理，指出各国受各种原因影响都有一定的自身优势。例如，气候土壤等先天性自然条件，劳动熟练程度、技术水平等后天获得优势。先天和后天两种优势都可以使国家在某种产品的生产上节省劳动时间，获取生产成本优势，从而在国际市场中取得价格优势。斯密认为分工的好处是降低生产成本、节约社会劳动，在国与国之间同样存在国际性分工，主张各国按照优势产品参与国际分工，实行自由贸易，通过国际贸易提高生产率。

亚当·斯密的经济理论体系为李嘉图等古典经济学家所继承和发展，李嘉图提出通过改进技术、提高劳动生产率、发展对外贸易等措施可以提高利润，并直接对马克思产生影响。如：斯密和李嘉图对于商品价值的研究为马克思劳动价值奠定理论基础。亚当·斯密的古典经济学理论对于当代西方经济学具有重要意义，特别是20世纪60年代末，由于推行凯恩斯主义，西方世界出现了社会动荡、通货膨胀与经济停滞等并存的局面，凯恩斯主义的经济政策在这种情况下显得力不从心，亚当·斯密经济学理论发挥了补位作用。古典经济学是供给经济学的前身，关于供给及其决定因素的研究具有系统化、理论化的特点，重视供给与供给分析成为凯恩斯主义诞生前西方经济学的研究主流。

二、萨伊定律

法国 18 世纪的主要经济理论是重农学派的学说，到 18 世纪末重农学派的影响已经逐渐衰落，法国社会面临的主要任务从反对封建直接转向大力巩固和发展新兴的资本主义政治和经济制度，资本主义所需要的不再是以李嘉图为代表的反对封建势力的经济学家而是立足劳资协调一致发展的资本主义经济思想，以萨伊为代表的政治经济学应运而生。亚当·斯密的《国富论》被翻译成法文后在法国广泛传播并逐渐成为主流经济学说，而这一传播中起到主要作用的就是让·巴蒂斯特·萨伊，他既是法国资产阶级庸俗经济学的创始人，也是西欧各国庸俗经济学的主要奠基者。1803年，萨伊出版的《政治经济学概论》因提倡经济自由主义、反对拿破仑关税政策而被禁止，拿破仑失败后，他又于 1828—1830 年出版《政治经济学教程》。其认为国家的繁荣取决于财富的增长，而政治经济学是正式阐述财富的科学。在《政治经济学概论》中论述财富的本质，并根据关于财富本质的知识推断创造财富的方法，阐明分配财富的制度与财富消灭的现象。在说明财富的本质时，萨伊批判了重商主义把财富等同于货币和重农主义把财富归结于农业中所创造的物质的错误观点，认为斯密的巨大功绩在于证明财富是物品的交换价值，并由此作出了关于阻碍劳动生产力发展因而不利于财富增长因素的许多重要结论，使得政治经济学成为一门科学。由其提出的"萨伊定律"（Say's Law），也称为"萨伊市场定律"，即"供给自动创造需求"理论。其中，"减少税收""打破垄断""通过市场竞争来达到供求平衡"等古典自由主义经济学思想在当时具有很大的影响力，在古典经济学派的思想理论中占据主流地位，萨伊因此被称为"供给侧"经济学派的"鼻祖"。

萨伊认为"所谓生产，不是创造物质，而是创造效用"①，而效用又不过是服务，因此，生产不外乎是提供服务。在生产中，劳动、资本和土地是三要素，它们提供服务，创造产品，创造效用，以此生产观点提出效用价值论。其某些观点与主张同亚当·斯密所提出的"真正的财富应来自生产和供给的力量，而非通过贸易盈余所取得的金条"相似。萨伊定律因提

---

① ［法］萨伊. 政治经济学概论［M］. 陈福生，等，译. 北京：商务印书馆，1963.

供了有关"供给—需求"的基本命题，而在经济学说史上占据重要统治地位并引起长期争论，直到凯恩斯理论的提出，其缺陷才日益显露。他提出财产所有权、产品的出卖或需求、货币流通和政府政策是财富的外部因素。在论述需求的部分时，他表述为"生产给产品创造需求"①，即商品的出售是供给，购买是需求，所以供给会自主地为自己创造需求。在论述政府政策时提出经济自由的要求，认为财富的所有权或私有权是生产源泉，即土地、劳动和资本发挥其最大生产力的重要条件。指出商品交换实际上是一种物物交换，产者出售产品的目的是交换到自己所需要的其他物品，把商品流通看作一种产品，用产品的直接交换排斥了货币及其作用；在物物交换中买与卖是同一个经济行为，买与卖是统一的，并且生产与消费、供给与需求始终是相等的；价格机制可以自动调节供求实现平衡，不会产生生产过剩的经济危机；由于价格等市场机制可以自动调节经济达到均衡状态，进而自由竞争的资本主义制度是美好、和谐、永恒的，国家对于经济的干预是没有必要的，类同于斯密做好资本主义的"守夜人"；从重视供给和强调自由真正的信仰出发，提出政府的经济政策，以增加生产为原则。他还推断出四个结论：(1)在一切社会，生产者越多，产品越多样化，产品销售越快越广，生产者得到的利润也越大，由于价格伴随需求增长，因此资本主义生产不会有矛盾危机；(2)人与人之间的利益是和谐一致的；(3)购买或输入外国货品，不至于损害国内或本国的产业和生产，对外贸易应采取自由政策；(4)单纯鼓励消费对商业没有益处，供给消费的手段是困难点，刺激消费的欲望并非困难所在。萨伊定律所含有的前提假设包括：(1)市场价格机制具有充分弹性，能够在自动调节的作用下及时出清各类市场；(2)利率的自动调节是将储蓄全部转化为投资；(3)货币只扮演交易媒介，其数量的变化仅作用于名义变量；(4)分配制度可以保证总产出与对应的总收入演变为等量的有效需求，不会出现普遍的生产过剩。② 萨伊定理引发经济学对其前提条件的持久关注，其定理成立与否直接影响到市场机制的完善性和政府在市场经济中的作用、地位等重大问题。

　　萨伊定律引发的结论是市场和市场机制的完善性，政府不需要对经济进行干预，为经济自由主义奠定了理论基础。但马克思批评了萨伊的根本错误：第一，混淆了资本流通与简单商品流通，把二者简单地等同起来；

---

①　[法]萨伊.政治经济学概论[M].陈福生，等，译.北京：商务印书馆，1963.

②　方福前.寻找供给侧结构性改革的理论源头[J].中国社会科学，2017(7)：49-69，205.

第二，企图把资本主义生产当事人间的关系归结为商品流通和生产所产生的简单关系，从而锁定了资本主义生产过程中的矛盾；第三，供给和需求是经济活动中矛盾的两个方面，缺一不可，不能过分强调一方面而忽视另一方面；第四，排斥货币是不现实的，且掩盖了资本主义经济的矛盾；第五，资本主义经济危机的频繁爆发，宣告萨伊定理的破灭。直至今日，萨伊定律的存在与否仍是自由主义和政府干预论者争论的焦点，其关于供给和需求均衡发展的错判，割裂了结构性矛盾，与我国供给侧结构性改革的相关理论背道而驰。

三、供给学派

供给学派产生于 20 世纪 70 年代中后期，西方经济体由"二战"后的经济增长"黄金时期"进入普遍"滞胀"的局面，财政赤字、通货膨胀、税收加重以及经济停滞等现象日益严重，凯恩斯主义经济理论针对这一阶段束手无策。与此同时，供给侧经济学派（Supply-Side Economics，简称供给学派）开始在美国兴起，其经济思想和政策主张后成为里根政府与撒切尔政府所采取的经济政策的理论源头。供给学派指出政府的政策无法达到预期的效果，是因为政府未注意到经济环境已经发生了很大变化。随着生产能力和生产率的提高，供给小于需求的状况已不复存在，要发展经济只能依托新的供给，而不是持续刺激需求。该学派将供给不足视为美国经济陷入"滞胀"泥潭的真正原因，区别于经济大萧条时期需求不足的情况；强调生产与供给的重要性，认为供给可以自主地创造需求，以供给侧为着力点即破解经济困境；反对凯恩斯主义中需求刺激经济的相关理论与政策，主张经济自由主义，重视市场机制的调节作用；认为扩大供给量的主要做法是采取减税等财政政策措施，增加个人收入和企业利润，拉动储蓄投资，以从侧面提高政府的税收收入。并指出供给不仅指社会提供的产品与劳务的数量，还包括要素供给及其效率，刺激人们工作和储蓄的积极性。

供给经济学以古典经济学为理论根源，并将"萨伊定律"视为基本规则，"供给能够创造需求"的理论观点被再度放大。供给经济学在理论和政策的具体实施与运用中又划分为"激进型"和"温和型"两个派别。以阿瑟·拉弗、罗伯特·蒙代尔为代表的"激进供给经济学"认为，政府通过降低利率以刺激需求的行为是不可取的，税收负担过重与政府开支过大的问题应该通过减税政策加以解决，高税率会导致生产者积极性降低、生产效率提高受阻、储蓄率及投资水平下降、避税与逃税行为加剧等一系列问题。① 通过"拉弗曲线"分析财政收入和税率之间的关系，该曲线模型为：收入以零为起点，随着税率的提高而增加，当收入达到顶峰时曲线出现拐点，收入随税率提高而减少。意味着政府的税收与税率的关系间存在关键转折点，政府税率高并不等于实际税收高，但"拉弗曲线"的出现仅是为解决"滞胀"问题而描述的长期经济条件下税率对税收和经济的影响，在短期内效果评估欠缺，存在"时滞性"。② 该曲线模型中将美国当时所处的税率水平定位在后程，即降低税率水平并不会影响财政收入的增加。同时，通过资本与劳动的"楔子"模型，佐证税收提高对于资本供给、需求成本的副作用，导致储蓄者与投资者的积极性降低问题更为严重，最终表现为经济停滞，进一步强调减税政策对于增加就业与鼓励投资的积极作用。以马丁·费尔德斯坦为代表的"温和供给学派"坚持供给学派的普遍立场，相信市场机制具有自我调节的作用，支持增加供给以刺激经济增长等方面的内容。但关于美国经济运行中的问题分析更加全面具体，认为美国的经济问题包含财政赤字、税率、通货膨胀等诸多方面，并主张减税政策仅仅是税制改革中的一个方面，减税不可一蹴而就，应适度和有选择余地。此外，还需通过改革税收体制、平衡政府预算开支、刺激拉动企业投资、推行低货币增长率政策等着手建立经济体内的长期稳定机制，而非仅解决经济短期问题。

经济学界普遍认为供给学派的减税政策缺乏完整的理论体系，具有较强局限性。"拉弗曲线"作为供给经济学的核心，在提出之时就受到凯恩斯主义和货币主义的质疑，究其原因，一是该假说缺乏合理的微观基础；二是美国经济是否存在曲线所呈现的"税收禁区"仍存在争议。其成立必须满足完全竞争市场体系和封闭经济环境这两个前提条件，二者在实际中并不具备可行性；减税主张忽视不同收入阶层间的收入差距，仅对收入与税收关系做简单强调，尤其是对边际税率的削减。③ 1981 年，美国总统里根上任后以供给学派理论为依据，推行"经济复兴计划"，通过降低税收和公共开支、放松政府管制、减少国家对企业的干预、支持市场自由竞争等政策措施的实行，达到刺激经济增长并减少赤字压力的效果，被称为"里根经济学"。但巨额的财政赤字和贸易逆差成为里根经济政策中显著

① 陈福中.凯恩斯主义、供给经济学与中国供给侧改革实践[J].管理学刊，2018，31（3）：11-22.

② 冯志峰.供给侧结构性改革的理论逻辑与实践路径[J].经济问题，2016（2）：12-17.

③ 杨洋.基于西方供给经济学的中国供给改革分析[J].经济研究参考，2017（58）：70-73.

的负面效应，阻碍美国经济的持续发展，侧面反映出供给学派的局限性，各界对于供给学派的质疑增加，最终在 20 世纪 90 年代初，新古典综合学派的代表人物保罗·萨缪尔森复辟了凯恩斯主义。2007 年，美国为解决次贷危机，在救助政策中，从供给侧施力进行一系列结构性调整，明确对整个宏观经济实施"供给管理"，而非局限于需求侧调节和货币供给量调节，直接导致凯恩斯主义被经济学界再度否定，供给侧学派重新以"供给管理"的形式回归世界经济舞台。① 尽管该理论过度强调减税政策具有较强的局限性，但供给学派的思想渊源仍对我国供给侧结构性改革具有一定的借鉴意义。而我国供给侧结构性改革与西方供给学派存在着理论分野，不可忽视需求而简单追随供给，在具体的实践中不能进行简单复制或生搬硬套，而是应该坚持具有中国特色的新供给经济学理论体系。

四、马克思主义的供给结构理论

马克思曾指出："古典派如亚当·斯密和李嘉图，他们代表着一个还在同封建社会的残余进行斗争，力图清洗经济关系上的封建残余，扩大生产力，使工商业具有新的规模的资产阶级。"② 与古典经济学派不同的是，马克思主义政治经济学产生于 19 世纪 40 年代，在当时资本主义已经发展到机器大工业时期，资本主义生产方式在西欧主要国家和欧美已经占据统治地位，英国已顺利完成工业革命，法国与德国掀起工业革命热潮。资本主义国家通过工业革命产生了巨大的生产力，随着资本主义生产方式的进一步发展，资本主义的基本矛盾也日益暴露。这一时期，辩证唯物主义和历史唯物主义的创立为马克思主义政治经济学提供了世界观和方法论的基础，使马克思能够站在工人阶级的立场上更加科学、合理地思考分析问题，对供给的结构性问题能够更加深入地探索，正确地认识和运用经济规律促进社会经济的发展，为广大劳动人民谋利益。可以这样理解：马克思主义政治经济学是古典政治经济学的沿袭，古典政治经济学是马克思主义政治经济学的理论来源。

马克思强调生产的决定性作用，遵循的是"质量法则"，指出物质资料生产过程，即劳动过程，需要具备劳动、劳动对象、劳动资料三个要素，只有三个要素同时具备，物质资料生产的劳动过程才能够开始，才能

---

① 王海军，冯乾. 供给侧结构性改革的经济学理论内涵——基于总供给总需求的分析框架[J]. 西安交通大学学报(社会科学版)，2016，36(6)：9-15.

② 丁冰，吴世泰. 马克思主义政治经济学简史[M]. 成都：四川人民出版社，1983.

生产出满足人们所需要的物质财富。马克思在研究供求关系时，关注到供求背后的经济关系，认为供求只是呈现市场的表面现象，二者互相作用并不能够说明资本主义生产的实际内在规律，而是商品经济中生产者之间联系的实现形式。在市场的供求关系背后体现的是生产和消费的关系，生产和消费是辩证统一的，对二者关系的理解统一于社会生产关系之中，消费者的行为不能单纯通过分析个人消费就能揭示清楚，生产者与消费者除交换关系外，在交换关系之前与之后还有其他相互联系的经济关系。① 经济处于生产、分配、交换和消费的社会生产与再生产的整体系统中，经济的再生产及更新条件是以一定生产关系决定的分配关系为前提。在马克思的理论范式中，"供给侧"指的是在循环中不断更新的经济体系，只要单个生产企业、生产组织，乃至整个社会经济的再生产条件反复更新、持久存在，社会生产就能够长期持续发展。② 马克思充分肯定科技的进步能够促进经济总供给的增长，以及科技在降低劳动和其他资源消耗中的作用。

综上可知，马克思侧重于对总量和供需结构性关系的分析，一定程度上肯定了资本主义制度下生产方式的优越性，更为有力地批判了资本主义制度的局限性，从制度视角揭示出决定总供求及二者实现平衡的经济结构和其他条件。马克思主义政治经济学相关理论是中国供给侧结构性改革的基础理论，马克思的供给理论和对供给侧的结构性分析对我国供给侧结构性改革具有重要的理论指导意义。

第二节　新供给经济学派的形成及理论创新

推进经济结构性改革是贯彻党的十八届五中全会精神的一个重要举措，在适度扩大总需求的同时，着力加强供给侧结构性改革以及提升供给体系质量和效率。③ 2015 年 12 月，中央经济工作会议正式提出"供给侧结构性改革"，标志着我国供给侧结构性改革正式拉开序幕。在此后的中央经济工作会议及政府工作报告中，以及国家"十三五"发展规划、十九大

① 刘凤义，曲佳宝．马克思主义政治经济学与西方经济学关于供求关系分析的比较——兼谈我国供给侧结构性改革[J]．经济纵横，2019(3)：8-15，2.
② 张俊山．深刻把握"供给侧结构性改革"的科学内涵——基于马克思主义政治经济学视角的解读[J]．当代经济研究，2019(6)：20-29，113.
③ 习近平主持召开中央财经领导小组第十一次会议[EB/OL]．[2015-11-10]．http：//www.xinhuanet.com/politics/2015-11/10/c_1117099915.htm.

报告等，供给侧结构性改革被频繁提起，社会各界包括经济学界相继展开了关于供给侧改革的相关探讨，并成为热点研究内容。在此之前，由贾康等学者于 2013 年 12 月在北京发起设立"中国新供给经济学 50 人论坛成立大会"，并致力于经济学理论的不断发展创新，持续推动中国经济改革和发展实践，标志着具有中国特色的"新供给经济学派"的形成。

一、新供给经济学派的形成

(一)新供给经济学派的立论基础

供给学派政策主张背后的理论秉承斯密以"看不见的手"为资源配置与决定性机制的自由主义传统。《国富论》的发表使得斯密的理念对经济学者的思想产生深刻影响，但随着 19 世纪后期社会主义思潮与意识形态的跌宕，"看不见的手"被逐渐忽视，一些发达国家在 20 世纪 50 年代至 70 年代，普遍采取政府参与经济活动的行为。20 世纪 70 年代，以美国为代表的发达国家陷入经济滞胀，以及计划经济国家长期发展停滞，发展中国家结构主义和进口替代战略失败，包括供给学派在内的新自由主义，再次使"看不见的手"成为主流思想。20 世纪 80 年代初，英国撒切尔政府共同创造出当时发达国家经济发展顶峰。然而，螺旋式的"否定之否定"的轨迹在世界金融危机后重现，使得国家干预成为必然。这一阶段，凯恩斯主义的国家干预和马克思主义的制度批判思路在思想界引发热潮。2008年，美国次贷危机引发了全球金融危机，美国政府采用供给管理手段，使得供给侧学派第二次回归。供给学派经历的两轮否定之否定体现出其在实践中的曲折探索和强大生命力，以及在人类社会实践互动中的螺旋式上升。

20 世纪 50 至 80 年代，社会主义生产的目的是满足人民群众不断增加的社会需求，因此，计划经济在保障供给方面给予更多的关注，经济理论研究重点是在生产供给方面。80 年代，我国实行改革开放，目的是把生产力从计划经济体制的束缚中解放出来，相关的改革理论可归为强调供给侧。中国经济理论的主流在以供给制度改革转型为重点的供给理论方面，伴随市场经济制度的逐渐建立，中国经济的供给市场开始向需求市场转变，经济发展中需求约束的影响逐渐凸显。在这个相关条件下，经济学界开始频繁地关注需求管理等政策因素，逐渐形成了大量有关需求的理论论述，但经济学界对于需求的研究中仍然对其包含的制度问题保持了极大的关注。1984 年 10 月召开的十二届三中全会阐明经济体制改革的大方向、性质任务和各项基本方针政策，并提出建立具有中国特色的社会主义市场经济体制，促进社会生产力的发展是改革的基本任务。1993 年 11 月召开的党的十四届三中全会提出建立社会主义市场经济体制的总体思路。一系列内部改革的举措以及市场经济制度的完善为长达十多年的经济高速增长期提供了良好的制度保障。具有中国特色的新供给管理源于计划经济向市场经济转轨而探求现代化的历史命题，当前我国经济体制转轨取得长足进步，渐进改革的难度明显上升，但深层次问题的解决仍依托于以改革为核心且充分注重供给方面的经济理论。①

长期实践反映出，我国经济改革的性质决定"供给侧改革"是必然，我国特色的改革道路和改革方式具有鲜明的"供给侧改革"性质，改革开放产生的"供给侧效应"为经济持续快速增长提供福利。② 我国的宏观政策是伴随需求管理和供给管理交叉作用的，既不具有凯恩斯主义政策倾向，也不具有供给学派的政策主张，新经济供给学派应呈现出中国式的理论创新。

(二)新供给经济学派的时代背景

改革开放以来，我国的社会主义市场经济体制得到发展，中国经济实现快速增长，综合国力大幅度提升，但中国经济增长环境充满了挑战，特别是世界金融危机爆发以来，我国财政收入增速下降、经济增速逐步放缓，经济增长动力不足，而以经济增速下降、工业品价格下降、实体企业盈利下降、经济风险发生的概率上升为主要表征的"四降一升"加剧了挑战的严峻性，意味着中国经济发展内生动力机制结构特征的变化，在此背景下供给侧结构性改革应运而生。

第一，经济增长换挡期与经济发展内生动力减弱紧密相关。我国经济在高速增长之后出现了明显的回落，特别是 2012 年以后增速回落到 7% 左右。增速换挡的原因主要有：一是中国经济持续增长动力减弱，基于低端要素的供给方式逐渐到达"顶峰"。受到要素成本大幅度上涨、环境承载能力下降、人民币汇率升值等因素的影响，我国低端产品产能增长的空间逐渐减小。二是国民经济总量持续增加所导致。在传统的技术、资本、劳动力等要素投入方式以及产出水平下，受要素收益递减规律的影响，经济

---

① 贾康，徐林，李万寿，等.中国需要构建和发展以改革为核心的新供给经济学[J].财政研究，2013(1)：2-15.
② 方敏，胡涛.供给侧结构性改革的政治经济学[J].山东社会科学，2016(6)：92-98，134.

增速出现下降。

第二，经济发展结构性矛盾突出引发结构调整阵痛期。我国经济发展一直存在结构性问题，尽管在"九五"计划以来就提出要改善调整产业结构，但经济发展所面临的结构性问题尚未得到化解。从经济增长理论来看，推动经济增长的总供给结构及其内部结构决定着国民经济增长的平衡性与稳定性，经济增长的本质就是各产业部门增长过程的综合结果。中国经济发展在市场机制不健全的背景下，生产结构失衡成为经济发展中结构性问题不断累积交织的根源。

第三，需求刺激政策消化期标志着传统发展方式急需转换。虽然我国经济保持数十年的高速增长，经济总量实现了快速增长，但是长期强调需求侧管理导致经济已陷入低水平增长的困局，粗放型的经济发展方式使得地区产业结构趋同、产能过剩，持续的高投入、高消耗导致投资驱动的边际效应递减，需求侧"三驾马车"对经济增长驱动效应明显减弱，需求侧政策刺激加剧了结构性矛盾。新古典经济学的理论观点中同样提出需求管理只是刺激经济增长的短期政策，作为经济增长源泉的社会生产力、经济制度、资源状况等因素均表现在供给侧。

在新时代背景下，新供给经济学派指出，中国宏观调控面临新环境和新挑战，需要从供给端进行改革，强调理性的"供给管理"，以结构优化为重点，强化供给制度改革。并指出"新供给创造新需求"的理论思想，是以改革为核心的理论创新，而非对"萨伊定律"或传统供给学派的简单复辟。

二、新供给经济学派的理论创新

供给侧结构性改革思想是新供给经济学的核心理论观点，是中国特色社会主义政治经济学的新发展。新供给经济学派的核心理论主要围绕供给侧结构性改革展开，新供给经济周期理论以及新供给学派的改革思想在理论、制度、实践层面都有不同维度的创新。新供给经济学同传统供给经济学最大的区别是不只局限于供给，而能清楚认识到需求和供给的作用是非对称的，应将需求与供给两者共同考虑到经济发展的范围内，以需求为目标，以供给侧为着手，强化供给侧的能力和其所产生的创新与创造。新供给经济学派立足于符合中国国情的市场经济制度，重视除政府和市场以外的社会组织等第三部门的作用，强调政府应该扮演公共服务和制度的供给者，强调多元主体共同参与。

新供给经济学建立的前提是破除传统经济学的理论枷锁，破除无效乏力的经济学解说和对策框架，对经济学理论已取得的基本成果进行反思，在破旧的基础上实现立新。第一，破偏颇，即主流经济学理论认知框架存在不对称性，只强调需求侧、需求管理的深入分析和政策主张，忽视供给侧、供给管理的共同问题；第二，破脱节，即经济学主流教科书和代表性实践之间存在的"言行不一"；第三，破滞后，即政府产业政策等供给侧问题在已有经济学研究中较为薄弱和滞后。① 在破旧的基础之上，结合中国现实国情和实际需要，以及国际上所提供的一切经验和启示，在更开阔的理论格局中思考更深层次的立新，从立框架、立原理、立融合、立体系四个方面着力指出新供给经济学的新内涵、新特点。强调经济学基本框架需要强化供给侧的分析和认知；强调经济基本理论支点的有效性与针对性；制度供给应该引入供给侧分析以形成一个有机联系的认知体系，认为市场、政府、非营利组织各有作为是优化资源配置的客观要求。② 新供给经济学派继承经济学和相关学科领域内丰厚的理论成果，对经济学理论学说进行整合提升、创新发展，在理论研究中强调一切从实际出发，在实践中破除瓶颈、服务全局、把握未来。

新供给经济学清楚地认知到需求侧管理与供给侧结构性改革的内在有机统一性，推进供给侧结构性改革可以产生需求，通过需求管理可以先解决短期问题，为供给侧结构性改革争取时间和空间。③ 供给侧结构性改革作为新供给经济学派的主导改革思想，由"供给侧""改革""结构性"三方面共同而生，以处理好政府与市场的关系，使市场在资源配置中起决定性作用，更好发挥政府作用为逻辑主线。供给侧是改革切入的重点方向，改革是其核心命题，结构性则是对改革方式提出的内在要求，是产业层面、要素层面和制度层面三个层面的改革，形成"转型、创新、改革"的三大动力，力求破解土地资源、人口构成、金融资本、技术创新、制度变革的难题。④

供给侧结构性改革的目的是在稳定和扩大社会总需求的前提下，最大限度地解放和发展生产力，提升经济增长质量和效率，增强持续发展动力，改革的目标任务包括释放经济增长动力和活力，提升经济质量和效

---

① 贾康，苏京春. 论供给侧改革[J]. 管理世界，2016(3)：1-24.
② 贾康. 新供给：经济学理论的中国创新——在现代化新阶段历史性的考验中，从供给端发力破解中国中长期经济增长、结构调整瓶颈[J]. 财政研究，2014(2)：6-10.
③ 郑京平. 对中国供给侧结构性改革的几点认识[J]. 开放导报，2016(2)：42-45.
④ 廖清成，冯志峰. 供给侧结构性改革的认识误区与改革重点[J]. 求实，2016(4)：54-60.

益，实现协调发展和可持续增长等多方面。以深化改革为根本途径，打破市场垄断并建立健全要素市场，使价格机制可以真正引导资源配置，增强微观主体内生动力，不断激活潜在增长率。在厘清供给和需求、长期与短期、政府与市场、国际与国内四对重要关系的过程中，将能否在传统增长动力衰退前，尽快培育形成新增长动力，实现新旧增长动能有效转换，以及能否通过体制机制改革形成有效制度供给，为新的增长动力打造新引擎作为关键点。[①]从供给侧推动劳动力、土地及其代表的自然资源、资本、科技成果应用、制度和管理五大要素的优化，提高全要素生产率，将制度变革放在全要素生产率的关键位置。

随着社会主义建设步入新时代，经济发展由高速增长阶段向高质量发展阶段转变，建设现代化经济体系的任务提出，供给侧结构性改革的理论呈现出更深层次的创新。深化供给侧结构性改革，引领经济高质量发展，实现更高水平的供需平衡，成为经济由高速增长阶段转向高质量发展阶段的必然。加快形成适应经济发展新常态的经济发展方式，实现由投资驱动型增长、要素驱动型增长向创新驱动型增长的转变，建立落后产能的市场化退出机制和产业升级机制等内容不断拓展至新供给经济学中。[②]

第三节　体育产业供给侧改革的历史演进

按照我国社会经济发展和社会主要矛盾的转化，体育产业的历史可划分为三个阶段，体育产业供给侧改革是伴随体育产业的历史演进而不断发展的。梳理体育产业供给侧改革的历史演进必然会沿着中华人民共和国体育产业发展的历史进程。以1978年为起点探索我国体育产业在计划经济体制转型后，市场发挥资源配置的决定性作用，推动体育产业化市场化改革。国发〔2014〕"46号文件"的颁布为体育产业高质量发展提供了重要机遇。推进体育产业供给侧结构性改革，是坚定不移地走"简政放权、政社分开、管办分离"之路，多元化、多层面、多角度地壮大体育产业发展，推动体育产业与相关产业的跨界融合。

①　马晓河，郭丽岩，付保宗，等．推进供给侧结构性改革的基本理论与政策框架[J]．宏观经济研究，2017(3)：3-15，157．

②　黄新华，马万里．引领经济高质量发展的供给侧结构性改革：目标、领域与路径[J]．亚太经济，2019(4)：105-110．

一、萌芽阶段:1978—1992 年

1978 年党的十一届三中全会后,我国开始重视经济建设,发展重心转移到社会主义现代化建设上来。体育领域也开始转变体育产业发展方式,引入西方体育产业中的市场经济运行机制,通过市场手段进行体育资源配置。以改革的方式改变高度集中的计划经济体制,坚持"以计划经济为主,市场调节为辅"的改革指导原则,并深刻意识到,尽管政府的经济职能在经济发展任务中是必不可少的,但市场机制更能促进国民经济的良性运行与增长。

1984 年,《中共中央关于经济体制改革的决定》提出,要改变计划经济和商品经济相互对立的观念,认为政府在发挥职能作用的时候不应直接干预市场,市场的不确定性与体育发展的社会公益性的矛盾应通过宏观调控的方式加以解决。1986 年,国家体委发布的《关于体育体制改革的决定》提出,改革是为解决体育事业发展中存在部分体育项目竞技短板、体育部门领导监督不到位等问题。各级体育领导部门对于体育事业的监督、领导、协调的作用未发挥得当,要通过发动社会力量来办体育,让体育事业得到更好的发展。此阶段,关于政府职能与市场作用间的关系处于初步探索阶段,对体育的社会化具有一定的推动作用。提高体育场馆使用率,逐步做到自负盈亏;鼓励专业运动队与企业合作,提倡体育竞赛与经营活动进行联合,形成了"内引外联""体育搭台、经贸唱戏"的特色。① 政府不再完全以事业单位的形式管理体育竞技,在一定程度上向社会下放权力,发动社会的力量承办体育竞赛,该阶段的特征是"以体育场馆改革为龙头,带动运动队和体育竞赛活动吸引社会资金",这是体育经营活动的初步探索。尽管随着体育场馆租赁市场的形成,体育竞赛表演业得到一定的发展空间,但体育产业化、职业化发展仍较困难。随着国民经济的增加,人民群众体育消费能力得到有效提升,体育场馆向社会开放程度扩大,从而推动体育竞赛表演以及用品服务业的发展,体育市场规模扩大,体育产业的经济总量得到提升。

这一时期体育产业发展处于萌芽阶段,体育产业的概念还未提出,关于改革的内容认识尚不清晰,促进体育事业发展的各项工作主要停留在表面。但意识到体育的发展需要市场化、产业化,体育的发展不能仅依靠政

---

① 张林,黄海燕,王岩. 改革开放 30 年我国体育产业发展回顾[J]. 上海体育学院学报,2008,32(4):1-5.

府承担，政府的职能作用具有局限性，改变计划经济体制下体育的纯公益性质成为关键。同时，受群众体育理念以及个人经济收入水平、体育文化宣传等多种因素的影响，体育需求还未被激活，处在启蒙阶段，一定程度上导致体育体制机制改革的不清晰，体育产业中供给与需求的理念还有待深入。

二、探索阶段：1993—2008 年

1993 年，原国家体委发布的《关于深化体育改革的意见》提出，改革的总目标是建立与社会主义市场经济体制相适应的体育机制和良性循环的运行机制，特别是要改变计划经济体制下高度集中的体育体制，形成集中与分散相结合、国家与社会相结合的体育发展格局。该文件重点指出要以产业化发展为方向，提高体育自我发展能力，并从改革体育行政管理体制、加强宏观调控等十个方面推进体育改革，具体政策的提出代表我国政府已经初步意识到体育产业发展应从供给层面施加力量。在 1992 年全国体委主任会议的基础上，国家体委将体育产业的基本思路确定为"以产业化为方向"，体育产业发展议题在深化体育体制改革中得到重点关注，意味着我国体育正式开启产业化发展的道路。

1994 年，中国足球率先进行职业化改革，带动了篮球、排球等运动项目的产业化、职业化发展。1995 年，《体育产业发展纲要（1995—2010年）》指出，体育产业要发展就要坚持改革，改变传统计划经济体制下的发展方式，追求经济效益与社会效益并重。[1] 1998 年，《国民经济和社会发展"九五"计划和 2010 年远景目标纲要》强调，体育工作走社会化、产业化道路。2005 年，国家体育总局召开全国体育产业工作会议，指出体育产业是我国体育事业中重要的组成部分，是社会经济活动，是全社会的体育产业。这意味着体育产业在促进经济发展中的重要作用再度被强调，为此后进一步完善体育产业供给，推动体育产业改革奠定了基础。2006年 7 月，国家体育总局发布《体育事业"十一五"规划》，强调体育产业发展需以体育服务业为主，鼓励社会力量参与，形成多种所有制并存、全社会共同参与、共同创办的格局，标志着我国体育产业的发展进入了新的战略格局。2008 年北京奥运会的成功举办，对于我国体育产业的发展起到了极大的推动作用，尤其是健身休闲、体育培训、体育用品业得到繁荣

① 国家体育总局. 体育产业发展纲要（1995—2010 年）[EB/OL]. [2004-02-16]. http://www.sport.gov.cn/n16/n1137/n40771/128403.html.

发展。

这一阶段，我国体育产业的改革主要是以改变传统计划经济体制下的体育发展模式为主要内容，促进体育管理体制从举国体制变成双轨体制，鼓励社会力量参与体育事业，强调经济效益的同时也意识到了社会效益的重要性。伴随北京奥运会这一重要的历史性事件，体育产业发展迎来新的机遇，人民群众的体育需求开始初步释放，并呈现大幅度上升趋势，体育产业作为深化体育体制改革中的重要问题得到社会各界的广泛关注，如何通过改革激发体育产业的经济属性和更好地发挥社会性质成为亟需思考的问题。政策制度的颁布实施使得体育产业在产品、服务等方面的供给得到较大提升，并意识到体育产业供给需要社会、市场等主体的参与以满足人民群众需求，社会力量与市场力量成功进入体育产业，为后期的体育产业改革奠定了坚实的基础。

三、发展阶段：2009—2013 年

2010 年，国务院办公厅发布《关于加快发展体育产业的指导意见》，强调体育产业发展要为国民经济增长和满足人民需求作出贡献。此后，我国政府以及相关行政部门相继出台《全民健身条例》等一系列利好性政策文件促进体育产业发展。2011 年 4 月，《体育事业发展"十二五"规划》指出，要不断深化改革，提高质量和效益，推动建立和完善具有中国特色的体育产业体系。[①] 这一阶段，体育产业已形成自我格局，在顶层设计中清楚意识到体育产业的发展是以满足广大人民群众日益增长的体育消费需求为目标，通过引导和扩大体育消费需求、优化体育产业结构、加强体育市场规范管理等措施，以政府职能转变和激活市场机制并存的方式，在"供给"与"需求"两侧共同着手促进体育产业发展。

四、快速推进阶段：2014 年至今

2014 年国务院发布《关于加快发展体育产业促进体育消费的若干意见》，进一步明确了发展体育产业的重要性和必要性，指出体育产业在扩大内需、增加就业、培育新经济增长点等方面具有重要作用。此外，文件中针对体育产业发展中面临的规模总体不够大、活力不够强和体制机制障碍等问题，提出了创新体制机制、培育多元主体、改善产业布局和结构等

---

① 国家体育总局. 体育事业发展"十二五"规划 [EB/OL]. [2011-4-11]. http：//www. sport. gov. cn/n16/n16/n1077/n1467/n1843577/1843747. html.

建议。该文件的出台标志着体育产业发展迎来了黄金时期,各部委联合出台多项政策文件释放红利,体育产业结构性问题得到重点关注,相关体制机制改革不断深入,体育产业供需矛盾得到相应解决。2015年3月,国务院颁发《中国足球改革发展总体方案》,以进一步深化足球领域的体制改革。2016年5月,国家体育总局发布《体育发展"十三五"规划》,指出体育发展面临更加严峻的改革攻坚期,深化改革的目标演变为充分发挥市场在体育资源配置中的决定性作用和更好地发挥政府作用,积极培育社会力量参与体育发展。① 以此为起点,伴随供给侧结构性改革的不断深入,我国体育产业供给侧结构性改革迎来重要的战略机遇。《关于加快发展健身休闲产业的指导意见》《体育市场黑名单管理办法》等文件相继出台,"深化体制改革""优化产业结构""转变政府职能"字眼频繁出现,体育产业的地位、目标、任务、措施等更为突出,体育供给侧结构性改革的内涵更为明确。以提高体育产品和服务的供给端为出发点,在技术、机制、制度等方面采取改革的方式,调整和优化体育产业结构,减少无效供给并扩大有效供给,提高体育产业的全要素生产率,促使体育资源实现最优化配置。②

2019年,《进一步促进体育消费的行动计划(2019—2020年)》立足于人民群众的体育消费需求,从丰富体育消费业态、培育体育消费观念、健全体育消费政策体系等层面提出措施,不断丰富体育消费产品和服务供给。《体育强国建设纲要》的颁布,意味着十九大报告中提出的"加快建设体育强国"拥有制度性、纲领性保障,为高质量推动体育强国建设奠定了基础。《关于促进全民健身和体育消费推动体育产业高质量发展的意见》再次强调推动体育产业成为国民经济的支柱性产业,强化体育产业的要素保障。我国体育产业增加值保持高速增长,产业结构不断优化,截至2020年,我国体育产业总规模为27372亿元,增加值为10735亿元(如图3-1)。但是,在体育产业发展进程中,关键的体制机制性因素导致体育产业在高速发展中的矛盾愈发突出,在扩大内需的迫切需要以及中美经贸摩擦等复杂国际局势下,需要进一步通过供给侧改革和需求端培育引导体育消费潜力。供给侧改革在这一阶段成为破解体育产业发展的瓶颈因素,如税收问题、场地问题、政府与市场关系、融资问题、知识产权保护问题、

① 国家发改委. 体育发展"十三五"规划[EB/OL]. [2017-08-10]. https://www.ndrc.gov.cn/fggz/fzzlgh/gjjzxgh/201708/t20170810_1196892.html.

② 沈克印,吕万刚. 体育产业供给侧改革的现实诉求与实施策略——基于资源要素的视角[J]. 西安体育学院学报,2017,34(6):641-646.

赛事资源开放问题等必要举措，供给侧结构性改革成为必然。

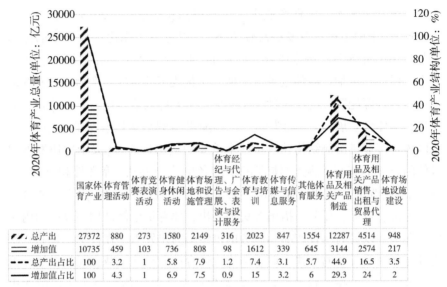

	国家体育产业	体育管理活动	体育竞赛表演活动	体育健身休闲活动	体育场地和设施管理	体育经纪与代理、广告与会展、表演与设计服务	体育教育与培训	体育传媒与信息服务	其他体育服务	体育用品及相关产品制造	体育用品及相关产品销售、出租与贸易代理	体育场地设施建设
总产出	27372	880	273	1580	2149	316	2023	847	1554	12287	4514	948
增加值	10735	459	103	736	808	98	1612	339	645	3144	2574	217
总产出占比	100	3.2	1	5.8	7.9	1.2	7.4	3.1	5.7	44.9	16.5	3.5
增加值占比	100	4.3	1	6.9	7.5	0.8	15	3.2	6	29.3	24	2

图 3-1　2020 年我国体育产业发展整体状况

（注：数据来源于国家体育总局、国家统计局联合发布《2020 年全国体育产业总规模与增加值数据公告》）

体育产业供给侧改革的持续推进，管理体制改革得到实质性突破，相关政策更加丰富多样，我国体育产业发展呈现出总体规模不断扩大、产业结构不断优化等特点。体育产业在发展中仍存在产值结构与就业结构不合理、内部各要素配置不合理、供给结构与需求结构不匹配等现实问题。[①]体育产业供需矛盾又在较大程度上制约着体育产业供给侧改革的深入推进，推动体育产业供给从中低端向高端迈进，满足中高端体育产品和服务需求是当前的迫切需要。通过深化供给侧改革，促进生产要素的有效配置，实现体育产业更高水平的供需平衡，引领新时代体育产业高质量发展。

① 任波，戴俊，黄海燕．中国体育产业结构的形塑逻辑与供给侧改革路径[J]．天津体育学院学报，2019，34（1）：52-59.

第四章　体育产业供给侧改革的现实诉求

深化供给侧结构性改革和推动经济高质量发展，是新时代中国特色社会主义经济思想的重要理论创新成果，也是解决现实突出矛盾和问题，建设现代化经济体系的工作主线。当前，我国经济发展进入新常态，处于由高速增长转向中高速发展阶段，供给和需求两侧制约了我国经济发展，但主要在供给侧，需要创造适应新需求的有效供给，更加讲求发展质量，推动经济供需两端平衡。我国体育产业作为未来国民经济的支柱型产业，对于推动体育产业供给侧改革具有深刻的现实意义，不仅能够推动社会经济的转型升级，还能为体育产业寻求新动能，推动体育产业的高质量发展，提高体育产业的有效供给能力，从而满足人民大众的多元体育需求。对于体育产业而言，与其他相关产业进行跨界融合的本质特征就是创新，以互联网为代表的科技发展则是创新的重要手段之一。在供给侧改革背景下，体育产业的发展离不开科技创新驱动，特别是在"互联网+"时代，需要形成以互联网为手段的跨界融合新模式。[1]

第一节　推动我国经济转型与升级的时代要求

步入社会主义新时代后，我国社会经济呈现出新的发展态势，速度放缓、动力不足、结构不合理等问题凸显，转型升级成为经济发展的时代趋势。体育产业发展呈现出良好势头，体育产业供给侧改革将为社会经济发展注入更强动力，推动社会发展，助力经济发展模式转型。

---

[1] 沈克印，吕万刚. 体育产业供给侧改革：投入要素、行动逻辑与实施路径——基于社会主要矛盾转化研究视角[J]. 中国体育科技，2020，56(4)：44-51，81.

一、经济发展模式亟待转变

(一)经济发展步入新常态

改革开放以后,我国经济依靠资源、人口红利等要素优势,经济连年高速增长并成为世界第二大经济体。随着我国经济社会的不断发展,我国经济逐渐步入新常态发展阶段,表现出以下具体特征:一是经济结构不断优化升级,第三产业消费需求逐步成为主体(如图 4-1);二是城乡区域差距逐步缩小,居民收入占比上升;三是发展从投资驱动、要素驱动转向创新驱动。[①]

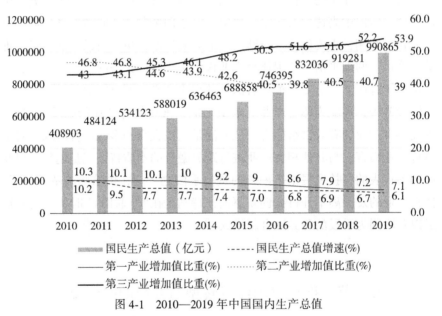

图 4-1　2010—2019 年中国国内生产总值

注:数据来源于公开资料整理

我国传统的经济发展方式实现了高速增长,但是存在增长不可持续的不利因素,带来了环境污染加剧、社会矛盾不断加深以及国际风险增大等多种严峻挑战,各种因素带来的风险致使中国经济发展的旧有模式难以为继。同时随着经济总量不断增大,保持高速增长面临生产要素供给的约束。从国际经验看,经济发展到一定阶段后,各国经济增长速度都出现不

---

① 郭克莎. 中国经济发展进入新常态的理论根据——中国特色社会主义政治经济学的分析视角[J]. 经济研究, 2016, 51(9): 4-16.

同程度的回落，这一经济发展规律决定了我国经济增长速度换挡。同时，原有的发展方式过于粗放，造成产业产能过剩、环境污染等一系列问题，加快推进经济结构战略性调整成为当务之急，经济发展与结构调整、改善民生、生态文明有机结合起来，实现可持续发展。并且前期为了缓解金融危机对国家经济的冲击，我国相继出台了一系列的政策。当前时期我们需要消解政策带来的如金融资本脱实向虚、企业债务偏高等问题，[①] 这些问题造就了经济发展的"三期叠加"。针对这些发展中的问题，党和政府提出应当主动适应发展新常态、转变经济发展方式、努力实现经济转型与升级等要求。

(二) 三驾马车动力不足

传统的发展模式之下，经济发展更加依赖需求侧的"投资、消费、出口"三驾马车。然而，当我国经济步入新常态的发展阶段，三者之间的增速明显放缓，无法更好地带动我国经济的发展，传统的依靠"三驾马车"的经济发展模式不是可持续的发展方式。如图 4-2 所示，中国国家统计局公布的数据显示，我国投资、消费、出口的增速出现较大幅度的下滑，其中固定资产投资从 2010 年的 23.8% 降至 2019 年的 5.1%，社会消费品零售额从 2010 年的 18.3% 降至 2019 年的 8%，出口总额从 2010 年的 31.3% 暴降至 2019 年的 5%。当前投资增速已低于 GDP 增速，有投入才有产出，投资增速的减缓必将影响中国经济发展。在加入世贸组织近 20 年来，中国对世界经济增长的平均贡献率接近 30%，成为拉动世界经济发展的重要动力。中国制造业兴起于全球价值链第三次转移的浪潮，经过多年发展成长为全球第一制造业大国。目前我国已经拥有 41 个工业大类、207 个工业中类、666 个工业小类，形成了独立完整的现代工业体系，是全世界唯一拥有联合国产业分类全部工业门类的国家。[②] 在世界 500 多种主要工业产品当中，中国连续多年保持全球货物贸易出口第一大国地位。但是在国内经济下行压力大、国际经济形势陷入低迷、美国对中国出口产品加征关税等内外因素的影响下，中国出口遭遇巨大挑战，并且，下行压力不断增大使得居民收入增长速度相应减缓，难以跟上消费增速；过高的房价直接或者间接地导致了经济的高杠杆率，反过来更加抑制居民消费，降低了社会资金流动，不利于经济的健康发展。

---

① 易纲. 深刻认识我国经济发展新趋势[N]. 人民日报，2014-11-03(7).
② 王政，朱隽，丁怡婷，等. 成就举世瞩目 发展永不止步[N]. 人民日报，2019-09-21(4).

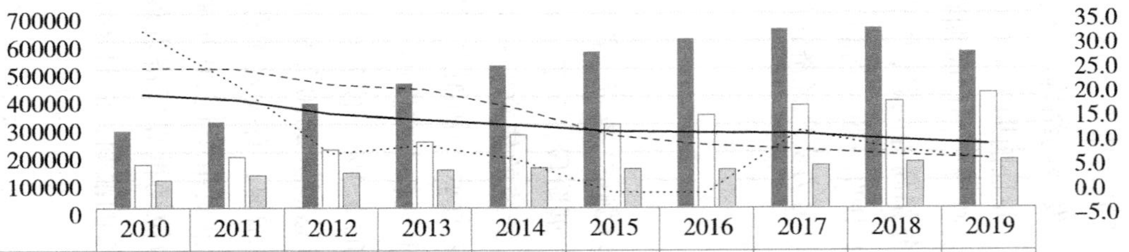

	2010	2011	2012	2013	2014	2015	2016	2017	2018	2019
固定资产投资（亿元）	278140	311022	374676	447074	512761	562000	606466	641238	645675	560874
社会消费品零售总额（亿元）	156998	183919	210307	237810	262394	300931	332316	366262	380987	411649
出口总额（亿美元）	99506	119705	127127	137170	143912	141255	138455	153321	164177	172342
固定资产投资增速(%)	23.8	23.6	20.3	19.3	15.3	9.8	7.9	7.0	5.9	5.1
社会消费品零售总额增速(%)	18.3	17.1	14.3	13.1	12.0	10.7	10.4	10.2	9	8
出口总额增速(%)	31.3	20.3	6.2	7.9	4.9	-1.8	-1.9	10.8	7.1	5

固定资产投资（亿元）
出口总额（亿美元）
社会消费品零售总额增速(%)

社会消费品零售总额（亿元）
固定资产投资增速(%)
出口总额增速(%)

图4-2　2010—2019年我国固定资产投资、社会消费品零售、出口值及增速

注：数据来源于公开资料整理

"三驾马车"作为影响 GDP 需求侧的短期因素，短时期内促进了我国经济的发展。但同时也要认识到，需求离不开商品供给，特别是离不开供给侧因素。因为需求依赖于需求者的购买力，购买力依赖于就业、收入等，就业、收入等依赖于商品供给者的供给能力或市场竞争力，"萨伊定律"认为供给能力的提高可以创造出巨大的新需求。而"三驾马车"只是以支出法核算的 GDP 的三大组成部分，更多是反映经济发展的结果，不是经济发展的中长期动力与根本动力。① 当前中国经济告别两位数增长速度而步入新常态，传统需求管理下强调依靠三驾马车带动经济发展的方式已不能完全适应经济发展的需要，需要转变由劳动力、土地、资本、制度、创新等供给要素决定经济发展的方式，发展知识密集型经济，提高全要素生产率，从供给端推动经济增长，从而实现持久发展。②

（三）经济结构有待优化

经济步入新常态，结构性问题主要包括要素投入结构、产业结构、区域结构、增长动力结构、排放结构和收入分配结构六个方面的问题。③ 六个结构性问题相互叠加并影响着中国经济的发展。

首先，低附加值、高消耗、高污染产业占国民经济比例较高。产业的科技、生态文明、金融、社会保障等体制改革有待加速，从而提高技术含量和产业附加值，同时淘汰落后产能并大力发展绿色低碳产业；区域结构问题表现为发展不平衡、不协调、不公平。我国东部沿海城市发展速度较快，而中西部内陆城市则受限于地理位置、交通、政策等因素的制约，经济与社会发展落后于东部城市，阻碍了我国经济的整体发展。在我国经济长期发展的过程中，过分依赖资源、劳动力、土地等生产要素，对于高新技术、信息、制度等创新性要素投入较少，导致绝大部分产业在全球价值链中处于竞争劣势地位，存在产业附加值低、中高端产业偏少等问题。

其次，由于粗放的经济发展模式，对资源的利用效率偏低，以破坏环境为代价来换取经济的高速发展，对人们的生存环境产生较大破坏，导致我国发生了一系列的生态问题，如水污染、大气污染、雾霾等。经济增长动力结构问题主要表现为过度依靠需求侧的"三驾马车"，增速不断放缓。

① 李佐军．应用"三大发动机"等动力解释"中国增长奇迹"［J］．经济纵横，2016（1）：27-30．

② 贾康．供给侧结构性改革要领［J］．中国金融，2016（1）：25-28．

③ 结构性改革：改什么，怎么改［EB/OL］．［2015-11-23］．http：//theory．people．com．cn/n/2015/1123/c40531-27843619．html．

"三驾马车"不能作为促进经济发展的长期动力，中长期的发展应当依赖于制度变革、结构优化和创新驱动，提升全要素生产率，培育新的增长动力。

最后，收入分配结构问题主要表现为居民贫富差距逐渐拉大，城乡居民、行业间收入差距增大，财富更多集中在少数地区、行业和人手中。

二、体育产业将成为国民经济的支柱性产业

(一)体育产业发展势头迅猛

在我国发展初期，体育更多地承载着政治功能，对于经济发展带动作用更多地体现在体育用品制造领域，体育核心产业的经济价值并不凸显。随着国家经济体系不断完善，国民体育意识不断增强，体育的经济功能开始显现并逐渐成为经济发展的一大动力。国发〔2014〕"46 号文件"将全民健身上升到国家战略层面，努力扶持体育这一朝阳和绿色产业，促使其成为经济转型升级的重要力量。2014 年以来，国家体育总局与国家统计局联合进行年度体育产业数据统计，数据报告显示，2018 年度全国体育产业总值为 26579 亿元，增加值为 10078 亿元，两者相较 2017 年增长速度分别为20.88%和 29.02%，增加值首次突破 1 万亿元，体育产业在国民经济发展中的作用更加显著。其中，增加值占国内生产总值的比重为 1.1%，从 2014 年的 4040 亿元上升至 2018 年的 10078 亿元，年均增长率达到 25.67%，[①] 增长势头可谓迅猛，约为 GDP 平均增速的 3.7 倍(如图 4-3)。

(二)体育产业发展潜力巨大

国发〔2014〕"46 号文件"将全民健身上升为新时代的国家战略，不仅明确指出优化体育产业结构，深挖体育产业潜能，加大发展体育服务业的力度，努力提高体育服务和产品供给，更提出了到 2025 年中国体育产业总产值达到 5 万亿元的明确发展目标，将体育产业发展成为促进国民经济持续发展的重要动力，预示着体育产业将迎来发展的黄金时期。[②] 2019 年国务院办公厅印发《体育强国建设纲要》(以下简称《纲要》)，到 2020 年体育产业在实施高质量发展上取得新进展。到 2035 年，体育产业更大、更

---

① 2018 年度中国体育产业数据发布 增加值首次破 1 万亿 [EB/OL]. [2020-01-21]. http://sports.people.com.cn/n1/2020/0121/c143318-31557946.html.
② 国务院. 国务院关于加快发展体育产业促进体育消费的若干意见[Z]. 2014-10-02.

活、更优,成为国家经济的支柱产业,实现体育治理体系和治理能力现代化。① 与国际上其他国家相比,体育产业产值占 GDP 比重依然较小。未来体育产业将占据着国民经济的重要地位,参考欧美体育产业发达国家来看,预计到 2035 年我国体育产业总量占 GDP 的比重将达到 4%左右(见表 4-1)。

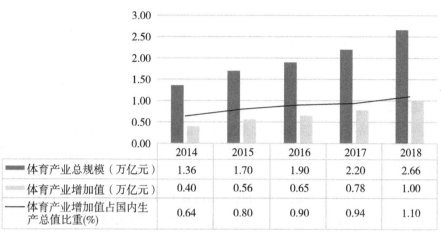

	2014	2015	2016	2017	2018
■ 体育产业总规模(万亿元)	1.36	1.70	1.90	2.20	2.66
▨ 体育产业增加值(万亿元)	0.40	0.56	0.65	0.78	1.00
— 体育产业增加值占国内生产总值比重(%)	0.64	0.80	0.90	0.94	1.10

■ 体育产业总规模(万亿元)　　▨ 体育产业增加值(万亿元)
— 体育产业增加值占国内生产总值比重(%)

图 4-3　2014—2019 年体育产业产值

注:数据来源于公开资料整理

表 4-1 　　　　　　　　　　各国体育产业产值比较

	体育产业产值占 GDP 比重	体育产业增速/GDP 增速
美国	2.85%	1.9
日本	2%~4%	3
英国	1.8%~3.7%	3.8
法国、德国	1.8%~3.7%	3.5
中国	1.1%	3.7

　　首先,从体育产业各个细分领域来看,作为体育产业核心的竞赛表演业近几年发展迅猛,以中超为代表的职业体育不断发展壮大,2015 年中超未来五年的版权拍出了 80 亿元的天价,创造了中国职业体育版权新纪录。同时以中超、中职篮为代表的职业联赛正在推进成立职业联盟,推动

――――――――――

① 国务院. 国务院办公厅关于印发体育强国建设纲要的通知[Z]. 2019-08-10.

职业体育实现真正的管办分离，不断提高体育市场在资源配置中的决定性作用，提升了市场对于体育产业投入的热情。同时，2018 年国务院办公厅印发《关于加快发展体育竞赛表演产业的指导意见》，提出了量化式的发展目标，届时产业规模将达到 2 万亿元。①

其次，随着我国逐渐进入小康社会，消费者的体育需求日益多元，开始从物质消费转变为参与型消费，加之新冠疫情的发生进一步刺激了人民的体育参与意识，健身休闲、体育旅游、体育场馆服务等产业面临新的发展机会，拥有着广阔的发展前景。2016 年 10 月，国务院办公厅发布的《关于加快发展健身休闲产业的指导意见》指出，到 2025 年健身休闲产业总规模要达到 3 万亿元人民币，基本形成功能完善、门类齐全、布局合理的产业发展格局。② 制定多项旨在促进体育旅游示范地，体育旅游精品赛事、精品线路等建设的发展政策，提出了 2020 年体育旅游总消费规模突破 1 万亿元的发展目标。

最后，体育用品制造业作为我国制造业的重要组成部分，在体育产业中占据着重要的比重，在促进"中国制造 2025"战略中发挥着重要作用。我国体育用品制造业作为外贸型产业，在我国经济不断开放的大背景下将不断释放增长潜能，加之国内体育竞赛表演、健身休闲等发展将进一步刺激民众的体育热情，体育用品需求将进一步扩大，产业发展同样具有良好的市场前景。

(三) 体育产业发展助力我国经济转型升级

我国经济想要实现转型升级，必须加快新业态的培育步伐，大力发展现代服务业。体育产业作为未来经济增长和转型升级的重要动力，服务业的发展过程中离不开体育产业。加大发展体育产业的力度，将为人民提供多样化的体育产品和服务，提升体育消费，提高服务业在国民经济中比重的同时，也将带动国内消费并稳定经济增长，同时为经济转型升级提供改革动力。我国体育产业巨大的发展空间和前景吸引了国内外资本争相进入体育产业领域，特别是在互联网不断发展的时代，一些互联网上市公司结合自身技术优势，地产企业利用自身资金优势不断进入职业体育、体育传媒等领域，持续加大对体育产业的资本投入，运用收购、成立体育子公司、投资基金等方式对自身的体育战略进行布局，不断增强与体育跨界融

---

① 国务院. 国务院办公厅关于加快发展体育竞赛表演产业的指导意见[Z]. 2018-12-21.
② 国务院. 国务院办公厅关于加快发展健身休闲产业的指导意见[Z]. 2016-10-28.

合，提升体育产业的供给能力，成为推动体育产业供给侧改革的新兴力量。[1] 同时，体育产业作为朝阳、绿色产业，是辐射范围广、融合性强、资源消耗低、发展潜力大的产业，推动与旅游、健康、教育、文化、养生、科技等元素融合，可以催生许多新业态和新产品，对相关产业发展具有重要的带动作用，能够为人民提供多元化的服务，推动我国第三产业的不断发展和稳定增长，成为国民经济发展中新的持续动力，成为促进经济结构转型与升级的重要力量。

第二节 实现体育产业高质量发展需要进行改革

党的十九大报告指出，"我国经济已由高速增长阶段转向高质量发展阶段，正处于转变发展方式、优化经济结构、转换增长动力的攻坚期"[2]。2018 年中央经济工作会议中政府又进一步强调经济应注重高质量发展，成为我国新时代经济的显著特征和未来发展的重要指向。体育产业作为我国经济的重要组成部分及未来发展的支柱性产业，自 2014 年国务院发布 46 号文件之后，一系列政策的出台使体育产业迎来了发展的黄金时期，促进了体育产业的高速发展。2019 年国务院相继印发《体育强国建设纲要》和《关于促进全民健身和体育消费推动体育产业高质量发展的意见》，文件强调，在新时代背景下体育产业应该在实现高质量发展上取得新进展。其高质量发展必将推动我国经济的转型升级，提升整个国民经济的发展质量。供给侧作为当前我国经济改革的着力点，将对推动体育产业高质量发展具有重要作用。通过研究体育产业高质量发展的内涵、现实意义，进而提出推进高质量发展的路径，对于实现体育产业高质量发展具有重要的理论意义和实践指导。

一、高质量发展的理论内涵

在新时代，经济发展应注重提高发展质量和效益，解决好不平衡不充分问题。关于高质量发展的内涵，史丹认为，应该在发展量的同时注重解决质的问题，考虑数量与质量的平衡问题，进而实现量的有

---

① 沈克印，吕万刚. 体育产业供给侧改革的现实诉求与实施策略——基于资源要素的视角 [J]. 西安体育学院学报，2017，34(6)：641-646.

② 习近平. 决胜全面建成小康社会，夺取新时代中国特色社会主义伟大胜利——在中国共产党第十九次全国代表大会上的报告[M]. 北京：人民出版社，2017.

效增长;① 任保平认为,高质量发展是社会经济效益良好、经济结构优化、资源配置效率提高、人民生活水平显著提高的高层次发展;② 金碚认为,通过创新发展战略和模式选择丰富发展质量的内容和维度,以各种有效和可持续方式满足人民不断增长的多方面需要;③ 林兆木认为,我国制造业劳动力等要素优势逐渐减弱、资源日益紧张、低效率发展模式已不能持续。高质量发展是创新能力不断增强、投入产出效率和经济效益不断增长、商品与服务质量不断提升的发展。④ 高质量发展内涵也可从宏观和微观两方面进行理解,从宏观方面来看,高质量发展是国家新发展理念的体现,主要解决当前社会发展中的不平衡、不充分问题,提高全要素生产率,进而提高国民经济的发展质量,满足民众不断增长的美好生活需求;从微观层面来看,高质量即企业产品与服务应具有高品质,高质量发展目标在于打造企业创新和价值创造能力,提高企业的可持续发展能力,从而实现产业更高的经济与社会价值。⑤

当前已有文献对于高质量发展尚未形成统一的定义,关于体育产业层面高质量发展则更缺乏理论研究。体育产业高质量发展可以从"宏观—中观—微观"三个方面进行分析:宏观指政策环境,中观指产业发展,微观指企业运行。从宏观层面来看,高质量的体育产业要增大政策供给与保障力度,推动体育治理体系和治理能力的现代化发展,不断满足民众增长的多元需求;从中观层面来看,高质量的体育产业要实现产业结构优化,加大产业平台建设,更要实现与新型数字技术的融合,从而实现创新驱动发展;从微观层面来看,高质量的体育产业要有优质的产品供给,体育企业应当提升自身服务与产品的市场竞争力,提高企业的投入产出效率,实现经济效益不断增长。

二、高质量发展的现实意义

(一)体育产业高质量发展推动经济发展

对于构成我国服务业的体育产业而言,新常态对体育产业提出了诸多

① 史丹,赵剑波,邓洲. 推动高质量发展的变革机制与政策措施[J]. 财经问题研究, 2018(9):19-27.
② 任保平,文丰安. 新时代中国高质量发展的判断标准、决定因素与实现途径[J]. 改革, 2018(4):5-16.
③ 金碚. 关于"高质量发展"的经济学研究[J]. 中国工业经济, 2018(4):5-18.
④ 林兆木. 关于我国经济高质量发展的几点认识[N]. 人民日报, 2018-01-17(7).
⑤ 黄速建,肖红军,王欣. 论国有企业高质量发展[J]. 中国工业经济, 2018(10):19-41.

要求和目标,只有通过高质量发展才能完成。① 体育产业近几年发展迅猛,2014—2018 年,体育产业总产值对经济的贡献率不断提升,分别占国内生产总值的 0.64%、0.8%、0.9%、0.94%、1.1%。同时,46 号文件明确指出,把体育产业作为绿色、朝阳产业进行扶持。通过不断完善体育治理体系和治理能力从而实现现代化,推动整个体育产业良性发展,将体育产业做大做优,从而成为国民经济的支柱性产业。

当然,尽管目前我国体育产业在规模上取得了明显发展,但是宏观产业与微观企业的发展质量偏低。对于体育产业而言,当前阻碍其高质量发展的主要问题仍存在于供给端,应当以供给侧结构性改革为主线推动高质量发展,提高体育产业有效供给能力,解决产业技术含量不高、品牌认可度低、产业附加值低等供给质量不高问题。培育国际知名体育用品品牌,促进体育企业转型升级。体育产业是万亿级别的经济蓝海,体育产业的高质量发展将直接推动我国经济发展。同时作为具有明显正向外溢效应的绿色、朝阳产业,体育产业也将有利于带动其他产业的发展,为国家实体经济的发展打牢基础,从而助推国民经济的发展。

(二)高质量发展助力实现体育发展战略

2016 年,习近平在全国卫生与健康大会上强调,没有全民健康就没有全面小康,而全民健身是人民健康生活的基础与保障,要推动全民健身和健康的不断融合。"健康中国"战略不能仅仅依赖于身体发生疾病之后的医学治疗,更应该通过体育锻炼来提升居民的身体素质。体育不仅是单纯的体育运动,更具有多元功能和价值,是一种健康的生活方式,可以促进和形成积极向上的氛围。同时,党的十九大报告提出了"建设体育强国"的战略目标,认为没有高质量的体育产业作为支撑,"体育强国"的发展目标必然不能实现,其高质量发展成为衡量体育强国建设的标志,对于体育强国建设具有重要的现实意义。建设体育强国需要完善和协调体育各项工作,从整体上把体育做大做强。当前,国内体育产业发展仍相对滞后,特别是整体质量效益偏低的问题已成为建设"体育强国""健康中国"的重要制约因素。推进高质量发展有利于体育产业开辟新发展模式,促进体育产业发展逻辑的调整,推动产业的有效供给能力和发展效益,夯实体育产业在新时代体育强国建设中的地位,能够助力体育强国建设的良性发

---

① 丁正军,战焰磊. 新时代我国体育产业高质量发展的综合动因与对策思路[J]. 学术论坛,2018,41(6):93-99.

展和方式的转变,① 推动与体育相关国家战略的实施,因此体育产业必须走高质量发展的道路。

(三)高质量发展促进体育产业转型升级

我国体育产业近年来发展迅速,但与体育强国相比仍存在较大的差距。首先,我国体育产业的规模不大,产业增加值占国内生产总值仅2%出头,距离达到4%从而成为国民经济支柱产业的标准仍有不小差距。其次,我国体育产业结构不合理,装备制造业占的比重过大,而竞赛表演、健身休闲主体产业以及体育服务业占比太小(如图4-4)。同时,与欧美国家体育服务业相比,附加值更高的体育服务业仍然处于相对落后的状态。并且,体育产业发展存在区域发展不平衡的问题,东部沿海城市相较于西部与内陆城市,经济发展水平较高,人民体育消费需求旺盛,体育产业发展也更好,对经济的促进效果更加显著。最后,我国体育产业企业经济效

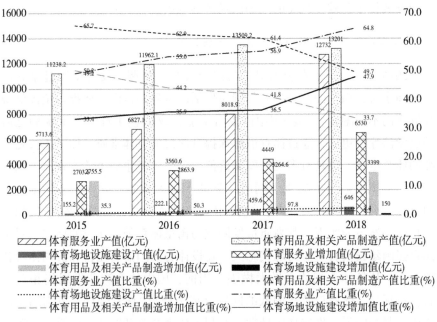

图4-4 近年来我国体育服务业、制造业、场馆建设产值

注:数据来源于公开资料整理

---

① 王子朴,朱亚成. 新时代中国体育强国建设中的体育产业发展逻辑[J]. 北京体育大学学报, 2018, 41(3):8-13, 47.

益低，以体育装备企业为例，国产品牌缺少足够的市场竞争力，品牌认可度与国际大牌差距甚远，处于全球价值链的低端。[①] 社会民众多元、个性的体育需求不断增长，使得体育产业分类更加精细，减弱了规模效应优势；由于我国资源以及人口红利等优势的减弱，体育用品业的国际竞争力不断下降，以外贸为主的体育用品产业面临较大的竞争压力。[②] 微观层面将解决企业过分倚重要素投入的发展现状，通过创新与技术研发，增强品牌的国际竞争和影响力，助推企业实现品牌化发展模式，从而摆脱其当前低质低效的发展模式，推动体育产业转型升级。

(四)体育产业高质量发展满足人民多元体育需求

高质量发展是为了解决新的社会主要矛盾而提出的，随着物质生活的不断丰富，社会民众生活需要从吃饱穿暖转向追求包括体育在内的更高层次的需求，为了解决体育产业内如优质产品和服务供给不足、区域发展结构不平衡等不平衡不充分问题，必须推进产业高质量发展。体育产业不仅是幸福产业，也是民生经济，所取得的成就就是改善民生，对于满足人民美好生活需要具有独特的重要意义。[③] 高质量发展要坚持"以人民为中心"的新发展理念，将满足人民日益增长的美好生活需要作为体育产业发展的出发点和落脚点。十八届五中全会中所提出的五大发展新理念为体育产业发展提供了强大的思想动力，成为新常态下产业发展的目标与指南。共享理念为体育产业发展指明了价值取向，既能作为发展体育产业的指导理念，也可以作为发展的行动纲领。[④] 体育产业发展应当始终坚持"以人民为中心"理念，通过制度改革和创新驱动，充分发挥体育市场的作用，为消费者提供规模更大、质量更高的体育产品和服务，更好地满足人民不断增长的体育需求。

三、供给侧改革成为体育产业高质量发展的主线和抓手

推动高质量发展是当前和今后一个时期确定发展思路和实施宏观调控

---

① 李滨，刘兵. 全球价值链新动向对我国体育用品业发展的启示[J]. 上海体育学院学报，2017，41(2)：25-29，46.

② 丁正军，战焰磊. 新时代我国体育产业高质量发展的综合动因与对策思路[J]. 学术论坛，2018，41(6)：93-99.

③ 赵勇. 新时代中国体育产业发展战略路径和对策措施研究[J]. 体育文化导刊，2018(3)：1-7.

④ 沈克印，吕万刚. 体育产业供给侧结构性改革：学理逻辑、发展现实与推进思路[J]. 武汉体育学院学报，2016，50(11)：29-35，41.

的根本要求。① 对于体育产业而言，供给侧改革将解决供需矛盾、优化资源配置、培育增长新动能，成为推动产业高质量发展的主线与抓手。

(一) 解决体育产业供需结构错位

受益于国家政策、体育消费意识的提高、经济环境等因素的影响，当前国内体育产业发展迅猛。但是我们应当意识到当前的发展模式过于粗放，尤其是产业结构不合理日益凸显，亟待通过供给侧改革完成整个产业的转型升级。从体育产业结构来看，以竞赛表演、健身休闲等为核心的体育服务业产业发展滞后，低附加值的体育制造业成为体育产业的支柱。随着人民群众对于体育多元需求的不断增长，与体育产业结构错位、供给不足构成体育产业的主要矛盾，供需关系正面临不可忽视的结构性失衡。高质量发展的最终目标在于满足人民不断增长的美好生活需要，体育产业供给侧改革将从供给端、生产端出发，根据消费者需求不断提高产业的有效、高端供给能力，提升产业发展效率与效益，同时推动体育制造业创新驱动发展，提升产品科技含量与品牌价值，实现全球价值链地位的攀升，从而化解过剩产能带来的库存危机，推动体育产业供需结构平稳转型。

(二) 优化资源配置方式

高质量发展要求产业质量第一、效率优先，推动产业效率变革。生产要素作为维系国民经济运行及市场主体生产经营过程中的基本因素，对于产业发展至关重要，供给侧结构性改革有利于要素配置的优化调整。首先，供给侧结构性改革的微观主体应当是企业和企业家，而不是政府。在体育产业发展历程中，我们更多注重政府的宏观调控影响，利用政策从需求侧进行市场干预，"有形之手"伸得过长、干预过多。② 供给侧结构性改革则能够通过制度要素的变革，政府进行合理的简政放权，从而更多地发挥微观企业和个人的能动作用，减少政府对市场的不当管制与干预，从而实现经济结构性改革的深化，将资源要素依据市场需求进行合理配置，提升要素配置效率。其次，应当提高投入要素的质量。③ 采用新工艺、设备、技术是促进高效发展的前提，将推动体育制造业转型升级步伐；降低土地与资本价格，减轻体育企业的运营成本；提高劳动者的技术和素质，

① 抢抓重要战略机遇期 坚定迈向高质量发展 [EB/OL]. [2018-12-21]. http://www.xinhuanet.com/2018-12/21/c_1123888344.htm.
② 周跃辉. 以供给侧结构性改革引领中国经济高质量发展[N]. 辽宁日报, 2017-12-26(5).
③ 洪功翔. 发挥供给侧改革对高质量发展的关键性作用[N]. 安徽日报, 2018-04-10(6).

推动体育服务业与制造业的高质量发展；调整能源结构，实现低碳环保的发展模式。这些因素都将提升要素的配置与优化，实现从无效需求领域流向有效需求领域的转变，实现产业高质量发展。

（三）培育产业增长新动能

传统的依靠需求侧的投资、消费与出口三驾马车的发展模式是一种着眼结果的短期调节，在一定时期推动了我国经济的高速发展。但是当前我国经济下行压力大，三驾马车已经不能较好满足发展需要，需要寻找新的动力以推动国民经济发展。长期以来我国依赖资源要素、投资等驱动发展，科技创新对于经济发展贡献度低，导致发展质量不高，在国际竞争中处于劣势。供给侧改革强调充分发挥改革、转型、创新的作用，提高产业的全要素生产率，培育新的增长动力。对于体育产业而言，创新驱动将提高产业的生产、管理与运行能力，降低服务成本，提高有效供给能力，提升产业自身竞争力。同时体育产业涉及多个领域，具有产品附加值高、产业链条长、产业带动作用强的特点。从体育产业供给端出发，加快体育休闲、体育培训、体育旅游、体育会展及"互联网+体育"等产业形态的融合，不仅会提升基础设施建设水平，发掘体育与文化、环保、旅游等关联行业的发展潜力，激发高质量发展的活力，催生新的产业形态，有助于构建现代体育产业体系，培育产业新的发展动能。同时，高效的制度供给能够激励微观企业创新创业，成为经济长期持续发展的新动力。体育产业可以引入科技创新手段，搭建公共服务云平台，从而拉动体育消费，实现供给侧与需求侧的共同发力。[①]

第三节　"互联网+"为体育产业发展提供新动力

随着网络技术、移动智能设备等不断完善发展，互联网逐渐开始渗透社会生产生活的方方面面。国务院颁布的《关于积极推进"互联网+"行动的指导意见》明确指出，扩大互联网与经济社会各领域融合的广度和深度，促进传统行业转型升级。意见的颁布意味着将互联网由消费扩展到生产环节，通过互联网促进产业发展，增强经济的创新能力，努力打造经济

---

① 以创新引领体育产业［EB/OL］．［2019-09-04］．http：//finance.people.com.cn/n1/2019/0904/c1004-31335087.html.

社会发展新动能与新优势。① 体育产业与其他相关产业进行跨界融合的本质特征就是创新，供给侧改革背景下，体育产业的发展离不开科技创新驱动，特别是在"互联网+"时代，需要形成以互联网为手段的跨界融合新模式。

一、"互联网+"的本质内涵与特征

(一)"互联网+"的内涵解读

为了探究"互联网+"对体育产业的深远影响，先应了解"互联网+"的内涵。全国科学技术名词审定委员会将"互联网"定义为由许多个计算机的网络相互连接而成，不论采取何种技术与协议的网络。② 同时随着时代的向前推进，互联网的含义在不断扩展。从本质上来看，互联网是一种以用户需求为中心的具有创新性的商业模式，具有共享、便捷、开放、免费的特征。③ 互联网使得信息传输速度加快，推动了社会的运转效率，同时开放共享的特性使得互联网的准入门槛降低，促使互联网的用户规模日益增加。随着互联网广泛进入其他传统产业，发展呈现出新的特点，互联网使得传统产业挖掘出了新的商业模式，"互联网+"应运而生。

当前，对于"互联网+"的概念并没有十分清晰的界定，主流的定义为国家发改委对"互联网+"的界定：充分利用互联网在资源配置中的优化和聚集效用，将互联网的创新发展深度融合于经济社会各行各业当中，提高生产力和创新力，形成以互联网为基础设施和实施工具的更广泛的经济发展新业态。④ 即"互联网+"包含两层含义，一是传统行业利用互联网成果推进产业转型升级，实现经济发展质量和效益的提升。二是互联网实现对经济、社会各领域的渗透，推动经济新业态的产生。同样，"互联网+"可以理解为一种新的生产力、新的经济形态，能够推动传统产业以及经济的全面发展。"互联网+"可以看作一种效率工具，将推动新技术的应用，推动微观企业的效益上升；它同样也是一种创新引擎，由于互联网开放共享的特性，产品与服务的边界效应被逐渐打破，信息获取和选择变得简单

---

① 国务院．关于积极推进"互联网+"行动的指导意见[Z]．2015-07-01．

② 全国科学技术名词审定委员会．通信科学技术名词[M]．北京：科学出版社，2007：101-102．

③ 左伟，李建英．论"互联网+"体育产业的内涵、特征及呈现方式[J]．山西大学学报(哲学社会科学版)，2016，39(5)：140-144．

④ 黄芙蓉．"互联网+"文化产业发展的对策与模式创新[J]．统计与决策，2015(24)：158-161．

化，从而培育了经济发展的新动力。①

（二）"互联网+"的特征分析

"互联网+"依托互联网技术，创新驱动产业发展，促进各行业之间发展融合和新业态的开拓。"互联网+"具有多层次的特征表现，可从技术、生产模式、产业业态、商业模式等方面进行分析。②

首先，在技术层面上，"互联网+"的特征表现为连接一切数据成为生产要素。"互联网+"依托互联网技术、智能设备等将世界万物相互连接在一起，将社会生产的各个环节充分融合，使得连接一切成为可能。在连接的过程中产生大量的数据，数据不断流通分享，加之数字新技术的不断应用使得数据能被低成本挖掘，从而数据具有了价值属性，成为重要的生产要素。

其次，从生产模式来看，"互联网+"的特征表现为智能制造、社会化生产。新型数字技术不断运用到除传统行业的生产制造过程中，目的在于建立一个将生产要素相互连接起来的系统，实现生产与服务全过程的数字化发展，根据用户需求做出及时反馈，实现生产的柔性化，并且，互联网强调以用户为中心，使得传统概念下的消费者开始进入生产领域，逐渐参与生产与服务的各个环节。在信息技术的推动下，消费者能够独自进行研发和生产工作，实现产品的制造。

再次，从产业业态来看，"互联网+"的特征表现为跨界融合、制造业服务化生产。互联网技术的快速发展使得产业边界趋于模糊，用户的多元需求不能得到满足，促进产业不断融合发展，新的产业业态不断涌现，既包括产业间融合，也包括产业内部各子产业间的融合。由于工业产品技术与结构趋于复杂化，价值链上除生产之外其他环节的专业需求不断增长，外加信息技术的高速发展降低了信息的传递成本，研发、售后、综合解决方案提供等活动从制造企业分离，也使得传统制造业开始从生产型制造向提供一整套完整解决方案的服务型制造转换。

最后，从商业模式来看，"互联网+"的特征主要表现为多元化竞争、共享经济、打通线上线下。"互联网+"与其他行业的融合往往会产生新的商业模式。互联网本身具有网络效应特征，众多企业通过互联网相互连接

---

① 左伟，李建英. 论"互联网+"体育产业的内涵、特征及呈现方式[J]. 山西大学学报（哲学社会科学版），2016，39（5）：140-144.
② 李晓华. "互联网+"改造传统产业的理论基础[J]. 经济纵横，2016（3）：57-63.

构成一个系统，系统内部之间相互影响作用，使得产业链上中下游之间的联系更加紧密，企业逐渐依靠平台来竞争。同时由于互联网的共享、免费特征，信息获取与传递更加高效低价，供给端与需求端开始进行高效整合，产品与服务得到充分利用，推动了共享经济商业模式的快速发展。"互联网+"背景之下，互联网企业与传统实体经济形成有效对接，实现了线上线下业务的互通，最大限度发挥两者优势，拓宽了企业的影响范围，提升了用户的体验感。

二、"互联网+"在体育产业的应用

在近几年的政策红利推动下，中国的体育产业获得了更多发展机遇，特别是"互联网+"为体育与相关产业进行跨界融合提供了支撑。"互联网+"能够直接提高产品和服务的供给水平，促进消费的升级，成为体育产业供给侧改革的"催化剂"。当前，体育产业利用互联网技术，在场馆服务、体育制造、竞赛表演、休闲健身、全民健身等领域的全面应用，创新了产业发展的模式，提高了产业运转效率，推动了体育产业快速发展。[1]

(一)"互联网+竞赛表演"

竞赛表演业是体育产业的核心内容之一，在体育产业的发展中占据着重要地位。但是由于经济发展存在地区不平衡、产业结构不合理等现象，同时我国职业体育起步较晚，相关政策和规则制度不够完善，国内赛事竞技水平低，赛事生命周期短暂，没有形成高质量的体育赛事，再加之媒体宣传力度不足等因素，导致竞赛表演业发展程度不高，产值占比较低。竞赛表演业市场仍旧处于探索发展阶段，职业化水平有待提升。[2]

互联网、移动终端设备的快速普及，使得传统的报纸、电视等媒体的关注度持续下降，互联网作为传播平台逐渐成为主流媒体。较长时间以来，观众只能通过电视转播收看比赛，且时间、地点等都受到较大限制。随着互联网逐渐融入体育竞赛表演业，对于产业最直接的影响是以腾讯、PPTV等为代表的互联网企业纷纷建立体育赛事转播平台，用户可通过智能终端不受时空限制地获取最新赛事信息，从而拓宽了观众获取赛事信息

---

① 沈克印，吕万刚.体育产业供给侧结构性改革：学理逻辑、发展现实与推进思路[J].武汉体育学院学报，2016，50(11)：29-35，41.

② 马德康.我国体育竞赛表演业发展状况与影响因素研究[D].北京：北京体育大学，2017.

的渠道，改变了体育观众观看赛事的方式。大数据、VR 等数字新技术在竞赛表演业中的不断应用，为观赛者提供更全面、更清晰的观赏体验，使得人们日益增长的观赛需求得到满足。同时，由于"互联网+"具有万物互联的特性，体育观众之间能够低价高效地进行交流，各大体育门户网站设立专门的论坛、贴吧等平台供用户进行交流，提高了体育赛事转播的参与性、互动性，推动了体育社交等新业态的形成，拓宽了体育产业链，为用户提供更丰富的内容、更全面的服务，间接推动了体育产业其他领域的发展，[①] 并且，互联网的进入使得职业体育赛事版权之争愈演愈烈，打破了多年来央视对体育赛事转播权的垄断，赛事的网络转播权成为炙手可热的体育资源，推动了赛事转播权的商业化运营发展。

(二)"互联网+休闲健身"

随着经济的不断发展，人们的物质条件不断改善，消费需求逐渐转向重视身体健康和精神享受，对于体育的消费投入不断增加，体育锻炼逐渐成为人们日常生活中不可或缺的一部分，人民的休闲健身需求不断增长。互联网融入健身休闲产业，为产业发展带来了新的驱动引擎，促进了休闲健身产业的发展。

首先，互联网作为一种优势资源，对于休闲健身产业引发的最大变革是技术优势必将带动休闲体育产业创新发展。[②] 互联网的引入为休闲健身注入了新的活力，新的技术手段能够使得运动休闲方式多样化和场景多元化，线上线下活动实现连接，丰富了活动内容，拓宽了服务领域。其次，借助互联网信息平台，对数据进行及时地整合传递，将用户与教练、场所、运动知识等资源进行整合，从而为用户的使用提供便利条件。同时在互联网平台之上，用户之间交流的时间、空间壁垒被打破，社区功能为用户提供了交流经验、相互鼓励和提供帮助的平台，增强了运动的有效性，助力用户根据自己的爱好和现实需求有选择地获得专业信息，从而进一步提高用户的健身质量与参与体验，增强了服务与用户之间的黏性。并且，随着互联网与休闲健身的深度融合，各类健身 APP 相继推出，线上云健身进入高速发展阶段。新冠疫情的暴发使得休闲健身业受到严重冲击，依托互联网技术的网络健身成为新趋势，"线上体育培训课""客厅健身房"

---

① 张新秀，邵广天."互联网+"环境下体育产业新业态现状与特征分析[J].体育科技文献通报，2017，25(4)：41-44.

② 李东鹏，梁徐静，邓翠莲."互联网+"背景下休闲体育产业发展趋势、动力和创新路径研究[J].广州体育学院学报，2017，37(4)：33-36.

"卧室瑜伽区"等拉开了全民健身的帷幕，居民们通过强身健体度过漫漫的"宅时光"。通过互联网发布健康科普知识短视频积极引导民众进行身体锻炼，及时推广健身的科学方法，促进全民健身活动的开展，① 推动了体育产业的发展，互联网与休闲健身的深度融合不仅推动了新业态的产生与发展，也间接地推进了体育产业其他领域的发展。

（三）"互联网+场馆服务"

大型体育赛事结束之后，场馆运营一直是比较棘手的问题。居高不下的运营成本、场馆资源闲置与群众健身需求难以满足的矛盾并行存在，而"互联网+"的发展模式将显著缓解运营中存在的这些矛盾。

"互联网+"背景下的场馆服务不仅可以扩展场馆服务内容的多样性，同时其管理理念与方式、组织结构等都相应地发生改变。首先，互联网技术使得体育场馆运营不再受时空条件的制约，如网上预约、会员数字化管理等能够减少对于人力、物力等资源的依赖作用，大大降低场馆运营成本。当前场馆资源普遍存在利用率低的状况，通过利用互联网和大数据等技术，可以根据用户需求变化动态调整自身服务的价格，从而使场馆资源得到充分利用。② 其次，互联网平台可显著提高场馆营销效率。通过全渠道的数字化营销推动线上线下联动，不断打造一体化营销系统，将大大增强客户对于服务平台的黏性，形成准确完整的用户画像，推动营销环节更加精确、迅速。再次，场馆运营成本的降低使得体育场馆有能力采用优惠的策略扩大自身影响力，提高用户数量。利用大数据与互联网平台等提前挖掘用户的潜在需求并进行市场细分，找到具有更高商业价值的用户，帮助体育场馆根据用户需求不断调整自身的产品与服务的供给，从而提升运营水平与盈利能力。③ 最后，传统的体育场馆基本通过提供产品和服务来获得收入，而体育场馆数字化发展能够创造新的营收模式。相较于传统的盈利模式以产品和服务吸引消费者，"互联网+"的发展模式通过广告赞助、社群经济以及平台经济等新的形式进行创收。在加快场馆基础设施完善、为消费者提供更好的健身场所与体验的同时，将推动场馆无形资产的

① 王戬勋，沈克印．疫情之下体育产业高质量发展的现实困境和推进思路[J]．西安体育学院学报，2020，37（4）：400-407．
② 傅钢强．大数据时代体育场馆余裕时间的利用[J]．上海体育学院学报，2016，40（4）：50-53，72．
③ 体育场馆数字化运营渐显成[EB/OL]．[2018-01-09]．https：//www.sohu.com/a/215610941_501205．

开发，吸引更多商业合作和消费，创新场馆盈利模式。

（四）"互联网+体育制造"

当前，体育制造业在我国体育产业产值中占比最大，但其存在着创新能力不足、品牌建设落后、产业集群发展不协调等问题。我国虽然作为体育制造大国，但大而不强，以人口红利、生产要素优势嵌入全球价值链，处于全球价值链低端。当前劳动力成本优势不断减弱，西方原有制造强国加快制造业回归本土的步伐，我国体育制造业在全球价值链中的地位受到冲击。数据显示，我国体育用品制造业规模占世界总量的60%，但是其中有一半具有一定规模的体育制造企业仍从事着为国际知名品牌进行来料加工、贴牌生产等价值链低端工作，自身创新能力不足、同质化现象严重，自身品牌缺乏市场影响力。

互联网技术不断融入体育制造业发展进程中，能够增强企业创新能力，有利于降低生产成本、提高生产效率和生产力，从根本上改变传统体育制造的生产方式与运营模式。互联网技术能够缓解体育制造业人力成本上涨较快的经营压力，提高劳动生产率、资源配置效率和经济效益，不断增强产品的核心竞争力，推动体育用品制造业进行智能化变革。同时，企业能够通过建立以平台为主流的商业模式促进线上线下营销活动更好融合，为消费者提供更加方便迅捷的服务。[1] 例如，2011年，安踏公司在整个制造业中处于高库存时期，将以往的销售模式转变为品牌零售模式，逐步确立了"单聚焦、多品牌、全渠道"的营销战略，通过收购国际知名品牌、开启覆盖线上线下全领域销售等营销手段，提升了自身营业额与品牌价值。体育制造业具有明显的集群化发展特征，长期以来形成了以浙江、江苏、山东等省份为代表的产业集群；产业发展模式从传统的纯粹产品供给转向为顾客提供全周期产品的服务型制造，为用户提供产品设计、生产、销售、售后等一体化服务。[2] 以互联网为依托建立的产业平台将推进资源流通、信息共享，保证企业与企业、企业与用户之间的线上线下联通，确保从生产制造到售后服务所有环节的信息畅通，提升应对新常态下体育制造产业面临的去库存、降成本危机的能力，推动产业集群化和服务型制造，提高自身在全球价值链中的地位，将有力改变我国体育用品制造

---

[1]　李滨，刘兵. 全球价值链新动向对我国体育用品业发展的启示[J]. 上海体育学院学报，2017，41(2)：25-29，46.

[2]　刘志勇，李碧珍，叶宋忠，等. 服务型制造：福建体育用品制造业供给侧改革路径研究[J]. 福建师范大学学报(哲学社会科学版)，2016(5)：17-26.

业价值链"低端锁定"的现状。

三、"互联网+"推动体育产业供给侧改革

(一)"互联网+"推动产业创新驱动

1. 提升产业创新能力

2016 年国务院印发的《国家创新驱动发展战略纲要》明确提出，要发展现代服务技术，促进技术创新和商业模式创新融合。[①] "互联网+"的发展模式有助于提升体育产业的管理方式、商业模式、制度机制等创新能力，推动产业创新驱动，提高产业的供给能力与供给质量。

首先，互联网具有互联互通、共享免费等特点，能使体育产品与服务的生产消费过程中各类信息高效运转，企业管理者通过互联网及时了解产业信息、市场需求，对企业进行有效管理，能够提高企业内部沟通管理的效率，同时对生产进行高效透明、数据化的管理，将提高生产要素的配置效率。其次，互联网不断深入体育产业的各个领域，越来越多的消费者通过互联网进行体育消费与社交、观看体育节目、搜索体育信息等，从而形成体育产业的大数据资源，并引发体育生产模式和商业模式的变革。[②] 最后，互联网、数字新技术的应用不断推动着体育产业智能化生产进程，从根本上改变了传统体育供给的生产方式，减少对人工的依赖，显著提高劳动生产率。传统体育商业模式下，供需双方之间界限明显，双方信息出现不对称，从而导致供需失衡。以体育用品业为例，全球金融危机以后，2008—2014 年，我国体育用品企业过高估计产业发展前景，大肆圈地开店，导致库存高企，产业增速不断下滑。而在互联网及大数据、云计算技术赋能之下，用户的需求与消费倾向能够及时反馈给企业，使得用户逐渐参与产品与服务的生产环节，借助价值共创的形式，提升体育产业的供给效率和供给的有效性、精准性。

2. 提高体育产业供给质量

同时，"互联网+"将扩展体育产业的营销渠道，依托网站、APP 等自媒体有助于扩大体育营销的广度与范围，根据用户需求信息提高营销的专业细分性，能避免无效营销的产生，提高营销效率并降低成本，提升用户

---

① 中共中央　国务院. 国家创新驱动发展战略纲要[Z]. 2016-05-19.
② 夏元庆. 融合与创新："互联网+"背景下的体育产业生态趋势[J]. 南京体育学院学报（社会科学版），2016，30（3）：68-72.

黏性和使用忠诚度，提高体育用品与服务的产销效率。同时，"互联网+"模式创新能释放出创新潜力，最大限度地激励创新活动，能够解决制度创新不足，特别是创新动力问题。① 互联网平台实现了产品供给方与需求方的直接对接，企业还可以通过大数据对目标客户进行筛选，并定向推广他们最有可能感兴趣的产品，使得用户能够及时准确地获得自己需要的产品与服务的信息，提高产业的供给效率，提升用户的体验。并且，随着生活水平的不断提高，传统的体育消费项目已经不能满足人们不断增长的体育需求，体育消费更加多样化，类似攀岩、潜水、登山等新型的小众体育项目越来越受到人们的喜爱，互联网平台将用户与消费者相连，"互联网+"技术的便捷性和信息的海量性致使小众需求外显，企业能够为多元的体育需求提供产品与服务，使小众需求的供给成为可能。②

（二）"互联网+"促进体育产业融合发展

"互联网+"作为体育产业供给侧改革的导火索，在提升体育产品和服务供给水平的同时也促进了产业之间的融合。③ 互联网为实现万物互相连接创造了可能，颠覆并改变着原有的生产生活方式。传统行业与互联网的融合将带来产业形态的创新，尤其是与电子商务、大数据、互联网等新技术的深度融合，为体育产业的生产、营销、流通等环节创新提供了技术支撑，推动了体育产业的业态创新，有利于产业与经济升级。

随着与互联网的深度融合，供需两端之间信息流通更加高效，体育产业的供需不平衡将得到解决。同时，社会公众不断增长的个性化、多元化体育需求的兴起，对产业结构及消费结构产生了重大影响，也将推动产业传统模式的变革，"互联网+"将成为体育产业跨界融合发展的新动力。④在体育产业中，"互联网+"已经开始渗透产业链的各个环节，成为发展趋势，帮助公司打通整个上中下游产业链并为用户提供一整套的服务方案。"互联网+体育"时代已经到来，体育产业与互联网技术的结合，促使体育

---

① 郑文范，刘明伟. 科技价值与"互联网+"行动对创新创业的作用[J]. 东北大学学报（社会科学版），2015，17(6)：567-572.
② 颜小燕. "互联网+"促进体育产业创新驱动发展及其策略[J]. 体育与科学，2017，38(6)：67-72.
③ 沈克印，吕万刚. 体育产业供给侧改革的现实诉求与实施策略——基于资源要素的视角[J]. 西安体育学院学报，2017，34(6)：641-646.
④ 刘亮，付志华，黎桂华. 供给侧改革视角下我国体育产业发展的新空间及动力培育[J]. 首都体育学院学报，2017，29(1)：8-12.

场馆智慧运营、赛事管理更加高效、体育贸易更加广泛、运动社交方式更加多元，"互联网+体育"的产业模式促进了体育产业与其他众多相关行业的互动交叉，形成了体育产业融合发展的新模式，产业价值链得到不断扩展，从而能够为消费者提供高质量、多样化的服务与产品，必将推动体育产业不断发展。

第四节　满足公众多元化体育需求的必然选择

党的十九大报告指出，当前我国社会主要矛盾为人民日益增长的美好生活需要和不平衡不充分的发展之间的矛盾。① 随着我国城乡居民体育热情不断增长，体育消费需求多元化，体育消费呈现出多样化的发展特点，体育服务业需求快速攀升，新型运动项目逐渐受到追捧。但是，我国体育有效供给能力明显不足，体育服务业处在初步发展阶段，存在体育服务供给不充分、体育制造业高端供给不足和体育产业发展结构不平衡等问题。体育供给能力并不能较好满足当前人民不断增长的多元体育需求，亟需供给侧改革进行调整。

一、居民收入不断增长，体育消费需求增加

(一)居民收入不断增长

经济发展进入上中等收入阶段即人均 GDP 超过 6500 美元后，体育消费较大规模的有效需求开始形成，进入高收入阶段后体育产业将成为支柱型产业，这个阶段是体育产业快速增长的时期，目前我国正处在其中。② 2013 年我国人均 GDP 超过 6500 美元的标准，进入中等收入国家行列，随后人均 GDP 不断增长，2019 年超过 1 万美元，标志着我国经济发展与人民生活水平进入了新的发展阶段(如图 4-5)。从居民可支配数据来看，2014—2019 年我国居民收入增长显著，增长率均始终保持在 7% 以上，呈现出稳定增长的态势，表明我国居民消费水平的不断提升。并且农村人均收入水平增长率均超过城镇居民的增长速度，表明我国城乡与农村之间的

---

① 习近平. 决胜全面建成小康社会，夺取新时代中国特色社会主义伟大胜利——在中国共产党第十九次全国代表大会上的报告[M]. 北京：人民出版社，2017.

② 江小涓. 中国体育产业：发展趋势及支柱地位[J]. 管理世界，2018，34(5)：1-9.

经济差距正在逐渐缩小，农村居民的生活质量正在显著提升（如图 4-6）。经济的不断发展使得人民物质生活极大丰富，开始注重自身身体健康、追求精神生活的享受，居民消费呈现出多样化的发展态势。

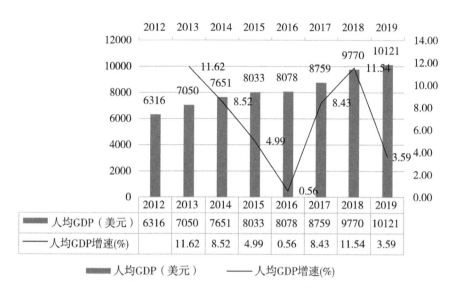

图 4-5　2012—2019 年我国人均 GDP 与增速

注：数据来源于公开资料整理

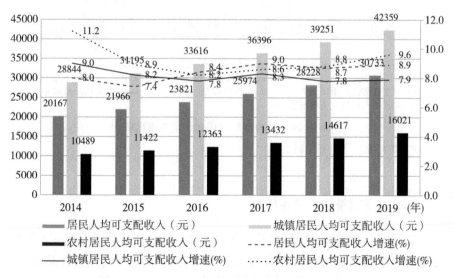

图 4-6　2014—2019 年我国居民可支配收入及增速

注：数据来源于公开资料整理

（二）消费支出更加多元

国家统计局发布的年度国民经济和社会发展统计公报显示，2016—2019 年我国居民消费支出平稳增长，年均增速超过 6.8%（如图 4-7）。居民消费形式更加多元。人们在吃饱穿暖的前提之下，食品烟酒、衣着消费占总支出的比例不断降低，消费支出开始向服务业倾斜，我国居民生活质量与水平显著提高。居民在可支配收入增多、闲暇时间增长的前提下开始注重愉悦身心，提升了我国文化、教育、休闲娱乐、旅游等行业的消费热情，推动了相关产业的快速发展。

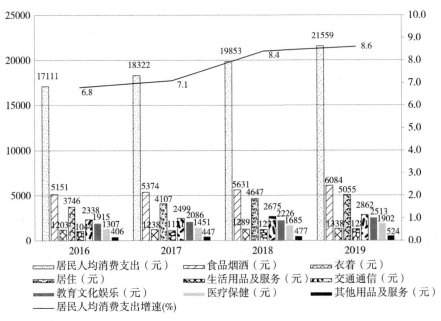

图 4-7　2016—2019 年我国居民消费支出统计

注：数据来源于公开资料整理

（三）体育消费占比逐年增加

从居民消费的细分领域来看，教育文化娱乐、医疗保健两方面占消费支出的比重稳步提升。其中教育文化娱乐超过 11%，成为除食品烟酒、衣着之外的第二大消费支出，仅次于交通消费；医疗保健占比均超过7.5%，表明居民的健康意识逐渐增强，对于医疗保健与养生更具有消费热情（如图 4-8）。在此过程中，体育运动作为一种强身健体、休闲娱乐、增加社会交往、愉悦身心的重要方式逐渐受到人民群众的重视，加之奥运会成功申办等外部条件的刺激，使得居民的体育消费热情逐渐高涨，为体育消费的增长奠定了坚实的经济基础。

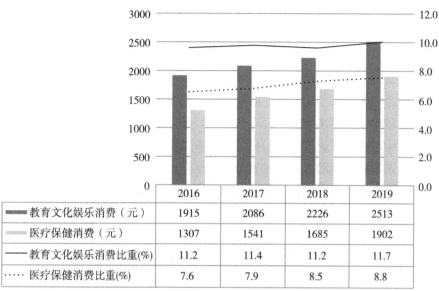

	2016	2017	2018	2019
▬ 教育文化娱乐消费（元）	1915	2086	2226	2513
▭ 医疗保健消费（元）	1307	1541	1685	1902
── 教育文化娱乐消费比重(%)	11.2	11.4	11.2	11.7
⋯⋯ 医疗保健消费比重(%)	7.6	7.9	8.5	8.8

▬ 教育文化娱乐消费（元）　　▭ 医疗保健消费（元）
── 教育文化娱乐消费比重(%)　⋯⋯ 医疗保健消费比重(%)

图 4-8　2016—2019 年我国居民教育文化娱乐、医疗保健消费情况
注：数据来源于公开资料整理

（四）疫情的发生进一步刺激体育消费热情

科学研究表明，免疫力与强身健体有着紧密联系，经常参加体育锻炼，可以提高免疫系统和呼吸系统的功能。新冠疫情的发生不仅提高了民众公共卫生与防护意识，更使其深刻认识到了自身免疫力的重要作用，体育锻炼作为提高免疫力的重要手段越来越受重视。钟南山院士的健身视频广泛传播，更加激起了人们对强身健体的愿望和需求。2003 年我国爆发 SARS 疫情，之后迎来了一股全民健身热潮，体育健身热潮推动了我国体育用品销售迎来报复式增长。[1] 长远来看，疫情的发生进一步刺激了民众的体育健身需求，社会公众的健身理念也从被动转变为主动，消费者的体

---

[1]　刘扬. 体育用品："非典"带动产业[J]. 当代经理人，2003(7)：76-77.

育参与热情将不断提升，健身休闲、体育场馆服务、体育用品、体育旅游等将备受消费者青睐。

（五）体育需求更加多元

体育产业预测数据发现，2022 年体育产业总产值将达到 3.6 万亿元，增加值达到 1.14 万亿元，体育产业在疫情消散后实现稳步高速增长，体育消费需求得到进一步的释放（如图 4-9）。在需求高速增长的同时，体育需求也变得更加多样化发展。特别是"90 后"一代更加追求个性化，自我锻炼已经不能满足他们，专业的培训服务快速增长，尤其是一些新兴以及小众的运动项目越来越受年轻人的追捧。比如攀岩、登山、骑行、马术等中高端运动项目深受青年人的喜爱。随着 2022 年北京冬奥会的成功申报，数量庞大的冰雪运动人口意味着巨大的体育市场，中国冰雪产业正经历着一段前所未有的机遇期，冰雪产业拥有巨大的消费潜力。

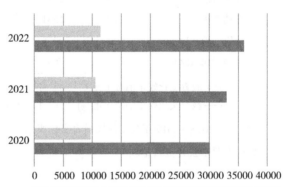

	2020	2021	2022
▨体育产业预测增加值（亿元）	9707.286	10568.196	11429.106
▪体育产业预测产值（亿元）	30113.5	32958.83933	35970.36833

▨体育产业预测增加值（亿元）▪体育产业预测产值（亿元）

图 4-9　2020—2022 年我国体育产业产值与增加值预测
注：数据来源于公开资料整理

二、不平衡不充分问题凸显，制约体育消费水平

（一）发展不平衡问题

我国体育产业发展迅速，但仍存在着结构不平衡的问题。近年来，我国出台一系列旨在推动体育产业发展的政策，但与体育用品业相比，体育

服务业占产业总值的比重仍处于劣势地位，特别是竞赛表演、健身休闲活动等主体产业占比很小，存在着产业结构不平衡问题，与国外发达国家相差甚远。如近年来马拉松赛事发展迅猛，反映出体育产业快速发展的潜力，同时有些马拉松赛事出现了"摇号"才能参加的现象，暴露出体育产业供给与人民的体育需求之间的结构性矛盾。同时，体育产业发展在区域与城乡发展中存在不平衡问题。区域收入差距与区域经济增长密切相关，区域经济发展会对人均可支配收入产生重要影响，人均可支配收入是影响体育消费的重要因素。区域与城乡的经济发展和可支配收入不平衡也将导致中西部体育产业发展与东部差距较大。

（二）发展不充分问题

我国体育产业增加值增速较快，但产业总体规模还较小，年产业增加值占 GDP 比重与发达体育产业强国相比仍相差甚远。以城市马拉松赛事为例，从 2014 年的 134 场到 2017 年的 1828 场，比赛数量呈现爆发式增长，为了获得参赛资格，个别赛事需要摇号抽签，体育供给依然不足。在体育场地资源上，我国体育场地供给的"不充分"问题更为突出，我国53.02%的体育场地集中在教育系统，但学校体育场馆对外开放率很低，人均体育场地面积仅为 1.46 平方米，还不到美国的 1/10。[1] 并且我国的大型体育场馆的闲置率较大，运营效能太低，居高不下的运营成本、场馆资源闲置与群众健身需求难以满足的矛盾并行存在。同时，产业政策的陆续出台推动了体育产业的发展，但是仍然存在改革和创新驱动不足的问题，体育行政部门仍需要坚持"简政放权、政社分开、管办分离"原则，体育行政管理部门体制改革深化不足，政府的"有形之手"管得过多。另外，我国体育产业发展处在初级阶段，创新驱动还不充分，体育产业的竞争依然依靠传统资源要素进行，体育产品与服务单一，与相关产业融合的深度和广度还不够，难以满足消费者的需求必然会导致供需矛盾。[2]

三、供给侧改革推动供需平衡，满足人民体育需求

（一）提升体育产品和服务的供给水平

新时代发展背景下，社会主要矛盾在体育产业领域中主要表现为人民

---

[1]　国家体育总局体育经济司. 第六次全国体育场地普查数据汇编［Z］. 2015.

[2]　黄道名，周民，陈丛刊，等. "供给侧改革"视域下我国体育产业的供给困境与治理对策［J］. 中国体育科技，2018，54（2）：15-20.

的多元体育需求不能得到较好满足。体育产业领域中"不充分"发展问题具体表现为体育产品与服务的供给不足、发展质量和产出效益不高、体育产品的创新能力不强且产业附加值低下、大型体育场馆闲置率较大、运营效率低下等。发展体育产业的最终目的是最大限度地满足人民群众的多元化体育需要，也就是要以解放生产力形成有效体育供给来不断满足人民的体育需求，这就需要通过改革的方式，通过体育产业供给侧结构性改革的"增加供给"来解决"不充分"问题。供给侧改革的出发点和落脚点在于满足人民日益增长的体育需求，就是要增加体育产品与服务的高质量供给，满足人民群众的体育消费需求。①

(二)推动体育消费的全面升级

步入新时代，实施体育产业供给侧结构性改革，就是要解决体育产业发展中的不平衡问题，不仅要解决体育产业的结构优化问题，同时还要解决在体育产业发展中城乡和区域发展差距较大的问题。新时代发展背景下，应当树立"以人民为中心"的发展理念，根据体育市场需求，推动社会公众认可度高、具有较大市场潜力的运动项目职业化改革，充分调动活力与潜能，大力推动竞赛表演、健身休闲等主体产业不断发展，扩大体育产业中高端和有效供给，减少低端、无效的供给。② 推进供给侧改革还将提升产业的创新能力，实现传统体育用品制造业的转型发展，推动体育制造业价值链地位的不断攀升，提升供给质量。供给侧改革从生产供给端入手，旨在推动创新驱动发展，将实现新型技术创新并促进体育与相关产业融合发展，促进新兴体育业态形成，完善体育供给体系建设，优化地区体育产业结构，解决体育产业发展的结构失衡问题，实现全民共享发展成果。同时，供给体系与结构的不断优化将反过来推动体育消费的全面升级，实现体育产业的供需动态平衡。

---

① 沈克印. 论新时代中国社会主要矛盾与体育产业供给侧改革[J]. 体育学研究, 2019, 2
(5): 56-64.
② 沈克印, 吕万刚. 体育产业供给侧改革：投入要素、行动逻辑与实施路径——基于社会主要矛盾转化研究视角[J]. 中国体育科技, 2020, 56(4): 44-51, 81.

第五章　要素投入优化：体育产业 供给侧改革的切入点

解决体育产业发展中出现的"不平衡"和"不充分"发展问题，必须实施体育产业供给侧结构性改革，其核心任务是激活生产要素和提高全要素生产率，其中要对劳动力、土地、资本、技术、制度、数据等要素投入进行优化。劳动力要素是生产要素中的第一资源和唯一能动的要素，供给侧改革中对劳动力要素的有效供给和高效配置会对经济增长产生重大影响；作为生产生活的载体，土地的配置效率会直接影响经济社会发展，土地要素的滞后成为阻碍体育产业发展的一大因素；资本市场是要素市场化配置的重要"舞台"，当前资本市场全面深改正在稳步推进，资本要素是发展体育产业过程中获取其他生产要素的重要手段；随着我国区块链、5G、大数据等技术的成熟与广泛应用，以新技术为核心的创新驱动模式成为焦点，数据要素可提升供给能力和生产效率；制度要素是推进体育产业供给侧改革的关键要素，切实可行的体育产业制度供给与制度创新是实现体育产业高质量发展的重要保障；在供给侧改革中融入数据要素可以充分发挥其优势，推动传统体育产业的要素重组，实现以数据为基本要素的数字经济和传统行业的深度融合发展，有效提升体育产品的供给能力和生产效率。

第一节　劳动力要素的体育产业供给侧改革

一、劳动力要素进行供给侧改革的现实动因

劳动力在各生产要素中是最活跃的，土地、资本只有通过劳动力才能激活与运转，技术和数据等，可以说是复杂劳动的派生产物。因此，提高劳动力的市场化配置水平，对于整体经济与社会发展意义重大。从我国体育产业发展的规模和速度来看，经常参加体育锻炼的人数越来越多，促使

体育消费市场规模稳步增长，体育产业将成为国民经济的支柱性产业。随着社会经济的快速发展，人们对体育的需求日益增长，随着体育事业的产业化日益完善，体育不仅可以满足身体健康需要，更是成为一种特殊的可供娱乐的消费品。数据显示，2010—2015 年五年间，中国体育产业人口数量稳步上升，预计 2020—2025 年，整体依旧呈现上升趋势。其中 2020年为 4.4 亿人，2025 年为 5 亿人。总的来说，中国体育产业人口数量未来发展态势较好。

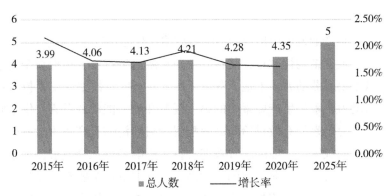

图 5-1　2015—2025 年我国体育产业人口数量及预测（单位：亿人）

注：数据来源于公开资料整理

图 5-2　2015—2019 年我国全员劳动生产率

注：数据来源于《中华人民共和国 2019 年国民经济和社会发展统计公报》

　　体育产业供给侧改革是改进体育产业结构和提高体育产业供给质量的内在要求，是促进我国经济转型与升级的时代要求。实施体育产业供给侧改革是推动体育产业健康与可持续发展的现实体现，优化体育产业结构是体育产业供给侧改革的重要内容。体育产业供给侧改革的内在要求是加强体制机制创新，调整体育产业内部供给结构，推动体育产业高质量发展。体育产业供给侧改革要依托市场，强化体育服务和产品的供给端，其核心任务是激活生产要素和提高全要素生产力，通过"增加供给"来解决"不充分"问题，利用"优化结构"来解决"不平衡"的发展问题。①

图 5-3   2015—2019 年我国城镇新增就业人数

据 2019 年国民经济和社会发展统计公报数据显示，全员劳动生产率自 2015 年以来一直保持较高且稳速增长；2019 年年末全国就业人员77471 万人，其中城镇就业人员 44247 万人，占全国就业人员比重为57.1%。全年城镇新增就业人员 1352 万人，比上年少增 9 万人。全国农民工总量 29077 万人，比上年增长 0.8%。其中，本地农民工 11652 万人，增长 0.7%；外出农民工 17425 万人，增长 0.9%。

劳动力要素是生产要素中的第一资源和唯一能动的要素，供给侧改革中对劳动力要素的有效供给和高效配置对于经济增长会产生重大影响。伴随我国经济的快速发展，对劳动力的需求也在不断增加，长期以来我国实行的独生子女政策使劳动力供给减少，技能型、创新型劳动力严重短缺，一些地方和领域出现了"招工荒"，劳动力价格也随之提高。在体育产业中，对劳动力的需求也在不断增加，特别是对大批具有较高素质的从业人员的需求。2016 年国家体育产业总规模及增加值数据显示，有超过 440余万人从事体育产业。而根据《中国统计年鉴》2016 年数据显示，在全国77603 万人的总就业人数中，体育产业从业人员占全国总就业人口的

---

① 沈克印，吕万刚. 体育产业供给侧改革：投入要素、行动逻辑与实施路径——基于社会主要矛盾转化研究视角[J]. 中国体育科技，2020(4)：44-51.

0.57%，充分显示出体育产业人才的匮乏问题。① 《体育产业发展"十三五"规划》中指出，体育产业在 2020 年的从业人口要增至 600 万，也就意味着要在 4 年内再增加 160 万人，平均每年增加 40 万人的人力投入，现有的体育人才储备和培养还远远满足不了体育产业快速健康发展和高质量发展的人才需求，劳动力要素在体育产业领域内存在供给不足。② 劳动力要素在体育产业领域的具体表现是体育人力资源，人力资源是体育产业创新供给中的第一资源和关键因素，主要指从事体育经营管理、体育教育与培训、体育医疗康复、体育经纪、体育竞赛表演、体育科技服务等具有专门技能的从业者。③ 当前，体育产业供给侧改革必须重视人力资源，增加劳动力的供给数量和提高供给质量，吸引更多的高层次人才进入体育产业领域。而在体育产业供给侧改革中人力资源的问题主要有以下几个方面。

（一）学校师资培养水平的差异

师资水平是体育院校人力资源提升的核心要素，也是造成学生培养质量差异的关键。长久以来，我国体育类院校的体育教育在教学活动中较为注重知识与运动技能的传授，存在对学生实际情况了解不足等问题，忽视了对学生"教"的能力培养。在培养目标方面，我国各高校体育专业的培养目标主要围绕着教育部高等学校总的培养目标设定。例如，体育学院突出对体育专业学生专业技能方面的培养，师范高校注重其体育教学能力培养，综合学校强调其综合能力培养，但都缺少对该专业师资培养目标的具体要求。

（二）体育经营管理人才的缺口

截至 2018 年年末，我国体育产业法人单位有 23.8 万个，从业人数达 443.9 万人（产业活动单位、个体户从业人数不含其中）。体育企业法人单位营业收入为 23460.4 亿元，体育产业法人单位总资产超 3 万亿元，发展潜力巨大。但国内体育专项的经营管理人才十分匮乏，其数量无法与体育产业供给侧改革的步调达到一致。按照"十三五"规划的比例计算，当前

① 任波，黄海燕. 供给侧改革视角下我国体育产业的供需矛盾与消解路径[J]. 天津体育学院学报，2020，35(3)：295-301，309.
② 王雪莉，付群，郑成雯. 中国体育产业高质量发展的现实挑战与路径探索[J]. 北京体育大学学报，2020，43(1)：1-15.
③ 沈克印，吕万刚. 体育产业供给侧改革：投入要素、行动逻辑与实施路径——基于社会主要矛盾转化研究视角[J]. 中国体育科技，2020，56(4)：44-51，81.

至少需要 60 万经营管理人才，但实际人数不到 10 万。平均两个企业才能勉强拥有一个专业经营人才，大批企业仍在"无人看管"的状态下进行提升经营管理能力的探索。

(三)体育竞赛表演及健身休闲产业人员的服务质量亟待提升

伴随我国社会矛盾的转化，人民生活水平改善，群众的体育需求逐渐多元化，对服务质量与消费环境的要求不断提升。体育竞赛表演业及健身休闲产业能否提供优质服务、满足消费者需求成为新的评价标准。然而，面对广大消费者的体育需求，体育竞赛表演业与健身休闲业服务人员的水平却参差不齐。参与体育竞赛表演的工作人员或运动员不能提供精彩的观看体验，难以给予观众充分的满足感；健身房管理人员不能及时收集有效信息同步消费者的需求，导致内容推出的滞后性；健身教练不能有效跟进用户的新需求更新训练模式，也可能会影响用户的体验。体育竞赛表演业与健身休闲产业须紧跟时代步伐，提升工作人员的服务质量。

(四)人工智能对劳动力供给侧结构的影响

供给侧结构性改革自从提出以来，取得成效十分显著。但作为人口基数庞大的国家，中国劳动力的供给侧结构性改革还有十分漫长的道路。一方面，人工智能的发展使得传统劳动性人才供应过剩。另一方面，随着大数据、互联网、云计算等智能技术的迅速发展，亟需高端人才适应新业态。目前来看，人工智能在现在及将来的一段时间内会对就业领域带来重大影响。在这种新形势下，现有就业领域的劳动力远多于其产生的劳动力需求，中国的劳动力供需状况将会被极大地改变，失业人口逐渐增多，从而使劳动力供给侧的结构性改革受到严重冲击。随着人工智能的高速发展，不符合时代要求的行业会不断被淘汰，全国各个产业领域的一些就业人员面临技能性失业或技术性失业。[①]

二、劳动力要素的体育产业供给侧改革路径

(一)提高师资培养的整体水平

高校体育人才的培养目标应以体育产业应用型人才为准，使学生毕业

---

① 蒋南平，邹宇. 人工智能与中国劳动力供给侧结构性改革[J]. 四川大学学报(哲学社会科学版)，2018(1)：130-138.

时达到各类体育企业、机构、公司、团体、职业体育俱乐部及用人单位提出的人才要求。并且鼓励各个高校根据自身地区的社会需求和区位优势，结合时代背景，最终设立具有自身特征的人力资源开发目标。在对学生培养的评估标准与内容上应进行多元化、全方面评价，而不是仅以考试及课程成绩作为评定标准。此外，在师资力量的培养上，一方面，要完善体育类教师的考核培养标准，注重体育理论与教学实践的有效结合；另一方面，须定期对现有的高校教师进行考核并提供学习的机会，建立健全体育教师的监督评价体系，有力保障师资水平与培养力度。无论学生或老师，不仅要通过校内平台的活动实践进行锻炼，也应借助校外交流合作的机会吸取经验。充分利用高校与高校之间、高校与企业之间、高校与政府之间的资源共享，联合打造实践平台。还应积极引进国外优质教育资源，开拓学生与新进教师的国际视野，促进其国际化发展。

(二)加强体育产业经营与管理人才的培养力度

为顺应时代和社会发展的需要，更好适应体育产业发展的竞争环境，必须为高水平体育经营与管理人才建立切实有效的培养制度。首先，为推进体育产业经营管理人才培养活动的顺利开展，需要结合就业能力需求和市场需求，设立科学合理的人才培养目标。在设置体育经营与管理人才培养目标的过程中，在市场需求方面，应该充分进行市场调研工作，洞察市场变化规律，及时调整培养目标或超前培养市场所需人才。为使培养的体育经济与管理人才更好与体育市场的需求接轨，需要根据体育人才市场变化、需求以及预期的情况，优化体育经济与管理相关专业的方向与课程设置；建立人才信息发布和交换机制，构筑畅通、快捷的人才信息平台。其次，培养体育经济与管理人才不仅是体育培养机构的责任，还需要用人单位根据体育产业经营与管理的岗位要求，不断提高新进人才的综合素质，还需要通过再培训等方式提高老员工的业务素质。在就业能力需求方面，体育产业经营与管理人才的培养则体现在教育培训上，需要对相关课程设置进行合理安排，根据最新的产业实践案例，不断优化课程内容。在进行体育产业经营与管理人才培养的过程中，需要根据市场和社会需求，根据岗位招聘需求以及专业定位来安排传授的课程内容。再次，体育产业经营与管理人才培养的过程中，要高度重视体育社会组织、体育市场、体育企业的作用，为学生构建与体育企业、体育社会组织等紧密联系的实践基地，将其作为课程设置中必要的组成部分。在体育经营管理人才的培养中，须体现出以正确解决管理过程中出现的问题并准确掌握体育产业发展方向的决策能力，以在体育产业运行过程中为实现产业经营目标对成员进行管理和激励的组织协调能力，以精准防范和控制体育产业经营管理中可能出现的问题并促进其稳定发展的风险控制能力。通过各种渠道和方法，加强各产业领域人才与体育领域的交融，提高现有体育产业经营与管理人才的管理和实践能力，加大对体育复合型人才的培养力度。

(三)提高体育竞赛表演业与健身休闲产业人员的服务质量

对于体育竞赛经营者及健身休闲企业的管理层，面对人民群众日益增长的多元化体育需求，应预测出顾客体育消费模式转变的整体趋势，提前做好规划，创新服务供给。在营销渠道、资源配置、品牌建设等方面抓住传媒、人工智能、医疗、保健等融合性发展契机，精准挖掘客户群体，通过线上线下融合的方式开辟新的经营空间。对于直面消费者体育需求的工作人员而言，须重点为其提供更为优质、具体的服务。通过运用数字技术收集用户信息，扩大自身数据储存量从而对服务人员进行针对性的培养。例如，健身教练可实行线上线下同步课程指导，在开展线下授课的同时，也通过用户录制运动视频对其进行线上指导，及时获取信息了解顾客的新需求并为其调整运动模式，不仅为消费者提供了高品质的服务，也提升了课程内容的附加值。此外，也可以开创与高新科技相结合的体育特色课程，开启用户的"云健身"，提升其体验感。

(四)加强人工智能发展的高素质人才培养

随着社会经济的发展，现代中国不少企业、行业与世界各国许多企业、行业一样，人工智能应用方兴未艾，其地位越来越高，作用越来越凸显。人工智能在各行各业的巨大作用已逐渐体现，受到人们的格外重视，特别是其对劳动力供给侧改革的深远影响。要深入了解人工智能具体发展状况，其影响的预测工作须做好，使中国就业、失业问题得到有效解决，从而保证中国劳动力供给侧改革的任务顺利完成，以便更好地服务于劳动力供给侧的结构改革。人工智能发展中高素质人才的蓬勃发展是中国劳动力供给侧结构优化与可持续劳动力战略实现的关键。加强培育能够运用人工智能的高素质人才，使人工智能在控制、设计、维护、运用、制造等各个环节能安全、高效地进行。要把人口规模优势转变为人力资源优势，将人才优势转换为创新优势推进引才引智渠道建设。[1] 另外，利用人工智能

---

① 龙枚梅. 深化人才供给侧结构性改革　推动人才高质量发展[J]. 天津经济, 2019(4): 28-34.

带来的社会和经济发展的高收益来回馈被人工智能淘汰的劳动力，可以创造大量公益工作岗位机会以反哺这部分劳动者并提供社会补贴，使其能够分享以人工智能为代表的高新技术带来的成果。①

第二节　土地要素的体育产业供给侧改革

作为生产生活的载体，土地的配置效率会直接影响经济社会发展。而土地资源天然稀缺且不可再生，因此土地在经济价值分配中占据着绝对的基础地位。但伴随我国经济进入转型期及城镇化进程的推进，土地制度的滞后成为阻碍经济发展的一大因素。一方面，农业土地需要经过长期繁琐的程序才能入市。在此过程中，农民得不到合理补偿。另一方面，城市缺乏建设用地，土地供应弹性较低，房价飞涨。这种状况使得大多流向城镇的农村人口都要面对高昂的居住成本压力，部分人口不得不返回农村，这对于城镇化进程是反作用力。这些问题都会在一定程度上扩大城乡收入差距，进一步激化我国城乡之间的矛盾。

一、土地资源错配

资源错配是资源配置偏离最优配置的状态，② 由于制度缺陷、市场不完善、政策扭曲或行政干预不当等因素存在，③ 资源错配现象是客观存在的。近年来，人们越发认识到稀缺资源错配是进一步制约社会经济发展的重要因素，特别是土地资源稀缺在一定程度上会阻碍经济社会的快速发展。为观测资源错配程度及其对经济发展的影响，人们从技术层面对资源错配进行分类：一类是内涵型错配，也就是资源的边际回报在截面上不相等。Hsieh&Klenow 基于此运用参数法构建了资源错配一般分析框架（HK），并对中国劳动及资本进行重新配置，发现中国全要素生产率（TFP）可以提升 25%~40%。④ 另一类是外延型错配，也就是存在生产技

① 蒋南平，邹宇. 人工智能与中国劳动力供给侧结构性改革[J]. 四川大学学报（哲学社会科学版），2018（1）：130-138.

② 张建华，邹凤明. 资源错配对经济增长的影响及其机制研究进展[J]. 经济学动态，2015（1）：122-136.

③ 戴小勇. 资源错配视角下全要素生产率损失的形成机理与测算[J]. 当代经济科学，2018，40（5）：103-116，128.

④ Hsieh C，Klenow P. Misallocation and Manufacturing TFP in China and India[J]. Quarterly Journal of Economics，2009（4）：1403-1448.

术非凸或潜在的更高效率的生产单位。由于该类错配定量测度难度大，实证研究较为少见。学者们运用 HK 分析框架分别对韩国、拉丁美洲、意大利等国家与地区不同产业部门劳动与资本配置效率进行诊断，发现资源错配严重且已成为限制经济增长的重要诱因。①②③

　　土地是一种高度分化的、稀缺的资源类型，是社会经济发展的基本要素和生产载体，土地资源错配现象较为普遍。④⑤ 已有文献主要基于资源错配理论与方法，分别研究了土地资源在产业间、地区间、企业间的错配问题。土地资源地区间错配主要表现为：不同地区之间建设用地的配置失衡，如政府在资源配置时为兼顾公平，向生产力较低地区进行投资和土地供应，导致要素市场的自由流动受到阻碍，⑥ 造成资源错配。土地资源产业部门间的错配主要表现为土地在农业部门和工业与服务业、非农业部门、制造业之间的边际产出不相等，导致土地资源宏观配置效率损失。市场机制下，资源禀赋空间异质又驱动着土地要素向具有比较优势的地区配置，加剧地区间土地供需矛盾。有研究从微观层面上对建设用地尤其是工业用地在各企业间的配置状况和价格扭曲进行了量化，发现企业用地配置效率损失严重。土地资源在不同产业、地区和企业间的边际产出差异和政府对土地市场强有力的干预导致土地价格扭曲是造成土地资源产业部门错配的重要原因。同时，土地制度缺陷也是土地资源错配的成因之一，会阻碍土地要素自由交易和产权缺失。⑦ 土地资源错配必然带来效率损失，为进一步观测土地资源错配及其效率损失，学者们进行了有益探索。单一因素测度和要素投入扭曲测度是目前学者们对土地资源错配测度的两种主要方法。所谓单一因素测度是指选取单一指标来表征土地资源错配程度，如

①　Minho K, Jiyoon O, Yongseok S. Misallocation and Manufacturing TFP in Korea, 1982—2007 [J]. Federal Re-serve Bank of St. Louis Review, 2017(2)：233-244.

②　CALLIGARIS, SARA. Misallocation and Total Factor Productivity in Italy：Evidence from Firm-Level Data[J]. La-bour-england, 2015(4)：367-393.

③　Busso M, Madrigal L, Pages C. Productivity and Resource Misallocation in Latin America[J]. B E Journal of Macroeconomics, 2013(1)：1-30.

④　张雄，张安录，邓超. 土地资源错配及经济效率损失研究[J]. 中国人口·资源与环境，2017, 27(3)：170-176.

⑤　李力行，黄佩媛，马光荣. 土地资源错配与中国工业企业生产率差异[J]. 管理世界，2016(8)：86-96.

⑥　Wu J X, Wu Y R, Wang B. Local Government Debt, Factor Misallocation and Regional Economic Performance in China[J]. China&World Economy, 2018(4)：82-105.

⑦　Chen C R. Untitled Land, Occupational Choice, and Agricultural Productivity[J]. American Economic Journal-Macroeconomics, 2017(4)：91-121.

土地非市场化供应比率①、土地财政依赖程度②、工业用地价格与商业用地价格比值③等。当前的主流做法为简便实用的单一因素测度方法，但是该方法存在两个问题：一是指标值多反映政府主导配置机制下的土地资源错配，默认了市场配置是完全有效的，这与现实不符。二是单一因素测度无法反应土地资源错配的效率损失及其对经济增长的影响。要素投入扭曲测度的前提假设是土地市场配置机制是绝对有效的，忽略了市场失灵导致的土地资源公平性损失与负外部性，通过引入要素价格扭曲系数来反映土地资源错配程度。④⑤ 改进土地资源错配的衡量方法，有助于纠正土地资源错配及其效率损失，能够客观反映政府和市场综合作用下的土地资源错配问题。

二、土地要素改革的政策动向

自 2014 年《国务院关于加快发展体育产业促进体育消费的若干意见》发布以来，国家不断重视土地要素在资源配置中的作用，陆续出台多种政策文件为土地要素的供给侧改革铺平道路。具体政策文件详见表 5-1。

表 5-1   **2014 年至今我国土地改革相关的主要政策文件**

颁布时间	颁布部门	政策名称	主要内容与目的
2014 年 5 月 22 日	国土资源部	《节约集约利用土地规定》	对土地利用进行总体规划，优化布局土地利用，制定用地指标，盘活利用土地整治，并加强其监督考评与法律责任的界定
2014 年 8 月 12 日	国务院办公厅	《关于支持铁路建设实施土地综合开发的意见》	加强土地综合开发的监管和协调。支持盘活现有铁路用地，推动土地综合开发。完善土地综合开发的配套政策。鼓励新建铁路站场实施土地综合开发

---

① 李力行，黄佩媛，马光荣．土地资源错配与中国工业企业生产率差异[J]．管理世界，2016(8)：86-96.

② 张少辉，余泳泽．土地出让、资源错配与全要素生产率[J]．财经研究，2019，45(2)：73-85.

③ 余泳泽，宋晨晨，容开建．土地资源错配与环境污染[J]．财经问题研究，2018(9)：43-51.

④ 张雄，张安录，邓超．土地资源错配及经济效率损失研究[J]．中国人口·资源与环境，2017，27(3)：170-176.

⑤ 刘永健，耿弘，孙文华．我国建设用地资源错配的测算、因素分解及产出损失研究[J]．系统工程理论与实践，2019，39(9)：2263-2271.

续表

颁布时间	颁布部门	政策名称	主要内容与目的
2014年11月20日	国务院办公厅	《关于引导农村土地经营权有序流转发展农业适度规模经营的意见》	稳定完善农村土地承包关系，加快培育新型农业经营主体，规范引导农村土地经营权有序流转，建立健全农业社会化服务体系
2015年8月24日	国务院办公厅	《关于开展农村承包土地的经营权和农民住房财产权抵押贷款试点的指导意见》	建立抵押物处置机制，推进农村金融产品和服务方式创新，加大扶持和协调配合力度，赋予"两权"抵押融资功能
2016年3月25日	人民银行、银监会、保监会、财政部、农业部	《农村承包土地的经营权抵押贷款试点暂行办法》	对全国农村承包土地的经营权抵押贷款制定了试点方案
2016年5月12日	国土资源部	《土地利用年度计划管理办法》（第66号）	切实保护耕地，严格实施土地用途管制，合理控制建设用地总量，制定土地利用计划的管理
2016年6月22日	国土资源部	《全国土地利用总体规划纲要（2006—2020年)调整方案》	实施建设用地总量控制和减量化管理。健全土地节约集约利用机制，完善耕地保护政策和机制，加强规划实施管理制度建设
2016年7月4日	农业部	《农村土地经营权流转交易市场运行规范（试行)》	指导农村土地经营权流转交易市场建立健全交易运行规则，维护交易双方合法权益，促进土地资源优化配置和农业适度规模经营健康发展
2016年10月30日	国务院办公厅	《关于完善农村土地所有权承包权经营权分置办法的意见》	对农村土地产权制度进一步完善，促进新型工业化、农业现代化等同步发展。改善农村土地所有权，分离合同权和管理权
2016年12月31日	国土资源部、发改委、财政部、农业部等8个部门	《关于扩大国有土地有偿使用范围的意见》	深化国有土地使用和管理制度改革，扩大国有土地有偿使用范围，促进国家土地资源的综合集约利用
2017年5月8日	国土资源部	《土地利用总体规划管理办法》	对土地管理的总体规划总则、规划编制、规划内容、审查和报批、规划实施、规划修改、监督检查与罚则进行详细规定

续表

颁布时间	颁布部门	政策名称	主要内容与目的
2017 年 6 月 1 日	财政部、国土资源部	《地方政府土地储备专项债券管理办法（试行）》	进一步开展土地储备领域试点，对土地储备融资行为进行规范，发行专项债券等
2018 年 1 月 3 日	国土资源部、财政部、人民银行、银监会	《土地储备管理方法》	规范土地储备管理，设定管理方法加强土地管理
2018 年 1 月 31 日	财政部 国土资源部	《土地储备资金财务管理办法》	设定土地储备资金来源、使用范围、监督检查方法规范土地储备等行为，加强资金财务管理
2019 年 1 月 20 日	农业农村部、发改委、财政部等 6 个部门	《开展土地经营权入股发展农业产业化经营试点的指导意见》	准确把握其基本原则，创新土地经营权入股并完善其运行机制等，强化政策保障
2019 年 9 月 17 日	国务院办公厅	《关于促进全民健身和体育消费推动体育产业高质量发展的意见》	加大对体育产业新增建设用地的支持力度。对集体建设用地、符合条件的土地探索利用来发展体育产业
2019 年 11 月 26 日	国务院办公厅	《关于保持土地承包关系稳定并长久不变的意见》	进一步完善农村土地承包经营制度，充分保障农民土地承包权益，推进其实施并做好基础工作，推进实施乡村振兴战略
2020 年 4 月 10 日	国务院办公厅	《关于构建更加完善的要素市场化配置体制机制的意见》	着力增强土地管理灵活性。推动不同产业探索增加混合产业用地供给。灵活管理土地计划指标，建立全国性的建设用地、补充耕地指标跨区域交易机制

三、土地要素在体育供给侧改革中面临的困境与方向

（一）土地要素在体育供给侧改革过程中面临的困境

我国的土地资源配置方式是以市场机制为主、政府主导的，由于土地资源配置公益性、"市场—政府"边界模糊性、空间异质性以及位置不可移动性，对土地资源有效配置造成较大影响。土地资源错配已成为我国经济增长的重要制约因素。2000—2016 年，我国土地资源部门错配年均效率损失值达到 19153.19 亿元，空间错配年均效率损失达到 5893.92 亿元。与历年的地区生产总值比较，因土地资源部门和空间错配导致的产出损失

最高占当年 GDP 的 18.05%。虽然近年来这一比重显著下降，但问题仍然存在，且有上升趋势。一方面，政府主导配置机制下，地方政府为兼顾区域土地资源的公平，在初次配置和再次配置时，过度干预或纠正不足的情况时有发生，资源错配较为常见。另一方面，市场配置机制下，土地资源配置以利益为导向，由于土地资源异质性和区域比较优势的存在，土地要素配置往往伴随公平损失和负外部性。衡量和纠正土地资源错配，有助于提升土地资源配置效率和产出率、优化土地资源配置方式。① 2015 年，中央多次提出要着力加强供给侧结构性改革，提升资源配置效率，纠正资源错配。土地作为供给侧重要因素之一，所有经济活动都要依靠土地承载，提高土地要素配置与利用效率，减少土地资源错配现象，在供给侧改革中必须让土地政策发力。②

土地是经济活动的载体，但长期以来，房地产用地政策侧重于抑制房价过快上涨导致商业地产库存过大，我国行政性死守"18 亿亩耕地红线"，加剧了土地供给与需求的严重错配，③ 经济新业态用地、健康产业、体育产业等项目的土地供给严重不足。我国人均占有体育场地仅为 1.46 平方米，体育场地设施严重供给不足，且现有学校体育场馆对外开放率不高，大型体育场馆的闲置率较大，成为制约体育产业发展的主要问题之一。在发展体育产业用地方面，我国的土地管理属于多头管理，在具体实践中存在审批手续较为繁琐、执行方向不清、相关配套设施不完善、政策难以落实等问题，需要对土地要素（体育场地设施）实施供给侧结构性改革，进行合理的资源配置。④

（二）土地要素体育供给侧改革的方向

土地作为最重要的生产要素，深化土地制度改革，提高资源配置效率，是深化供给侧结构性改革的重要途径。⑤ 2015 年，国家税务总局、财政部《关于体育场馆房产税和城镇土地使用税政策的通知》指出，对于发展体育产业所需的土地、房产等方面，可予以免税或优惠。2017 年，国

① 陆铭. 建设用地使用权跨区域再配置：中国经济增长的新动力[J]. 世界经济, 2011, 34(1): 107-125.

② 唐健. "供给侧改革"，土地政策已发力[N]. 中国国土资源报, 2015-12-04(5).

③ 楚明钦. 产业发展、要素投入与我国供给侧改革[J]. 求实, 2016(6): 33-39.

④ 沈克印, 吕万刚. 体育产业供给侧改革：投入要素、行动逻辑与实施路径——基于社会主要矛盾转化研究视角[J]. 中国体育科技, 2020, 56(4): 44-51, 81.

⑤ 王一鸣. 深化供给侧结构性改革 推动经济高质量发展[J]. 全球化, 2019(2): 14-18, 133.

土资源部印发《城市公共体育场馆用地控制指标》中也指出，要促进城市公共体育场馆建设节约集约使用土地，补齐城市体育设施建设短板。目前，多个地方政府的相关体育产业政策也积极出台，体育产业发展的土地使用税和房产税得到减免，并得到配套的优惠措施与土地规划等。建立激励监管机制，在吸引社会力量投资基础上，通过建设体育场馆等措施对大型体育场馆进行企业化改革，提高体育场馆运营与管理效率。① 目前，体育综合体、体育公园、体育特色小镇正在蓬勃兴起，是大力发展体育产业的重要空间载体。在土地使用方面，在不同发展时期，国家和地方要出台灵活的用地政策，集中有限的土地资源，优化配置土地使用空间，加强用地指标控制和计划管理，对低效率建设用地进行利用和盘活，不断提高发展体育产业的土地资源利用效率。相比美国、日本等发达国家，我国的体育场地人均面积差距很大，成为体育产业健康发展的一大阻碍因素。要重视学校体育场地实施的利用效率，在开放条件允许的情况下，要提高学校体育场地的对外开放率。各个地方政府和学校要积极贯彻《关于推进学校体育场馆向社会开放的实施意见》，出台更为具体的学校体育场馆对外开放实施方案或工作规划，加强管理，不断探索新模式、新方法和新机制，调动多方主体积极性，因地制宜地推进学校体育场馆对外开放。

第三节　资本要素的体育产业供给侧改革

资本市场是要素市场化配置的重要"舞台"，资本市场的结构性改革重点是要改变所有制歧视，实现资本行业之间和各生产部门之间的自由流动，当前资本市场全面深改正在稳步推进。作为供给侧结构性改革的重要因素之一，资本要素是发展体育产业过程中获取其他生产要素的重要手段。推进体育产业供给侧改革，就必须重视资本要素，优化资本配置，盘活存量，开拓增量，吸引社会投资，提高资本的使用效率，实现体育产业跨界的融合发展。

一、资本要素在体育产业供给侧改革中的概况

2014 年 10 月，国务院发布"46 号"文件首次将全民健身上升为国家

---

① 陈元欣，陈磊，王健. 公共体育场(馆)经营权招投标的制度设计、现存问题及优化策略[J]. 中国体育科技，2018，54(3)：52-59.

战略，强调体育产业成为国家经济转型升级的重要力量，积极扩大体育产品和服务供给，大力促进体育消费。同时，积极鼓励体育产业领域要融入社会资本，并提出 2025 年 5 万亿的产业目标。之后，我国各地方政府纷纷出台相关产业政策，大力发展体育产业，促进体育消费，特别是在疫情影响下，各地通过设立体育产业专项引导资金、发放体育消费券、建立体育消费试点城市等多种举措发展体育产业。例如，湖北省各地政府积极将体育产业项目纳入政府年度招商计划，并建立常态化的体育产业年度招商绩效评估与奖励机制，营造政府重视体育产业发展政策环境，树立为体育企业排忧解难的工作态度，吸引一批国内外知名的体育企业落户湖北，并迅速开展业务活动。湖北省政府部门积极响应国家体育总局"十四五"体育发展规划中关于大力培育和发展一批体育"专精特新"企业、瞪羚企业和科技"小巨人"企业，推动体育企业多元化、高级化和全面发展，并支持有一定盈利规模和企业规模的体育核心企业参与上市融资和国际化发展，提高体育市场在实体经济中的地位和价值。同时，湖北省相关政府部门统筹体育企业协调发展，推动国有体育企业与民营体育企业相互合作，促进优势互补和良性竞争，鼓励湖北省体育产业集团等国有企业和当代明诚等民营企业做大做强，在各自领域发挥其作用，共同发挥体育企业在资源整合、项目试点和产品推广中的示范作用，形成良好的体育企业生态环境。有学者通过对江苏省、北京市等 8 个省、自治区、直辖市的实证调查发现，这些地区投入累计约 50 亿元体育产业引导资金，可以直接带动体育产业领域 800 亿～1000 亿元的社会资金。①

《"健康中国 2030"规划纲要》《中国冰雪运动发展规划（2016—2025年)》《体育发展"十四五"规划》等一系列政策文件的出台，吸引着多路资本快速涌入体育产业领域。据统计，2013—2017 年，基金投资总规模超1370.56 亿元，共有 35 支体育产业基金成立。其中，体育创业公司在2015 年融资金额约 147 亿元，2016 年，有披露的体育类创业公司共融资约 196 亿元。另外，有些企业还涉及国外体育投资，如万达集团以 6.5 亿美元并购美国世界铁人公司的 100% 股权、以 10.5 亿欧元的价格并购盈方体育传媒集体、收购法国拉加代尔公司运动部门等。"十四五"期间，应支持规模较大的体育企业参与社会私募集资和股票交易，以建立金融风险机制，提高体育企业的市场投融资能力，并向社会资本彰显股市投资潜

---

① 邢尊明，周良君. 我国地方体育产业引导资金政策实践、配置风险及效率改进——基于
　8 个省、自治区、直辖市的实证调查及分析[J]. 体育科学，2015，35(4)：12-21.

力。同时，应鼓励有条件、符合债券交易条件的体育新创企业，通过各类企业债券发放和交易，完成资产的证券化产品融资。在国家创建特色小镇背景下，体育特色小镇建设开始得到社会资本业的注入，政府减少对体育产业的微观干预，让资本要素进入体育产业领域。例如，2017年《关于推动运动休闲特色小镇建设工作的通知》印发之后，中国体育特色小镇基金成立，基金总规模设定为500亿元。

国家要出台积极的体育产业政策，应鼓励省级政府财政部门、政府所属国有体育企业、社会投资公司和大型银行以股权合作、共同注资的方式形成省级体育产业发展引导资金筹措机制，建立省体育产业发展基金会，发挥社会资本投资、金融机构等多方资本市场的资金支持作用，并扩大体育产业发展引导资金的规模，延伸受资助服务对象的范围。同时，加快推动区块链技术助力体育部门创新金融信贷服务和体育企业信用机制建设，提高体育企业的金融信贷能力，缩短金融机构对体育企业的资格核查和借贷审批时间，加快体育企业的资金流转速度和效率，减少融资时间成本。

二、体育产业供应链融资模式的构建

(一)供应链融资的概念界定

国内外学者对供应链融资的概念从不同角度给出了不同界定。例如，Hofmann整合出供应链融资的整体框架，认为供应链融资是供应链内外部组织对金融资源的优化以共同创造价值的途径。[1] Lamoureux强调，供应链融资是建立企业生态圈、对供应链内的资金进行分析管理的活动。[2] Timme指出，供应链融资是供应链的节点企业和提供金融支持的金融服务提供商建立良好的协作关系，促进四流合一、实现供应链目标的过程。[3] 国内学者主要从金融机构的角度进行探讨，如深圳发展银行提出的"M+1+N"：供应链融资依托1个核心企业，为众多M个上游企业和N个下游企业提供融资服务。[4] 本研究在归纳了学者们观点的基础上，进一步从广

① Hofmann E. The Flow of Financial Resources in the Supply Chain: Creating Shareholder Value through Collaborative Cash Management In: Eighth ELA Doctorate Workshop 2003 [M]. Darmstadt: TU Instu, 2003: 67-94.
② Lamoureux M. A Supply Chain Finance Prime[J]. Supply Chain Finance, 2007(4): 34-48.
③ Timme S G, W-Timme C. The Financial-SCM Connection [J]. Supply Chain Management Review, 2000, 4(2): 33-40.
④ 深圳发展银行与中欧国际工商学院供应链金融课题组. 供应链金融[M]. 上海：远东出版社, 2009.

义和狭义两方面界定了供应链融资的概念内涵：广义的供应链融资是一种以供应链运行为基础产生的综合金融业务，从单一的融资功能扩展到供应链资金的使用和流转管理，进一步强调建立资金优化生态圈，是一种集业务管理、商业运作和金融管理为一体的管理行为和过程；狭义的供应链融资则是基于供应链上各企业之间的真实交易运行，采用自偿性贸易融资，以供应链上的核心企业为依托，通过第三方监管等方式进行风险管控，为供应链上下游企业提供综合性金融产品和服务。供应链融资对物流、商流、信息流和资金流的利用效率有着较大提升，可以有效解决中小企业融资困难等问题，促进产业与金融资源的融合，实现多方共赢。[1] 通过对供应链融资相关文献进行查阅和梳理，并对相关案例进行收集整理，结合管理学和金融学理论对供应链融资业务模式进行归纳，见表5-2。

表 5-2　　　　　　　　　　　　供应链融资的业务模式

	划分标准	分类	细　分	说　明
供应链融资模式	资金来源	外部融资	应收账款融资、库存融资、预付款融资、战略关系融资	第三方提供融资资金，如商业银行、供应链融资平台（如 Taulia）等
		内部融资	供应商向下游企业提供的延期付款的内部融资、下游企业向供应商提供预付款或资金补贴的内部融资	供应链上的节点企业提供融资资金
	融资平台	传统平台融资	借助如通用汽车金融服务公司、UPS 和商业银行等传统平台进行融资	
		电子商务平台融资	通过亚马逊、阿里、京东和 Taulia 等电子商务融资平台进行融资	

现有研究中，供应链外部融资基本以定性研究为主，主要探讨各种外部融资模式的详细操作流程和步骤、风险分析，[2] 供应链内部融资的研究则主要以定量研究为主，分析不同供应链融资模式下各节点企业的最优生

---

① 宋华. 供应链金融[M]. 北京：中国人民大学出版社，2015.

② 雷蕾，史金召. 供应链金融理论综述与研究展望[J]. 华东经济管理，2014，28（6）：158-162.

产决策和融资决策,并对风险进行衡量。①②

(二)体育产业供应链融资的可行性分析

我国体育产业融资的主要渠道为银行贷款、股权融资、体育彩票、债券融资、体育赞助等,但实际上大部分体育企业却难以通过这些渠道实现融资,主要原因在于体育产业内部中小企业占绝大多数比例,中小企业的缺陷与体育产业自身融资难度高的特质,使得体育产业的融资从传统金融的视角来探究很难取得一定突破,而供应链融资能够有效适配中小企业的融资需求,是中小企业融资的重要渠道。体育用品业中,李宁体育用品有限公司(以下简称李宁)很早就意识到供应链融资的重要性。2009年,李宁与渣打及恒生两家银行合作,对供应链上下游合作伙伴进行融资资质评审,借助于李宁公司的无形资产,融资授信方面从3家供应商增加到7家,为上游供应商和下游经销商在合作银行分别争取了4亿元和3亿元的融资授信额度,参与规模不断扩大,2011年得到高达6亿元以上的融资授信额度,且大部分授信都转为实际的融资。③ 李宁的供应链融资不仅有效缓解了合作伙伴融资难的问题,而且促使供应链中的中小企业与李宁的长期战略协同关系进一步推进,实现了供应链节点企业的价值增值。除传统行业外,互联网企业也采用供应链融资加强供应链合作。2012年,亚马逊 Amazon Lending 的服务推出,根据第三方卖家的信用不等,在1%~13%之间浮动的利率计算,第三方卖家最高可获取80万美元的贷款金额。这一服务为第三方卖家提供便利,特别是在圣诞节、感恩节等购物高峰期,巨大的资金缺口得到填补。国内的互联网企业、大型电子商务平台,如京东、阿里巴巴和苏宁等也推出了形式各样的供应链融资模式,为在其平台上交易的小微企业提供贷款,如阿里的阿里小贷和淘宝小贷、京东的京保贝、苏宁云商的苏宁小贷等。其他行业的实践为我国体育产业的供应链融资奠定了基础,新兴互联网企业推出多种融资模式加强合作,体育用品业的超前意识为体育产业实现供应链融资这一可行性提供了有力证明。

---

① 窦亚芹,白少布,储俊. 基于供应商回购激励的供应链投融资协调策略[J]. 管理评论,2016,28(6):205-215.
② 王文利,骆建文. 基于价格折扣的供应链预付款融资策略研究[J]. 管理科学学报,2014,17(11):20-32.
③ 供应链融资:李宁牵手渣打[J]. 新理财,2010(5):43-45.

(三)体育产业供应链的构建

根据国家体育产业统计分类方法，体育产业可划分为上游产业、中游产业和下游产业，形成一条从上至下的体育产业链，[1] 为体育产业供应链融资提供可能(如图5-4)。体育产业下每一产业类别可对其具体的供应链进行细分，按照生产经营流程进一步确定供应链每一节点企业。以体育用品及相关产品制造为例，李宁的基本运作流程为设计研发—采购—生产—加工—仓储—物流—营销—售后，经营全过程中涉及原材料供应商、OEM工厂、辅料工厂、研发中心、物流供应商、销售商等各供应链节点企业，而作为供应链的集成者和管理者，供应链核心企业李宁则根据市场要求和企业特点，把生产制造、IT、物流等非核心业务环节进行外包，运用研发和销售渠道建设来进行核心竞争力的培育，围绕用户需求打造敏捷供应链。体育产业供应链融资使传统体育产业融资模式在授信方式、担保方式和融资对象上的不足得到弥补，拓宽体育产业的融资渠道，并通过金融体系与实业体系的合作，实现整个供应链的互利共荣。

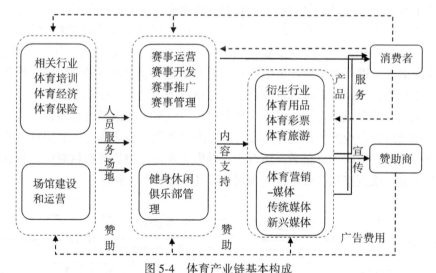

图5-4　体育产业链基本构成

注：实线表示物流和服务流，虚线表示资金流

资料来源：根据相关资料整理[2]

[1]　李燕领，王家宏. 基于产业链的我国体育产业整合模式及策略研究[J]. 武汉体育学院学报，2016，50(9)：27-33.

[2]　易观智库. 2015年中国体育产业专题研究报告[R]. 2015.

体育产业供应链内部融资包括两种形式：核心企业作为供应商向下游融资企业提供延期付款的内部融资、下游核心企业向上游供应商（融资企业）提供预付款或资金补贴的内部融资（如图5-5）。

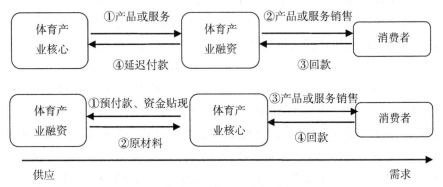

图 5-5　体育产业供应链内部融资流程

体育产业供应链外部融资流程中，体育产业核心企业和体育产业融资企业通过平台商或直接进行交易，实际运作中，平台提供商可能是电子商务平台，也可以是简化为核心企业和融资企业交易的信息化平台；平台提供商把真实的交易信息（如应收账款、库存、预付款和战略关系）提交给风险管理者和金融服务提供商；风险管理者对供应链融资进行风险评估，金融服务提供商对体育产业中的核心企业和融资企业进行经营状况分析和信用评估，决定是否进行供应链融资；体育产业融资企业向金融服务提供商交纳保证金或质押物，风险管理者对供应链融资风险进行控制，并对体育产业融资企业的质押物进行监管；金融服务提供商为体育产业融资企业提供贷款；待收回资金后，体育产业融资企业向金融服务提供商偿还利息和本金，或直接用应收账款、预付款偿还本金（如图5-6）。

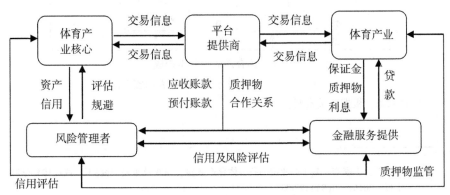

图 5-6　体育产业供应链外部融资流程

三、资本要素的体育产业供给侧推进方向

跨界融合成为体育产业发展的新常态，体育产业不再作为独自的产业发展，体育的多元跨界融合已经成为当代体育发展的新趋势，供给侧改革背景下资本融合、营销融合、媒体融合等多种跨界力量作为新生动力推动体育产业供给侧结构性改革。实施体育产业供给侧改革，要重视资本等要素流动，大力吸引社会投资体育产业领域，鼓励食品药品、金融、信息、制造等企业进行营养保健食品药品、功能饮料、运动智能设备、健身装备等研发制造和销售。① 应支持规模较大的体育企业参与社会私募集资和股票交易，以建立金融风险机制来提高体育企业的市场投融资能力，鼓励有条件、符合债券交易条件的体育新创企业，通过各类企业债券发放和交易，完成资产的证券化产品融资。在当前地方政府投入财政资金有限的状况下，创新政府与社会资本合作模式，扩大体育产业发展引导资金的范围，撬动更多社会资本进入体育产业领域。②

体育产业链涵盖制造业和服务业，结构较为复杂，要打造成熟的体育产业链，形成供应链融资生态圈。从体育产业链整体上，以体育竞赛表演业等为核心的体育产业生态圈亟需建立；从体育产业的具体细分上，需要搭建以这一核心企业主导的供应生态圈，从而形成整体的较为成熟的体育产业链和局部的体育产业供应链，实现体育产业资本和金融资本的跨界融合，进一步推动体育产业、企业的发展，实现体育产业及企业的业务拓展和资产结构优化。培育体育核心产业和核心企业，以核心产业带动产业链条上的其他产业，以核心企业带动供应链上下游的中小企业，合理配置资源，形成体育产业供应链金融生态圈。须加强企业风险防范能力。在中小体育企业层面，一方面，中小体育企业应立足于企业的根本目标谋求长远发展，避免因眼前的蝇头小利而损坏企业信誉资本，得不偿失。另一方面，中小体育企业应积极利用供应链优势，实现信息共享，增强金融机构、核心企业对自身的认知和信任，提升企业信用水平，减少信用风险，同时努力提高自身的经营和管理能力，加强自身风险防范，通过自身努力和核心企业的合作来降低经营风险。

---

① 沈克印，吕万刚. 体育产业供给侧结构性改革：学理逻辑、发展现实与推进思路[J]. 武汉体育学院学报，2016，50(11)：29-35，41.
② 沈克印. 论新时代中国社会主要矛盾与体育产业供给侧改革[J]. 体育学研究，2019，2(5)：56-64.

第四节　技术要素的体育产业供给侧改革

党的十八大报告提出要实施创新驱动国家发展战略，党的十九大报告也明确指出"要贯彻新发展理念，创新是引领发展的第一动力，是建设现代化经济体系的战略支撑"。体育产业高质量发展的关键在于有可持续的增长动力，而创新驱动是体育产业高质量发展的重要表征和根本动力。科技是第一生产力，体育产业供给侧改革能否实现创新发展，科技创新是关键一招。要依靠创新去融合高端要素，培育体育产业发展的新动力。[①] 随着我国区块链、5G、大数据等技术的成熟与广泛应用，产业政策红利不断释放，以新技术为核心的创新驱动模式成为焦点。本章将区块链技术在健身休闲业中的应用作为重点阐述，其他技术创新的体育产业供给侧改革将会在后续研究中介绍。

一、区块链技术在健身休闲业的应用

（一）区块链的内涵解释与技术优势

1. 区块链的内涵

区块链的概念并未给出确切界定，最早在比特币白皮书中出现，随着区块链被拓展到数字货币以外的领域，其内涵也越来越丰富。从现有的以太坊、比特币等区块链系统来看，顶层设计用于完成价值交换目的，区块链被称为分布式账本技术。[②] 从网络角度来看，区块链是依赖于多个独立安全的节点连接在一起的节点系统，以存储和授权交易为目的，具备分布式和去中心化的数据库系统。[③] 从数据传输和安全加密的角度来看，区块链是分布式数据存储、共识机制、加密算法、点对点传输等计算机技术的新型应用模式。[④] 蔡晓晴等总结区块链技术是旨在构建价值交换系统的技

[①] 沈克印，吕万刚. 体育产业供给侧结构性改革：学理逻辑、发展现实与推进思路[J]. 武汉体育学院学报，2016，50(11)：29-35，41.

[②] 牟粼琳，沈克印. 区块链技术在体育产业中应用的场景、困境与对策[J]. 体育文化导刊，2020(7)：79-85.

[③] Filimonau V, Naumova E. The Blockchain Technology and the Scope of its Application in Hospitality Operations[J]. International Journal of Hospitality Management, 2019(9)：1-8.

[④] 宋昱. 基于区块链的体育大数据集成与传播创新研究[J]. 成都体育学院学报，2018，44(6)：61-67.

术，是以 P2P 网络作为通信载体，以数据库作为数据存储载体，依赖密码学保障所有权和隐私权，依赖分布式系统、共识框架保障一致性。① 总之，区块链的内涵可以界定为分布式系统下，依赖密码学保障隐私安全，解决实体间信任问题，在数据共享机制上达成共识，实现价值交换的一种全新技术框架。区块链具有去中心化、开放性、匿名性、可追溯性、防篡改性五大特征。②

2. 区块链的技术优势

(1)智能合约

智能合约是满足特定条件、通过验证并自动执行的一种特殊协议。智能合同的通用型语言扩展了区块链在体育等行业落地的场景和范围，其形式化验证框架规避了审计问题，保证了智能合约的安全性。智能合约是区块链"去中心化"的主要原因，在第三方不在的条件下，发生安全、不可逆转、可追溯的交易。数字经济时代，智能合约可能成为区块链未来发展的基石，将会产生全新的分散的电子商务模式，并逐渐拓展到众多经济部门中。③

(2)共识机制

共识机制是一种数学算法，也被称为共识算法，其主要用于区块链系统中不同节点之间建立信任并获取权益。新型的共识算法可以提供快速的一致性确认，速度增加的同时对计算要求不高也提升了经济性，还提高了安全性和可扩展性。④ 共识协议运行的前提在于区块链网络当中只有当所有节点都同意且承认新加入的区块，才能将区块添加到链中。因此，共识机制打破了体制机制阻碍，能联通数据孤岛，提高运营效率，实现数据共享。

(3)跨链技术

区块链特定的可信任机制使不同区块链上的资产和状态的转移、交换和传递成为可能。其分布格式有公有链、联盟链、私有链三种，其中联盟链成为目前最易于接受的落地模式，它既有私有链的"中心化"特征，还有公有链的"完全去中心化"特征，不仅可以实现部分隐私，最终提高交

---

① 蔡晓晴，邓尧，等. 区块链原理及其核心技术[J]. 计算机学报，2019(12)：42-47.
② 牟鹏琳，沈克印. 区块链技术在体育产业中应用的场景、困境与对策[J]. 体育文化导刊，2020(7)：79-85.
③ Efanov D，Roschin P. The All-pervasiveness of the Blockchain Technology [J]. Procedia Computer Science，2018(123)：116-121.
④ 牟鹏琳，沈克印. 区块链技术在体育产业中应用的场景、困境与对策[J]. 体育文化导刊，2020(7)：79-85.

易的效能，还可以解决信息不对称问题。①区块链网络数据的传递和智能合约的可移植性，可以实现多链并行和多链互通的跨链合作。

(4)确定所属权与保护隐私

区块链的安全性归因于密码学的加密散列函数设计，安全性是区块链的基础优势。②密码学的匿名化存储方式可以保证所有参与者身份的隐私性，确保合约逻辑、记录内容等数据的安全性。数字资产的所属权可以通过密码学的数字签名技术来确定，哈希公式可以确认信息的完整性，非对称加密算法可以提高存储的安全性。总之，已存在数据参与者能够被区块链有效保护，做到隐私不被篡改和泄露。

(二)TNB与青鸟体育的区块链技术应用

区块链技术可以创造可靠的"合作"机制，奠定坚实的"信任"基础，具有广阔的应用前景。TNB与青鸟体育的"运动时间银行"将区块链技术与传统实体经济进行深度融合，积极响应国家大力发展产业数字化的时代要求，为区块链技术赋能健身休闲业高质量发展提供了应用场景。一方面，区块链支撑底层技术为"运动时间银行"打造精准的时间价值传输网络，破除体育资源在上下游中的流动壁垒。作为首批加入"运动时间银行"的健身休闲企业，青鸟体育积极实施"智慧健身战略"，运用区块链技术，实现体育消费者、健身教练、健身场馆在多场景下的数字化管理。公链TNB具备区块链技术的数据开放性和脱敏性特质，可以有效打破健身休闲行业内资源信息传递失真、信息链条断层等困境，促进业内数据的充分融合与应用。同时，公链TNB在通证资产化帮助下开展时间数字化的上链和流通，并通过智能化合约对时间数字资产开启自动化管理模式，可以充分发挥公链的去中心化、价格透明化、突破地域边界限制、权益保障较好的优势。TNB与青鸟体育的"运动时间银行"以区块链作为赋能健身产业高质量发展的新动能，不仅解决了传统健身产业的重资产属性、经营成本过高等问题，还开发了新盈利模式，围绕体育消费者的多元化与个性化的健身消费需求，提供有效的体育服务供给，从而实现健身产业供需的有效对接。另一方面，以"运动时间银行"作为切入点，提高区块链技术与健身休闲行业的创新运用，培养体育消费新业态、新模式，促进数据价

①　张礼卿，吴桐.区块链在金融领域的应用：理论依据、现实困境与破解策略[J].改革，2019(11)：360-370.

②　Filimonau V, Naumova E. The Blockchain Technology and the Scope of its Application in Hospitality Operations[J]. International Journal of Hospitality Management, 2019(9)：1-8.

值转化，赋能健身休闲业。① 青鸟体育将用户会员在健身消费所用时间数据转化为"运动时间积分"并将此作为流通媒介，用户通过积分可在线上、线下多维场景中进行全覆盖支付，以获取个人所需的健身服务和产品。TNB 与青鸟体育的"运动时间银行"通过利用区块链技术，将用户健身运动数据进行分析处理，向体育消费者提供更为精准的私人健身课程预约、体育用品购买、健身场地分配等业内服务，有利于高度衔接行业供给与用户的需求，增强用户体验感，降低用户健身消费的成本，延伸相应产业链。②

　　区块链是现代信息技术的一面旗帜，拓展区块链技术的应用深度与广度，需要构建统一的技术体系和标准体系。③ 要积极推进区块链技术改善实体经济，产业在对技术的应用中，最终是以市场为导向，要促进区块链和实体经济的深度融合。为更好地推进区块链与实体经济的融合，需要考虑区块链介入实体经济的收益和成本，需要提高区块链技术的应用所得收益，降低其研发和应用成本。④ 区块链技术的研发成本巨大，需要降低研发成本，加强技术储备，可以通过政府部门引导信息技术业融入体育行业，快速推出符合体育行业发展特色的落地方案。另外，可以选择区块链示范性强和应用性好的医疗业、食品制造业等作为试点，形成主体为体育行业，纽带为相关产业的联盟链，创新区块链的应用模式，让区块链技术在体育产业领域中得到应用。区块链现在尚处于初步探索阶段，作为一项新兴的技术革命，其应用可能带来信息安全风险和新技术应用风险等，会被网络犯罪、非法信息传播等利用，极有可能威胁国家金融安全。⑤ 为保障区块链应用中的持续健康发展，政府需要实施严格的监管，实时调整监管规则，与时俱进，提高管理效果，既为新技术在体育产业中的应用保驾护航，还要为新技术的发展营造良好的氛围，实现风险防范和创新支持的双重平衡。⑥

---

① 牟粼琳，沈克印. 区块链技术在体育产业中应用的场景、困境与对策[J]. 体育文化导刊，2020(7)：79-85.

② 沈克印，寇明宇，王戬勋，等. 体育服务业数字化的价值维度、场景样板与方略举措[J]. 体育学研究，2020，34(3)：53-63.

③ 牟粼琳，沈克印. 区块链技术在体育产业中应用的场景、困境与对策[J]. 体育文化导刊，2020(7)：79-85.

④ 盛松成. 更多用区块链服务实体经济[N]. 经济日报，2019-11-04(8).

⑤ 牟粼琳，沈克印. 区块链技术在体育产业中应用的场景、困境与对策[J]. 体育文化导刊，2020(7)：79-85.

⑥ 朱红灿，王新波. "区块链+民生"：内涵、形势与任务[J]. 广西师范大学学报(哲学社会科学版)，2020(1)：1-11.

二、区块链技术在体育相关产业中的应用困境

(一)市场应用技术人才匮乏，存在安全性威胁

体育区块链从研发至今，仍面临着诸多安全性威胁，主要表现在三个方面：第一，体育区块链的加密数字货币一直被黑客通过多重签名漏洞与算法进行攻击；第二，链上各方需要不同时间来获取交易最后记录的副本，使得体育区块链系统很容易被第三方利用；第三，体育公有链拥有的策略、权限、交易信息等全部公开存储在链上，黑客可以通过跟踪用户IP来盗取数据和信息。据 Foundico.com 调查显示，以 10 分评定等级：28家体育类区块链公司中，18%的公司不能如期完成年销售额，48%的公司得分低于 6，14%的公司是诈骗平台。体育区块链初创公司经营状况不容乐观，应用市场集资圈钱、代币发行、操作估值等问题层出不穷。体育行业要想植入区块链技术，需要建立有效的体育区块链风险防范机制和安全评估体系。

(二)缺乏统一的治理标准，治理机制不成熟

数字经济时代，大数据主要以非结构化数据为主，目前尚未建立统一的大数据标准，缺乏对体育区块链公司进行有效监管。全球数字货币种类繁多，对区块链技术的划分标准很难统一，主张方针也不相同，而体育区块链公司(如 All Sports)的资金众筹需要通过发行代币来实现，因各国法律政策文化的差异，体育区块链技术目前没有规范化的法律政策和治理依据，没有形成统一的标准和国际化的规章制度。区块链的底层操作系统相当复杂，而我国体育行业技术人才匮乏，据统计，近年来我国体育产业相关人才有多达数十万人的缺口。由于链上交易流程需要被规范化，数字货币容易被盗取或是用于非法交易，链上交易的税收需要制定国际统一标准，web 服务器上违法经营的诈骗平台需要被监管。[①] 智能合约自动履行的安全性也需要中立可信的第三方机构来判别。缺少具有代表性和权威性的相关机构对体育区块链公司产品的安全度和可靠度进行评估，对产品的价值能力准确判断。需要储备掌握信息技术开发、了解体育以及懂得经营

---

① 周强，杨双燕，周超群. 体育产业领域中区块链技术应用的逻辑及其风险规避[J]. 体育学研究，2020，34(1)：33-41.

管理的复合型人才，才能真正实现区块链技术在体育产业的应用和监管。①

(三)技术不够成熟和稳定，全球数字鸿沟仍然存在

区块链技术诞生时间较晚，还没有足够成熟和稳定的技术，需要提高技术成熟度和应用范围。体育产品制造业和体育健康数据管理等对区块链的存储有较高要求，体育自身的区块链数据存储和流量处理能力有限，而同时体育区块链的存储需要强大的云计算支撑。区块链的以太坊和比特币的处理速度较传统支付系统并不占优势，以太坊是 70~80 笔/秒，比特币的处理速度是 7 笔/秒，而银行系统的结算能力达 70000 次/秒。② 同时，体育区块链的安全机制要求来自世界各地拥有批准权的当事人达成一致协议，而工作模式的差异和全球时差，会导致业务交易效率降低、授权过程延时等问题；体育区块链还面临着全球数字鸿沟问题，区块链交易被授权往往有较长的等待时间，无法对请求及时响应；体育竞猜行业的清算支付机制对区块链的响应速度提出了挑战，为了更好地推行区块链在体育产业中应用，需要开发反应性更好和适合本地化需求的区块链技术；大多数顶尖的体育赛事都是全球性的，承办方包括国际转播方、版权持有方和执行方等，而常用结算方式是以"美元"为主，跨境货币换算和支付对速度和效率提出了更高的要求。③

(四)技术应用范围有待拓展，"去中心化"的价值有待体现

体育区块链概念的新颖性和复杂性给其普及带来很大挑战：一方面，管理者对区块链和其价值主张的认知有限，尤其是体育产业对其接受度和理解力有限，诸多体育企业不愿意投资区块链；另一方面，区块链过于新颖，违反传统点对点系统的完整性，即使体育区块链能顺利投入应用，其所获得的收益是否能超过初期投资的研发成本及营运成本，也是投资者需要权衡的。区块链的核心价值"去中心化"与我国过度"中心化"的体育国情和"举国体制"相矛盾。"去中心化"预言机制尚不成熟，如智能合约是

① 牟魁琳，沈克印. 区块链技术在体育产业中应用的场景、困境与对策[J]. 体育文化导刊，2020(7)：79-85.
② 黄道名，郭孟林，杨群茹. 体育产业区块链技术的应用选择与实现路径[J]. 体育科学，2019，39(8)：22-28.
③ 牟魁琳，沈克印. 区块链技术在体育产业中应用的场景、困境与对策[J]. 体育文化导刊，2020(7)：79-85.

链上债务和链下义务履行,而链下的义务履行仍然需要中心化机构来保证。① 体育区块链的"去中心化"、安全性和效率三者不可能同时出现:私有链中只有被授权者才可准入实行数据记录、验证及交换,虽然保证了安全性,但是因为被授权者数量有限,难以彰显"去中心化";公有链中当安全性和"去中心化"实现时,运行效率就会降低。②

第五节 制度要素的体育产业供给侧改革

制度要素是推进数字经济时代体育产业供给侧改革的关键要素,有效的体育产业制度供给与制度创新是实现体育产业高质量发展的重要保障。2020 年 4 月,中共中央、国务院发布《关于构建更加完善的要素市场化配置体制机制的意见》,首次将数据要素纳入生产要素范围,并提出发挥数据要素对其他要素的效率倍增作用。不断创新体育产业制度是实现体育产业高质量发展的关键,要紧紧以体育产业结构优化为中心任务,深化"放管服"改革,加强体制机制的顶层设计,完善体育产业政策法规体系,地方政府也要不断增加体育产业的制度供给。在体育产业供给侧结构性改革中加大制度要素投入,就是以制度改革和创新为重要改革举措,增加体育产业的制度供给,旨在为提升体育服务与产品的供给质量和效率提供制度保障。③

一、制度要素在体育产业供给侧改革中的作用

制度是规定、构成、调整人们的角色、关系及其行为的有强制力和明文规定的社会组织的构成形式,关系到人们在社会生活和社会生产中扮演何种角色、形成何种关系以及具有何种行为,特别是规定、构成、调整人们之间的关系。推进体育产业供给侧改革不仅需要发挥市场配置资源的决定性作用,也要更好地发挥政府作用,特别是政府在制度供给方面,在土地、资本、劳动力等生产要素投入有限的情况下,更要深化"放管服"改革,对体育产业制度进行改革,提高政府的制度供给能力。实施体育产业

① 张礼卿,吴桐. 区块链在金融领域的应用:理论依据、现实困境与破解策略[J]. 改革,2019(11):360-370.

② 肖芬. 区块链技术在审计工作中的应用[J]. 中国内部审计,2020(1):84-88.

③ 沈克印,吕万刚. 体育产业供给侧改革:投入要素、行动逻辑与实施路径——基于社会主要矛盾转化研究视角[J]. 中国体育科技,2020(4):44-51.

供给侧改革就是要强化政府的制度供给和创新能力，加大制度要素投入，以体育产业制度改革和制度创新为重要改革举措，增加体育产业的制度供给，着力推动体育产业体制机制创新。强化体育产业制度供给和制度创新，就是紧抓体育产业转型与升级的主线，在原有的体育产业政策体系、制度体系和工作体系中引入新思想、新政策和新方法。① 体育产业供给侧结构性改革是体育领域中一项更好发挥市场和政府两方面作用的实践活动，其核心是制度供给和制度创新。

在"十四五"开局更是提出以质量变革为主线，统领产品服务、结构体系质量；以效率变革为引导，提高生产效率、运营效率、决策效率；以动力变革为基础，增强改革动力、创新动力、人才动力。数字经济为体育产业与相关产业进行融合提供新的发展契机，利用数字技术赋能传统体育产业，是实现体育产业效率变革、质量变革和动力变革的驱动力。通过发挥包括但不限于知识溢出与信息扩散、资源配置、监督约束、科技创新等多种功能作用于市场经济主体和组织结构，改变传统生产过程与经济运行方式，重塑市场经济格局，提高全要素生产率和运行效率，影响产业经济发展的范围、方向和程度。② 在宏观经济层面，数字经济加速政府与市场融合，优化资源配置方式，帮助政府进行科学的决策规划；在产业层面，数字驱动体育产业形成新价值链，产业融合加快，产业结构和组织模式得以改变；在企业层面，规模经济与范围经济的结合，可以开拓新盈利模式，改变组织结构体系。③

第一，数字经济推动包括产品服务质量、结构质量、体系质量在内的质量变革，强化体育产业高质量发展主体。随着居民消费由实物消费、生存型消费向快乐消费、享受型消费延伸拓展，体育消费需求也从单一的体育用品购买需求转向差异化、多样化的健身休闲服务需求和竞赛表演观赏需求。在产品质量层，数字经济将体育产品服务从规模数量型发展转变至溢出价值的提升，在供给精细化的同时要向品质化、定制化的产品和服务供给迈进。以大数据分析描绘出消费者行为需求画像，促使体育产业更加聚焦体育用户需求期望，同时平台为用户参与体育产品服务研发提供可靠

① 刘志彪. 政府的制度供给和创新：供给侧结构性改革的关键[J]. 学习与探索，2017（2）：83-87.

② 张腾，蒋伏心，韦朕韬. 数字经济能否成为促进我国经济高质量发展的新动能？[J]. 经济问题探索，2021（1）：25-39.

③ 任保平. 数字经济引领高质量发展的逻辑、机制与路径[J]. 西安财经学院学报，2020，33（2）：5-9.

的途径。个性化、精准化的用户需求定位和易于组合使用的模块化、集成化，以及认可接受度较高的数字化、场景化，加快产品与服务更新换代的节奏。新型材料技术、远程诊断技术、产品服务生命周期管理技术等数字技术的使用，有助于加强体育产品和服务的耐用性、可靠性、适应性、经济性等。在结构层，共享经济、平台经济逐渐成为新型生产组织形式，个人、企业、政府通过互联网大数据信息平台获取、提供或共享商品和服务使用权，能够及时准确地预判体育产业发展动态，从而将体育产业结构性调整集中在优质性、战略性、前景性的业务单元中。在体系层，数字经济时代的市场竞争具有立体化、系统化、链条化的特点，对价值链、供应链、产业链的体系构建有更高要求。利用数字经济优势，加强数字技术研发投入，增强体育产业的韧性、弹性、适应性，形成多元协同共治的产业发展体系，在关键业务、重要环节实现数字化转型。从而以质量变革倒逼体育产业结构优化，将产业发展重点从规模数量转为溢出价值，改变"大而不强"的低质量发展模式，破除在全球价值链中的低端地位。

第二，数字经济推动生产效率、运营效率与决策效率在内的效率变革，坚持体育产业高质量发展主线。体育产业发展效率变革是通过提升体育企业主体的效率，以既定的资源投入与科技投入获得最大的产出，是体育产业竞争力实力的集中体现。[①] 在生产层，数字技术信息作为无形生产要素能够实现最佳的资源配置组合，增强精益生产、柔性生产、服务标准化等方式的运用，提高平均利润进而实现收益最大化。数字技术的发展与应用将打破要素及产品市场分割，大幅提高体育产业上游、中游和下游的信息共享水平，资源要素能够不受时空限制地自由流动，降低市场交易成本，有效对接供需双方的资源，从而充分激发市场主体活力。在运营层，数字经济作为以创新为驱动的经济发展方式，通过创新扩散效应带动体育行业进行创新激励，为体育企业的数字化运营提供新的生产要素。建立体育企业内部以及外部的数字化连接，在内部重塑员工之间、各部门之间的沟通模式，在外部提升供应链的数字化管理水平，使供应链各环节更加协同，降本增效和增收节支，运营效率得到大幅提升。在决策层，利用全域化数据支撑的科学管理加强决策量化分析，实现迭代思维、增长思维、众包思维等在内的决策判断，决策方式由"经验主导"转向"数据量化驱动"，有效降低信息不对称现象所导致的决策失败。高质量决策的信息化支持系

① 王晨曦，满江虹. 中国体育产业高质量发展评价指标体系的构建：基于动力变革、效率变革、质量变革[J]. 首都体育学院学报，2020，32（3）：241-250.

统的有效运用使得高效的立体式、交互式网络得以形成，在一定程度上约
束各个层级的权利关系，进而规避风险并避免错误的业务决策。①

　　第三，数字经济推动创新动力、人才动力在内的动力变革，夯实体育
产业高质量发展基础，加快培育市场新动能。随着现阶段体育产业单纯依
靠加大资源投入的粗放型发展方式弊端的显现，发展中不平衡的矛盾更加
突出，需要将根植性要素作为原始动力与创新驱动力相结合。在我国体育
产业转变发展方式和提升能级的过程中，以市场为导向，将技术应用和模
式创新作为核心的数字经济形态，则能够提供强劲的助推力。② 在改革动
力层，数字经济的发展需要新兴要素和相应人力资源等高端要素的规模化
投入，由此可以带动产业技术和创新水平的提升。以数字化改革所推动的
多跨场景建设应用为体育产业增添新动力，能够促进生产要素市场化配置
和形成商品服务流通的体制机制。在创新动力层，数字技术本身就是科技
革命产生的创新成果，大力实施以大数据、云计算、人工智能等为代表的
数字驱动发展战略，创新潜能可以得到有效激发。技术创新驱动的发展方
式能够弥补传统要素驱动的发展方式的不足，通过数字化的方式作用于体
育产业创新，能够增强体育产业内部技术改造与产业联动发展，并反推传
统体育企业在管理、营销、品牌等多方面的创新。在人才动力层，体育
产业的工作内容和工作场景在数字技术的影响下不断发生变化，要求人
才向应用型、复合型、创新型转变，引导人力资源协同创新驱动发展，
形成"数字技术+人力资源+体育产业"的新局面，数字经济价值的中枢
将成为拥有数字信息技术与行业经验的跨界人才。掌握数字战略管理、
深度分析、产品研发、数字运营等能力的人才，能够在体育产业的现实
发展要求中完成由服务、操作的角色定位向规划、协调、评估等角色定
位的顺利转变，从而为数字化全流程项目资源开发以及人机交互奠定坚
实基础。

　　落实数字治理，深化供给侧结构性改革。"区块链技术发展的现状和
趋势""大数据战略和数字中国建设""全媒体时代和媒体融合发展""人工
智能发展的现状和趋势"等和数字技术、数字经济直接相关的内容频繁出
现在中共中央政治局的集体学习中，以数字经济推动体育产业转型升级、
健全体育产业治理体系的顶层设计不断加强。2017 年 12 月 9 日，习近平

---

① 张志元，李兆友. 新常态下我国制造业转型升级的动力机制及战略趋向[J]. 经济问题
　探索，2015(6)：144-149.

② 黄海燕. 我国体育产业新阶段特征及发展趋势[J]. 体育学研究，2018，1(1)：13-20.

总书记在中共中央政治局第二次集体学习时强调，加快建设数字中国，实施国家大数据战略，借助大数据提升国家治理现代化水平。① 党的十九届五中全会指出，"十四五"时期的主题是推动高质量发展，主线是深化供给侧结构性改革，改革创新是根本动力，要推动先进服务业与制造业深度融合，构建信息化支撑、精细化服务、网格化管理、开放共享的社会治理新格局。② 将信息化融入治理之中，创新出更加精细化、科学化、高效化的治理方式，为高质量发展提供有效的支撑，产业数字化、数字产业化、数字化治理不仅在推动质量变革、效率变革和动力变革方面发挥着重要作用，同样促使政府、企业、组织等治理模式发生显著变化。在推进治理体系和治理能力现代化的时代号召中，则需加快数字技术与体育产业等诸多产业的融合，引领生产关系的深刻变革，逐步实现体育产业在内的多业态治理体系和治理能力的现代化。

体育产业治理现代化的关键就是要通过正确有效的方式处理好市场与政府的关系，深化体育产业供给侧改革，不断完善体育资源的配置方式，形成现代化的体育产业体系。体育产业数字化与数字化体育治理相辅相成，能够发挥和挖掘体育市场、体育社会组织、体育参与者等主体在体育产业中的作用和潜能，推动体育产业治理体系完善、治理模式创新和综合体育治理能力提升。我国体育产业存在政府方面未能充分发挥宏观调控作用、定位不明确、财政资金投入力度不足的问题，加之市场和体育行业协会、中介机构、政府、群众等各行为主体协调互动不足，导致体育产品和服务供需不平衡、体育市场管理体制落后的问题更加严峻。③ 如何较好地平衡各行为主体的利益，使各行为主体之间相互制衡、相互监督，以良好的市场交易氛围推动体育产业的良性发展成为热门议题。搭建体育产业公共数据平台，传统媒体和短视频 APP、自媒体等新媒体平台相结合的多层次体育文化传播矩阵，大力推动公共数据开放和各部门数据共享，促进"有效市场"和"有为政府"的协同运作。④

① 习近平．实施国家大数据战略加快建设数字中[EB/OL]．[2017-12-09]．http：// www.xinhuanet.com/2017-12/09/c_1122084706.htm.
② 关于制定国民经济和社会发展第十四个五年规划和二〇三五年远景目标的建[Z].2020-11-03.
③ 隋晓燕．我国体育产业治理模式及优选策略研究[J].北京体育大学学报，2018，41（2）：33-39.
④ 寇明宇，沈克印．有效市场与有为政府：体育产业发展的协同机制与实现路径[J].西安体育学院学报，2021，38(1)：63-69.

数字化治理在体育产业中同样占据着重要地位，是推动体育治理能力现代化的重要动能。数字化治理能推动体育产业由运动性治理供给向制度性治理供给转变，由单一性治理供给向协同性治理供给转变，由被动性治理供给向主动性治理供给转变。第一，数字化治理能够解决产品和服务供给不平衡、不充分的问题，更好地满足体育消费者对于量和质的需求。在数据开放、共享、融合的基础之上，利用数字化技术来整合数字化资源，可以打破政府、群众、企业、市场之间的信息孤岛，降低体育产业政策信息获取的难度，增强政府数据与市场、社会数据的融合，提升对体育需求感知的灵敏度，实现更敏捷、灵活、高效的产品和服务供给，加强价值整合，促进融合发展。第二，数字化治理可以使公民、市场、社会等主体的参与意向和参与技能不断提高，为各主体参与体育产业协同治理提供需求表达渠道。"数据量化驱动"的政府决策方式将替代传统的"经验主导"的决策方式，通过信息化手段优化体育资源配置，创建体育领域服务模式。在数字化平台的作用下，体育企业的审批流程和门槛将得到优化与降低，办事所涉及的环节与时间被进一步压缩，增强供应链协同；以"数字化+监管"为体育消费者提供消费投诉平台和需求表达渠道，增强对体育企业的监管，提高互联网平台企业的责任意识，完善价值反馈机制。第三，数字化治理能够为政府改革提供改革方向、改革动力、改革支撑，不断深化供给侧结构性改革。数字化能够促使政府降低治理成本、提高治理效率、提升治理效能，规范体育部门与民政、工商、税务、公安等部门之间的数据共享交换。例如，《浙江省体育数字化改革行动方案》就制定了系统集成清单和数据共享清单(体育数字化改革的重大需求清单、多跨场景应用清单、重大改革清单)，着力建设体育数据归集共享管理系统、政务服务和管理系统、四大核心业务应用相结合的数字体育智慧治理系统，加快"一件事"场景应用落地见效，实现数据展示、统计分析、辅助决策、跟踪评价等功能，推动政府、社会、经济、法治联结，形成跨部门、跨业务、多场景的治理新模式。

数字经济发展的程度、普及范围以及资源配置方式与体育产品和服务的供给侧结构性改革紧密相关。在体育产业供给侧进行全面数字化，让数字经济贯穿体育产业链整个供需环节，能够让资源要素禀赋和最终产品需求共同发挥作用，形成市场决定性供给和数字科技引导性供给。而大规模定制化供给、流程重塑专业化供给、低成本精准化供给、高质量协作化供给等模式涌现，有助于实现调整产业结构，优化要素配置、提高增长质量的目标。在供给主体方面，数字平台为各类中小体育企业创建新的参与契机，体育电商、直播培训等新供给具有强烈的市场差异化竞争意愿，打破传统以线下实体为主的体育市场格局。在供给方式方面，围绕数据要素从创造、收集、加工到应用延伸形成新的产业链，促使数据价值化和数据要素市场化，促使体育产业进行专业化分工协作，提升全要素生产率。在供给质量方面，数字技术与各类体育场景结合的过程中出现众多新业态，例如，电子经济、虚拟运动、在线竞技、3D打印等，有效供给和中高端供给增强，不断适应供给侧结构性改革和消费升级的需求。在供给效率方面，以线上线下相结合的在线协同方式提供体育产品和服务，可以打破工业时代封闭体系的命令传导困境，加之对消费数据的整合与共享，能够从需求侧到供给侧整体提高流通效率。以数字化推动体育产业供给侧改革，把握新旧动能转换的关键节点，解决体育产业结构错位、供给不足的结构性失衡，推动场馆服务、体育制造、竞赛表演、休闲健身、全民健身等模式创新。

二、体育产业供给侧改革中的制度供给现状

2014年10月20日，国务院发布《关于加快发展体育产业促进体育消费的若干意见》，明确提出到2025年体育产业总规模超过5亿元，成为经济社会持续发展的重要推力。此后，国家层面体育产业政策相继出台，引导体育消费持续扩大，提升体育市场开放力度。2014—2021年，GDP增长速度逐渐放缓，同期体育产业总规模从13574.71亿元增加到31175亿元，体育产业迅速占领新经济风口，为体育消费升级提供坚实保障。尽管疫情突发加剧了体育产业发展的负外部性，导致2020年体育产业增加值增长速度滞后于同期。随着全民健身理念深度普及，在线健身、居家运动、可穿戴设备等新消费习惯成为体育消费新增长点，"线上+线下"相结合的模式促使体育消费市场得到有力拓展。仅2020年"双11"期间，安踏借助天猫电商平台成交额达28.4亿元，耐克、阿迪达斯、李宁、斐乐的品牌消费额均突破10亿元。① 尤其是以山地户外、冰雪、汽摩和航空运动等为代表的中高端项目用品消费市场发展力度空前，体育健身智能化需求显著，体育消费需求多样化与个性化趋势推动体育消费结构质的提升。同时，各省市结合体育消费需求的实际变化，依据本省市实际情况制定具有地域特色的体育产业发展战略规划，如《福建省关于促进体育产业高质量发展的若干措施》《西安市推进国家体育消费试点城市建设实施方案》

---

① 刘峣. 体育消费撬动"双11"[N]. 人民日报海外版，2020-11-11(9).

等。体育消费主体从单一向社群不断壮大，体育消费空间向"金角银边"、细分领域拓展，体育消费模式向线下与线上融合等方向转变。① 同时，政府对促进体育消费、开放体育市场的高度重视，为构建具有高开放性和比较优势的体育产业支撑体系提供了方向。体育产业高质量发展支撑体系需要植根国内体育消费需求的市场优势，着力推动重点领域和关键环节发展，通过"有为政府"的规划引领和制度保障来推动体育产业持续升级。

2017 年，党的十九大提出要大力发展数字经济，推动新一代数字信息技术与实体经济深度融合发展，这为数字经济时代的体育产业数字化转型提供了指南。2019 年 9 月 2 日，国务院印发了《关于印发体育强国建设纲要的通知》，提出加快推动互联网、大数据、人工智能与实体经济深度融合；2019 年 9 月 17 日，国务院办公厅印发《关于促进全民健身和体育消费推动体育产业高质量发展的意见》，指出要支持体育产业创新发展，推动智能制造、大数据、人工智能等新兴技术在体育制造领域的应用。2020 年 4 月，中共中央、国务院发布《关于构建更加完善的要素市场化配置体制机制的意见》，首次将数据要素纳入生产要素范围。2021 年 7 月，国务院办公厅印发了《全民健身计划（2021—2025）》，进一步提出推动体育产业数字化融合发展。在国家宏观经济政策背景下，为促进体育产业发展，由各级政府对体育产业资源进行引导和调控，不断优化体育产业结构，改善和优化体育产业资源配置，提高体育产业竞争力。从政策层面上看，2021 年两会政府工作报告把体育与健康、文化、旅游一道列入新型服务消费领域，突出了体育产业的服务属性。作为现代服务业的体育产业，在"互联网+体育"等商业服务模式的驱动下，更加强调体育用品制造业与体育服务业的深度融合发展，产业融合成为体育产业高质量发展的新动能。①同时，2021 年 7 月，国务院在《关于印发全民健身计划（2021—2025）的通知》当中，首次以政策文件的形式明确了要优化产业结构，加快形成高端制造业与现代服务业融合发展的现代体育产业体系，这为体育用品制造业服务化转型提供了政策指引。2021 年 11 月，国家体育总局发布《"十四五"体育发展规划》，进一步提出要推动生产性体育服务业加速发展，促进体育制造业与现代体育服务业融合发展，构建现代体育产业体系。2035 年将我国体育产业建设成为国民经济支柱性产业，体育企业应

---

① 　任波. 数字经济时代我国体育消费数字化转型：新动能、新特征与新趋势［J］. 体育教育学刊，2022，38（5）：1-8，95.

抓住新一轮技术革命带来的发展机遇，积极释放产业数字化融合的增长潜力。新时代推进体育产业供给侧改革不仅需要在国家宏观层面进行顶层设计，完善体育产业政策，还要地方政府和部门深入贯彻与落实这些产业政策，围绕劳动力、土地、资本等要素，积极出台配套的体育产业发展规划和制度。

三、体育产业供给侧改革中的制度供给创新

推进体育产业供给侧改革，就要发挥政府的宏观管理职能，在人才和就业、税费和价格、土地规划和使用、无形资产开发与保护、健身消费等多个方面积极出台相关配套制度。另外，在如今体育产业发展不平衡不充分的矛盾日益突出的情况下，数字经济能从质量、效率、动力三个层面推动体育产业生产力的变革，缓解产业发展矛盾。①

在质量变革层面，由于数据、信息等知识密集型生产性要素具有溢出和渗透效应，通过与传统要素融合，能够有效改善传统要素的质量，如体育企业加大数字技术研发力度，有助于提升传统要素的知识和智力密度，进而增加要素投入含金量。同时，数字技术赋能网络协同制造和智能制造，能够改变体育生产方式和消费品形态，提升产品与服务质量。在效率变革层面，由于数字经济具有网络外部性，当产品用户规模达到临界状态时，通过正向因果循环的反馈机制能够触发"马太效应"，这一规模经济效应有助于提高企业产出效率。例如，在体育传媒领域，阿里、腾讯体育利用互联网技术分析用户消费习惯，通过产品线上推送的方式，能够迅速积累用户流量，形成从众消费的口碑引导效应。在动力变革层面，由于数字经济具有信息化、透明化、开放性等特征，体育产业与数字技术融合有助于引领体育消费，提升消费便利，如产品信息的平台共享能够减少消费者的产品搜索成本，进而促进体育互联网消费的发展。

（一）强化政策设计，制定体育产业高质量发展的战略规划

一方面，地方政府部门要以立足新发展阶段、贯彻新发展理念、构建新发展格局为思想引领，以推动体育产业供给侧结构性改革为长远目标，将体育产业创新驱动融入全民健身、健康中国、体育强国等战略当中，营造良好的产业发展氛围，并在了解体育产业实际发展情况的基础上，制定

---

① 任波，黄海燕. 数字经济驱动体育产业高质量发展的理论逻辑、现实困境与实施路径[J]. 上海体育学院学报，2021，45（7）：22-34，66.

出与之相适应的具有较强专业性和实用性的体育产业创新政策及配套方案，明确其发展布局、重点任务和具体实施步骤。[①] 另一方面，政府要统筹职权分工，确保地方执行规划与中央有关文件精神保持高度统一，突出其政策的一致性与连贯性，同时也要根据体育产业区域发展水平，客观合理地拟定体育产业高质量发展的驱动方案。基于体育产业创新驱动政策的文本和内容特点，政府部门应完善包括科技政策、产业政策、财政政策、税收政策、金融政策、人才政策为一体的体育政策体系，突出政策文本内容的创新性。

在体育政策类型创新层面：（1）加快制定产品创新政策。体育产品创新政策应包括专项科技计划、科研平台建设、产品技术研发等政策措施的供给。（2）完善体育企业创新发展的支持性政策。体育市场主体的创新支持政策应明确财政扶持、要素保障和营商环境优化的政策投入力度，同时加大对体育科技产业园区、体育技术孵化平台、体育先进装备制造企业、现代体育服务企业的政策引导，培育具有核心竞争力的体育市场主体。（3）补齐体育产业发展与治理的规则性政策。具体包括个人隐私保护、体育无形资产保护、知识产权的仲裁以及体育产业黑名单制度建设中的规制政策与条例等。

在体育产业人才政策创新层面：（1）完善体育创新人才发展的激励政策。主要包括在体育产业领域以中青年应用研究、基础研究人才为核心骨干，加速推动科研项目的立项研究，并为体育科研人才提供基本的物质生活保障，完善科研人才就业、住房补贴、子女入学、户籍、医保、经费、升职等方面的配套政策措施和标准制定条例，激发人才的创新热情。[②]（2）健全人才资本应用转化的政策体系。湖北省有关政府部门要重视体育科技人才对企业的关键性作用，鼓励企业体育技术人员将知识转化为实际生产力，具体措施包括在职工教育经费税前扣除、产业担保贷款贴息、人才聘用及劳务派遣方面提供制度化保障。在体育产业政策引导层面：（1）加快制定体育细分产业和新兴体育产业的政策引导方针和实施意见。如体育用品制造业、体育服务综合体、体育特色小镇、体育竞赛表演、健身休闲、体育旅游、冰雪运动等针对性产业政策。（2）加快形成内需主导型现代体育产业政策体系。主要表现为体育产业政策以促进体育消费、满足人

---

① 李明，许文鑫.治理势能：中国情境下公共体育政策高质量执行的驱动力——基于近30年体育产业政策文本解读[J].北京体育大学学报，2021，44（11）：38-50.

② 程美超，王舜.我国体育产业政策的量化评价——基于PMC指数模型[J].天津体育学院学报，2021，36（5）：590-593，620.

们多样化的体育需求为原则，大力推动体育产业提质增效、结构优化和业态创新，鼓励体育制造业与体育服务业融合发展，引导科技助力体育产业创新发展，打造知识经济、服务经济和绿色经济。

在体育财政与金融政策层面：（1）推进体育产业引导资金常态化推进机制，在体育产业重点攻关领域加大财政政策供给力度和税费减免力度。① 例如，完善体育产业融资政策，建立配套融资监管制度，形成利好的体育产业融资环境。（2）推动政府与金融机构建立产业合作协议，推出针对性的金融服务优惠政策，提高个体私有体育服务企业的信贷额度。例如，通过政府税收减免、产品补贴和消费券发放，减小企业运营成本，提振消费。

(二)优化政商环境，提高体育产业高质量发展政策灵活性

地方政府应出台体育产业营商环境方面的专业化政策文件，并配备标准化的执行方案。主要内容包括：大力鼓励和支持体育产品和服务品牌的建设，通过加大产品的公共舆论宣传和媒体推广，扩大湖北省内体育产业资源的充分开发，吸引潜在的体育消费潜力。同时，相关政府部门应开辟投融资渠道，建立体育产业市场准入制度。② 引导体育产业集聚化发展，打破各县市区体育产业要素资源流动的行政壁垒，建立省部级体育产业协同创新中心。此外，准确划定体育公共产品与体育商品之间的市场供给界限，适度将本省体育产业资源和体育市场让利于专业化的市场经济部门和企业主体，减少单一政府直属体育类国有企业部门的市场垄断地位，激发民营经济的创新活力。正确处理好"有效市场"与"有为政府"之间的关系，明晰各自职责和使命，强化"放管服"意识。③

推动体育行政权力的逐级下放，发挥体育产业助力乡村振兴的重要作用。这表现为将省市级单位的体育行政许可或体育企业经营活动的登记、备案、审批和监管权力下放到县级（市）单位，使企业办事更为方便。促进体育政府部门办事的公开化、透明化，落实信息公开制度和群众反馈咨询制度。这具体表现为体育政府部门的各责任主体明确自身权利，制定系

①   潘磊. 基于事件史的我国体育产业政策扩散实证研究——以体育产业引导资金政策为例[J]. 体育与科学，2021，42（4）：48-55.

②   沈克印. 新冠肺炎疫情之下体育产业的发展趋势与应对[J]. 体育成人教育学刊，2020，36（2）：14-19.

③   寇明宇，沈克印. 有效市场与有为政府：体育产业发展的协同机制与实现路径[J]. 西安体育学院学报，2021，38（1）：63-69.

统化的责任清单，积极推动行政许可、行政处罚等工作的定期公示，并建立体育政府数字政务平台，将各种涉及体育市场主体利害关系的办赛流程、审批流程以及所要耗费的时间，以网络公示的形式发布出来，提高体育政府部门的办事效率，精简不必要的培训类职业证书的审批流程，如初级社会体育指导员等级审批和裁判员审批。同时，有关政府部门应减少对体育企业进行不必要的行政及监督事项，如企业运营的登记、备案和商业运营资格的反复认定和审查，提高体育企业经营的自由度。[1]

支持以体育市场服务优化为出发点，开展体育产业营商政策及其条例的完善工作。例如，在体育产业政策、竞争政策中建立体育市场负面清单制度，除公共赛事举办、体育彩票、军体融合项目等敏感行业外，可鼓励社会力量进入体育产业的不同市场领域。体育产业政策当中应明确包含体育数据要素交易中心与网络服务平台建设的相关阐述，并贯彻落实。当前，随着技术要素越来越多地向体育产业领域渗透，体育产业由此催生了新业态、新模式和新产品，但是同样需要政府部门和市场部门加强互联互通以提高体育产业服务与监管效率，在重大体育公共"新基建"不成熟的情况下，仍需要政府以政策性制度建设来予以协调和保障。

(三)促进政策落实，构建体育产业创新驱动发展的保障体系

一方面，政府要完善财税政策，扩大税收减免、退税、专项补贴等优惠政策的供给水平，缩短体育产业中中小企业扶持的行政审批流程，通过降息、减息的方式减少企业的融资成本。如 2019 年福建省出台的《体育产业发展专项资金管理办法》就是一个典型范例。另一方面，政府要加强公共事业型体育基础设施的建设力度，为体育产业化、规模化和数字化发展提供便利的硬件支撑，同时也要发挥市场化资源配置作用，鼓励社会力量参与体育技术的研发、攻关和应用积累。[2] 应确保保障性产业政策举措有序跟进，充分推动体育产业政策落实，构建体育企业创新驱动发展的税费政策、知识产权保护政策、金融支持政策与人才激励政策体系；应推动体育政府部门向服务型政府转变，通过建立数字政府来提高体育管理与服务

[1]　陈丛刊，王思贝，杜雨生."十四五"时期我国体育治理的重点任务、面临挑战与应对策略[J]. 西安体育学院学报，2021，38(5)：542-548.
[2]　朱启莹，徐开娟，黄海燕.资本市场支持体育产业高质量发展：作用机制、现实困境与路径选择[J]. 上海体育学院学报，2021，45(12)：35-49.

效率，营造良好政商环境。①

体育产业的政策保障体系建设应精准对接国家宏观经济发展需要，具体包括：体育产业要实现创新发展，先要推动创新要素的市场化资源配置效率，建立起湖北省要素市场化配置的体制机制。加快推动劳动力、土地、资本、信息、技术等要素的高效整合和合理化配置，成为建设统一开放、竞争有序市场体系的内在要求。体育产业创新驱动发展的关键环节就是完善要素市场化配置的体制机制，推动传统以劳动力、土地、资本为核心的要素增长模式向数据、信息、技术等创新性驱动增长模式转变。在具体实施步骤上，湖北省有关政府部门应加快研讨建立体育要素交易平台和促进省内统一开放的市场建设，坚决遏制行政体制管理的壁垒和市场垄断行为，完善体育知识产权保护机制，实现要素自由流动、产权合理交易、价格反应灵活、企业优胜劣汰的竞争格局。② 地方政府应积极推动政策衔接和落实，建立起政企沟通机制，推动双方联动，并以此为基础加强体育企业的绩效评估体系和完善政策优惠标准，形成政策评估指标体系。③ 完善体育产业区域协调发展的政策与体制机制，并以扩大体育消费为动力，拉动体育创新型要素的持续投入与供给，进而形成要素投入与实际产出相互作用的动态循环机制，实现体育产业长效创新发展。

(四)优化现有法律，完善体育产业创新驱动发展的法理依据④

一方面，政府部门要加强体育产业领域的制度供给，制定适用于体育产业创新发展的法律法规及管理规范，出台有关体育产业方面的管理与惩戒制度，对其技术非法转让、知识产权侵权、市场垄断等行为加以规制，同时对于网络安全等方面的潜在隐患，应加强防范力度。另一方面，政府有关部门要建立专门的体育产业监管体系，其中应包含明确的监管主体、监管客体、监管规范和监管方法，避免部门间交叉监管，进而提高监管效率，同时也要建立独立的体育产业创新驱动发展领导小组，推动体育产业领域标准建设，构建体育产业转型的风险评估机制，并为企业提供决策咨

---

① 陈林会. 我国体育产业高质量发展的结构升级与政策保障研究[J]. 成都体育学院学报，2019，45(4)：8-14，127.

② 张蕾，徐茂卫. 中国体育产业产能增长的内在机制研究[J]. 技术经济与管理研究，2021(6)：94-98.

③ 杨崇玉，刘春华，赵从英，郝大伟. 我国地方政府体育产业政策注意力演变趋势[J]. 山东体育学院学报，2021，37(2)：39-47.

④ 谭小勇. 新时代中国体育法治框架体系及发展论纲[J]. 北京体育大学学报，2021，44(2)：10-21.

询。以《体育法》为依据，推动体育管理体制机制改革，加速推动政商关系上的官办不分问题，推动体育领域"放管服"改革和协会全面脱钩，激活体育市场发展活力。政府要推动体育消费者的个人信息安全保护，制定体育个人数据隐私泄露与个人信息非法交易惩戒制度，加强行政执法与刑事追责力度，坚决打击体育数据安全、网络安全等领域的违法行为。体育政府部门应和体育社会组织、市场监管部门加强合作，推动建立政府主导、协会协同、社会参与、行业自律的数据安全防护生态化网络格局。

第六节　数据要素的体育产业供给侧改革

党的十九届四中全会上，我国首次把"数据"当成新生产要素添加到分配机制中，意味着数据在国民经济社会发展中的基础性作用更加突出。当数据资源成为关键生产要素时，具备非竞争性、排他性、虚拟性、规模报酬递增、强正外部性等独有特征，同时具有无限增长、可共享、可复制的先天优势，可以化解产业增长过程中传统要素有限供给所导致的不利因素，实现集约式增长。引导数据要素与其他各类生产要素在体育产业内有效集聚，充分发挥数据要素的倍增、叠加作用，借助其在价值创造过程中的网络效应创造形式，为体育产业高质量发展提供基础。数据使得体育产业生产资源要素来源更加多元化、复杂化和高级化，突破传统生产要素的约束与生长限制，形成"需求引导供给+供给创造需求"新特征，能够为体育产业创新提供活力。

一、我国数据要素发展概况

2014 年，习近平总书记在中央网络安全和信息化领导小组第一次会议中提出，信息资源已经成为社会发展的重要生产要素，成为国家软实力和竞争力的重要标志，信息在技术流、资金流和人才流三大方面发挥着重要作用。2017 年，习近平总书记再次强调，数据是互联网经济时代最新的生产要素，是基础性资源和战略性资源，也是重要生产力，必须大力发展以数据为关键要素的数字经济。在数字经济时代，劳动力、土地和自然资源、资本制度创新仍然是支持经济长期增长的要素，数据要素作为一种独立的生产要素融入实体经济中。数字技术在体育产业中的应用能够促进体育产业的产出增加和效率提升。《推进国家治理体系和治理能力现代化若干重大问题的决定》首次提出将"数据"作为生产要素之一参与分配，这已然标志着我国正式进入"数字经济"红利大规模释放的时代，"数据"作为生产要素，已经从投入阶段发展到产出和分配阶段。《中共中央、国务院关于构建更加完善的要素市场化配置体制机制的意见》完善了要素市场化配置，提出了土地、劳动力、资本、技术、数据这五个要素领域改革的方向，根据生产要素的重要性和时代性，明确将数据作为与土地、劳动力、资本、技术等传统要素之后的一种新型生产要素，并提出要加快培育数据要素市场，充分发挥数据这一新型要素对其他要素效率的倍增作用。数据生产要素属性的提升，是经济增长的长期动力，培育发展数据要素市场是推动经济高质量发展的必然要求。党的十九大报告明确指出要建设数字中国，党的二十大报告也明确要发展数字经济，强调数据要素的重要性。

数据生产要素作为使用价值生产的重要源泉，其发展状况决定了使用价值生产的劳动生产率，能够将自身价值转移到新产品中，具有缩短劳动时间、生产资料储备时间，以及降低生产成本、流通成本的突出作用。[①] 2020年3月，国务院为加快培育数据要素市场颁布实施《关于构建更加完善的要素市场化配置体制机制的意见》，生产要素不再限于劳动力、资本、土地等，数据纳入生产要素的范畴符合新发展理念的典型特征，意味着加强产业数据资源整合、提升数据资源价值具有更清晰的行为导向。从数据作为要素参与生产分配再到加快培育数据要素市场等政策措施的颁布实施，数据作为生产要素的表述与举措更加系统化、清晰化，数据生产要素在国民经济社会发展中的基础性作用更加突出，成为影响国家和经济发展的长期要素资源。数据要素作为全新的生产要素可以贯穿经济发展的全流程，具有高级化、多元化的特点，在要素迭代组合、交叉融合方面具有优势，能够引发其他各类生产要素产生多领域、多维度的系统性、革命性突破。数据要素涉及数据生产、采集、存储、加工、分析、服务等多个环节，参与价值创造的要素属性显著，其持续性涌现成为改善体育产业发展中传统生产要素投入的新力量，数据驱动成为体育产业数字化转型的着眼点与突破点。把高端数据要素融入全流程，弥补传统要素不足，对资源要素进行集约整合、协作开发，提高产品科技含量和附加值，避免在生产流通等环节出现供需错配、供给不足等问题。通过主动创造出贴近需求、质量可靠、价格合适的体育产品服务等，提高用户体验，利用数字经济时代

---

① 王胜利，樊悦. 论数据生产要素对经济增长的贡献[J]. 上海经济研究，2020(7)：32-39，117.

"需求引导供给"的新特征，推动资源要素在体育产业中的自我良性循环和发展。

数据产生和流通在数字经济时代呈现出爆发式增长，较大程度上增加了整个体育产业体系以及经济系统的高级复杂化，并呈现出数字化、智能化发展趋势。数据持续积累所形成的规模性、聚合性可以在体育产业内发挥正反馈作用和乘数效应。同时，数据流动所形成的真实信息互联互通可以降低信息不对称性，数据要素的非竞争性能够帮助体育产业内部各主体共同使用而不发生多余损耗。这就意味着数据的信息和知识的属性具有重要作用，海量数据被不断提取出信息，通过信息解读转化为具有创造性的知识，从而帮助体育产业主体实现数字化转型。[①] 由此，体育产业生产要素从低质量低效率领域向高质量高效率领域流动，转向全要素生产率驱动型发展模式具有更加清楚的逻辑。

体育供给侧改革强调以要素市场化配置为核心，要求消除资本、技术、土地、劳动要素流动的阻碍，增强要素的有效流通，建立健全由市场决定要素配置的市场经济体系。通过数据这一新生产要素，对传统生产要素进行重新组合，有助于实现资源与要素的协作化开发、集约化整合和高效化利用，提高全要素生产率，促进产业转型加快"去产能"。数字技术将体育产业中的资源要素"在线化"，搭建以互联网大数据平台为主导的产业生态系统，将数据实时在线共享，将驱动体育产业发展的关键生产要素逐渐转移至自动化、模式化的数据中，打破信息传递孤岛。通过以数据作为核心的生产要素驱动其他要素，克服传统生产要素的资源总量限制，激活闲置的生产要素，数字化网络平台能吸纳更多的微观主体参与，使得体育企业共享数字化信息与资源，为体育消费者提供更多元的线上体育产品和服务，从而有效激活市场需求，提高要素市场配置效率与全要素生产率。

二、数据要素对推动供给侧结构性改革的作用

供给侧改革中融入数据要素可以充分发挥其优势，推动传统体育产业的要素重组，实现以数据为基本要素的数字经济和传统行业的深度融合发展，激发生产活力，促使其进行转型升级，提升传统产业的技术、协调能力，加速整合企业内部资源，实现企业个性化、定制化、专业化发展，提

---

① 戚聿东，刘欢欢. 数字经济下数据的生产要素属性及其市场化配置机制研究[J]. 经济纵横，2020(11)：63-76, 2.

升各部门的分工协作水平，有效提升供给能力和提高生产效率。同时，推进数据要素的供给侧结构性改革，还可以推动各产业部门的通力合作，打破各产业之间的发展壁垒，结合新技术形成新产业和新的商业模式。① 数据也能够激发研发和创新的潜能，提高新兴产业的创新能力。如今，我国正在加快新兴信息技术的开发利用，大数据、云计算、人工智能等技术的快速崛起，将使新兴产业市场得到有效拓展。

数字经济使传统产业的供给成本得到有效降低，帮助传统企业聚集用户并建立多个社交平台，改变原有的生产模式和体系，收集并分析用户的个性化产品需求，促使企业个性化与规模化发展相结合。运用数字技术汇集用户的消费行为、消费心理和需求等海量且多元的数据信息，便于进行大数据的建模及分析，优化营销决策并有效降低企业成本。数字经济能够深度挖掘长尾市场，以数据为关键要素的数字技术可以加快体育产业转型升级和发挥供给侧结构的引领促进作用，提供给消费者和企业更细分、更便利、更具针对性的服务，满足小规模、个性化的传统需求，使各领域长尾市场得到充分挖掘。对于金融服务，得益于互联网在金融领域的应用，对平时关注甚微的小微客户理财市场进行充分挖掘，争取到28定律中80%的"长尾"市场。数字经济贯彻落实我国创新驱动发展战略的新模式，其发展集中体现了"创新、协调、绿色、开放、共享"五大发展理念。② 数字经济日渐发展壮大并逐步成为我国重大战略发展方向，将有力推动我国经济实现高质量发展。③ 数据的高速流通能够有效减少信息流动障碍，供需匹配的效率不断提高，促进了物质精神、经济社会、城乡和区域之间的协调发展。数字经济在绿色发展方面的最佳体现在于能够极大地提升资源的利用率。欠发达地区和低收入人群因数字经济也获得了更多参与经济活动、共享发展成果的机会。④

三、数据要素在体育产业中的应用困境

数据驱动的产品适应性创新更能体现出数字产品的成本与收益特征，⑤

① 汪明珠. 数字经济助推供给侧结构性改革[J]. 信息通信技术与政策，2019(10)：69-72.
② 王戬勋，沈克印. 疫情之下体育产业高质量发展的现实困境和推进思路[J]. 西安体育学院学报，2020，37(4)：400-407.
③ 鲁俊群. 大力发展数字经济是高质量发展必由之路[J]. 红旗文稿，2019(3)：26-28.
④ 徐晨，吴大华，唐兴伦. 数字经济：新经济、新治理、新发展[J]. 北京：经济日报出版社，2017.
⑤ 肖静华，谢康，吴瑶. 数据驱动的产品适应性创新——数字经济的创新逻辑[J]. 北京交通大学学报：社会科学版，2020，19(1)：7-18.

数据要素与传统要素融合，闲置生产要素被再度激活，为体育产业提供联动平台，从而实现要素的高效流动和全要素生产率的提高。数据的嵌入能够改变体育产业的传统业务模式，增加产品的附加值和科技含量，基于实时传输和精准反应的大数据分析将供给与需求精准对接。体育产业在发展中不单纯依赖于土地等传统要素以及耗材，能够通过大数据分析控制可变成本，提高生产效率和利润，向创新驱动的发展方式转变。随着大数据、5G、区块链、云计算、物联网等数字技术的快速发展，其在体育产业中的应用范围越来越宽广，但这些技术在体育企业、体育赛事、体育项目中的应用还远未广泛普及。以体育金融和体育保险行业为例，其任务在于估计体育运动和体育赛事中的风险，以及对体育企业、项目或赛事无形资产进行评估。但由于"大数据"和"云计算"所依赖的基础性统计数据和精算体系还没有完全建立起来，工作的科学性无法得到保障。这是造成当前各金融机构无法实现"体育项目证券化""体育企业证券化"和"运动员证券化"的原因，也是保险公司无法推出体育保险业务的重要原因。[1] 数字经济能够带动体育产业上下游的协同发展，提高体育行业的横向发展和纵向溢出效应，降低体育产业的空间边际成本，但我国体育产业高质量发展在数字经济时代同样存在众多不足。[2] 一方面，体育投资、体育消费和体育出口无法与供给体系相配套，我国体育产业高质量发展的供给结构尚未完全打通，在拓展体育产业有效供给、优化供给结构对体育市场需求的适应性、对体育资源要素配置扭曲进行矫正等诸多方面，还未寻求到新发展动力的有效途径。[3] 另一方面，我国薄弱的体育产业供给体系质量造成产业中低端产品产能过剩、高端产品供给不足、无效供给的同质化产品、孤立的产业形态等现象，同时数字经济因体育产业的低供给效率，创造体育产业新产品及新业态的速度被减缓，难以体现出在体育产业高质量发展中促进生产效率提升的作用，对体育劳动力和体育产业的有效释放形成阻碍。[4] 我国新兴产业技术创新资金的筹集主要依靠企业自筹，对创新研发投入低，部分新兴产业技术基础及核心技术薄弱；当前，我国新兴产业在

① 王雪莉，付群，郑成雯. 中国体育产业高质量发展的现实挑战与路径探索[J]. 北京体育大学学报，2020，43(1)：1-15.
② 荆文君，孙宝文. 数字经济促进经济高质量发展：一个理论分析框架[J]. 经济学家，2019(2)：66-73.
③ 沈克印，吕万刚. 体育产业供给侧结构性改革：学理逻辑、发展现实与推进思路[J]. 武汉体育学院学报，2016，50(11)：29-35.
④ 王戬勋，沈克印. 疫情之下体育产业高质量发展的现实困境和推进思路[J]. 西安体育学院学报，2020(4)：1-10.

带动传统产业转型升级的创新层次不足，对消费领域、公共服务领域的浅层次模式创新存在一定的局限，而对生产领域中的注入服务创新、管理创新、生产流程创新等深度不够。①

① 汪明珠. 数字经济助推供给侧结构性改革[J]. 信息通信技术与政策，2019(10)：69-72.

第六章　行动逻辑重塑：体育产业供给侧改革的支撑点

处理好政府与市场之间的关系是体育产业供给侧改革的行动逻辑，其支撑点是构建"强政府-强市场"模式，通过"简政放权、放管结合、优化服务"等政府改革，放开市场的"无形之手"，还要用好政府的"有形之手"，解决"政府失灵"和"市场失灵"。当前，我国体育产业的主要矛盾表现在供求两侧，但其根源和实质在于供给侧，而供给侧的主要矛盾是政府主导模式下供给结构难以适应不断变化的市场需求，大力推进供给侧结构性改革是促进体育产业持续健康发展，更好地满足人民日益增长的美好生活需要的必然选择。党的十八届三中全会指出，经济体制改革的核心问题是处理好政府和市场的关系。① 政府和市场的关系一直以来都是传统经济学领域争论的焦点，特别是每当严重的经济危机过后，主张放任经济自由发展的经济自由主义与崇尚扩大政府职能的国家干预主义就会陷入激烈的争论之中。而关于将"有形的手"与"无形的手"有机结合的双强机制的研究，则是在当今时代条件和中国语境下对政府和市场关系的进一步探索。

第一节　"无形之手"与"有形之手"：供给侧改革中的市场与政府作用

市场是"无形之手"，在体育产业供给侧改革中需要放开市场"无形之手"，让市场在体育资源配置中起决定性作用，提高体育市场活力，建立现代化市场机制。政府是"有形之手"，体育产业供给侧改革能更好地发挥政府作用，实现由"管理"向"治理"的方式转变，深化简政放权，转变政府职能，不仅需要构建公平竞争的体育市场环境，还需要政府提供必不

---

① 中共中央关于全面深化改革若干重大问题的决定[N]. 人民日报，2013-11-16(1).

可少的公共服务和公共基础设施，优化体育市场营商环境，维护市场竞争机制的正常发挥，使总供给与总需求实现基本平衡。体育产业供给侧改革中可选择"强政府-强市场"模式，市场的"无形之手"和政府的"有形之手"，"两手都要硬"，不仅要让市场在体育资源配置中发挥决定性作用，还要更好地发挥政府作用。

一、放开"无形之手"：供给侧改革中要让市场起决定性作用

步入新时代，体育产业发展中的不平衡不充分发展问题日益突显，现有的体育服务与产品供给已无法有效满足人民日益增长的体育需求，这需要推进体育产业供给侧改革，通过增加有效供给来破解发展难题。目前，我国体育产业供给侧结构性改革虽然取得了一些成果，但对体育产业的推动效果尚未充分显现。体育产业供给侧结构性改革重在解决结构性问题，需求侧改革重在解决总量问题，注重短期政策调控。体育产业在供需双侧协同改革的国家战略指导下，优化体育产业的市场布局和产业布局，促进更高水平经济双循环。

供给侧改革之所以称为结构性改革，是因为供给侧问题突出表现为结构性问题，可以归结为无效供给和有效供给不足并存。结构性问题是体育产业最亟待解决的问题。我国计划经济向社会主义市场经济转轨的过程中，为满足当时人民群众低层次的实物型体育消费需求，大力发展体育用品制造业，为此，体育用品制造业主体的产业结构逐渐确立。但随着人民群众的需求发生变化，体育消费观念逐渐产生变化，体育消费需求也从单一的体育用品购买需求转向差异化、多样化的竞赛表演观赏、健身休闲服务、体育旅游等多方面需求。体育消费也表现出由"随意性"向"专业性"的转变。① 而由于计划经济影响下政府主导发展模式的路径依赖导致的政府越位、政府缺位以及一系列不利于激发体育市场主体活力和不利于体育产业高质量发展的体制机制的存在，我国体育产业结构的转变与大众体育消费需求的转变相比存在一定的滞后性和不合理性，主要体现在体育本体产业与外围产业的失调和体育高端供给与低端供给的失调。基于此，体育产业需要实施针对无效供给去产能、去库存，以及针对有效供给不足降成本、补短板的供给侧结构性改革。

为了实现体育产业结构的优化，让资本、人力、土地等要素在产业之间与区域之间的流动变得更加合理，使要素潜力得到充分发挥，必然要在

---

① 江小涓. 体育产业发展：新的机遇与挑战[J]. 体育科学，2019，39(7)：3-11.

体育产业的供给侧放开市场这个"无形的手"。体育产业的本质是提供体育服务、生产体育产品这一类企业的集合。体育市场中生产要素达到供需竞争均衡时所呈现出的价格体系，只要能够正确反映要素的机会成本和稀缺程度，即实现所谓的"有效市场"，① 追求经济效益最大化的体育企业就能在市场供求机制、价格机制和竞争机制的共同作用下不断调整自身行动策略，来获得最低生产成本带来的比较优势。市场中企业的各自决策共同决定了产业的发展方向。体育产业中有两个重要的变量，一是社会大众偏好的变化，偏好的变化会带来体育消费结构和消费内容的变化，例如，人均 GDP 的增长引发户外运动流行趋势的变化，会带动体育产业中不同运动项目的发展。二是新技术的应用，新技术的应用会带来体育产品创新、业态创新和商业模式创新，例如，数字技术在体育领域的应用创新了体育产业形态，丰富了数字化实践场景：阿里体育集团打造的数字化杭州马拉松、阿里体育中心的智慧场馆运营以及久事体育集团的智慧体育云服务平台等。体育企业的技术革新和社会大众体育偏好的变化从供给侧和需求侧两个方面共同决定了产品的创新方向和产业的发展方向，体育产业内的这种微观变化难以事先安排。受到有限理性的约束，政府作为决策主体很难快速处理海量的市场信息，也无法高效配置产业发展资源。经济运行追求效率，政府追求公平，而在资源分配中常常会遇到"公平"和"效率"的两难选择。

放开"无形的手"是以市场化为导向，以供给端改革需求为标准，取消部分政府约束。② 市场在资源配置方面的效率优势是政府无法企及的，政府对市场的不当干预会阻断市场机制的高效运行，进而降低全要素生产率。放松政府对市场的规制，实现市场的独立性与完整性，有利于减少政府干预对市场带来的不利影响，使市场充分发挥价格机制、供求机制和竞争机制对供给端资源要素的调控作用，进而提升人力、资本、土地等要素的配置效率。政府和市场都存在失灵现象，市场失灵需要政府规制来弥补，就像公共物品和公益事业的供给需要政府的全面保障。因此，放松政府对市场的规制和实现政府与市场关系的平衡并非完全对立的两面，放松不意味着舍弃，而是有选择性地取消和放松那些阻碍供给侧改革推进、降低体育产业的竞争水平和市场主体活力的规制，同时强化和规范体育产业市场秩序。

我国体育产业要想获得充足的发展空间，就必须大力推进供给侧改革，充分释放政府掌控的各类全国性赛事、职业联赛、大型体育场馆、体育训

---

① 林毅夫. 新结构经济学的理论基础和发展方向[J]. 经济评论, 2017(3): 4-16.
② 姜士伟. 供给侧改革行动逻辑的行政学解读[J]. 求实, 2016(6): 66-71.

练基地和培训项目等体育产业资源，推动优质的体育资源市场化运营，同时着力转变政府职能，积极构建服务型政府，使政府由参与市场的"运动员"转变为监督市场的"裁判员"。只有政府改革与供给侧改革相协调，落实简政放权和管办分离来打破阻碍供给侧结构性改革的种种障碍，才能形成有利于要素高效流动的体制机制，才能实现体育产业的高质量发展。

二、用好"有形之手"：供给侧改革中要更好地发挥政府作用

政府是体育产业供给侧改革的主要推动力量，同时，政府还应该对体育产业数字化转型起到指导和引导作用。发挥市场在体育资源配置中的决定性作用，并不是否定政府作为，反而更应该重视政府对体育产业供给侧改革的重要促进作用。第一，体育产业供给侧改革需要优化产业发展模式和产业结构，而政府改革则是上层建筑的变革，包括体育行政部门的管理体制与管理模式。历史唯物主义揭示了这样一个道理："经济基础决定上层建筑。"当政府改革与供给侧改革相契合时，供给侧改革推进起来会更加顺利；当政府改革与供给侧改革相背而行时，供给侧改革则会面对较大的阻力。第二，供给侧改革实质上就是要明确市场"无形之手"和政府"有形之手"的运行机制，对政府与市场二者关系的再调整。在处理政府和市场的关系时，政府是行动主体，市场则被动接受，政府通过厘清自身的职能定位与作用边界，在合理的范围内放松对市场的规制，为市场留出充足的发展空间，使其在资源配置中起决定性作用，政府在处理两者关系方面发挥着关键作用。第三，在消除对土地、劳动力、资本等生产要素的供给限制方面，政府是供给侧改革最主要的推动者，是掌握着大量资源的最大供给主体。政府是供给侧改革成败的关键，通过简政放权和减税降费来刺激体育市场，实际上都属于政府改革的范畴。体育产业的供给侧改革中，政府应发挥好保障、协调和监督作用，主要从以下两个方面着手。

一方面，加强体育市场体系建设。要素资源的高效配置和市场机制的充分发挥是建立在市场有效的基础上，即体育市场的价格体系能够准确反映要素的机会成本和稀缺性，而"准确反映"的关键则在于完善的市场体系和充分的市场竞争。习近平总书记在十八届中央政治局第十五次集体学习时提到，仍然存在不少束缚市场主体活力、阻碍市场和价值规律充分发挥作用的弊端，这些问题不解决好，完善的社会主义市场经济体制是难以形成的。更好发挥政府作用是市场在资源配置中起决定性作用的重要保障，政府是优化体育市场环境的主体，政府有为是体育市场有效的前提。政府通过营造公开透明的信息环境来引导体育市场投资有序进行，通过扩

大体育市场的开放程度来构建体育市场的竞争格局。维护体育市场秩序和谐稳定，需要强化政府对体育市场的监管，进而构建功能完善、制度健全、自主有序、高效公平的体育市场体系，实现体育产业由政府主导到市场主导发展模式的转变。

另一方面，充分激发体育市场主体活力。高质量供给的提高、五大新发展理念的践行以及三大变革的推动共同作为供给侧结构性改革的主要内容，是推动供需匹配的有效途径。我国之所以提倡"高质量发展"，目的在于刺激经济的繁荣，从而促使产业在发展进程中具备更高的水平与质量。我国体育产业起步较晚，体育市场尚有待培育和开发，社会大众还未普遍形成常态化的体育消费习惯，体育企业普遍存在高投入、低产出、变现期长等问题。为此，政府应当始终坚持体育产业供给侧结构性改革这条发展主线，在平衡性与稳定性上最大程度给予体育产业以保障，最终推动体育产业在数字化转型的进程中实现高质量发展。囿于我国体育产业存在数字化发展基础薄弱、科技应用程度不高、监管力度不足、成本控制能力较差、数字化专业人才储备不充分等问题，体育产业数字化转型更加离不开政府层面的政策支持。近年来，虽国家在相继出台的体育领域的政策文件中都曾频繁提及推动数字网络技术应用于体育服务产业各领域，但其内容均较简略，未形成系统化、整体性的表述，缺乏体育产业数字化转型整体上的规划。因此，政府要基于体育产业发展的长远目标，结合健康中国、体育强国等国家在体育层面的发展战略，充分研判数字化转型趋势，制定体育产业数字化发展战略，通过完善和落实体育产业政策，协调解决体育场地设施投入不足、人才支撑薄弱等问题。

三、"两手都要硬"：供给侧改革中的"强政府-强市场"模式

政府和市场是推动经济社会发展的两大主体，经济社会发展质量的高低不是在政府治理和市场治理中进行选择，而是实现两者的相互协调。无论是政府干预市场过多还是不足，都会引发两者的失衡，最终引发一系列经济社会问题。供给侧改革中也并非要坚持政府机制或抑制市场机制，而是要将两种资源配置手段有效整合，即处理好政府与市场的关系。政府与市场关系的合理性并非仅仅以政府对市场干预的范围和强度来衡量，而是应综合考虑，通过调整政府作用和市场作用的范围与空间，充分发挥市场在资源配置方面的效率优势，同时，发挥政府的协调、保障与监督作用，避免市场失灵和政府失灵，形成市场作用和政府作用相互促进和相互补充的格局，即"两手都要硬"的"强政府-强市场"模式，以双强机制推动实现更高水平的供需平衡(如图6-1)。

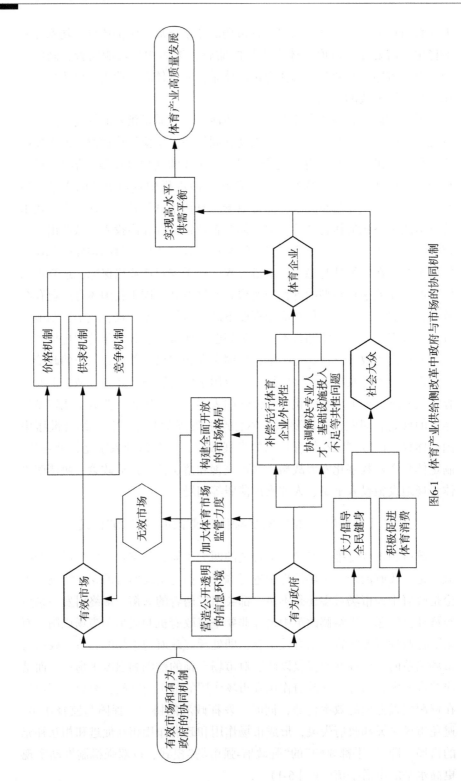

图6-1 体育产业供给侧改革中政府与市场的协同机制

我国政府推进供给侧改革关键是在社会主义市场经济下构建"强政府-强市场"模式，旨在通过构建一个富有活力的市场来发展社会生产力，提高供给侧的灵活性和适应性，使政府与市场在博弈中能够实现良性互动。① 体育产业的"强政府"不是回到计划经济体制下政府对经济活动和生产要素的高度管制，而是在以行政能力改革为主线的政府职能转变的基础上，通过加强政府能力建设，强化市场监管，提升政府对经济的宏观调控能力。体育产业的"强市场"，也不是说不受政府的调控，任由市场自由发展，经济大幅波动，它的"强"体现在两方面，一是市场体系的自主有序、高效公平、制度健全、功能完善；二是在资源配置中起决定性作用。

体育产业的供给侧改革中，"强市场"和"强政府"应在不同的场景中发挥不同的作用，通过区别对待产业中两种不同类型的资源——"经营性资源"和"准经营性资源"，实现"强政府-强市场"的相互补充和高效协同。对于与体育产品生产和服务供应相对应的资源——"经营性资源"（产业资源）来说，政府应以市场配置资源为核心原则，最大程度用资本化的办法和措施让体育企业和各类投资者参与投资和建设，政府则按照"引导、监督、扶持"的原则去配套政策，把此类资源搞活；而像与大型体育场馆、文体中心、体育产业园基础设施建设相对应的资源——"准经营性资源"（城市资源），这类资源在传统经济学中属于"模糊板块"，是政府与企业投资的"交叉领域"，是既可由政府来完成，也可由体育企业来承担的社会民生事业，② 政府应依据市场需求、财政状况、体育企业和各类投资者的可接受程度等方面因素来确定，其是按公益性事业来运行管理，还是按可经营性资源来开发调配。

一方面，政府应局部地或大部分地将大型体育场馆等"准经营性资源"的投资放到市场体系中去开发、运营和管理，自身发挥协调与引导作用，充分调动社会资本的投资积极性，以共建共享为原则，促使利益相关的体育企业、体育社会组织或个人采用合资、合作、参股、特许经营等多种方式共同参与体育场馆建设。

另一方面，政府应根据市场供给、社会需求和城市发展的客观变化不断优化对体育产业基础设施的投资，以避免在建设和发展中出现只为社会

① 王赫奕，王义保. 供给侧改革的动因与规制研究：基于政府与市场的博弈关系[J]. 中国软科学，2018（3）：76-85.

② 陈云贤. 中国特色社会主义市场经济：有为政府+有效市场[J]. 经济研究，2019，54（1）：4-19.

提供共享型、无偿服务型的公共设施，只注重投入不考虑收益，只注重社会性不考虑经济性，只注重承办赛事不考虑后期运营，从而造成财政开支的大量损耗，体育场馆等基础设施建设的重复浪费，以及城市经济管理的低水平、低层次与无序性运转。近年来，浙江省、江苏省、安徽省和上海市相继设立的体育产业专项引导资金，既解决了体育产业基础设施建设资金的瓶颈限制，又充分发挥了国有资本和财政资金的引导和放大作用。[1]数字经济时代，推进体育产业供给侧结构性改革，优化资本、劳动力、土地、数据等要素配置，需要通过政府的"有形之手"与市场的"无形之手"共同来完成。[2]

第二节　"双循环"新发展格局下体育产业供需两侧协同发力

"双循环"新发展格局是中共中央根据国内外形势制定的重大战略规划，是应对我国经济增长动力和方式的转变而提出的重大举措。2020年中央政治局会议提出，"要扭住供给侧结构性改革，同时注重需求侧改革，创造供需更高水平动态平衡"[3]。供给侧改革为构建双循环新发展格局提供改革动力，需求侧改革与管理并重，不仅注重解决制约需求增加和转型的深层次问题，还将释放内需潜力。[4] 供需双侧发力对于构建新发展格局具有重要意义，是对我国宏观经济调控理论创新和实践经验的最新提炼和统一。

一、体育产业供需两侧协同发力的协同内涵

（一）供给侧与需求侧改革的战略协同

战略协同是指导思想，在国家战略层面，供给侧与需求侧协同改革是

① 徐开娟，黄海燕．长三角地区体育产业发展态势、经验与建议[J]．中国体育科技，2019，55(7)：45-55.
② 沈克印，吕万刚．体育产业供给侧改革：投入要素、行动逻辑与实施路径——基于社会主要矛盾转化研究视角[J]．中国体育科技，2020，56(4)：44-51，81.
③ 本书编写组．《中共中央关于制定国民经济和社会发展第十四个五年规划和二○三五年远景目标的建议》辅导读本[M]．北京：人民出版社，2020：45.
④ 曾宪奎．新时代我国需求侧改革的内涵、背景及重点内容分析[J]．当代经济管理，2021，43(7)：10-16.

构建新发展格局的必然要求，同时体育产业要围绕国家战略制定区域发展战略和产业发展战略，实现三个层面战略的协同发展。习近平总书记指出："放弃需求侧谈供给侧或放弃供给侧谈需求侧都是片面的，两者不是非此即彼、一去一存的替代关系。"[1]目前，我国体育产业还处于初级发展阶段，供给侧结构性改革虽然取得了一些成果，但对体育产业的推动效果尚未充分显现。同时由于现今国际国内环境发生急剧变化，需求侧的有效需求不足问题，成为制约经济循环的重要堵点。体育产业在供需双侧协同改革的国家战略指导下，制定京津冀、粤港澳等区域发展战略和产业发展战略，优化体育产业的市场布局和产业布局，三个层面战略协同促进更高水平经济双循环。

（二）政府主导与市场运作的机制协同

政府主导与市场运作相协调，两者优势互补、协同发展，是体育产业供需双侧协同发力的机制保障。受制于发展基础薄弱、市场环境复杂、体制机制不足等困境，体育产业一直以政府主导型发展模式为主。在政策的强势刺激下，2021 年体育产业总规模已超过 3 万亿元，体育服务业总规模占比 50%以上，[2] 体育产业迎来了高速增长。同时税收、土地、金融支持等政策为体育产业创造了良好的政策制度环境，推动企业快速成长。政府的引导、保障、兜底等作用有效推动了体育产业的高质量发展，但同时政府主导模式容易忽视体育产业市场化发展的主体活力和内在潜力，对微观事务的过度干预必然导致政府失灵。因此，在肯定政府作用的同时，要明确政府的作用边界，通过放松对市场的规制，加强体育市场体系建设等，发挥市场在体育资源配置中的决定性作用，从而使体育产业获得发展的内生动力。[3] 市场高效配置资源的优势无可取代，但其自身的盲目性和滞后性需要政府来补充。

（三）数据要素与其他要素的资源协同

首先，利用数字经济创新驱动数据、技术、知识、信息、人力等资源

---

① 习近平 . 习近平谈治国理政(第 2 卷)[M]. 北京：外文出版社，2017：253.

② 国家统计局，国家体育总局 . 2020 年全国产业总规模与增加值数据公告[EB/OL]. [2021-12-30]. http://www.stats.gov.cn/xxgk/sjfb/zxfb2020/202112/t20211230_1825764. html.

③ 寇明宇，沈克印 . 有效市场与有为政府：体育产业发展的协同机制与实现路径[J]. 西安体育学院学报，2021，38(1)：63-69.

的协同发展，帮助体育企业突破资源约束，将资源价值转化为企业发展的强劲动力。体育产业通过制度体制创新、产品技术创新、服务管理创新等驱动新发展格局。业态融合等制度体制的创新有利于打破市场壁垒，加快资源要素在产业间的流通，带动文化、旅游等关联行业的发展。新材料、新工艺、新生产技术的创新与应用能提高生产效率，加速产业重组融合。"互联网+体育"等新模式有利于构建服务新平台，催生新业态和新消费。[①] 其次，数字经济驱动数据与其他要素资源协同。数字经济具有较强的产业融合效应和信息共享特征，可以加快产业链上下游的重组融合，推动体育产业结构优化，促进产业间的联动发展和业态的跨界融合。数据资源作为数字经济的关键资源，在与其他要素资源的协同中发挥核心作用，其较强的渗透性和共享性，有助于企业获取各种要素资源，并最大限度发挥资源优势。

(四)经济效益、环境效益与社会效益协同

体育产业发展的最终目标是实现体育强国和健康中国的双重愿景，从改善居民体育消费环境、加强赛事供给和体育观赏服务、优化体育产品品质等方面出发，促进经济发展，优化生态环境，提升就业和社会福利，以期实现经济效益、环境效益和社会效益的共赢。第一，注重可持续发展，推动产业绿色发展。供需协同改革本质上是提高供需适配水平，避免资源与资本的浪费。发展体育产业要兼顾社会效益和生态效益，形成以绿色、共享为发展导向的消费体系和产业体系。如绿色办赛理念、推动场馆低碳节能建设改造、发展绿色服务产品与装备器材等，让体育产业发展与碳中和相适应。第二，体育公共服务均衡化发展。政府对重大体育健身工程的建设和体育公共服务的购买，是改善民生、促进公平的重要部分。通过大力提高和平衡各地区体育健身设施的供给量，关注乡村体育、老幼残体育等，大力发展全民健身，使体育公共服务更加均衡化(如图6-2)。

二、体育产业供需两侧协同发力的作用机理

(一)以"满足和创造需求"为抓手，供给侧结构性改革匹配需求变化

第一，产业供给结构优化，满足多元化需求。体育产业供给侧改革立

---

① 沈克印，曾玉兰，董芹芹，等. 数字经济驱动体育产业高质量发展的理论阐释与实践路径[J]. 武汉体育学院学报，2021，55(10)：5-12.

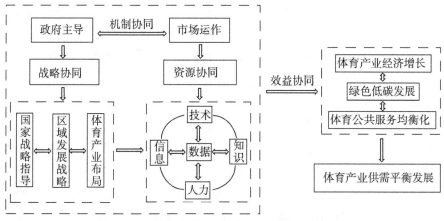

图 6-2　体育产业供需两侧协同发力的协同内涵

足于供给侧的结构性问题，最终指向是满足有效需求，实现供需适配。[①]
体育产业结构优化指在市场需求结构的引导下，体育产业结构由初级向高
级不断演进的过程。[②] 当前，体育产业需求侧的目标从初级用品消费转向
更高品质的体育用品供给和体育服务，供给侧的结构错配无法满足不断变
化和升级的多元化需求。2020 年，我国体育产业结构中体育用品业所占
市场份额较大，低端体育用品供给过剩，关键装备、核心技术、高端产品
的供给严重不足。体育服务业增长较快，但结构效益偏低、产业发展粗放
等问题仍然存在。体育用品制造业作为传统产业结构，未来仍占据重要位
置，但着力点在于改善产能过剩的低端无效供给，加快体育用品制造业服
务化转型的进度，增加以绿色低碳、智能共享、智慧服务为特征的高端供
给，同时加强体育高端用品出口，满足国内外多元化体育用品需求。体育
服务业是衡量体育产业成熟度的重要标志，具有附加值高、融合性强、关
联度高的特点，要加强体育竞赛表演业和健身休闲服务业的发展，使服务
业"既大又强"。因此，产业结构优化需要体育制造业服务化转型与体育
服务业品质化发展共同发力。

　　第二，创新驱动要素升级，创造高品质需求。目前供给侧结构性问题
的深层次原因在于供给侧的要素分配效率仍然低下，增加生产要素投入和
提升全要素生产率是供给侧结构性改革的两大动力，而创新有利于驱动生
产要素升级和集中，从而引发新的消费需求。一方面，促进优质要素集

① 柴王军，孔旭辉，张鹏，等 ."双循环"新发展格局下体育产业供需动态平衡协同机制与
　实现路径[J]. 山东体育学院学报，2022，38(4)：10-20，28.
② 吴超林，杨晓生 . 体育产业经济学[M]. 北京：高等教育出版社，2015：65-80.

中，激活各类市场主体活力。《"十四五"体育发展规划》指出，要充分激发各类市场主体的创新活力，坚持驱动各类主体在组织管理、建设运营、研发生产等环节的创新理念和模式。[①] 市场主体是驱动要素升级的力量载体，应培育壮大各类市场主体，通过企业并购、资本重组、科技创新等方式，促进优质生产要素集中，支撑形成一批世界一流领军企业。比如安踏通过收购斐乐、迪桑特和可隆，实施多品牌发展，实现了高端需求的创造。另一方面，创新驱动体育企业形成新的组织形式。体育产业通过加快产品全生命周期管理、客户关系管理、供应链管理系统的推广应用，形成基于体育消费需求动态感知的研发、制造和产业组织形式，从而提高全要素生产率。安踏从2020年起全面推进数字化转型战略，通过"一个中心三个重塑"的运营调整，形成了产品开发、企划运营到精准营销的良性闭环的组织形式，一跃成为全球第二运动品牌。

第三，保障制度供给创新，激发消费潜力。目前在健康中国的大背景下，体育产业发展的宏观政策密集推出，体育消费、全民健身、冰雪足球运动等政策形成长期利好效应，但产业规范、制度管理等政策未产生预期效果。[②] 制度保障是改革动力的加速器，供给制度的加强和创新为供需两侧协同发力提供保障。一方面，加强税收、补贴、人才等后续保障政策供给，推动需求端的居民收入分配制度改革。通过融资优惠和税收减免政策吸引资金流入，体制改革和人才补助政策吸引复合型人才注入，发展规划、场馆建设、土地优先使用权等政策引导体育产业发展，多方面政策有效解决体育产业用地、人才、融资等多方面困境。另一方面，加强体育保障性立法，确保经营活动和消费权益得到全面保护。特别是在甘肃白银百公里越野赛事故、"健康猫"平台骗局等发生之后，体育领域需重视加强保障性立法，以确保经营活动安全进行，并为消费者提供权益保护。

(二)以"扩大消费和投资"为核心，需求侧改革牵引供给进一步升级

第一，扩大居民体育内需消费。我国2021年居民人均可支配收入(扣

---

① 国家体育总局.《"十四五"体育发展规划》[EB/OL].[2021-10-26]. http://www.gov.cn/xinwen/2021-10/26/content_5644894.htm.

② 刘珊珊，刘春华.政策驱动对体育产业资本价值波动的影响研究[J].天津体育学院学报，2021，36(6)：690-694，702.

除价格因素)比上两年平均增长5.1%，人均消费支出平均增长4%，[1] 消费总量没有达到支撑需求侧的要求。体育内需消费的扩大和升级，牵引供给侧变革。首先，体育新消费为体育内需提供新的方向。在数字经济的引领下，线上消费场景得到培育和发展，体育新消费蓬勃发展。其次，消费结构升级促使产业结构升级。恩格尔指出，消费结构的变动必然使社会生产做出相应的调整，是促使产业结构调整的一个重要动因。[2] 体育消费结构能够刻画消费特征和发展趋势，对体育市场开发、优化供给侧结构具有重要的经济学意义。目前，我国体育消费结构正面临迭代和调整的变局，体育消费结构趋向于高级化过程，参与型、娱乐型、实物型体育消费占比为34%、29%、28%，以健身、培训为主的参与型和以观看赛事、体育旅游为主的娱乐型占比较高，实物型消费有所下降。[3]

第二，释放社会资本投资需求。从需求侧总量上看净出口和投资对国内生产GDP增长的贡献率趋势下降，投资显示向常态化回归的规律。[4] 目前体育产业投资引导机制不成熟，投资主体、地域和结构不均衡。在投资主体上，以政府投资为主，社会资本注入不足；在投资地域上，中西部地区和城乡之间差异巨大；在投资结构上，大企业更容易获得投资，而中小企业和新兴项目虽然成长快，但由于发展的不确定性，难以吸引资本青睐。体育企业投资需求的释放，首先，要优化投资结构，扩大技术改造投资、建设新型体育基础设施、发展现代物流体系。投资结构优化是避免其拖累GDP增长和集聚金融风险的必然选择。其次，要注重有效投资，防止资本的无序扩张。2021年年初，独角兽Keep完成3.6亿美元F轮融资，乐刻、光猪圈等连锁健身企业获得超亿元的融资。虽然促进经济增长的方式从投资驱动转向了消费驱动，但并不意味着不再注重投资，而是要有效投资。

第三，稳定提升政府购买需求。政府购买需求是刚需，而且总量很大，并具有稳定和可控的特点，政府投资基础建设和购买体育服务在未来

---

① 国家统计局.2021年居民收入和消费支出情况[EB/OL].[2022-01-17].http://www.gov.cn/xinwen/2022-01/17/content_5668748.htm.

② 钱婷婷.我国消费结构与产业结构互动机制的理论探讨[J].湖南行政学院学报，2016(3)：80-85.

③ 黄海燕.新阶段、新形势：我国体育产业发展战略前瞻[J].上海体育学院学报，2022，46(1)：20-31，51.

④ 李国，孙庆祝.城镇居民体育消费结构特征与发展趋势分析——以长江三角洲地区为例[J].西安体育学院学报，2019，36(5)：536-545.

具有巨大的需求空间。一旦政府购买需求得到释放，供给侧完全可以快速契合满足，从而带动供给侧结构性改革，也能引领企业投资走向正确的方向。政府对体育产业的购买需求主要体现在两个方面，一方面是"两新一重"(新基建、新型城镇化和重大体育健身工程)的建设，包括5G建设、国家健身步道、体育公园、智慧体育馆等。另一方面是政府购买体育公共服务的需求。政府投资应发挥导向作用，为社会资本参与提供正确方向，比如体育财政部门应共同设立中国体育产业投资基金、体育公共服务发展基金等，由政府和体育社会组织共同参与体育公共服务供给。政府投资承担高投入、回报慢、社会效益强的项目投资，对基础设施、乡村体育、绿色共享体育等方面集中资金，提升质量与效益。

(三)兼顾"总量"和"深层次矛盾"，供需双侧发力相向而行

供需双侧发力面临着短期和长期的双侧改革目标，在短期内要着重解决需求总量的扩大问题，拉动经济尽快进入增速轨道，长期来看要致力解决"深层次矛盾"，保障经济的可持续发展。从供给侧看，体育产业的"深层次矛盾"主要在资源要素层。首先，创新、人才、科技等核心要素供给不足，体育数字经济处于初级探索阶段，数字化程度不高。高校尚未建立专门的体育产业数字化人才培养机构，体育产业数字化人才供求缺口巨大。其次，体育资源要素流通不畅导致产业循环受阻，市场准入限制、跨区域障碍、地方保护等体制性和政策性壁垒阻碍要素的合理流动。比如，"苏宁足球俱乐部解散事件"反映了足球改革中企业的"进入"和"退出"机制脱离市场发展规律，"政策优待"引发的资本狂欢导致一系列问题。从需求侧看，就业不足导致的收入不足使体育消费偏好收窄和预期下行，深层次矛盾主要存在于就业要素层。目前，我国体育产业从业人员平均收入较低，人力资本结构失衡。体育产业从业人数不足，2020年我国体育产业从业人数为600万人，《"十四五"体育发展规划》指出，到2025年，体育产业达到5万亿，需要体育从业人口超800万人，[①] 体育产业人才匮乏，缺口巨大，不足以支撑体育产业的发展(如图6-3)。

---

① 国家体育总局.《"十四五"体育发展规划》[EB/OL]. [2021-10-26]. http://www.gov.cn/xinwen/2021-10/26/content_5644894.htm.

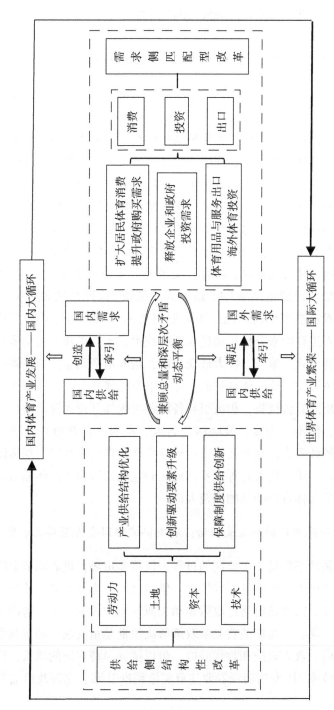

图6-3　新发展格局下体育产业供需两侧协同发力作用机理

三、体育产业供需两侧协同发力的实施路径

(一) 以"消费"为核心，利用消费热点创造新的经济增长点

2021 年中国的 GDP 增长为 8.1%，人均 GDP 达到 1.28 万美元，迈入世界银行公布标准的"高收入国家"行列，这标志着一个新消费时代已经到来。第一，优化消费结构，实施精细化供给。在消费结构上，要形成以体育赛事和健身休闲为龙头、高端智能体育为支撑、户外运动为推动的三方联动发展结构。针对女性、青少年、中高端收入者等重点消费群体，老年人、城镇和乡村等潜在消费群体，实施精细化供给。如打造线上和线下女性社交运动场景，加强青少年竞赛网络建设，加强轻量化、智能化运动器材的研发等。第二，构建新兴模式，培育多元体育消费业态。培育赛事 IP、电子竞技、体育大数据、体育社交等多元化消费业态，打造云健身、虚拟体育社交、智能运动项目等新模式。加快 5G 网络建设，加强 AR、VR、MR 技术在赛事中的运用，如最近创新的一项使用运动追踪器、计算机嗅觉和人工智能来分析运动员表现的技术，大大革新了运动员训练方式和观众观赛方式。第三，扩大群众基础，培养消费观念。加强体育文化输出，支持体育纪录片、体育歌曲、体育电影等体育文艺作品创作，充分发挥融媒体矩阵宣传优势，积极引导各级各类媒体开设体育消费栏目。加大体育消费宣传推广力度，鼓励体育名人、高校体育教师开办网上小课堂，以公益的性质向民众普及体育运动项目和体育健康知识。加强体育运动项目的推广，重视向农村等不发达地区和老幼残等弱势群体输出适宜的运动项目，扩大体育产业基础消费人口。

(二) 加强统筹协调和政策联动，解决供需协同发力深层次矛盾

经济双循环格局是一个长期的过程，仅依靠市场，供需调节会出现影响滞后、无法统筹、效率低下等情况。供需之间原本并不对立冲突，但相互区别的部分，需要政府通过政策驱动，兼顾短中长期目标，解决总量和深层次矛盾。第一，短期消费刺激政策解决短期总量问题。消费刺激政策具有乘数效应、收入效应和替代效应，可以撬动经济多倍的增长，优化公共资源配置效率。① 发放消费券要注意实施精准补贴、完善政府监管、落

---

① 张梦霞，蒋国海．短期消费刺激政策在城市经济复苏中的作用研究[J]．经济与管理研究，2021，42(8)：3-14.

实信用机制。① 第二，就业和二次分配政策解决深层次矛盾。通过校企联合培养，出台人才引进政策等方式，注重培养体育经营管理人才、设计研发人才和生产技术人才，吸引高素质人才进入体育产业领域。注重二次分配和完善社会保障体系，进一步推进乡村振兴、户籍制度改革和公共服务均等化，实现更充分更均衡的就业。第三，引导金融服务体育产业。创新金融产品和融资方式，成立体育发展专项基金，发放体育消费信用贷产品，注意金融支持的广泛性，加强对中小企业的支持。建设体育融资平台，增加财税政策的支持力度和落实机制，提高金融政策的耦合性。第四，制定高度开放体育行业和市场准入的保障政策，在体育科技和体育金融两大短板领域更大程度地推进对外开放，加强全球合作。建立国内统一大市场，打破行业和区域壁垒，完善企业进入和退出机制。

（三）加快创新驱动与体育融合，促进供需协同改革成效体现

创新驱动是推动体育产业内循环的核心动能，体育产业高质量发展需要由要素驱动向创新驱动转变，加快实现体育产业制度创新、产品创新、商业模式创新、科技创新等一系列创新。② 其中体育融合式发展是发展模式上的创新，制度创新为融合提供保障，科技创新为融合提供条件，有利于拓展体育发展空间、拓宽产业链外延、增强产业的联动效应，从产业融合、区域融合和技术融合三个路径使体育产业走向纵深式融合发展。第一，加强体育与产业融合，拓展发展空间。通过与旅游、医疗、教育、金融等产业融合发展，坚持"体育+"和"+体育"做法，大力发展体育旅游产业、体育健康产业、体育金融产业等新业态，延伸产业链，构建一种高效的体育生态系统。第二，促进区域一体化，平衡产业布局。在国内深入推进对接京津冀、长江经济带、粤港澳大湾区等区域重大战略，优化体育资源空间布局，建设体育旅游带、滑雪大区、国家健身步道等跨区域载体，整合优质体育资源，构建相通互联共享的区域一体化发展模式。第三，加大技术融合，助推结构升级。技术融合是创新的根本途径，未来新科技将引发商业模式、组织方式、消费习惯、财富形态乃至整个社会关系的变革，对体育产业供需平衡起到极其高效的助推作用。利用技术外延式发展，通过不同产业共享技术和资源，使各个产业之间的技术一体化，从而

---

① 沈克印."双循环"新发展格局下体育产业高质量发展的宏观形态与方略举措[J].体育学研究，2021，35(2)：11-19.
② 沈克印."双循环"新发展格局下体育产业高质量发展的宏观形态与方略举措[J].体育学研究，2021，35(2)：11-19.

提高产品的生产率和消费率。

(四)利用数字经济和数智化管理，实现供需高水平动态平衡

数字生产力革命正以前所未有的速度和广度，推动世界范围内的社会生产方式向数字化转型，并对整个经济体系进行重构。① 第一，转变发展理念，加快企业的数字化转型。体育企业要站在科技革命和产业变革的风口，积极探索新产业、新业态和新模式的发展方式，加大对体育科技创新的投入力度，转变发展理念，在企业管理、生产、营销等环节中广泛运用数字化手段，加快企业的数字化转型。第二，加强数字信息资源的整合和运用。体育竞赛表演业利用 5G 通信技术重塑服务业的流程，结合消费需求加快实现供给内容和数字技术、网络技术的深度融合，实现以人为核心的智慧体育服务模式。深化大型赛事信息服务工程建设，加强运动员的参赛数据监控和管理，对潜在风险进行预警，避免安全事故的发生，推行数字化办赛模式，提高赛事管理效率。第三，加强体育行业数字人才的培养。针对体育产业领域人才紧缺的问题，积极出台人才引进政策，搭建人才创新服务平台，与高校建立"体育+数字"联合培养机制。第四，积极打造"数字政府"。在政府政务信息服务平台中，加强政府对体育的数字化管理，为政府加快赛事审批、加强市场监管等提供便利。

(五)更高水平的对外开放，拉动内外需协调型高质量增长

在坚持扩大体育消费内需、以国内大循环为主体的同时，坚持统筹国内外两个体育市场、两种资源，实现高水平对外开放。第一，要进一步有序开放国内体育市场，依托国内强大的消费市场吸引全球优质资源。结合"一带一路"建设、RCEP 区域全面经济伙伴关系等倡议和协定，加强与沿线和同盟国家之间的合作，将国际国内资金、技术和高科技、高素质人才"引进来"，在体育产业的投资和合作、体育竞赛交流活动、跨境体育用品产业园区的集群化发展等方面取得发展。第二，充分依托国内体育资源和产业优势，加快实现新模式、新渠道和新品牌的升级改造，加快"走出去"的步伐。疫情后快速复工复产的中国供应链承接了全球供需失衡的缺口，中国外贸电商迎来巨大的机遇和挑战。中国的体育企业应抓住这次机遇，加快改革创新，培育包括跨境电商 B2B 在内的外贸新业态和新模式，提升我国体育出口产品在全球价值链中的地位并参与中高端国际市场份额

---

① 付晓东.数字经济：中国经济发展的新动能[J].人民论坛，2020(21)：20-23.

竞争，最终形成内外需协调型高质量增长。

第三节 "数字浙江"背景下浙江省体育产业供给侧改革的经验借鉴

一、"数字浙江"：数字化转型引领浙江经济高质量发展

2003 年，习近平同志在浙江工作期间就前瞻性地提出"数字浙江"建设，自该项工作启动以来，浙江在推动数字经济发展与加快各领域数字化转型中一直处于全国前列。2016 年，浙江在全国范围内首先开启信息经济示范区建设，大力探索适合信息经济创新发展的新体制、新机制与新模式，随后，又陆续承担起政务信息系统整合共享试点、国家电子政务综合试点、公共信息资源开放试点这三项数字领域的国家级试点任务。2018 年，浙江省数字经济总量超 2.33 万亿元，总量和增速均居全国第 4 位，高出全国平均水平 6.74 个百分点。规模庞大的数字生态系统得以形成，向世界传递了浙江电商物流领域数字经济"金名片"，以阿里巴巴、大华、海康威视等为代表的数字领域龙头骨干企业快速成长，以云栖大会、世界互联网大会为代表的一系列颇具影响力的数字技术峰会在浙江省陆续举办。为落实网络强国、数字中国等国家战略，浙江省以"最多跑一次"改革为特色加快数字政府建设，切实提升了人民群众的幸福感与获得感。数字技术在智慧城市、新零售、智慧医疗、新物流、电子商务等领域的广泛应用，让全省人民共享新经济带来的发展成果。浙江省加大推进数字经济"一号工程"、数字化强省、数字政府建设等重大决策部署，在经济、社会、政府三个领域开始了数字化转型。

首先，加强数字政府建设，大力开展机关效能建设。浙江省以提升服务水平和办事效率为目的，着力构建为民办实事的长效机制，坚持科学发展理念，全面深化行政审批制度改革，依法下放审批权限，为各类企业提供了有利于创新发展的良好营商环境。2014 年，浙江省推动法治政府、服务型政府、透明政府建设，在全国范围内率先建立浙江政务服务网，积极实施"四张清单一张网"改革，将全省 1.2 万多个政府组织机构的数据上传到平台上。浙江省经过反复的实践与探索，"数字政府"建设初具雏形，机关效能在信息和数字技术的助推下显著提升。2016 年，浙江省开启了旨在提升群众和企业获得感的"最多跑一次"改革，这次改革积极探

索政府各部门数据的开放与共享，努力打破部门间条块分割的数据形态，"让百姓少跑腿、让数据多跑路"，有效提升了"互联网+政务服务"水平。浙江省深化行政体制改革，"最多跑一次"跑出浙江加速度，并把其作为数字浙江和数据强省建设的引领性和标志性工程来抓。浙江省先行先试的"最多跑一次"改革，打造了政府服务模式的地方标准格式，为全国各地政府服务方式的科学化、规范化发展提供了浙江样板。2018年，"最多跑一次"改革被写入全国两会政府工作报告，并开始在全国范围内推广。2018年12月，浙江省出台了《深化"最多跑一次"改革 推进政府数字化转型工作总体方案》，明确提出到2022年，数字技术将与政府履职全面深度融合，"掌上办事"和"掌上办公"将渗透政府核心业务的诸多方面。在随后的机构改革中，浙江省政府从管信息到管数据，再到管内容，其信息化程度与数字经济管理职能得到进一步加强。

其次，以深化供给侧结构性改革为主线，加强数字经济建设。浙江省以新兴数字技术为手段，从畅通生产、流通、分配、消费的经济循环链条出发，着力打造新制造、新物流、新零售、新贸易、新消费、新金融，加速培育浙江经济发展新动能与新增长点。第一，新零售领域，浙江省大力发展以大数据为驱动，以人工智能、虚拟现实、物联网等新兴数字技术为支撑的"数字化+零售"模式，积极推动批发零售业、文娱业、餐饮业、物流业等行业的数字化转型，重塑产业链、供应链、价值链，推动消费升级。在零售业数字化的大背景下，浙江省网络零售业发展成果喜人，逐年大幅度提升（如图6-4）。第二，新制造领域，浙江省大力推广以物联网技术、数据虚拟仿真技术、AM增材制造技术、MES制造系统技术等新兴数字技术与智能制造系统为支撑的网络协同制造、数字化制造、规模化定制等"互联网+制造"模式，并积极推行 B2C 制造模式向 C2B 制造模式转变。同时，浙江省还着力打造工业互联网平台，推动制造业服务化，使供应链的设计、生产、仓储、物流、销售等各环节高效协同。第三，新贸易领域，2016年，阿里巴巴集团倡议建立世界电子贸易平台（EWTP），以帮助全球企业广泛参与经济全球化进程。自该倡议提出后，世界电子贸易平台已在"一带一路"沿线4个国家布局，有效促进了跨境电商业务的蓬勃发展。2018年，浙江省成立了"数字丝绸之路国际产业联盟"，该联盟已与30多个国家和地区建立合作关系，有力推动了"网上丝绸之路""数字丝绸之路"的建设，使浙江成为以数字贸易为标志的新型贸易中心和全球电子商务核心功能区。2019年，浙江省全年实现与"一带一路"共建国家进出口商品贸易额1.05万亿元，同比增长16.8%。第四，新消费领域，浙江省主动迎合大众消费升级趋势，优化消费环境，完善消费体制机制，运用新兴网络数字技术推动形成消费新模式与新业态，积极促进旅游文化消费、智慧医疗消费、体育健身消费、智慧养老消费等服务消费。

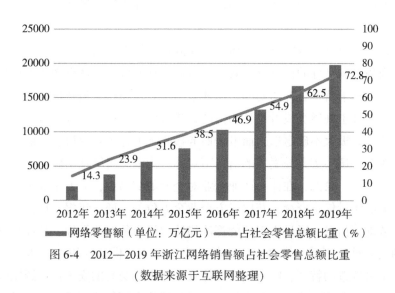

图 6-4 2012—2019 年浙江网络销售额占社会零售总额比重
（数据来源于互联网整理）

最后，加强数字社会建设。数字社会是《深化数字浙江建设实施方案》提出的三大数字化转型领域之一，是浙江省探索"共治共建共享"的创新实践。数字社会以智慧城市建设为统领，以"社会治理集成化"和"公共服务智能化"为核心要求，以新兴数字技术作为高质量的技术支撑，通过城市、就业、扶贫、文旅、交通、教育、医疗、养老、乡村服务与公共安全这十个领域的数字化转型，实现社会服务的便捷化、个性化与智能化。数字社会建设为浙江省人民生活的方方面面带来了巨大的变化，特别是在疫情中发挥了重要作用，形成了强大后盾。浙江省充分运用云计算、大数据、人工智能等数字技术，在数字社会理念的指导下，通过多种数字化手段建立完善的风险源头应急防控机制，推动社会治理从事后应对向事前防范转变，实现了精准高效的应急防控。

二、数字经济助推体育产业供给侧改革的行动逻辑

供给侧改革是为了解决体育产业发展中出现的结构性矛盾，从供给、生产端着手，通过解放生产力、提升竞争力，实现供需水平由低向高跃升而实施的新一轮变革。近年来，数字技术突飞猛进，应用潜能不断释放，数字经济已走上了发展的"快车道"，并广泛渗透经济社会中的各个领域，为传统产业带来了巨大变革。数字技术作为一种经济发展模式和思维方式颠覆了旧的发展动力、发展方式与社会治理格局。数字经济成为拉动我国经济增长的核心动力，也为体育产业的供给侧改革提供了新思路与新方式。发挥数字技术的优势，利用数字技术改变体育产业的商业模式，可以大幅提升体育产业有效供给能力。

首先，数字经济能够提升体育产业的供给体系质量。依托数字技术的电子商务具有良好的信息反馈效果。将数字技术应用于体育产业的市场交易中，有利于营造公开透明的交易环境。第一，在线下消费场景中，消费者只能通过主观感受或者口耳相传的方式对健身场馆和服务进行选择，体育消费具有极大不确定性。而电子商务模式下的评价打分机制，能够有效解决体育市场中买方与卖方的信息不对称，为消费者筛选出高质量的健身服务供应商。第二，在体育产业企业对企业的交易中，一方企业可以借助大数据的海量信息资源，获取对方企业全方位的工商、年报、征信、历史交易数据等信息，通过人工智能算法描绘出清晰的企业画像，从而帮助其鉴别交易对象资质、辨别虚假交易信息。第三，借助区块链技术去中心化、不可伪造的特征，能有效提升体育产业市场交易的安全性、透明性和可追溯性。数字时代，体育市场的信息环境将会更加公开透明，有效降低信息不对称和信息不完全对要素资源的流通约束，实现体育需求和高质量供给的有机结合。

其次，数字经济能提升体育产业的供求匹配效率。借助网络平台，能够打破线下人与人之间、企业与企业之间、人与物之间多节点、低效率的平面连接，全面整合体育产业的存量资源，打破线下体育资源信息盲区，实现健身休闲产业资源的智能感知和高效匹配。以 O2O 体育公共服务平台"去运动"APP 为例，该软件整合了湖北省、湖南省共 800 多家运动场馆的体育资源，涵盖篮球、足球、游泳、羽毛球、健身等 10 多种主流运动项目。用户可以通过"去运动"APP 查看附近体育场馆价格和消费时段信息，使用在线预订或同城约战等功能，合理安排运动计划。"去运动"APP 对线下零散分布的体育资源进行了高效整合与数字化管理，有效提升了体育产业资源的供求匹配效率。

最后，数字经济有助于提升创新供给能力。数字技术是科技革命产生的创新成果，以数字化的方式推动着体育产业供给侧宏观、中观和微观层面的创新。宏观层面，要素数字化推动体育产业由传统要素驱动的粗放化发展向数据驱动的精细化发展转变，实现了体育产业新旧动能的转换续接；中观层面，体育产业数字化催生了一批极具活力的新模式和新业态，有力推动了体育产业结构升级和跨界融合发展，拓展了体育产业新的市场空间；微观层面，体育企业数字化有效推动了管理创新、营销创新、商业模式创新和品牌创新，有助于提升体育企业的整体效益。数字化带来体育产业供给侧的全面变革，有效提升了体育产业的创新供给能力。

三、浙江省体育产业供给侧改革的经验借鉴

近两年来，浙江省体育局在数字经济"一号工程"、数字化强省、数字政府等重大战略的指导下，深刻理解和把握数字化转型的丰富内涵，以数字体育建设促体育产业供给侧改革，开启了以建设"一仓四平台"（体育数据仓、全民健身公共服务平台、体育产业管理平台、竞技体育数字化管理服务平台、体育保障平台）为核心的覆盖竞赛表演、健身休闲、体育场馆服务、体育培训等不同领域的数字经济时代的全面变革。

首先，打造体育公共服务平台。2019年年底，为响应"最多跑一次"改革的号召，浙江省体育局携手黄龙呼啦网络科技有限公司率先开启了浙江省体育公共服务平台的建设工作。该平台拟将全省体育资源纳入"一张网"，为社会大众提供惠民、便民、亲民的全民健身信息服务体系，实现体育公共服务的网上办理和掌上办理。整个平台涵盖浙江省全民健身资讯、体育运动场馆查询、科学健身指导等业务板块，利用数字技术实现了公共体育的"一站式"服务。浙江省体育公共服务平台的重点建设项目为"全民健身地图"，拟将全省公共体育场地设施全部搬到线上，实现场馆资源的智能感知与高效匹配，并试点一批公共体育场地设施（含对外开放的学校体育场馆）的在线预约支付。该平台自2020年1月正式接入"浙里办"APP并开始向社会大众提供服务后，已有超过10万个公共体育场地设施被纳入地图。浙江省市民可以通过移动应用实时查看附近体育场地设施的名称、咨询电话、开放时间、详细地址与场馆服务等基础信息。黄龙体育中心、江山市体育馆、湖州市奥体中心等作为试点场馆单位，优先实现了场馆的导航查询、在线选场、预约支付等智慧化改造。体育公共服务平台建设是浙江省体育产业供给侧改革的重要措施，以服务为宗旨，以新兴数字技术为手段，以"互联网"思维为指导，以海量有价信息为支撑，打破体育领域的传统壁垒与机制障碍，实现了体育资源整合的平台化和系统建设的集约化，促进了有效供给与各类体育需求的高效匹配。

其次，改造智慧体育场馆。浙江省体育局与以黄龙呼啦网络科技有限公司为代表的优秀体育互联网企业签署战略合作协议，旨在利用物联网、大数据、云计算等技术积极推进黄龙、舟山、德清、湖州、江山等省内大

中型体育场馆的数字化与智能化改造。浙江省黄龙体育中心作为浙江省体育局数字化转型项目的省级试点单位，也是省内数字场馆建设的先行者。该中心依托"互联网+体育"创新技术模式，实现了门票售卖、场地预定、会员储值等线上服务，并通过闸机、灯控、自助服务设备等智能化硬件的广泛接入，实现了人脸识别认证、人脸支付、智能灯控、空气质量(包括温度、湿度、PM2.5等五项指标)监控、耗能统计、无纸化、无现金化经营等功能，以及打造了笼式足球场、室外网球场等无人值守的智慧场馆。黄龙体育中心在智慧化领域的改造从未止步，在已有功能服务的基础上，黄龙体育中心还将进一步促进数字技术与场馆服务的广泛渗透与深度融合，创造智慧体育培训、智慧健身房、健身大数据分析等一系列数字化应用场景。在黄龙体育中心智慧化改造的成功实践下，浙江省掀起了包括江山市体育馆、湖州市奥体中心在内的传统体育场馆的信息化、数据化、智慧化改造热潮，并形成了一套可推广、可复制、可借鉴的体育场馆数字化改造方案。在供给侧改革的时代发展要求下，浙江省体育局力促新兴数字技术与体育场馆运营深度融合，集中精力做深做实数字化应用系统，优化了低质量的体育场馆服务，并有效降低了传统场馆的管理难度和运营成本，进而大幅提升体育场馆的供给质量。

最后，构建新型赛事传播矩阵。2019年11月，浙江省体育局为推动"数字体育"建设与发展，以政企合作的方式，联合华数数字电视传媒集团，重点在"体育+传媒"业态的深度融合等方面加大布局力度，具体业务涵盖赛事直播、内容资讯、融媒体中心建设等。赛事传播与品牌打造方面，华数数字电视传媒集团在互动数字电视平台内增设"浙江体育"专区，加强对浙江省举办或承办的标志性或具有较大影响力的职业体育赛事、群众体育赛事的直播与转播。融媒体中心建设方面，华数数字电视传媒集团为突破浙江省体育赛事"一网两微"的宣传格局，以自身丰富的宣传资源为支撑，打造体育赛事发布平台，实现全省体育信息、体育新闻、体育宣传的统一调度。浙江省体育局与华数集团的战略合作构建了多层次的体育赛事传播矩阵，实现了体育赛事传播效果的最大化，营造了体育产业可持续发展的良好舆论环境，为数字技术赋能体育宣传提供了实践样板与经验借鉴。

第七章 体育产业供给侧改革的实践 探索与案例分析

推动体育产业供给侧改革，是国民消费需求提升的具体表现，是促进其转型升级的重要抓手，也是我国经济新常态下发展产业的新动力。基于供给侧改革的视角，本章选取城市马拉松、体育特色小镇、共享单车等较为热门的案例作为切入点，分析其当前现状和发展成效，同时就竞赛表演业、健身休闲业、体育用品制造业等细分体育产业在发展中的困境与路径进行剖析。近年来，以"马拉松热"为代表的各种"体育热"体现出体育产业的发展潜力和良好前景，但也反映出体育供需不充分、不平衡等诸多弊端。针对这些问题，应牢牢发挥市场在资源配置中的决定性作用，以人们的体育需求和消费为中心，通过改革体育供给中不合理的部分，不断提高体育产品与服务的供给质量，与人们的体育需求相平衡。积极发挥供给侧改革在推动体育产业迈向高质量发展中的作用，积累方法，总结经验，为以后研究提供理论参考。

第一节 供给侧改革与体育产业：城市 "马拉松热"引发的思考

现以当下较为热门的"城市马拉松"作为研究对象，对体育产业的供给侧结构性改革问题进行研究。研究认为，供给侧结构性改革是在全面深化改革的背景下，以创新和改革的思维，从供给端出发，转变以往单靠要素依赖型的经济增长方式，旨在解决经济发展中供给与需求不匹配问题，使创新成为新的经济增长动力。城市"马拉松热"不仅体现了体育产业发展潜力，也体现出新时代体育产业发展中的供需矛盾问题，需要从体育服务和产品的供给端进行结构优化与转型升级。经济新常态下，发展体育产业要优化产品和服务结构，推动产业间深度融合，注重供给管理与需求管

理相结合，补齐"短板"和增加有效供给，提高整个体育产业的生产效率
等实践路径。①

一、体育产业的供给侧：城市"马拉松热"的现象分析

（一）城市"马拉松热"的兴起及原因

根据中国田径协会公布的 2019 年数据显示（如图 7-1）：全国范围内
共举办 1828 场马拉松赛事，同比 2018 年增加了 247 场，2019 年累计参赛
人次 712.56 万，同比增长 22.22%，在赛事的地理分布方面，全国 31 个
省区市（不含港澳台）均有举办马拉松及路跑相关赛事活动。② 城市"马拉
松热"的原因主要可以归结为以下 6 个方面。

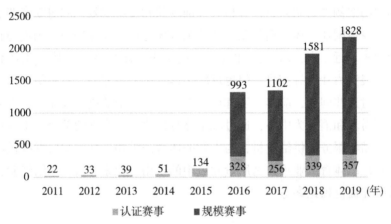

图 7-1　2011—2019 年国内举办马拉松赛事（场）

数据来源：中国田径协会《2019 中国马拉松蓝皮书》。

1. 国家和地方所提供的相关政策支持

《中华人民共和国体育法》的出台在中国体育事业发展史上具有里
程碑意义，标志着我国的体育工作进入法制化阶段。《全民健身计划纲
要》是国家针对开展社会体育而做出的重大决策，也是推动全民健身事
业向前发展的重要文件。国务院办公厅发布的《关于加快发展体育产业

---

① 沈克印，吕万刚. 供给侧结构性改革与体育产业发展：城市"马拉松热"引发的思考[J].
山东体育学院学报，2017，33（5）：9-14.
② 中国田径协会. 2019 中国马拉松大数据分析报告[EB/OL].［2020-05-01］. http：//
www. runchina. org. cn/portal. php? mod＝download&id＝269.

的指导意见》，明确提出要"加快发展体育产业和丰富群众体育生活，促进经济社会协调发展"。中央和地方政府都强调，要大力推动体育产业发展，为经济转型升级注入活力，大大激发社会大众的参与热情。另外，各个省市也相继出台了发展体育产业和推动全民健身的具体意见或实施办法。

2. 马拉松运动自身的独特魅力

马拉松运动作为一项古老的体育运动，相对于其他体育项目来说，对装备成本、运动技巧的要求相对较低，是毅力和耐力相结合的运动。城市马拉松运动又是一项将竞技体育运动精神和群众体育完美结合的运动。另外，城市马拉松所体现的同场竞技性、集中展示性、开放合作性、高度整合性和社会文化融合性等特点，促使不同行业、不同年龄、不同民族、不同肤色的人参与其中和乐在其中。① 举办城市马拉松赛成本低，参与人群十分广泛，蕴含着丰富的文化内涵和广阔的产业潜力。

3. 马拉松赛事可以作为政府宣传城市的窗口

目前，城市马拉松赛事的命名基本遵循着"城市名+马拉松"这一规则，马拉松比赛被看作一个城市的成人礼，通过举办马拉松赛可以展现出一个城市的良好形象，这就为政府打造和提升城市形象提供了一个绝佳窗口。城市马拉松赛事具有较强的资源整合特征，还可以带动城市的旅游、餐饮、交通、住宿等相关产业发展，是城市经济发展强有力的推动剂。例如，2019铜陵国际半程马拉松赛就以"以梦为马，鼎新铜陵"为主题，提升了铜陵的城市形象，增强了铜陵的亲和力。

4. 居民自发对强身健体的需求

跑步是人类最能接受和最自然的一种锻炼方式，随着生活水平提高，人们开始从单纯追求物质生活向追求精神生活转变，人们的健康意识逐渐增强，更多人把跑步作为健身的一种主要方式，通过参与马拉松活动来增进健康，并感受着跑步所带来的快乐。②

5. 马拉松赛事独特的市场经济价值

如今，国内马拉松不再仅仅是一个单纯的跑步项目，而是在全民参与推动下成为一种能够赚钱的"大项目"。"马拉松热"最先带动的是体育用品制造业。随着人们对马拉松运动的关注，参赛者往往会购买专业运动

---

① 祝良，黄亚玲. 城市马拉松赛文化特点的研究[J]. 体育文化导刊，2014(9)：25-28.

② 韦骅，吴俊宽. 我国马拉松赛事数量暴涨　2015 年增幅达到160%［EB/OL］.［2016-01-09］. http：//sports.163.com/16/0109/17/BCTFNTR400051CDG.html.

鞋、速干衣、测速手表、水壶、腰包、眼镜、遮阳帽、耳机等运动装备，这些装备价格不菲。这几年国际运动品牌耐克和阿迪达斯就赞助过多项世界级马拉松赛事，推出多款跑鞋系列产品，获得较高的营业收入。此外，"马拉松热"也吸引一些互联网创业者参与其中。例如，"悦跑圈"这一款关于跑步的移动社交应用，曾荣获 2015 体育大生意年度最佳体育 APP。"马拉松热"还激发了市场主体的赞助热情，众多企业看好赛事所带来的商机，纷纷赞助赛事，促进营销，扩大品牌影响力。

6. 新闻媒体的大力宣传

自国家颁布"放宽赛事转播权限制"这一政策以来，通过新闻媒体的大力宣传，城市马拉松得到广泛宣传，不仅拓宽了体育新闻传播广度，还提高了人民群众对马拉松赛事了解程度，有利于树立良好的城市形象，也为商家带来了巨大的经济效益。伴随商业性和群众性赛事审批权的取消，马拉松赛事组委会通过电视、网络广播、杂志、报纸等众多新闻媒介进行大力宣传，特别是通过电视台和网络对赛事进行全程直播，不仅激发了人们参与的热情，更激发了体育市场活力，演绎着一场又一场的经济盛宴。另外，各地马拉松赛事组委会还邀请公益、体育、文化、政治等领域的明星或重量级人物做形象大使，或者邀其参加比赛，通过大量宣传来提高赛事影响力。

(二)城市"马拉松热"背后的供给问题分析

城市马拉松如今已经形成了一个巨大的产业市场，能够为体育产业的供给侧改革提供新的发展动力。但城市马拉松在出现"井喷式"增长的同时，赛事质量也受到了很多质疑，出现诸如马拉松参赛者受伤、猝死、打架、混乱、作弊、路边如厕以及组织管理混乱等问题，这就需要分析"马拉松热"背后的供给问题，进一步提高赛事运作的专业性和规范性。从公共物品的性质来看，城市马拉松赛作为一项面向社会大众提供的产品，具有竞争性和较强的正外部性，属于准公共产品，其供给方式有政府、市场、体育社会组织和多元混合 4 种。

1. 政府供给

城市马拉松赛作为一种体育赛事，推动其发展有利于竞技体育与群众体育的共同进步，人们可以缴纳报名费参赛，也可以到现场观看或通过电视和网络欣赏比赛，因此，在体育消费上具有不完全竞争性和有限度排他性。另外，城市马拉松赛具有较强的正外部性，举办赛事有利于促进城市经济发展，带动就业、交通、餐饮等多个相关行业。根据以上分析，可得知城市马拉松赛属于公共产品,其特征是向社会提供其产品和服务,而政府作为提供公共产品的重要角色,向社会提供公共产品和服务具有其合理性和必然性。公共物品供给是服务型政府的重要职能,举办城市马拉松赛是政府供给的一种具体体现。我国体育赛事的政府供给模式包括政府自身生产和政府组织生产两种形式。在改革开放之前,受到传统计划经济的影响,体育赛事的供给模式主要是政府供给的单一组织形态,政府是体育赛事的主办者和生产者。改革开放之后,随着"以经济建设为中心"理念的渗透,政府不再成为体育赛事的唯一供给者,其职责主要是制定体育赛事相关政策,为体育赛事提供制度供给。

2. 市场供给

体育赛事的市场供给模式,就是构建"有效市场"的具体体现,可以为其确立优胜劣汰的竞争机制和公开透明的价格机制,更好地发挥市场机制在体育资源配置中的决定性作用。① 近年来,构建"有效市场"成为发展体育产业的关键理念,地方政府把马拉松赛事交由企业来办,发挥"无形之手"的作用,依靠市场化的方式来运作。例如,中国田径协会金牌赛事之一的广州国际马拉松赛(简称"广马")就是由智美控股集团和广州市城市建设投资集团有限公司等具体运作的。马拉松赛事的市场供给模式可以有效减轻政府的资金、管理等压力,发挥服务型政府的作用,缩减赛事举办过程中的繁琐程序,提高办事效率。

3. 社会组织供给

《中共中央关于全面深化改革若干重大问题的决定》明确指出,要引入竞争机制,推广政府购买服务。② "政府失灵"和"市场失灵"现象同样存在于城市马拉松赛事的供给中,这需要社会组织的参与。③ 体育社会组织介于政府与市场之间,主要包括体育类社团、体育类民办非企业和体育基金会,具有自治性、组织性、非营利性等特点,可以有效弥补政府在管理、服务中的不足,缓解市场失灵等一系列不利因素。在深化体育体制改革和体育治理背景下,"马拉松热"背后也离不开体育社会组织的大力支持,体育社会组织可以承接政府转移出去的部分职能,可以满足群众日益增长的多样化体育需求,提高马拉松赛的供给效率和质量。中国田径协会是中华全国体育总会的团体会员,是具有独立法人资格的群众性体育社会

---

① 高文景. 体育赛事属性及供给方式分析[J]. 体育文化导刊, 2015(11): 75-78.
② 中共中央关于全面深化改革若干重大问题的决定[N]. 人民日报, 2013-11-16(1).
③ 李军鹏. 政府购买公共服务的学理因由、典型模式与推进策略[J]. 改革, 2013(12): 17-29.

团体。另外，志愿者也是体育社会组织的重要组成部分，赛事志愿者通过自身的志愿工作来提高赛事质量和降低赛事成本。

4. 多元混合供给

城市"马拉松热"需要国家政府、企业、社会组织的共同支持和参与，其供给主体也不应只有一方参与，而是三者共同组成、共同发力。例如，北京马拉松赛，就是由政府、市场和社会组织的多元混合供给典型。由于三种供给主体各有其优缺点，那么更应该发挥各供给主体的优势。政府在制度政策上的优势可以为体育赛事举办提供有力保障；体育社会组织联合市场和政府，弥补政府与市场的不足，通过志愿服务等形式提高赛事的社会效应，宣传社会责任和体育赛事价值理念；而市场则可以发挥资源配置主体中的主导性作用，最大限度地提高赛事的经济效益。

二、困境与契机：基于供给视角的中国体育产业未来发展

（一）中国体育产业发展的供给困境

供给侧主要指的是劳动力、资本、土地、资源技术等生产要素的利用和供给。依据此划分，体育产业发展的供给侧主要包括体育场馆设施、体育产业人才、运动员和教练员、体育资本等核心资源。我国马拉松产业无论是供给效率、产值规模，还是对整个体育产业乃至国民经济的贡献，与一些欧美发达国家相比，都存在很大差距。当前，体育产业在发展过程中暴露出一系列问题，主要表现在无效供给过剩与有效供给不足。城市马拉松赛事作为体育产业中的一环，也反映出体育产业在发展中确实存在不足之处。

1. 体育产业发展的供给不足问题

我国城市马拉松赛从 2000 年的 7 场到 2014 年的 51 场，再到 2019 年的 1828 场，其发展势头确实迅猛，但与欧美发达国家相比，其赛事数量与质量仍相差较远。通过近年来的北京马拉松赛、上海马拉松赛、厦门马拉松赛、广州马拉松赛以及武汉马拉松赛等赛事的报名和参赛人数来看，可以用"火爆"一词来形容，群众参与的热情高涨，马拉松赛事举办得如火如荼，但从全国来说数量仍偏少，其供给质量与参与者的需求仍相差甚远。马拉松运动从一项少数人参加的挑战毅力的极限运动，到现在靠摇号才能参赛的全民健身方式，"井喷式"的马拉松赛事向世界展现出了一个"奔跑的中国"，也体现了中国体育产业强劲的发展势头和潜力。城市"马拉松热"推动了马拉松产业，但也映射出社会大众的体育需求空间，以及

体育产业发展的供给集中度低、体育赛事产业开发不够、规模效益较低等弊端。①

2. 体育产业发展的无效供给问题

城市马拉松赛事兴起和快速发展，反映出体育产业的良好发展势头，为群众提供了丰富的体育服务与产品，但也会有无效供给的问题。目前，不完备的体育市场体系、资源配置效率低、所供给产品与服务的质量层次不高、公众对其质量满意度低、同质化产品多等众多问题仍然存在。例如，在体育产业中占有重要比重的体育制造业，还停留在传统粗放型增长这一层次上，管理方式较为落后，缺乏自主创新型人才，产品同质化严重，很难成为国际上一流的体育品牌。另外，作为提供社会公众体育锻炼场所的体育场馆也存在一些问题。一方面，我国体育场馆数量偏少，人均体育场馆数量与发达国家相差较远，在地域上场馆分布也极不平衡，在社区常常会出现抢占体育场地等引发的矛盾，无法满足公众使用需求。另一方面，体育场馆利用率低也是一大问题，许多场馆大多用于赛事等活动，赛事结束后场馆常常闲置，开放率不高。一些较为偏远的地区由于大众缺乏体育锻炼常识，体育设施常用于晾晒衣服等非体育行为，没有发挥场馆设施的体育服务功能。

(二) 中国体育产业的发展契机

1. 简政放权：体育产业供给侧改革的供给动力

推进体育产业的供给侧结构性改革和促进体育产业高质量发展，是适应我国体育产业发展新常态的必然要求。在健康中国和体育强国背景下，全面推进体育产业供给侧结构性改革，就是发挥体育市场的决定性作用，盘活闲置体育场馆、体育产业人才、体育产业资本等生产要素，优化体育资源配置，提高全要素生产率。通过对体育产业的供给侧进行结构性改革，贯彻新发展理念，提高供给结构的灵活性和适应性，减少无效体育供给和扩大有效体育供给，提高体育供给的质量和效率，使体育供需达到新的平衡。目前，优化体育产业结构正处于关键期，简政放权作为体育产业供给侧改革的供给动力，是激发体育市场活力的重要举措。《关于推进体育赛事审批制度改革的若干意见》就体育赛事审批制度提出一些改革意见。为此，中国田径协会全面取消了马拉松赛事的审批，通过转变政府职

---

① 黄海燕. 我国体育产业结构评价与优化对策[J]. 武汉体育学院学报，2014，48(4)：
　27-30，37.

能，以简政放权的形式促进了城市"马拉松热"，激活超过 300 亿元的跑步市场，这源于体育产业发展的制度供给所带来的动力，这也是体育产业供给侧改革的具体体现。

2. 结构优化：体育产业供给侧改革的题中之义

中国经济转型是大势所趋，需要依靠政府和市场的双重发力完成。从政府层面来讲，国家政策需发挥纲领性作用。在国家大力推行产业供给侧改革的背景下，体育产业也应改善其供给质量，促进产业结构转型升级。从"北马"到"上马"，从"厦马"到"汉马"，一场场城市马拉松赛事的成功举办，离不开"政府转变职能，简政放权"这一政策红利的促进作用，离不开社会力量和民众的积极参与，更离不开市场经济主体的参与。体育产业领域很快就获得各路资本的注入和热捧：从阿里巴巴集团签约美国大学体育联盟 Pac-12 获得 NCAA 在华赛事的独家转播权、腾讯体育夺得 NBA 在中国的五年网络独家直播权、万达集团正式入股西班牙马德里竞技俱乐部、乐视与体奥动力合作拿下中超联赛的全媒体版权等诸多行为来看，我国体育产业获得了前所未有的发展机遇，社会力量参与体育投资的热情高涨，体育产品和体育服务层次会更加丰富多样，人民群众的体育消费需求更加旺盛，体育产业结构更加趋于合理和优化。

3. 互联网+体育：体育产业供给侧改革的导火索

数字经济时代，新一代信息技术的应用也带来了商业模式的创新。数字经济凭借其独有特点，与体育产业深度融合，衍生出专门针对长尾市场的"长尾式商业模式"、聚集不同类型客户群体的"多边平台型商业模式"、线上线下一体化发展的"O2O 商业模式"等，多元的商业模式为数字经济时代的体育产业转型发展提供了更广阔的思路。企业依据自身要素禀赋与实际发展需求，选择合适的商业模式，能够挣脱传统生产要素瓶颈约束，突破传统体育产业的红海市场，转向前景广阔的蓝海市场，实现创新驱动的高质量发展。体育产业要努力突破产业要素驱动的粗放化发展模式，积极培育产业增长的新动能，切实提高发展质量与发展效率，加快体育产业向现代服务业转型升级，不断满足人民日益增长的多样化体育需求，是新时代体育产业高质量发展的题中应有之义。"互联网+体育"成为体育产业供给侧改革的导火索，从乐视、PPTV、腾讯、优酷土豆、新浪、阿里巴巴等多家互联网企业开始投资体育领域便能够看出。另外，传统的体育用品公司也加入了"互联网+体育"行业。例如，李宁与小米、361°与百度等实施了战略合作。在国家政策的有力支持下，"互联网+体育"的时代已经到来，体育产业借助互联网这一平台，可以促使体育信息资源的高度共享，增进体育服务和产品的供给质量，提高社会公众对体育资源的利用效率。

(三)我国体育产业供给侧结构性改革的实践路径

1. 注重供给管理与需求管理相结合，不断深化体育体制改革

党的十八届三中全会明确提出，要全面深化改革，经济体制是改革重点，其核心问题就是要处理好政府和市场的关系，让市场在资源配置中发挥决定性作用。需求管理与供给管理作为宏观经济管理的两个方面，侧重点不同，不能顾此失彼。在全面深化改革背景下，体育体制改革也步入了关键时期，但改革窗口期较短，一定要抓住发展机遇。

第一，明确政府责任，建立管办分离的体育体制。目前，我国现行的体育管理体制已经不能较好地适应当前体育产业发展趋势，成为"十四五"时期制约体育产业结构优化的一大障碍，需要界定好政府与市场的关系与边界，深入贯彻体育协会与政府脱钩的政策精神。政府在体育行业中需扮演好"服务型政府"的角色，在宏观政策引导上发挥作用，减少微观事务管理，提高公共体育服务供给质量和水平，扩大公共体育服务的供给规模。

第二，转变政府职能，进一步简政放权。政府的主要职能是出台法律法规、标准规范、强化监督等，其作用是为体育产业的良好发展营造一个和谐的外部社会环境。实行体育供给侧改革，一方面，要优化政策制度，减少繁琐程序，发挥市场的主导性作用；另一方面，要发挥市场机制作用，提高供给效率。

2. 坚持创新发展理念，提高体育产业的全要素生产率

自党的十八大报告提出实施"创新驱动发展战略"以来，习近平总书记在党的十九大报告中继续强调坚持深化供给侧改革、建设创新型国家以及打造现代化经济体系的目标。由此可见，单纯依靠生产、资本等要素的粗放型经济增长方式已经不能满足产业发展需要，为此，必须迫切转向依靠创新驱动来实现产业由量到质的提升，为未来经济迈向高质量发展发掘新的制高点和增长点。我国的体育产业供给侧结构性改革要贯彻新发展理念，助力新发展格局，离不开创新驱动发展战略的指引，在创新环境下，体育服务与产品的生产领域的诸多方面能实现创新产出，促使体育场地设施、体育人力资源、体育资本投入、体育科技创新等生产要素与生产条件重新组合，实现技术集约化和生产高效化，从而推动体育产业的结构优化和升级。

第一，提高体育场地设施的利用率，解决体育场馆闲置问题。体育场地设施是发展体育产业的重要载体，要运用现代企业管理制度，推进体育场馆管理体制改革，创新体育场馆的运营机制。重视整体规划，投资主体应多元化，设计要先进和合理，特别要注重赛事功能和赛后综合利用效益，鼓励规范化和专业化运营，拓展服务领域，提高经营能力和利用效率。

第二，鼓励多方投入和参与，重视体育人力资源的开发与管理。在体育产业结构的优化和升级过程中，人的因素是至关重要的，特别是高层次、复合型的体育产业经营人才对于体育产业发展尤为关键。一方面，高等院校要发挥其培养体育人才的主体性作用，制定并完善人才培养规划方案，有层次有策略地进行培养。另一方面，体育企业应主动寻求与高校的合作，促进人才交流与联合培养，开辟多元化就业渠道。

3. 推动产业结构转型，促进"体育产业+"深度融合

在新发展理念指导下，充分利用国内外的资源和市场，促进体育产业与相关产业融合发展，优化产业结构与提升价值链。"十四五"时期，以"供给侧改革"为契机，强调体育产业的供给侧改革，同时结合体育需求侧管理，扩大体育消费，夯实体育产业发展基础，不断提升体育产业的供给质量和效益。

第一，积极出台配套政策，不断优化产业结构。近年来，我国的体育产业发展迅速，但仍存在总量小且结构不合理、体育经营单位整体实力不强等问题。[①] 地方政府要优化体育产业结构，大力推动体育主体产业发展，推进体育用品业升级与转型，积极探索"互联网+体育产业"发展模式。[②]

第二，推动"体育产业+"深度融合，消除产业融合壁垒。体育产业要积极探索"互联网+体育"模式，不断拓宽与其他产业间的融合广度，在新业态与新技术的引领下，与旅游、科技、金融、培训、文化、教育等产业融合，衍生出新的产业类型，全面推进供给侧改革。

4. 培育多元供给主体，增加有效供给和补齐"短板"

在体育产业中，其产品与服务的供给形式主要有政府、市场、体育社会组织和多元混合供给四种形式。所以，在市场经济条件下，要优化市场

[①]　鲍明晓. "十三五"我国体育发展战略研究[J]. 上海体育学院学报，2016，40（2）：1-6，45.

[②]　黄海燕，张林，陈元欣，等. "十三五"我国体育产业战略目标与实施路径[J]. 上海体育学院学报，2016，40（2）：13-18.

环境，培育多元化市场主体，优化人才、资本、物力等要素流动，增加有效供给。

第一，培育多元市场主体。供给侧改革要培育和支持具有竞争力和发展潜力的产业，引导产业结构优化和升级。[①] 通过政府出台相关政策，鼓励社会资本进入体育产业领域，建立多元主体共同参与的现代化体育产业体系。地方各级政府要通过政府购买公共体育服务的方式，加强与体育社会组织的积极合作，培育具有较高影响力的骨干体育企业，鼓励成立体育产业研究院、体育产业孵化平台或尝试成立体育产业集团公司。

第二，提高体育产业的供给水平。在体育产业的治理中，积极探索多元治理之道，政府与市场、社会组织可以协同来解决供给问题。[②] 地方政府和体育部门要积极培育并支持体育竞赛表演、体育旅游、体育场馆、健身休闲等业态发展，打造精品体育赛事、建立优秀体育旅游基地，提升体育产业内各子行业产品与质量。

第二节　体育特色小镇：供给侧改革背景下体育产业跨界融合的实践探索

特色小镇的兴起，是国民消费需求提升的具体表现，也是我国经济新常态下发展产业的新动力。创建体育特色小镇不仅可以作为各个省市实现区域产业转型升级的突破口，也是市场这只"看不见的手"的自我选择。在供给侧改革、新型城镇化和全民健身战略背景下，国家出台专门的政策进行扶持，特别是在体育产业跨界融合的推动作用下，一段时期内全国上下都出现了体育特色小镇的建设热潮。本节以体育特色小镇作为切入点，将其看作体育产业供给侧改革的一面窗口。通过研究我们认为，体育特色小镇对于促进体育产业转型升级、实现产业间深度融合以及"健康中国"建设具有重要意义。[③]

---

① 毛雁冰，孙凯. 供需错位条件下的供给侧结构性改革的方向[J]. 新疆师范大学学报：哲学社会科学版，2016，37(3)：83-88.

② 马玉华，王莉，沈克印. 公地悲剧、价值失范与多中心治理——我国城镇化进程中公共体育服务的困境与破解[J]. 山东体育学院学报，2015(6)：1-6.

③ 沈克印，杨毅然. 体育特色小镇：供给侧改革背景下体育产业跨界融合的实践探索[J]. 武汉体育学院学报，2017，51(6)：56-62.

一、体育特色小镇概念内涵及多维审视

(一)体育特色小镇概念内涵

改革开放以来,我国小城镇建设得到快速发展,新型城镇化进程不断加快,传统城镇化的发展方式逐渐暴露出许多弊端。如:区域发展不平衡、产业布局和城镇规模结构不合理、城镇建设及规划不科学。在经济新常态背景下,为推动经济转型升级,深入落实新型城镇化建设,实现城乡一体化融合发展,"特色小镇"应时而生。在新型城镇化建设时期,"特色小镇"又被赋予了新的内涵和外延。体育特色小镇是在小城镇基础上演变而来的,是对于小城镇的继承与创新,是历史的必然选择,是时代的产物。体育特色小镇是体育产业跨界融合的创新载体,也是推进供给侧结构性改革和新型城镇化的有益探索。建设体育特色小镇是贯彻和落实"全民健身""健康中国""体育强国"等国家战略的重要内容,是新时代实现全民健身和全民健康深度融合的必然要求,也是推动体育产业高质量发展的重要抓手和实施路径。体育特色小镇是以体育为载体的一类特色小镇,具有融合旅游、健身、休闲、娱乐等多种功能,可以聚焦文化、旅游、养老、金融等多种产业,是我国全面深化改革的产物。

改革开放以来,我国体育产业获得较快发展,特别是步入"十四五"时期,体育产业迎来了难得的发展机遇,体育产业规模逐年扩大,成为推动我国经济发展的新亮点和强势推动力。我国"十四五"规划纲要指出,要推动以人为核心的新型城镇化,加快特色小城镇建设,体育特色小镇也因此在全国蓬勃发展。从国家政策来看,体育特色小镇建设是新时期国家体育工作的重点。国家和各级地方政府发布了一系列关于体育特色小镇建设的文件和政策,积极引导和鼓励体育特色小镇建设。创建体育特色小镇顺应了国民经济社会和体育产业发展的趋势,有利于解决体育发展中的"不平衡不充分"问题,满足人民对美好生活的需要。

随着体育运动全民化、休闲化、常态化,体育产业得到更长足的发展,在特色小镇推出并快速发展的背景下,创建体育特色小镇也迎来了新的发展机遇。体育特色小镇是体育产业与新型城镇化相互作用的积极成果,体育特色小镇与传统产业园、体育产业集聚区有明显区别,体育特色小镇凸显特色产业,以特色产业带动体育产业发展,创新建设理念,推动我国的新型城镇化进程。体育特色小镇是在小城镇基础上演变而来的,是对于小城镇的继承与创新,是历史的必然选择,是时代的产物。简单来

说，体育特色小镇就是体育产业与特色小镇融合而成的以体育产业为主要经济支柱且具有体育特色的小城镇。

总之，体育特色小镇是在新型城镇化背景下，体育产业发展到一定水平的一种区域性要素集聚的空间载体和发展模式，其形成和发展受到体育产业发展基础、体育文化、区域地位、生活环境、政策导向、生活方式等多种因素影响。体育特色小镇所依托的项目大多集中在体育赛事活动、户外运动休闲、体育特色培训以及体育与健康、旅游、文化等相融合的产业领域。体育特色小镇具有体育产业特色突出、生态环境优美、经济带动性强、体制机制灵活等特征。

(二)体育特色小镇的多维审视

1. 社会治理视角

党的十八大报告提出加强和创新社会治理管理，党的十八届三中全会提出了社会治理理念，指出要加快推进社会领域制度创新，推进基本公共服务均等化，加快形成科学有效的社会治理体制，要推进国家治理体系和治理能力现代化。社会治理理念的正式提出表明我国更加注重政治、经济、文化和社会领域的协调可持续发展。社会治理相对于传统的治理而言，更加强调权威来源和治理主体的多元化，政府不再扮演全能型角色。建设体育特色小镇，不仅刺激了体育产业、旅游、健康、房地产、基础设施、文化及服务业等多个产业的发展，在一定程度上也拓展了社会治理空间。

体育特色小镇一般选择在城乡接合的区域，一方面可以促进城乡体育"一体化"发展；另一方面可以有效解决"城市病"问题。体育特色小镇作为社会治理领域多元融合跨界发展的特色产业，依据小城镇地理基础和生态环境，采取因地制宜的方式充分利用地区资源，整合各种社会资源，最大限度地增进公共利益，为社会提供更丰富有效的公共服务，是对社会转型期间凸显的社会问题的积极回应与解决。体育特色小镇的社会治理是国家社会治理创新的一个组成部分，是社会治理精细化的具体体现。建设体育特色小镇，发挥市场机制，通过运用精准治理模式，发展社会力量和组织，推进体育治理体系和治理能力现代化。

2. 社会结构视角

在我国全面进入深化改革的关键时期，传统的社会管理模式已不能满足社会需求，主要表现在以下三个方面：第一，在经济体制层面，我国的经济体制逐渐由单一的公有制经济发展转化为以公有制为主体、多种所有制经济共同发展的所有制结构，市场发挥决定性作用，以前的计划经济时代的政府管理方式无法为经济发展注入活力。第二，在政治体制层面，我国的政治结构由集权型转化为民主法治型，政治体制改革进程加快，强制性的行政管理不适合当前政治发展环境。第三，在文化体制层面，文化体制改革不断深入，传统政府统包统揽的管理方式束缚了文化事业与文化产业的发展。经济新常态背景下，社会治理的特征愈加突出，主要表现为政府主导、多元参与的治理方式。从社会管理向社会建设再向社会治理转变，就是要坚持在中国共产党的领导下，形成政府、市场、社会和公民之间的良性互动关系，改变以政府为主导的传统治理结构，在法治框架内解决社会问题，化解社会矛盾，促进社会公平，推动社会有序发展，实现公共利益最大化。[①]

我国传统城镇化发展模式是以经济发展为中心目标、以规模扩张为发展方式、以地方政府为主导、以土地为主要内容、以大量的物质资本投入为驱动要素，这种发展模式违背了可持续发展。传统城镇化发展中所带来的问题愈演愈烈，主要表现为城镇区域发展、产业布局、人口分布不均衡；城镇建设和发展规划不科学、不合理；社会发展成本增加、社会问题突出。总之，在我国传统城镇化发展过程中，地理上多样性和城乡二元分割的体制造成了区域的不均衡发展，特别是产业布局和人口分布差别较大，在发展和建设规划方面也缺乏特色。

3. 产业融合视角

产业融合是新时期发展体育产业的必经之路，发展体育产业要用融合发展的理念来协调与不同产业之间的关系，体育特色小镇就是制度创新、组织创新、服务创新、管理创新的体现。近年来，随着体育产业的快速发展，我国体育产业与相关产业的产业融合和业态创新已逐渐显露出来，并朝着深层次方向发展，体育特色小镇就是体育产业跨界融合的载体。我国体育产业与相关产业在更深程度、更大范围内进行融合，遵循了技术融合、业务融合和市场融合等产业融合的演进路径，最后形成体育融合新业态。

2016 年以来，国务院相继发布《关于加快发展健身休闲产业的指导意见》《"健康中国 2030"规划纲要》等文件，促进体育产业与相关产业的融合发展，这为各个地方建设体育特色小镇提供了发展契机。建设体育特色

---

① 沈克印，杨毅然. 体育特色小镇：供给侧改革背景下体育产业跨界融合的实践探索[J]. 武汉体育学院学报，2017，51(6)：56-62.

小镇在一定程度上也拓展了市场空间，能够刺激体育产业、健康、房地产、旅游、基础设施、文化及服务业等多个产业发展，也是体育产业供给侧结构性改革的具体体现。体育特色小镇作为多元融合跨界发展的特色产业，能有效拓展体育产业的覆盖范围，衍生出新的产业模式，例如，体育旅游、互联网+体育、体医结合以及体育+文化等多种业态。建设体育特色小镇在一定程度上对于体育市场的开辟、体育消费点的增加具有促进作用。

4. 新型城镇化视角

城镇化是人类社会发展的客观趋势，是实现国家现代化的重要标志，新型城镇化建设对我国经济社会发展以及社会主义现代化建设具有重大推动作用。自改革开放以来我国城镇化得到迅速发展，是历史自然选择的合理性因素，也是经济社会的物质推动因素，当前中国城镇化发展已经进入中期阶段。

建设落实体育特色小镇是落实新型城镇化战略的重要抓手。体育特色小镇是在"创新、协调、绿色、开放、共享"新发展新理念下进行新型城镇化建设的呈现方式和重要路径，具有要素调节、结构调节、文化传承等功能，对于转换经济发展模式、破解传统城乡二元结构、推进新农村建设和新型城镇化具有重要意义。体育特色小镇建设是新一轮城镇化的"综合实验区"以及与乡村振兴的重要结合点，已经成为新型城镇化建设中呈现模式最为突出的载体。[①] 体育特色小镇是当前发展新型城镇化的一种选择，具有产业融合、健身休闲、生态宜居、城乡一体等功能，在一定程度上可以促进城乡公共体育服务均等化发展和推进体育产业供给侧结构性改革。

二、体育特色小镇：体育产业跨界融合的新模式

（一）产业关联：体育产业跨界融合的前提条件

近年来，在国家政府的大力推进下，我国体育产业得到了快速发展，每年的增加值占 GDP 比重逐渐提高，产业融合不断推进，产业结构逐渐优化。但是，体育产业发展仍遇到许多问题和挑战，如存在产业规模小、主体产业比重过小、赛事产业开发不够、市场集中度低、体育场馆运营绩效不佳等问题。从总供给来看，体育产业的总体规模仍然很小，体育产业与其他产业的融合度有待提高。产业关联是体育产业与其他相关产业进行

---

① 曾江，慈锋. 新型城镇化背景下特色小镇建设[J]. 宏观经济管理，2016(12)：51-56.

跨界融合的前提条件，在产业融合背景下，体育产业的跨界融合是未来发展的趋势，如果产业之间没有什么经济联系，产业之间的融合是不可能存在的。体育产业是体育特色小镇的生命力，需要与旅游、健康、文化、信息等相关产业进行跨界融合，特别是与旅游产业的融合得到不断深化，逐渐形成体育旅游业这一新兴业态。建设体育特色小镇要按照区位优势和资源禀赋来发展体育产业，促进体育产业跨界融合，不断延伸体育产业链和优化体育产业结构。例如，体育产业和旅游产业都具有高度的产业关联性和渗透性，同属于生活性服务业，可以形成以体育本体资源为核心吸引物，以旅游服务要素为平台，为双方产业融合提供资源条件和市场条件。① 体育特色小镇兼具体育产业和旅游产业的特征，既能够提高旅游产业的附加值，满足不同主体的多方需求，还可以拓展体育产业空间。体育特色是核心竞争力，树立"生产、生活、生态"理念，凸显体育特色，要开发具有竞争力和可持续发展的运动项目，防止"千镇一面"，让体育特色小镇成为新时代体育产业跨界融合的新模式。②

(二) 制度供给：体育产业跨界融合的政策保障

解决有效制度供给问题成为新时代体育产业跨界融合的重要任务，体育产业供给侧改革的核心就是要在新常态下构建适应体育产业发展的制度供给体系。一系列的促进体育产业及体育旅游产业发展的政策纷纷出台，为体育产业的高质量发展带来政策保障，更绘就了体育产业发展的美好蓝图。国务院 46 号文件的出台就已经确定了"促进体育产业与其他产业相互融合"的政策方向，明确提出推动体育与旅游、教育培训等融合，促进体育旅游、体育会展、体育传媒、体育广告等相关业态的发展。《关于大力发展体育旅游的指导意见》进一步强调，加强体育旅游与健康、文化、教育等产业的融合发展，培育特色化体育旅游产品。无论是体育产业示范项目、体育产业示范基地，还是体育旅游目的地、体育旅游示范基地，都与体育小镇有着天然的契合：体育小镇作为体育与其他产业融合发展的重要载体，既能够助力供给侧结构性改革，又可以满足消费方式从实物型向参与型和观赏型扩展的需求。2015 年 6 月，浙江省政府出台《关于加快发展体育产业促进体育消费的实施意见》指出，将"培育创建一批体育特征

---

① 杨强. 体育旅游产业融合发展的动力与路径机制[J]. 体育学刊，2016，23(4)：55-62.
② 沈克印，杨毅然. 体育特色小镇：供给侧改革背景下体育产业跨界融合的实践探索[J]. 武汉体育学院学报，2017，51(6)：56-62.

突出、产业基础较好、产业融合潜力较大的特色小镇"。2015 年 9 月，江苏省体育局印发《省体育局关于开展体育健康特色小镇建设工作的通知》《省体育局关于做好体育健康特色小镇共建推荐工作的通知》，在全国率先启动 8 个体育健康特色小镇建设。2016 年，国家发展和改革委员会、财政部联合发文《关于开展特色小镇培育工作的通知》，提出要大力建设特色小镇，对体育特色小镇的建设与发展具有一定的里程碑意义。2017 年 5 月，国家体育总局颁布《关于推动运动休闲特色小镇建设工作的通知》，提出建设运动健康特色小镇，要求各部门在体育设施、经费投入、赛事资源等方面全力支持运动健康特色小镇建设，并于 2017 年 8 月公布第一批运动休闲特色小镇试点项目名单。另外，《体育产业发展"十三五"规划》《关于建立特色小镇和特色小城镇高质量发展机制的通知》等政策的出台，为体育特色小镇成为体育产业跨界融合新模式提供了必要的制度供给。

(三)消费需求：体育产业跨界融合的内在动力

满足人民群众多元化的体育消费需求，提供高质量的体育产品和服务，是体育产业进行跨界融合的内在驱动力，也是体育产业供给侧结构性改革的重要内容。体育产业的消费，不仅仅是传统体育竞技赛事，而是融合了户外运动、赛事、教育培训、休闲、娱乐、健康等多种消费业态，与养生、旅游、亲子、养老等协同的多元化消费。体育消费属于生活性服务消费，体育消费方式正由传统的物质型向现代的服务型转变。体育消费是一种重复性消费，体验性和参与性较强，可以不断重复吸引人群，产生夜间消费聚集。因此，体育特色小镇可以形成"白天体育休闲运动+晚上赛事表演及其他休闲娱乐"的消费业态结构。在全民健身战略背景下，生态文明的可持续体育消费观和以人为本的全面体育消费观是发展体育产业与促进体育消费的关键。[1] 随着居民消费逐渐从基本消费、功能消费过渡至健康消费、体验消费，以健康为本、具有高度参与性及体验性的体育产业，面临着巨大的消费释放机遇，其未来的发展方向也应该是转向供给侧改革的消费。在健康中国战略背景下，建设体育特色小镇要让体育产业与相关产业的跨界融合，不断满足社会公众的体育消费需求。[2]

---

[1] 赵胜国，王凯珍，邰崇禧，等. 全民健身国家战略下体育消费观的时代意蕴及其实现路径[J]. 武汉体育学院学报，2016，50(5)：5-11.

[2] 沈克印，杨毅然. 体育特色小镇：供给侧改革背景下体育产业跨界融合的实践探索[J]. 武汉体育学院学报，2017，51(6)：56-62.

（四）科技发展：体育产业跨界融合的重要手段

科技是第一生产力，科技发展是体育产业跨界融合的重要手段，推进体育产业供给侧改革关键在于科技创新，培育体育产业发展的新动力，要依靠创新去融合高端要素。体育产业供给侧改革要充分发展科技要素的力量，提高体育服务和产品的科技含量，以创新思维去推动体育产业的结构优化和产品升级。体育产业跨界融合的本质特征就是创新，而以数字技术为代表的科技发展则是创新的重要手段。2015 年，国务院颁布《关于积极推进"互联网+"行动的指导意见》明确指出，拓展互联网与经济社会各领域融合的深度和广度。在数字经济时代，体育产业供给侧改革离不开科技创新驱动，特别是要以互联网为手段进行产业跨界融合。数字经济已经渗透到体育场馆预订、赛事 IP 经营、赛事运营管理、运动社交娱乐、体育商贸服务、体育教育与培训等诸多领域，对体育产业产生了很大影响。体育特色小镇建设融合了"产业、旅游、文化、社区"四大功能，体现了"生产、生活、生态"三方融合，契合了当下体育产业跨界融合的时代要求。体育特色小镇建设以"互联网+体育"的思维来推进产业融合，以线上与线下平台共同运营的模式来提升体育产业竞争力。例如，浙江富阳就充分利用杭州良好的互联网创业环境，创新体育科技，打造中国首个智慧体育小镇。①

三、供给侧改革背景下体育特色小镇建设的方略举措

（一）创新制度供给，做好科学规划

要用好政府的"有形之手"，发挥政府在制定政策规划、营造制度环境、提供公共服务等方面的重要作用。采用政府负责小镇的规划、基础设施和审批服务，引进民营企业建设体育特色小镇的运营模式。要坚持规划先行，科学制定体育特色小镇规划，明确发展边界，合理有效利用空间。体制机制不顺是小镇发展的主要瓶颈，要推进体制机制创新，重点在于挖掘内生动力、释放发展活力，努力在营造小镇发展的软环境、激发创新创业上下功夫，最大限度降低发展成本。建设体育特色小镇，要发挥政府的"有形之手"的宏观调控作用，做好科学规划和服务工作。第一，要正确

① 沈克印，杨毅然.体育特色小镇：供给侧改革背景下体育产业跨界融合的实践探索[J].武汉体育学院学报，2017，51（6）：56-62.

处理好政府与市场之间的关系，明确政府职责，突出政府的"引导"作用。第二，加强协调管理，对体育特色小镇的规划、申报、建设等工作进行管理。建设体育特色小镇是一个复杂的系统工程，需要多个部门协同治理，做好体育特色小镇建设的引导工作。第三，根据比较优势原则，体现出体育特色小镇的独特性。体育特色小镇建设要根据自身现实的或潜在的优势，发挥资源、经济、区位、市场等方面的比较优势，发展优势产品和特色产业，走一条差异化的体育产业特色发展路径。

(二)凸显体育特色，明确产业定位

体育特色小镇的建设不同于以往小城镇的规划与建设，要坚持产业建镇，防止照搬照抄和一哄而上。在体育融入特色小镇的过程中，需要多角度、多方面的建设原则为其"保驾护航"，建设成真正意义上具有体育特色的小镇，从而规避政府政绩工程和房地产利益链的噱头。体育产业是体育特色小镇发展的生命力，体育特色是产业发展的竞争力。因此，体育特色小镇的发展必须以体育特色产业为主线，走差异化的体育产业发展道路。第一，确定体育产业的核心地位，以运动项目为载体。特色小镇是产业集群演进和发展的必然结果，是新兴的产业空间载体和组织形式，反映了区域经济从投资驱动转向创新驱动。① 第二，体育特色小镇要凸显"体育"特色，以"体育"为本。体育产业将成为我国经济转型升级的重要推动力量，建设体育特色小镇以"体育"为本，可以创造更多的体育消费需求和体育新空间，通过提供体育特色服务和体育特色产品，满足人民群众的多元体育消费需求。第三，完善产业链布局，推动体育产业跨界融合。建设体育特色小镇要树立产业链思维，结合当地特色体育产业与地理区位特征，提高产业集聚和发展能力。② 例如，浙江省绍兴市的柯桥酷玩小镇，就是构建产业生态链的体育类特色小镇，以"酷玩"时尚和体育休闲为核心，以室内滑雪、极限摩托、滑翔伞等运动项目为载体，形成体育服务产业生态链。

(三)坚持市场主导，优化资源配置

中国经济已迎来了"新常态"时代，供给侧结构性改革日渐深入人

---

① 盛世豪，张伟明．特色小镇：一种产业空间组织形式[J]．浙江社会科学，2016(3)：36-38.

② 赵士雯，赵艳华，国福旺．新型城镇化背景下的天津特色小镇培育策略研究[J]．城市，2016(10)：22-25.

心，"市场在资源配置中起决定性作用"成为深化经济体制改革的宏观指导。推进体育特色小镇，最重要的是要处理好政府和市场的关系，尊重市场规律，使之成为市场主导、自然发展的过程，成为政府引导、科学发展的过程。第一，建设体育特色小镇要坚持市场主导，最大限度激发市场主体活力。在体育特色小镇建设中引入竞争机制，重视体育特色小镇的建设质量，特别是要运用财政、金融、税收等经济手段，优化体育产业结构。在建设特色小镇的浪潮中，要坚持产业和民生导向，地方政府不能搞政绩工程，体育特色小镇的运营管理要走市场化道路。第二，鼓励和吸引社会力量参与，培育体育特色小镇建设的多元主体。建设体育特色小镇，要打破政府垫资或出资的融资模式，减少行政审批，将市场供给与社会公众的体育消费需求结合起来，吸引具有较强实力的企业参与体育特色小镇的投资和管理。第三，以价格为引导，减少体育特色小镇的重复建设和无效供给。建设体育特色小镇要优化资源配置，以价格为引导，调节要素资源流动。地方政府要考虑本地实际发展状况，规范体育特色小镇建设。

（四）树立融合理念，加强跨界融合

根据国内外体育特色小镇的实践与经验，上下游产业集聚而产生的人口与经济的集聚效应，是体育特色小镇形成的基本动因，产业融合与集聚是建设特色小镇的经济学逻辑。我国已建成或正在建设的体育特色小镇不少是以"体育+旅游"的形式呈现，以旅游助推体育，以体育为旅游资源，打造不同特色的体育特色小镇。建设体育特色小镇要因地制宜，树立融合理念，通过营销融合、资本融合、媒体融合等方式，加强体育产业与健康、科技、旅游等产业的融合。第一，建立行业协会，发挥其协调和治理作用。在产业融合背景下，可以建立体育与旅游等融合的体育行业协会，发挥其协调和治理作用，积极服务于体育特色小镇的建设与运营。第二，加强管理部门之间的合作，为体育特色小镇建设提供政策保障。建设体育特色小镇要从各自功能定位出发，重视体育特色小镇的规划与布局。体育行政管理部门要进行体制机制创新，联合出台跨界融合的制度和政策，推进体育产业跨界融合。第三，因地制宜，走出一条绿色、集约、低碳的建设之路。体育特色小镇要依托自然资源，挖掘民族传统体育文化，加强体育旅游设施建设，打造体育特色产品。对于体育特色小镇来说，绿色是必不可少的底色，既是红线和底线，也是优势所在。建设体育特色小镇可以通过利用互联网技术，以"互联网+体育"的思维来促进体育产业跨界融

合，实现网络化和平台化管理。① 在生态文明的保障下，绿色体育特色小镇将更加美丽、精致，其拥有的特色也将更加扎实、持久。

(五)完善运营管理，重视动态评估

建设体育特色小镇要重视生态文明建设，必须依托于当地的自然条件和生态环境，合理高效利用自然禀赋资源，才能实现体育特色小镇的可持续健康发展。在体育特色小镇建设和运营管理中要凸显政府的引导作用，同时，要通过市场化运作，完善运营管理和实施动态评估。第一，坚持以民生和体育产业为导向，坚持市场化运作。体育特色小镇建设的建设主体应当是企业，要发挥市场在资源配置中的决定性作用，避免体育特色小镇的重复建设，要突出企业的主体地位，进行项目化运作，可引入资金实力较强的龙头企业。第二，创新融资渠道，引入社会资本和金融机构资金。体育特色小镇的发展要有强有力且稳定的资金支持，需要创新融资渠道，引入社会资金参与体育特色小镇建设。地方政府可利用体育产业发展引导基金来吸引和鼓励社会力量参与体育特色小镇建设。第三，加强对体育特色小镇的监督和管理，重视动态评估。建设体育特色小镇要科学规划，因地制宜，不能一哄而上，更不能搞"政绩工程"和"形象工程"。特色小镇是"区域精英"，具有较强的引领作用，在精准治理过程中对其进行绩效评估是不能缺少的。② 政府要加强对体育特色小镇的监督，防止特色小镇成为房地产商"圈地"的手段，不同项目类型的体育特色小镇，要实施动态管理和评估机制，通过设置不同的评价标准，对其进行年度考核，对不符合发展要求的体育特色小镇进行淘汰。

第三节　体育健身休闲业的发展困境与实施路径：基于供给侧改革的视角

自 2015 年以来，我国经济发展进入新常态，面临较大的下行压力，产能过剩、有效供给不足等问题愈发突出。在此背景下，习近平主席提出供给侧结构性改革的新命题，"在适度扩大总需求的同时，着力加强供给

---

① 沈克印，杨毅然.体育特色小镇：供给侧改革背景下体育产业跨界融合的实践探索[J].武汉体育学院学报，2017，51(6)：56-62.
② 闵学勤.精准治理视角下的特色小镇及其创建路径[J].同济大学学报(社会科学版)，2016(5)：55-60.

侧结构性改革，着力提高供给体系的质量和效率"。① 供给侧改革的提出是对过去经济增长依靠投资、消费、出口模式遇阻的正面回应，认为国家调控的关注点应是"供给侧"。健身休闲产业作为体育产业的重要一环，也面临着结构性失衡的问题。为此，基于供给侧改革的大背景，以创新驱动发展战略作为改革切入点，探究推动健身休闲产业发展的动力要素，尝试提出相关优化策略，在把握供给侧改革的前提下实现健身休闲产业跨越式发展。

一、健身休闲产业供给侧改革的动因

(一)需求方改革动因

当前，我国进入全民健身时代，人民对于美好生活的要求不仅仅是温饱，对健康也有了更高要求，休闲时间的利用也更加趋向于注重体育和娱乐活动，纵观当今各产业的发展，消费需求是产业发展的直接动力。2016年国务院办公厅在《关于加快发展健身休闲产业的指导意见》中提出，到2025 年健身休闲产业总规模达到 3 万亿元的发展目标，推动其成为幸福产业、健康产业。② 人们的健身休闲需求和经济社会发展关系到健身休闲产业发展的程度，人们只有在有钱、有闲、有参与意识等条件下才有能力去享受自己的健身休闲生活方式。随着社会生产方式的深刻变化和国家经济发展水平的不断提高，城乡居民的收入大幅提升，为城乡居民参与健身休闲活动奠定了基础，越来越多的城乡居民开始关注自己的身心健康。随着体育消费者逐渐意识到个性化内容所带来的价值，人们为数字体育内容付费的意愿也在不断攀升，传统的体育企业在寻觅新的突破口，实现由粗放型到集约型的转变。中国体育企业的数字化转型越来越明显，人们的数字化体育消费随之增加。只有逐步规范健身休闲产业市场，抓住健身休闲产业市场的热点消费需求，才能延伸健身休闲产业的产业链，满足人民群众的健身休闲需求。随着数字化技术与体育产业各个子产业融合深度加强，数字体育在体育消费中的优势凸显，数字体育日益成为我国体育消费提质扩容的关键点。

传统商业模式中，消费者无法参与体育产品和服务的设计生产环节，

---

① 余水工. 供给侧改革的关键性分析[EB/OL]. [2015-12-22]. http：//www. qianzhan. com/analyst/detail/329/151222-40ca7be5. html.

② 国务院办公厅. 关于加快发展健身休闲产业的指导意见[EB/OL]. [2016-10-28]. http：//www. gov. cn/xinwen/2016-10/28/content_5125602. htm.

而数字化转型使体育企业能够建立和消费者之间更紧密的数字化连接，实时掌握体育消费者的行为和情绪，使体育消费者的偏好和个性化体育需求融入设计生产成为可能。例如，体育企业借助大数据、人工智能等新一代数字技术，能够突破"点对点""面对面"的物理时空限制，通过收集体育消费者在互联网上的浏览、查询以及消费记录，与体育消费者建立互动的数字化连接。开发适应市场的体育用品和个性化定制服务。① 以 5G 为代表的数字技术与竞赛表演业相结合带给观众更好的观赛体验，体育赛事之所以能够成为 5G 通信技术应用最前沿的"试验场"，源于其对视频直播清晰度、流畅度和延迟度的高需求，观众能否在赛事直播中体验到高质量的现场感和参与感是其选择特定直播平台的首要条件。5G 通信技术的应用，可以解决体育赛事直播中存在的数据传输不稳定、资源清晰度欠佳、话音不同步等问题，进一步满足观众日益提升的视听体验需求。在数字化技术的加持下，人们的体育消费和体育基础保障提升。数字化转型后的体育场馆将更好满足消费者需求，给消费者带来更高质量的体验。数字技术赋能体育场馆服务业，能够有效催生智慧体育场馆新模式。

（二）供给方创新动因

需求方的另一对立面就是供给方，只有两者平衡，社会经济才能良好运行，其中供给侧改革的重要构成要素就是创新。在此所探究的主要是以供给方的利益推动力以及提高生产效率作为创新动因。对于健身休闲产业而言，其发展要素主要是依靠体育本体资源作为载体，向大众提供体育产品服务，隶属于经济活动的一种，涵盖业态较广泛。当前，就整个经济状况以及产业发展现状而言，原始利用自然资源生产方式的模式已经不再适用当前的经济活动状况，企业为获得更高利益必然追求提高生产效率，进行生产力的改革与动力转换，其关键途径就是创新。当前，探索利用创新要素推动经济发展的行动已经悄然开始，各企业不断依靠创新要素转变市场价值以及提高竞争力，以达到效益提升的目标。体育产业也不例外，科技成果不断应用于体育产业创新与拓展，"体育+"模式就是创新驱动机制下新的突破口。作为体育产业中的健身休闲产业正在不断成为引领体育消费市场的新经济增长点，但是从创新视角来看，我国健身休闲产业的供给仍然滞后于需求，产业规模较小，未形成完整产业链，且质量较低、供给

---

① 何大安．互联网应用扩张与微观经济学基础——基于未来"数据与数据对话"的理论解说［J］．经济研究，2018，53（8）：177-192.

有效性不足，还存在一些行政化的机制障碍，亟须转变发展方式。对于这类问题，进行创新改革可以说是对其做出的正面回应。因此从问题导向来看，健身休闲产业与创新是紧密联系的，创新战略的实施必定会改变健身休闲产业的宏观环境和政策布局，对健身休闲产业的发展指明新的方向。

二、健身休闲产业发展的创新驱动要素

健身休闲产业实施创新驱动发展战略是实现高质量发展的必然要求。当下各种科技成果不断应用于体育产业之中，拓展了体育产业新模式。例如，"互联网+体育"新发展模式的开发拓展就是一大创新点，其中健身休闲产业也将"互联网+健身休闲"纳入其发展规划，鼓励开发以移动互联网、大数据、云计算技术等为支撑的健身休闲服务，积极推动传统健身休闲产业由销售导向向服务导向转变，促使健身休闲在线平台企业发展壮大，整合线上线下企业资源，形成健身休闲产业新的发展圈。这对于旧的健身休闲产业甚至整个体育产业来说，是革命性的创新和变革，也是网络时代体育产业进入新发展阶段的标志性创新。而互联网在体育产业中的应用在创新驱动发展战略中只是一部分，在工业 4.0 时代，新兴技术和各领域创新成果的传播速度与广度将远远超过前几次革命，[①] 这为我国经济提供了新的发展机遇，也为体育产业的发展提供了新思路。因此，为探寻健身休闲产业高质量发展的创新驱动机制，充分认识市场在资源配置中起决定性作用的经济机制，处在激烈的市场竞争环境下的企业为实现其高质量发展必须要进行创新，将传统发展要素向制度、人才、技术、产品以及服务等创新要素转变。健身休闲产业高质量发展的创新驱动机制所依靠的要素主要是本体体育资源，创新驱动要素则包括技术创新、制度创新、人才创新、健身产品服务创新四类。健身休闲产业发展初期是利用传统的体育资源发展要素，这对于其发展有着重要作用。随着经济发展方式不断转型升级，以及人民对高质量生活的美好追求，对物质生产要素过度依赖的传统驱动发展方式必然转变为创新要素驱动发展方式，因此健身休闲产业也必须依靠创新要素作用于该产业主体，改变规模较小、有效供给不足、专业人才匮乏、市场化水平不高以及相关政策不完善等发展困境，科学进行创新活动，使健身休闲市场资源得到合理配置，以此激发市场活力并获得竞争优势。

---

① 克劳斯·施瓦布：我们正经历第四次工业革命[J]. 商周刊，2016(Z1)：60-62.

（一）技术创新要素

邓小平同志曾经提出"科学技术是第一生产力"的重要决断。在创新驱动中技术要素是一个国家经济增长的不竭源泉，是企业获得市场优势、扩大规模的核心动力，对于整个社会发展起决定性作用。就技术创新驱动健身休闲产业高质量发展的具体机制来讲，首先，技术创新能够通过提高各部门生产要素和社会劳动生产率的边际生产率，有效地改善健身休闲市场资源配置的效率，使各类生产要素向效率高的部门集聚。[1] 其次，转变健身休闲产业生产方式，破解健身休闲产业发展的市场制约，带动新兴产业的形成及产业结构优化的进程，直接或间接地延伸生产边界，扩大健身市场规模，优化健身休闲产业结构，完善健身市场产业链。最后，从宏观角度来说，可以促进体育产业的结构性调整和优化，进一步促进体育产业市场细致分化，以适应未来发展需要，并进行财富创造以拉动经济增长。

（二）制度创新要素

政府拥有对社会组织及个人使用政策手段的行政权力，因此在推进与实施创新驱动发展战略中，政府所颁布的政策法规是引导创新发展的重要抓手，科学合理的政策法规能够为企业的自主创新创造良好的外部环境。[2] 在健身休闲产业中，制度创新驱动其高质量发展主要表现为：首先，相关政策能够从法律维度对健身休闲产业行为进行规范约束，对健身休闲市场具有重要的指导、引领和促进作用。其次，政策法规能够发挥"有为政府"的作用，对健身休闲市场资源开发利用、市场运营、品牌打造等方面进行统一的规划和布局，避免市场出现乱象丛生等问题。最后，通过制度创新可以有效厘清政府、市场、企业在健身休闲市场中的作用与角色，其实质是激发创新健身休闲产业主体活力，建立与国家创新发展趋势相适应的健身休闲产业治理模式。

（三）人才创新要素

人才要素是物质资料生产活动中最重要、最积极、最有创新力的要素，在经济转型升级、创新驱动发展中则迫切需要创新型人才，拥有人才优势

---

[1] 蒲晓晔，Jarko Fidrmuc. 中国经济高质量发展的动力结构优化机理研究[J]. 西北大学学报（哲学社会科学版），2018，48（1）：113-118.

[2] 张英建. 我国体育产业创新驱动型发展机制研究[J]. 广州体育学院学报，2019，39（4）：22-24.

是我国创新驱动发展战略的具体体现，是赢得发展先机以及可持续发展的必要手段。首先，人才创新有利于为该产业培养复合型人才，满足经营管理需要，反过来复合型人才又能促进产品创新与成果运用，提高健身休闲业产品自主研发能力。① 其次，人才创新驱动机制可以有效提高健身休闲产业劳动力素质，进而提高劳动生产率，促进财富积累。最后，"人才强国"战略是我国大力倡导的国家战略，能激发个人在健身休闲产品上的创新与智慧，调动个人的创新积极性，提高劳动力的素质与技能，进而驱动创新型产品打造，推动全社会劳动力素质提高，有利于财富积累以及社会进步。②

(四)产品服务创新要素

目前，我国经济发展正处于由高速增长阶段转向高质量发展阶段的重要时期，主要任务是注重提升质量和效益。这也决定了体育产业必须深入贯彻供给侧改革思想，从体育产业供给端出发，依靠创新要素优化体育产品和服务结构，推动其转型升级。③ 首先，推动健身休闲产品与服务创新是满足人民高质量需求和坚持"以人民为中心"的重要体现，是解决当下体育供给不平衡、不充分以及质量较低等矛盾的必然要求，有利于补齐健身休闲产业供给端短板，优化产业结构和供给质量。其次，在 2018 年 12 月召开的中央经济工作会议中，政府就提出要强化企业创新主体地位，提高企业自主创新能力和动力，形成有效的创新机制和营造更优产品服务。因此，推动健身休闲产业产品与服务创新是落实国家政策的重要体现，有利于助力科技强国建设。最后，企业作为新时代下践行创新战略的主体和反映市场规律变化的重要角色，所提供的产品与服务是企业与市场相衔接的重要枢纽，而市场及需求变化可以有效地为企业创新提供思路和步骤，反过来促进企业可持续发展。

三、健身休闲产业供给侧改革的实施路径

(一)建设产学研协同创新体系，推动健身休闲产业技术创新

要推动建设以技术创新为主体的健身休闲产业产学研协同创新体系，

① 刘骏，张蕾，陈雪. 创新驱动背景下企业创新速度对创新成果的作用机制研究[J]. 科技进步与对策，2019，36(14)：108-114.
② 李娇楠. 创新驱动高质量发展的内在根据探析[J]. 领导科学，2020(2)：116-118.
③ 沈克印，吕万刚. 体育产业供给侧改革：投入要素、行动逻辑与实施路径——基于社会主要矛盾转化研究视角[J]. 中国体育科技，2020，56(4)：44-51，81.

首先，政府要深化健身休闲产业供给侧改革，转变产业发展要素与发展方式，促进科技创新应用与推广，推动健身休闲产业链向高端化发展，构建合理的技术创新投入机制，加强该企业基础性研究投入，提高基础研究经费的比例，优化各种科技要素的配置。其次，企业层面，一要加强"产学研"在整个健身休闲产业创新体系中的核心轴建设，基于市场需求承担创新研究的任务与责任，依托互联网、数字化等技术驱动产品研发，革新健身休闲市场需求与产品供给。二要围绕体育产业供给侧改革这一中心，突破健身消费的限制，改变单一的健身运动方式，开拓与发展新的市场边界，为消费者提供各种差异性、应时性健身产品，满足其多元化健身需求。最后，设立相关健身休闲产业创新研究机构和实体，构架产学研创新大数据技术平台，为企业提供最新健身休闲产业研究成果，为企业提供发展思路与指导方案。同时，依靠技术研发改变产业依靠劳动密集型这一传统模式，充分利用当下互联网、人工智能以及 VR 等技术运用这一大趋势向技术密集型企业转变，打造具有代表性以及影响力的创新型健身休闲产业。

(二)强化政策创新设计与资金支持，释放健身休闲产业发展活力

产业政策作为供给管理政策，是政府经济职能的政策支柱之一，是用间接管理方式指导微观经济活动的重要手段。[1] 当前我国健身休闲产业进入市场不久，市场经验不足，如何发挥好产业政策的导向和扶持作用是健身休闲产业能否高效健康发展的关键，需要政府宏观把控和精准定位，结合地方特色发展运动休闲项目。一是对具有初步规模的体育企业，给予在税收、信贷、融资等方面的政策优惠，鼓励社会资本进入健身休闲体育市场，但对于违法违纪的企业给予严惩，甚至严肃取缔。二是需要加强健身休闲产业的长期发展规划，形成一套完善的政策体系，加强与旅游、文化等产业政策的协同性。发挥政策效应，通过强化健身休闲产业政策供给，优化政策环境，助力健身休闲产业高质量发展。[2]三是建立有效的保障机制，提高专项资金扶持力度。政府提供专项资金扶持，结合体育产业数字化中的基础共性数字技术和设施在全国范围内建设标准化体系。以国家推动数字中国和制造强国的经济战略为着力点，在顶层规划中，要厘清制造

①　戴俊，任波，董宏，周玲玲，刘跃. 我国健身休闲产业发展面临的困境及对策[J]. 体育文化导刊，2019(9)：67-72.

②　黄彦震，侯瑞. 高质量发展下"创新困境"的机制创新[J]. 经济体制改革，2019(6)：185-190.

业与服务业、虚拟经济与实体经济的关系。

(三)加强人才队伍建设，培养健身休闲复合型人才

培养适宜于产业发展的复合型人才是当务之急，由于我国健身休闲产业发展起步较晚，因此常受人才匮乏的问题制约。健身休闲产业专业复合型人才培养是一个系统工程，需要建立多方协调机制。① 第一，构建激励保障机制。对企业人才职业再培训给予制度保障，对高校专业人才培养给予经费支持。形成校企合作新形式，将先进技术等资源转化为课程理论，指导专业建设和课程建设。第二，改革传统人才培养模式。探索全新人才培养模式，需要主动适应市场需求，在健身休闲教育、科研领域激励创新。② 第三，重视数字人才培养。由于数字经济时代的体育用户需求和技术的应用日趋复杂，作为体育产业市场提升竞争力的重要资源，人力资源的建设将成为企业组织数字化转型的发展基石，要实现体育产业数字化转型的目标，就需要以创新驱动为产业内部的新动力，打造擅长数字化技能的人才队伍。要以培养具有数字化思维能力和熟知体育用品及体育服务的专业人才为目标，培养"技术+管理"的复合型人才。

(四)提高产品与服务质量，优化健身休闲产业供给结构

供给体系质量的提高是一个系统工程，提高健身休闲行业的产品与服务质量，需要政府与市场协同发力。在企业层面，树立创新发展意识，转变企业发展观念，改变传统商业模式，积极适应新时代消费需求方式的转变，借鉴并引进国外先进经营、管理、销售模式。③ 在政府层面，提高健身休闲行业的生产和管理标准，多个行政职能部门协同发力，加强质量监管。基于产业发展的视角，推动运动项目的多元化发展是健身休闲产业面对体育产业市场中出现部分饱和，以及一些细分市场遭遇垄断情况所采取的应对方式。现如今，健身休闲业的发展趋势逐渐演变为体育休闲业与大健康、体育文化和旅游的融合，从而促进运动项目的推广、娱乐化、项目层次多元化及智能化的特征日益明显。目前，美国的体育产业产值结构中，健身休闲产业的产值位列世界第一，而我国健身休闲产业的市场份额

---

① 花楠. 我国健身休闲产业的发展困境与路径优化[J]. 广州体育学院学报，2019，39 (6)：37-41.

② 李剑力. 高质量科技供给的驱动机制与路径研究[J]. 学习论坛，2019(5)：41-46.

③ 朱金榜，柳鸣毅. 新常态下我国体育产业发展机制与路径研究[J]. 体育文化导刊，2016(10)：103-108.

只占体育产业的小部分。① 现阶段，优化健身休闲行业要着眼于数字化转型，将互联网经济、数字技术的先发优势运用到自身发展上。例如，坚蛋运动，其健身房采用"数字化平台+智能化健身"模式，以人脸识别、3D智能体测仪及智能化健身器械供给为主，通过月卡制、24小时营业的社区型智能健身模式，打造出完美契合消费者诉求的一站式服务。

第四节　体育用品制造业的发展困境与实施路径：基于高质量发展的视角

党的十九大报告指出，我国社会主义进入新时代，社会的主要矛盾已转化为人民日益增长的美好生活需要和不平衡不充分的发展之间的矛盾，经济增长已由高速增长阶段转向高质量发展阶段。② 在"三期叠加"的经济新常态下，我国经济面临着转方式、调结构、稳增长的任务。当前我国经济改革的重点是实体经济，其中制造业作为国民经济的主体，是立国之本、兴国之器、强国之基。我国政府根据国内的经济发展现状以及国际环境适时地提出了"中国制造 2025"，从国家层面大力倡导发展实体经济，进而促进我国经济的高质量发展。体育产业作为我国未来经济的支柱型产业，必将逐渐成为我国经济新的增长点，将在经济由高速增长转向高质量发展的阶段中占据重要的地位，不断推动着经济有效供给能力的提高。体育用品制造业高质量发展必将推动我国体育产业的不断发展，提升体育用品企业的有效供给能力，进一步培育具有国际竞争力的品牌，实现产业转型升级。

一、体育用品制造业高质量发展的含义

在我国宏观经济增长速度不断放缓的背景下，推动我国经济的高质量发展是适应经济新常态的主动选择，是顺应我国经济发展和适应我国社会矛盾变化的必然要求。顾名思义，高质量发展即经济发展质量的高水平。张军扩、侯永志等从五位一体的发展理念层面来理解高质量发展，认为高质量发展是经济、政治、文化、社会、生态文明五个方面的建设要协调发

① 薛文忠. 新时代我国休闲体育发展的瓶颈与突破[J]. 体育学刊, 2019, 26(3)：45-49.
② 习近平. 决胜全面建成小康社会——夺取新时代中国特色社会主义伟大胜利[N]. 人民日报, 2017-10-28(1).

展,不能仅仅追求提高产品和服务的质量和标准,或者为了某一方面的高质量发展而忽略其他方面,高质量发展是公平、高效率、绿色可持续的发展,高质量发展的最终目标是满足人民日益增长的美好生活需要。① 王一鸣从经济学的角度来阐述高质量发展,认为高质量发展应该通过科技创新和体制变革,实现增长动力由要素驱动转向创新驱动、生产要素高效配置,进而优化经济结构,改善人民生活水平。② 任保平从宏观、中观、微观三个方面阐述高质量发展,认为高质量发展在微观方面主要指产品质量与企业质量要实现利益的最大化,从中观方面来看高质量发展则是产业整体结构不断优化、工业化质量不断提升,从宏观方面来看则是经济社会均衡发展,实现人类的全面发展。③

研究体育用品制造业高质量发展的内涵可以从宏观和微观两个方面入手。微观方面,即体育用品制造企业不断增强自身的创新意识与能力,提高产品的科学技术含量,提升企业的有效供给能力,通过营销不断增强自身的品牌价值,从而实现企业自身的高质量发展;宏观方面,在企业发展的基础上,依托当前的国家政策大力推动体育制造业的供给侧结构性改革,进一步促进宏观方面体育用品制造业的供给能力,促进自身发展的质量变革、效率变革、动力变革,实现产业由数量增长到质量提升、由要素驱动转向创新驱动的协调可持续发展,满足人民日益增长的多元体育需求。

二、体育用品制造业发展背景、现状与趋势

(一)发展背景:全球产业转移推动我国体育用品制造业发展

20世纪80年代,全球第三次较大规模的产业转移发生。其中绝大部分劳动密集型产业和一般技术密集型产业开始向发展中国家转移,我国企业依靠着劳动力、原材料等生产要素优势从而得到了快速发展,中国逐渐发展成为"世界工厂"。在这一时期中国东部及东南部沿海城市的体育用品制造业迎来了发展的黄金时期,体育用品制造企业开始不断涌现。④ 但

---

① 张军扩,侯永志,刘培林,等.高质量发展的目标要求和战略路径[J].管理世界,2019,35(7):1-7.
② 王一鸣.深化改革 推动经济高质量发展[J].理论视野,2018(11):9-13.
③ 任保平.新时代高质量发展的政治经济学理论逻辑及其现实性[J].人文杂志,2018(2):26-34.
④ 杨琦,张治国.全球第4次产业转移浪潮和我国体育用品制造业的出路[J].武汉体育学院学报,2013,47(10):39-43.

是在整个产业发展初期，我国体育用品制造企业处于价值链的低端，只能依靠生产要素优势进行竞争，自身缺乏知名品牌且竞争力严重不足，只能从事一些国际知名运动品牌的代加工工作。

进入 21 世纪，经济全球化趋势不断加深。随着我国加入 WTO 组织，国民经济高速发展，人民的生活水平不断提高。加上 2008 年北京奥运会的成功申办进一步刺激了人们的体育参与热情，人民体育消费显著提高，在一系列因素的作用下，我国体育用品制造业迎来了新的黄金发展时期，体育用品企业规模不断壮大，产业整体产值不断攀升。但是 2008 年经济危机的爆发致使我国经济外部发展环境不断变化，要素优势逐渐减弱，已不能支撑我国体育用品制造业在国际竞争中的优势地位，加之前期我国体育用品产业过高估计市场前景致使企业库存高企，导致我国体育用品制造业进入了发展的困境期，体育用品制造业面临转型升级以及全球价值链地位急需提升等问题。据统计数据，我国体育用品制造业生产份额占全球的 65%，但当前仍然处于全球价值链的中低端，国产品牌的市场竞争力依然无法与国际知名品牌相比较。[1] 我国体育用品企业以中小型为主，主要依靠从事代加工等价值链低端工作，产品同质化问题严重，在这一时期不少企业逐渐被市场淘汰。与此同时，安踏、李宁等公司通过技术创新不断提高自身硬实力，同时积极打造自身品牌价值，努力提升自身品牌影响力，逐渐摆脱了发展的困境期。当前阶段，体育用品制造业再次呈现出产业转移趋势，相较我国更具有人口红利优势的东南亚国家逐渐成为新的制造基地，我国体育用品制造业面临着价值链的双重挤压。体育用品制造业的高质量发展顺应时代与产业发展潮流，要求我国体育用品制造业根据国际竞争发展形势，积极提高我国体育用品制造业在全球价值链中的位置，努力提升我国体育用品制造业的品牌价值，进而提升我国体育用品的国际竞争实力。

(二)体育用品制造业的发展现状

1. 产业政策：为体育用品制造业提供良好外部环境

随着 2014 年国务院 46 号文件的出台，体育产业开始逐渐受到各地政府和社会的重视，相继出台了一系列的保障政策旨在促进体育产业的发展，推进经济的转型升级与高质量发展。46 号文件指出，体育用品制造

---

[1] 邵桂华. 中国体育用品制造产业可持续发展之路：困境与突破[J]. 山东体育学院学报，2014, 30(5)：7-11.

业应该统筹推进体育产业各门类的全面协调发展，促进制造业与相关产业融合发展。在生产制造与材料工艺等方面加大研发投入，鼓励体育用品制造业创新发展，提升传统体育用品的质量水平。同时应该加强品牌建设，努力打造具有国际影响力的体育用品企业。①

2008 年国际金融危机后，发达国家纷纷开始实施再工业化战略，德国、美国等国家相继提出"工业 4.0""制造业回归"等制造业发展战略。2015 年 5 月，国务院印发"中国制造 2025"战略文件，旨在提高我国制造业整体发展水平，其核心是加快推进制造业创新发展、提质增效，实现向制造强国的转变。文件指出，改革开放后我国制造业高速发展，逐渐形成了门类齐全的制造业体系，有力地推动了我国现代化建设，但我国制造业整体面临着大而不强的现状。自身产品的创新能力不足，品牌影响力低下。体育用品制造业作为实体经济在体育领域的重要体现，在《中国制造 2025》战略中占据着重要的作用。《中国制造 2025》指出，应该加强制造业结构深化调整，化解过剩产能，推动实体经济迈向中高端领域。加大环保材料与工艺的研发，提高资源利用效率，推动制造业走绿色发展道路。同时应该注重制造业与服务业协同发展，促进生产制造转化为服务型制造。②

2019 年 9 月，国务院相继出台《体育强国建设纲要》和《国务院办公厅关于促进全民健身和体育消费推动体育产业高质量发展的意见》。纲要指出，引导体育用品制造企业加大技术创新与成果转化，结合当下科技成果研发智能体育装备，努力提升中国体育用品品牌的知名度，引导企业积极导入国际竞争，有效提高产品的高质量供给能力。③《意见》再次强调，推动体育制造业与大数据、智能制造等新兴技术的融合发展，推进体育用品企业与高校等科研单位成立产品研发中心，努力打造国家体育产业示范基地和示范企业，促进体育用品制造业的高质量发展。④

2. 发展规模：整体产值波动增长，消费新需求不断涌现

最新数据显示，2017 年我国体育用品及相关产品制造总产出为 1.35 万亿元，增加值为 3264.6 亿元，分别占体育总产值和增加值比重为 61.4% 和 41.8%。同时，2017 年我国体育用品及相关产品制造总产出和

---

① 国务院. 国务院关于加快发展体育产业促进体育消费的若干意见[Z]. 2014-10-02.

② 国务院. 国务院关于印发《中国制造 2025》的通知[Z]. 2015-05-08.

③ 国务院. 国务院办公厅关于印发体育强国建设纲要的通知[Z]. 2019-08-10.

④ 国务院. 国务院办公厅关于促进全民健身和体育消费推动体育产业高质量发展的意见[Z]. 2019-09-04.

增加值年均复合增长率为 9.64%、8.85%，中商产业研究院预测到 2019 年，其总产出将超 1.6 万亿元，增加值有望突破 3800 亿元(如图 7-2)。①

随着 46 号文件的出台，我国体育产业迎来了高速发展的黄金时期，体育用品各大品牌已经认识到传统销售模式的弊端，开始根据自身企业的实际情况制定不同的发展战略，进行转型升级。例如，安踏体育通过召回库存、实行品牌零售模式、线上线下全渠道营销等方式进行了转型升级，同时不断收购国际知名品牌提高自身品牌价值与影响力，并且满足了细分市场的用户需求，为企业带来了新的销售增长点，促进企业由发展困局转向高质量发展。李宁体育通过支持经销商清理库存、回购、整合销售渠道，提升库存配置和运营效率，增大了公司的零售收入比重，加大产品创新，打造国潮 IP，进一步提升了自主品牌的竞争实力，从而顺利度过了产业发展困难时期。随着北京联合张家口成功申办 2022 年冬季奥运会，中国政府提出了"三亿人参加冰雪运动"的目标，国家开始重视并逐步引导冬季体育项目的发展。同时，由于我国整体经济的进一步发展，消费者的体育消费能力得到进一步提升，人民多元的体育需求开始兴起，在种种政策措施的促使下，我国体育产业迎来了新的发展黄金期，带动了我国体育用品制造业进入新的发展阶段，产业的总产值持续增长(如图 7-3)。

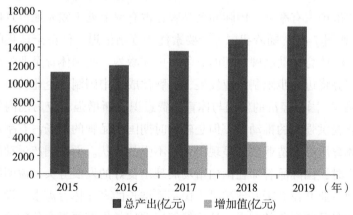

图 7-2　2015—2019 年我国体育用品及相关产品制造规模及增加值预测

数据来源：统计局、中商产业研究院整理。

---

① 中商产业研究院.体育消费市场不断扩大　2019 年体育用品总规模将超 1.6 万亿元 [EB/OL].[2019-01-16].https：//www.askci.com/news/chanye/20190116/1130221140357. shtml.

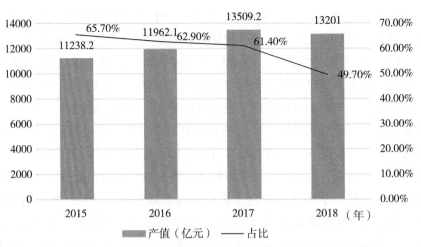

图 7-3　2015—2018 年我国体育用品制造业总产值占体育产业比重

3. 品牌建设：品牌数量不断增长，影响力有待提高

我国体育用品制造业兴起于第三次全球制造业转移浪潮，已形成以产品内部分工为特征的全球价值链。我国依靠生产要素嵌入全球价值链，在发展初期我国体育用品企业只能成为 Nike 等国际品牌的代加工工厂，绝大部分企业处于全球价值链的最低端，产业附加值低，本土品牌通过规模经济进行扩张，在激烈的市场环境中缺乏品牌竞争优势，导致我国体育用品企业的市场占有率低，国际知名品牌在占有率上处于领先地位且优势逐渐增加（如图 7-4）。随着我国生产要素优势逐渐消退，经济全球化的不断推进，国际体育运动品牌之间的竞争将更加激烈，我国体育企业的品牌影响力的劣势将进一步限制产业发展，品牌化成为中国制造企业转型升级的必由之路。① 国民经济的发展与体育消费意识不断增强本应为国内体育用品制造业提供强大的推动力，但是较长时期国内品牌的市场占有率却不增反降，体育用品制造业整体呈现出大而不强的现状。而在国产运动品牌整体低迷之时，国际品牌却在国内市场展现出良好的发展势头，说明我国体育用品制造业并没有很好地满足人民不断增长的多元体育需求，没有形成与国外知名品牌竞争的实力，还依然停留在依靠生产要素竞争的阶段，消费者对于品牌的认可度、忠诚度仍有待提高。自产业发展以来，我国体育用品企业长期存在差异化不明确、产品同质化严重等问题，盲目扎堆开店导致企业库存高企，整个产业增加值率出现大幅度的下滑，体育制造业龙

---

① 江亮. 从加工制造走向品牌制造：中国体育用品制造业品牌化路径研究[J]. 山东体育学院学报，2014，30（5）：12-18.

头企业连年处于亏损状态，但是此时 Nike、Adidas 等品牌的营收却凭借产品创新和品牌影响力优势持续走高。安踏、李宁、特步、361°为我国前四位体育用品企业，通过整理公开数据可以发现，在 2010—2013 年体育用品业低谷时期，四家企业的门店数量都有着不同程度的减少。随后因为体育产业的兴起以及国家政策的引导，加之体育制造业企业发展模式的转型以及对于多品牌发展战略的实施，四大品牌的门店数趋于稳定并呈现增加态势（见表 7-1）。

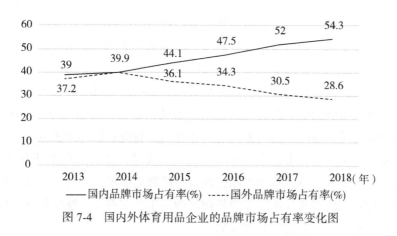

图 7-4　国内外体育用品企业的品牌市场占有率变化图

表 7-1　　　　我国国内体育用品企业的四大门店数量统计

年份 品牌	2008	2009	2010	2011	2012	2013	2014	2015	2016	2017	2018
安踏	5781	7162	8681	9279	8075	7757	7662	9130	9668	10617	12188
李宁	6245	7249	7915	8255	6434	5337	5626	6133	6440	6329	7137
特步	5056	6103	6579	7596	7510	7360	约 7000	约 7000	6800	6000	6230
361°	4632	6055	6927	7681	8082	7299	7319	7208	6357	5808	5539

数据来源：各公司年度财务报表及公开资料整理（单位：家）。

（三）发展趋势：高质量发展推动体育用品制造业转型升级

高质量发展坚持以供给侧结构性改革为主线，目标在于以质量革命的方式改变当前低质量的供给现状，满足人民群众更高层次、更高质量的生活需求。以体育用品为代表的中国实体经济长期以来依靠传统的要素资源优势参与国际竞争，产业增速明显，国民经济实现了跨越式增长。但随着经济步入新常态，要素资源优势驱动力逐渐减弱，粗放式的发展模式暴露出严重弊端，并成为我国经济可持续发展的重要障碍。高质量发展是质量与数量相统一的发展，不是一味地追求经济增速，而是在注重稳定增速的同时更加强调经济的发展质量。高质量发展顺应新发展理念，是经济发展的创新、协调、可持续、开放与共享的统一，将实现降低生产要素投入、提升资源配置效率、降低环境成本、提高经济社会效益的质量型发展。[①]对于"中国制造2025"战略来说，高质量发展通过科学技术创新提高社会劳动生产率，也将成为推动制造业发展与转型的根本动力。我国体育用品制造业依托全球产业转移而发展壮大，逐渐成为世界体育用品制造大国。但是随着资源依赖性的发展方式蕴含的动能逐渐降低，加之国产品牌一直以来依靠性价比参与国际竞争，品牌价值和影响力与国际知名品牌相差甚远，导致产品供给端不能满足当前消费者的需求，市场占有率持续下降，转型升级已经成为产业的当务之急。体育用品制造业践行高质量发展将促进产业的技术创新，推动发展方式转为创新驱动，推动产业的质量变革、动力变革、效率变革，从而不断提高自身品牌的市场影响与认可度，从以往的依靠要素优势参与国际竞争转向品牌竞争，实现在全球价值链上地位的攀升，实现产业的转型升级发展。

三、体育用品制造业高质量发展的现实困境与原因分析

（一）创新能力不足，有效供给能力不强

在经济新常态下，国民经济增长速度不断放缓，劳动力、原材料等要素成本不断上涨，致使我国体育用品制造业依靠传统的资源要素的发展方式已经不能维持在国际竞争中的优势地位。同时，当前我国的主要社会矛盾已经发生转变，人民日益增长的美好生活需要与不充分不平衡之间的问题不断凸显。最近几年来，体育用品制造业国内品牌的市场占有率不断下降，足以说明当前我国体育企业的产品供给质量不能满足消费者的体育需求，我国体育用品制造业的转型升级已经迫在眉睫。究其原因，我国体育用品制造业有效供给能力不足在于自身的创新能力不足。从国际经验看，技术研发投入占销售收入比例在1%以下的企业难以长期生存，占销售收

---

① 吕守军，代政. 新时代高质量发展的理论意蕴及实现路径[J]. 经济纵横，2019(3)：16-22.

入 2% 的企业可以勉强维持生存，只有达到 5%～10% 的企业才具有竞争力。数据显示，我国体育用品制造企业的创新投入成本较低。以国内四大品牌为例，参考 2007 年之后的财务报表中的研发投入可以发现，我国体育用品企业的研发投入在 2008 年北京奥运会前后处于一个低水平状态，最高比例的李宁公司的投入比仅达到了 3%（如图 7-5）。随后国际竞争不断增强，原有要素优势不断下降，各大品牌逐渐意识到创新的重要性并开始不断提高研发成本，此后的研发投入呈现出一个不断上升的状态，但是仅有安踏公司近四年的研发投入超过了 5%，其余企业的研发投入依然处于相对较低的水平，与耐克、阿迪达斯等国际大品牌每年接近 10% 的研发投入相比仍有很大差距。同时从运动服饰的专利数量统计方面来看，自1986 年之后，耐克就开始专利技术申请，2004 年之后耐克逐渐意识到研发在未来国际竞争中的重要作用，开始加大研发成本的投入，专利申请数持续走高。而我国体育用品制造业科技研发起步晚，在经历了 2012 年库存危机之后才逐渐重视研发工作。在此之前更多的是依靠贴牌加工或者代加工为主的发展方式，自身科技研发水平不高、成果较少。① 并且我国体育用品制造企业的专利多以外观设计专利为主，关于核心技术的发明以及专利偏少，致使产品的科技含量较低，在国际竞争中只能采用低价政策进行竞争，不利于国际知名品牌的形成与推广，制约了体育用品制造业的发展上限。

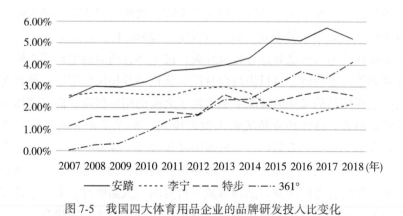

图 7-5　我国四大体育用品企业的品牌研发投入比变化

① 尹龙，李芳，陈君，司虎克. 基于专利地图的中外体育用品公司技术创新能力比较研究——以运动服装专利为视角[J]. 南京体育学院学报（社会科学版），2015，29（5）：26-32.

　　（二）品牌建设落后，中高端市场占有率低

　　我国体育用品制造业依靠成本要素嵌入全球价值链，但是这种发展方式并不能维持产业的可持续发展。根据企业家施振荣提出的"微笑曲线"来看，整个制造业中附加值由高到低排列依次为设计研发、销售服务、零部件组装、生产制造环节（如图7-6）。并且随着品牌知名度的显著提高，品牌的附加值会不断攀升。2009年，我国著名经济学家郎咸平质疑中国是体育用品制造业大国的说法，他认为美国才是制造业大国，中国的制造量越大，美国的制造企业越富有。[1] 主要原因在于包括体育用品制造业的我国众多制造业所从事的工作多为劳动密集型产业，处于"微笑价值链"中附加值最低的中间环节。在全球价值链中竞争力低下，利润空间较小，致使制造业企业面临着严重的生存压力。价值链中具有优势地位的企业通过控制战略性环节缩短国内企业的价值链条，加之代加工企业与品牌商之间的产品有着特定标准，致使国内企业生产制造具有较强的专一性，这些因素都加剧了体育制造业的低端价值锁定。[2] 同时当前全球价值链出现再次转移的趋势，之前我国所承担的生产制造工作逐渐向人力、资源成本更低的东南亚地区转移，并且由于受到欧美国家制定的制造业回归政策的影响，我国体育用品制造业面临着价值链的双向挤压。

　　企业品牌营销能力存在不足，导致市场对于国内品牌的认可度低，在前期的发展中更注重产品营销，试图通过规模扩张来达到销售目标，对用户的消费需求挖掘不足，品牌自身定位模糊，致使我国体育用品企业在国际市场竞争中处于劣势地位。以李宁为例，2008年之后企业寄希望于通过北京奥运会的东风之势进行转型升级，进军体育用品的中高端领域。但是其高估了市场行情，盲目提高自身产品价格并开拓国际市场，导致在没有很好地开拓新的市场的情况下也流失了之前的用户群体。而安踏体育则转变营销模式，逐步抛弃传统的大批发模式并确立了企业的品牌零售模式，转变为单聚焦、多品牌、全渠道的零售模式，强调产品，以满足消费者需求为导向，回归商业本质，从而不断提高用户的产品体验。[3] 通过收购斐乐、亚玛芬等国际知名品牌形成了自身的三大品牌群，形成了体育产品用户的全覆盖，提高了市场的认可程度，市场占有率不断提高，率先走

　　① 郎咸平．郎咸平说[M]．北京：东方出版社，2009．
　　② 刘飞飞．我国体育用品制造业产业升级的战略分析[J]．体育文化导刊，2014（10）：114-117．
　　③ 安踏官网．安踏集团简介[EB/OL]．[2019]．https：//www.anta.com/culture/story．

出企业高库存的困境，各项财务指标逐年提高，并一跃成为国内体育用品的龙头老大。

虽然收购的知名品牌斐乐已经在高端领域逐步打开市场，但安踏体育的产品仍多以中端市场为目标；近年来李宁公司登上米兰时装周，其产品受到广泛好评，自身品牌的影响力得到了进一步提升。相比于耐克、阿迪达斯等国际品牌的高端市场占有率以及品牌认可度，依然存在不小的差距。我国体育用品制造业整体的品牌影响力和认可度还有待进一步提高。

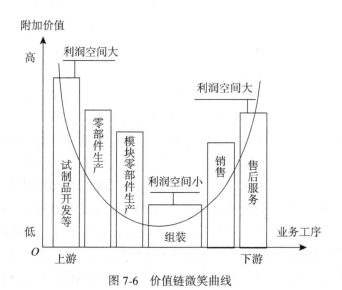

图 7-6　价值链微笑曲线

(三)产业集群发展不协调，标准化建设滞后

在我国体育用品制造企业发展历程中，东部及东南沿海城市依靠经济发展、工业制造技术以及地理位置优势逐渐形成了体育制造产业集聚区，带动了一大批区域内的体育用品制造企业，集群化发展成为我国体育制造企业的显著趋势。集群化发展具有成本节约机制，通过外部经济和规模经济等方式降低要素与生产成本，短期内有助于应对经济新常态下发展困境；良好的知识溢出效应能够为产业的转型升级提供动力支持，减轻产业对于要素的依赖，长期来看将推动产业转向创新驱动发展。① 我国体育用品制造业的集群化主要是经历了 20 世纪 90 年代的萌芽阶段、20 世纪初

---

① 董进，夏成前，战焰磊.新常态下体育用品制造业集群发展：动因、态势与路径[J].沈阳体育学院学报，2016，35(6)：14-21.

期的发展阶段以及北京奥运会之后的成熟阶段三个发展阶段，但是当前产业内部集群化发展水平仍有限。数据显示，截至 2019 年 4 月，经国家体育总局批准的国家级体育产业示范基地共有 45 个，其中绝大部分为体育旅游基地，体育用品制造业示范基地占比较小。同时产业集聚群绝大多数存在于我国东部沿海城市，东部与中西部区域之间存在着发展不平衡的现象，集群化发展的累积效应又将进一步扩大区域差异。在产业集聚群的内部，缺乏国际知名品牌的领导，众多的中小型企业在资金支持、研发设计、市场营销等方面受到了系统性的限制，只能从事贴牌加工等价值链低端工作。技术创新能力不足致使集群化内部之间的企业市场定位多为中低端，加剧了产品同质化现象，企业之间协同互补能力差，容易陷入低质、低价的恶性竞争循环，阻碍了产业的高质量供给能力。

　　同时，我国体育用品制造业的标准化建设滞后，与国际标准存在一定的脱轨现象。如联合国文件将体育用品制造业进行单独分类，但是我国政府颁布的行业分类将体育用品制造业列入文教、工美、体育与娱乐用品制造行业。并且在统计分类的过程中也存在一定的交叉分类现象，评价标准划分不一，国家与政府不同部门颁布的各级评价和分类体系对体育用品制造业的划分仍然存在较大的分歧。① 体育用品的标准制定落后，对市场的应变能力相对滞后，缺乏根据市场的快速变化需求进行动态化调整的能力，导致产业的有效供给能力不能满足消费者需求。我国数量众多的中小型体育制造企业以外贸出口为主，产业标准化建设的滞后可能导致体育产品不能通过国际质量认证而无法进入全球市场，将对体育用品出口产生较大影响，同样也不利于体育用品制造业的转型升级。

四、体育用品制造业转型升级的解决路径

(一)加强技术投入，提高自身竞争实力

　　体育用品制造业想从根本上解决转型中存在的问题，实现由高速增长转向高质量发展，需要加大技术创新，因为科学技术创新是推动发展的第一动力。我国体育用品制造企业需要国际竞争力，在当前环境下坚持供给侧改革，以人民不断变化的多元体育需求为目标进行产品创新，提高体育用品的科技含量，努力提升产业的供给质量。加大互联网、人工智能、

---

① 吴建堂.“中国制造 2025”战略背景下的体育用品制造业发展路径研究[J]. 体育与科学，2016，37(5)：55-61.

5G 等技术在生产、营销等环节的应用，推动体育制造业数字化发展进程，促进产业从要素驱动向创新驱动的发展方式转变，推动产业的三大效率变革。

首先，国家层面应该制定相应的政策措施引导体育用品企业的创新活动，在政策以及资金上给予企业一定的支持。体育用品企业应建立并完善技术开发机制，从战略层面重视产品创新，加大技术创新资金投入力度，拓展融资渠道。相比于国际知名运动品牌的研发投入占比，我国体育用品企业的创新投入占比相差甚远，数据显示，我国体育用品企业的平均研发投入仅占销售额的 0.4%。在技术创新层面，应该加强核心技术的研发能力，创新点不能仅仅停留在外观的设计上，还应加快企业科技成果的转化。① 创新还将有效降低供需两侧信息不对称的现象，在 2008 年前后造成库存高企的主要原因在于市场供需两侧信息传递不顺畅，供需之间的平衡点向需求侧移动。② 同时还应该注意需求侧方面的变化，以北京冬奥会为契机，我国政府实现了 3 亿人参加冰雪运动的目标，如此数量巨大的冰雪运动人口意味着庞大的体育用品市场。随着居民消费水平的不断提高，攀岩、骑行、马拉松等新兴项目逐渐受到人们的追捧。体育用品企业应该抓住时代机遇，结合人民的需求进行新产品开发与创新，提供新的高质量供给产品，进而满足人们的多元体育需求，实现自身的高质量发展。

(二)创新营销策略，提高品牌影响力

体育用品制造业能否实现高质量发展，其中一个重要的衡量指标就是品牌影响力，品牌竞争已经成为国际竞争的主流趋势。我国体育用品企业高质量供给能力不足的主要原因在于，随着人民生活水平的不断提高，消费者开始追求更高层次的体育消费，之前以高性价比作为生存之道的中国体育用品企业已经不能满足人民升级变化的体育需求，高品质、强势品牌体育用品不足导致供给缺失。实现体育用品制造业高质量发展，必须在当前发展环境下提高品牌的影响力，努力打造具有国际知名度和影响力的运动品牌，不断拓宽用户群体，摆脱当前产业附加值低的发展困境。

首先，体育制造企业应该根据发展环境创新营销模式，制定适合企业自身发展的营销方式，实现品牌知名度的不断提升。例如，2011 年安踏

① 杜江静."中国制造 2025"战略下我国体育用品业国际竞争力提升研究[J].南京体育学院学报(社会科学版)，2017，31(3)：52-57.
② 范尧.供给侧改革背景下体育用品供需困境与调和[J].体育科学，2017，37(11)：11-20，47.

公司在整个制造业处于高库存时期，转变以往的销售模式为品牌零售模式，逐步确立了"单聚焦、多品牌、全渠道"的营销战略，通过收购国际知名品牌、开启覆盖线上线下的全领域销售等营销手段，提升了自身的营业额与品牌价值；此时的李宁则过度强调实体店布局并盲目进入国际市场，导致企业出现连年亏损现象，安踏体育因此一举反超李宁公司成为国内体育用品行业的老大。① 体育用品制造业在发展过程中应该树立品牌意识，在不断创新自身产品并提高自身硬实力的同时，充分结合当下的"互联网+"技术，努力打造线上线下营销平台，扩展产品的销售渠道。通过收购国际知名品牌，或者赞助曝光率高、影响力强的体育赛事从而提高体育品牌的影响力，加强品牌形象店的打造和企业文化建设。结合当下的新媒体方式，加大品牌的宣传与传播。② 紧抓不同运动项目各自的特点，努力打造个性化的运动品牌，从而提高用户对于品牌的认可程度，实现我国体育制造业在全球价值链上地位的跃升，改变整体产业低附加值的现状，实现从传统的资源要素推动的低质发展转向高质量发展。

(三)加强标准化建设，促进产业融合发展

制造业实现高质量发展要求推动发展方式转变，实现新旧动能转化。我国体育用品制造业在集群化发展模式中逐渐产生了以福建晋江为主要代表的产业基地。在体育用品制造业实现高质量发展的过程中需要实现"区域产业的高质量发展"，进而带动产业整体的高质量发展。③ 政府与社会应该制定相应的政策推动我国体育用品产业协会的成立与发展。区域内的行业协会应该起到领导作用，努力构建体育用品制造业的行业标准，依据产业集群的优劣势定位发展方向，根据市场发展和人民的需求变化及时更新行业标准，促进企业的发展科学化、规范化，提高产业整体的国际竞争力。行业协会内部需要制定风险预警、防范与控制机制，产业龙头企业应该发挥应尽责任与义务，引导实施品牌战略，避免产业集群内部的低质低价的竞争模式，促进产业的整体发展。利用好产业平台建设的知识溢出效应与规模经济效应，降低企业运作成本，改变传统的以生产要素为主导的

---

① 李滨，刘兵. 全球价值链新动向对我国体育用品业发展的启示[J]. 上海体育学院学报，2017，41(2)：25-29，46.

② 杨明，陶娟. 中国体育用品制造产业集群品牌研究[J]. 体育科学，2014，34(8)：34-47.

③ 吕铁，刘丹. 制造业高质量发展：差距、问题与举措[J]. 学习与探索，2019(1)：111-117.

竞争方式，努力推动产业集群发展，并加强内部企业的协同创新与合作，将自己的优势、核心能力与其他企业的各种资源相结合，实现优势互补的良性运转。①

同时，新时代的制造业肩负着实现现代化的重任。当前制造业的发展想要实现转型升级，应当加大与其他产业的融合发展。根据产业融合理论，产业融合一般包括技术融合、业务融合和市场融合三个阶段。融合发展有利于新业态的产生，促进相关产业的高质量发展。体育用品制造业可以通过深化与服务业的融合，实施服务型制造发展路径。根据人民不断增长的体育需求进而调整体育用品制造的发展方向，努力提高体育用品企业的有效供给能力和服务标准。同时体育用品制造业应该充分结合当下的互联网、人工智能与大数据等技术，推进产业技术融合创新，进而实现以业务融合为内容的市场融合，推动体育产业与相关产业的共同发展。②

（四）深化产学研融合，提高专业人才培养

体育用品制造业涉及多种学科的交叉与应用，在国际竞争不断加剧的环境下，想要实现其高质量发展，需要根据市场需求培养不同环节的专业人才。首先，政府应该加大人力资源培养的投入力度，制定相应的政策措施鼓励高校加大专业人才培养力度，逐步提高劳动力的整体素质。其次，企业、高校与科研单位应该加深产学研深度融合，构建产学研创新体系，提高企业运营管理能力，对企业的发展方向进行主导设计。③ 努力实现要素升级和技术创新，强化产品创新，不断提高自身的竞争实力。最后，应该加大对于知识产权的保护力度，努力营造适宜产业创新发展的外围环境。政府与企业各方应制定知识产权的保护政策与措施，加大对体育企业产品的检查与监管力度，对于产业内侵权事件应依法进行惩处，保护企业的合法权益不受损害。

---

① 邵桂华. 中国体育用品制造产业可持续发展之路：困境与突破[J]. 山东体育学院学报，2014，30(5)：7-11.

② 杨强. 体育与相关产业融合发展的路径机制与重构模式研究[J]. 体育科学，2015，35(7)：3-9，17.

③ 张永韬. 我国体育产业发展的新常态：特征、挑战与转型[J]. 体育与科学，2015，36(5)：22-27，56.

第五节　数字经济时代体育竞赛表演业发展的动力变革

通过研究数字经济时代下体育竞赛表演业发展的相关概念、内涵特征与应用场景，分析认为数字经济能有效推动体育竞赛表演产业发展，进而对数字经济时代体育竞赛表演业发展的动力变革机制进行研究。在国家政策支持、消费习惯转变的趋势指引下，数字经济与体育竞赛表演业深度融合能推动体育竞赛表演业发展。数字经济时代下体育竞赛表演业发展的动力变革机制表现在政府相关政策的外在推动力与以数字化赋能服务产品智慧化、运动项目升级、产业链条延伸为核心的产业转型升级的内在驱动力。

一、数字经济在竞赛表演产业中的主要应用场景

近现代以来，以数字经济等为代表的新一轮科技革命与产业变革的发展，极大改变了产业形态与服务业态，不断加速重构着现代产业体系、产业结构以及产业组织方式，推动着经济社会进步发展。面对这一时代背景，我国体育部门积极作为，坚持顶层设计与摸着石头过河并重，抢抓以数字经济为代表的新一代信息与科技革命的发展契机，为推进体育产业高质量发展与满足人民多样化的体育需求奠定了基础。在这一背景下，笔者根据具体实践与文献整理，对数字经济在竞赛表演领域的应用场景进行梳理分析。

"场景"（Scenarios）常见于戏剧领域中，而应用场景则是指用户在一个应用被使用时最有可能所处的场景。无论是数字经济还是竞赛表演产业，他们的业务需求或是活动开展等都是建立在一定应用场景的基础之上，甚至可以说，如果没有建立在数字基建与信息技术之上的应用场景支撑，数字经济的产生与发展就缺乏现实根基。目前，世界经济发展逐步进入以数字经济为核心的网络智能时代。这一背景下，作为由新兴产业向国民支柱产业过渡的体育产业，尤其是竞赛表演业，其与5G、物联网、AI、区块链、智能穿戴等现代信息技术的创新结合越发紧密，运用数字化知识和信息、现代化信息网络和智能化经济业态改造与赋能传统竞赛表演业的能力及水平逐步提升，同时这也为以数字化技术创新与产业跨界融合发展为基础的竞赛表演业高质量发展注入了新动能，为实现体育产业高质量发展奠定坚实根基。

数字经济在全面渗入、改造与赋能传统竞赛表演产业的同时，也不断释放着数字技术对竞赛表演产业发展的倍增效益，以下是数字经济在体育竞赛表演产业中的主要应用场景。

（一）5G 通信技术在竞赛表演业中的应用

第五代移动通信技术的出现与应用将极大地改变体育产业发展方式，其以高数据速率、低时延、万物互联等功能优势为满足人民日益多样化的高质量观赛体验创造条件，为竞赛表演产业带来了技术创新、产品创新与商业模式创新。[①] 如 2019 年全国第二届青年运动会在全国范围内首次使用 5G 网络、IPTV 平台直播赛事，让手机终端用户通过二青会智慧观赛APP 实现 360 度自由观赛。

（二）物联网在竞赛表演产业中的应用

物联网以云端为平台，通过将智能手环等嵌入赛事当中搜集运动信息，并根据相关反馈实现最大效益。如在无锡举办的中国高新区国际马拉松赛中，通过为赛事专门设计智能健康监控手环，提供 NB-IoT 物联网专网，将所有数据汇总到天翼云和 IoT 平台，获得实时大数据，全面保障参与者的健康与运动激情。

（三）大数据在竞赛表演产业中的应用

通过搜集、存储、提炼与智能化处理现代信息网络的数据资源，在满足消费者多样性需求上做出正确决策。专注于赛事分析的上海创冰科技已为中国国字号球队、半数以上的中超俱乐部以及很多地方体育台提供了数据技术支持。

（四）人工智能在竞赛表演产业中的应用

人工智能以软硬件为基础，以大数据获取处理为支撑，为运动项目及赛事专业化发展提供了重要手段。如 2018 年搜狗成为中国网球公开赛官方唯一指定翻译技术支持，搜狗翻译宝 Pro 为来自全球超过 45 个国家地区的球员、媒体、球迷提供更好的翻译体验，推动了 AI 技术与运动赛事的深度融合。

---

① 沈克印，寇明宇，王戬勋，等. 体育服务业数字化的价值维度、场景样板与方略举措[J]. 体育学研究，2020，34（3）：53-63.

二、疫情后数字经济与体育竞赛表演业发展

(一)现状与趋势：疫情后的数字经济

著名社会经济学家曼纽尔·卡斯特尔曾指出，"数字时代的真正价值在于关注如何通过'科技'这样一个社会、经济、文化和政治发展趋势中密不可分的核心要素来驱动社会的整体转型和进步"。由此可见，发展数字经济对于实现社会转型进步的时代意义重大。新冠疫情的出现给世界经济社会发展带来巨大危机，但各国积极的财政货币政策和新兴产业布局也孕育着恢复性增长新机，因疫情加速催生的新技术、新产品、新业态、新模式等的出现重塑着大众生活与思维方式，以人工智能、大数据等为代表的数字经济在为抗击新冠疫情、保障社会生活运行贡献智慧的同时，一定程度上也激活了数字经济的新一轮增长红利，为疫情后经济的复苏提供了发展新动能，对于加快推进产业优化升级与数字化转型、推动我国经济动力变革进而实现经济高质量发展都有着重要价值。

1. 国家政策支持

政策是国家引导产业发展的"指向灯"，对于推动产业发展有着先导作用。近年来，我国数字经济政策的数量与范围不断丰富，可见发展数字经济已成为党和国家领导人的重要前瞻性关切与重大战略化共识。2015年，以时任国务院总理李克强在政府工作报告中指出的"制定互联网行动计划"为开端，习近平总书记围绕数字经济相关议题发表了系列重要讲话，数字经济相关政策开始密集出台。2017年12月，习近平总书记召开中央政治局第二次集体学习时指出："要实施国家大数据战略，加快建设数字中国。构建以数据为关键要素的数字经济。"2020年4月，习近平总书记在浙江考察时强调，要抓住产业数字化、数字产业化赋予的机遇，抓紧布局数字经济，着力壮大新增长点。时任国务院总理李克强在2020年"两会"上也再次强调，要继续出台支持政策，全面推进"互联网+"，打造数字经济新优势。可看出，疫情之后密集的高层关切与国家政策支持将为推进数字经济加速发展注入强大动力。

2. 消费习惯转变

新冠疫情的出现，打乱了中国经济社会发展与大众生活的常态化节奏，极大地改变了人们的生产和生活方式，进一步加速了中国经济的数字化转型，以5G、物联网、大数据等为支撑的现代信息技术与线下业态的结合应用，网上购物、在线教育、在线健身、云端办公、线上问诊等新产

业新业态不断涌现并持续渗透大众日常生活，较大程度上推动了大众新的消费需求、消费观念、消费模式的转变，进而衍生出以线上教育等为代表的线上消费、以智能物流等为代表的非接触消费、以远程办公等为代表的便捷消费、以线上锻炼等为代表的健康消费等多种消费范式，激活大众数字消费潜力与想象空间，培育丰富的用户使用习惯与大众消费观念，将一定程度上重塑商业形态和重新定义服务场景，不断倒逼着线下产业进行数字化转型与数字化产业科技创新。

(二) 数字经济时代下的体育竞赛表演业

党的十八大以来，我国体育竞赛表演业呈现出爆发式增长态势，但同时也存在一些瓶颈与短板，这一现状促使竞赛表演业开始由高速发展向高质量发展转变，这一背景下，如何通过新旧动能转换实现竞赛表演业高质量发展也就成为了改革发展的难点。尤其是受新冠疫情影响，国内外各大赛事的停摆给竞赛表演产业发展带来巨大困难与挑战，而数字经济凭借其壮大新增长点、激活新动能的优势，为疫情后体育竞赛表演业复苏与高质量发展提供了新思路与着力点，数字经济与竞赛表演产业的深度融合逐步成为推动体育产业转型升级、体育产业高质量发展的重要力量，是国民经济新的经济增长点、新动能。

1. 体育竞赛表演业高质量发展势在必行

党的十九大报告指出，我国经济已由高速增长阶段转向高质量发展阶段，而这标志着高质量发展将成为未来一段时间内我国经济社会发展的前进方向。体育产业作为满足广大人民群众对美好生活向往的新兴产业以及未来的国民支柱性产业，在推动经济社会的持续健康发展等方面发挥着重要作用。推动体育产业高质量发展也就成为促进我国经济高质量发展的应有之义，而竞赛表演业作为体育产业的核心业态，加快体育竞赛表演业转型升级，实现竞赛表演业高质量发展对于做大做强体育产业具有突出现实意义。同时，体育竞赛表演业作为关联度极高的生产性与生活性服务业，已成为人民群众休闲生活的重要部分与体育产业持续健康发展的关键支撑，并在疫情后满足人民日益增长的美好生活需要、推动经济复苏与高质量发展中扮演着重要角色。为此，基于发展诉求来看，竞赛表演业作为经济社会发展到一定阶段后的必然产物，无论是党和国家的政策支持、广大群众的健身需求，抑或是市场主体的投资热情，都推动着体育竞赛表演业从高速增长转向高质量发展。

2. 数字经济推动体育竞赛表演业高质量发展

习近平总书记曾多次在公开场所强调，"创新是引领发展的第一动力，科技是战胜困难的有力武器"，这一科学论断充分揭示了科学技术创新对我国经济社会发展的重要意义。新冠疫情的不确定性倒逼着竞赛表演业向数字化转型，寻求数字化技术为竞赛表演业转型升级创新赋能，提升全要素生产效率，推动产业动力变革。这一背景下，数字经济对竞赛表演业高质量发展具有重大现实意义，可以说，数字经济能高效和可持续地推动竞赛表演业高质量发展。因此，要加强数字经济与竞赛表演产业的互通互联互享，着眼产业融合趋势，加速推动"云大物移智"等数字化技术向竞赛表演业各个领域的全面渗透，拓展延伸竞赛产业链条，进一步打通赛事多元场景，紧扣产业数字化机遇，鼓励应用数字技术创新赋能竞赛表演业数字化转型发展，促进竞赛表演业数字化的路径升级，为激发产业发展新动能、推进产业转型升级乃至实现产业持续健康发展做出突出贡献。

三、数字经济时代体育竞赛表演业发展的动力变革机制

新时代我国体育产业发展正处于高速增长向高质量发展的转变节点，这对于竞赛表演业来说既是新的历史定位，也提出了更高的发展要求。目前，由于传统要素驱动乏力、投入产出有限、产业规模质量不足的粗放式发展已不再适应竞赛表演业发展的新定位与新要求，给竞赛表演产业转型升级带来诸多挑战。在此背景下，高质量发展就成为推动竞赛表演产业结构优化升级、发展动能转换、发展方式转变的"必选项"，并作为未来体育竞赛表演产业发展的前进方向，为研究者提供了一个新的观察视角。从宏观经济学来看，推动高质量发展离不开质量变革、效率变革和动力变革，但归根结底，是离不开动力变革在其中发挥的基础性作用。为此，要推动竞赛表演产业高质量发展就要紧抓动力变革这一"牛鼻子"。又因为数字经济叠加发展动能的革命性动力功能在推动产业高质量发展中扮演重要角色，因而，数字经济时代竞赛表演业高质量发展要抓紧产业数字化机遇，借助数字化技术创新赋能竞赛表演业，把握好政府政策支撑、产业转型升级、大众体育需求配套的内在驱动力变革，发挥市场在资源配置中的决定性作用，更好发挥政府作用，全面释放产业增长动能，深入推动产业转型升级与融合发展，进而满足人民日益增长的美好生活需要与实现高质量发展的时代要求。

（一）政府相关政策的外在推动力

政府相关政策的出台与落实是推动体育竞赛表演业向纵深拓展的发展思路与重要目标，对于推动体育竞赛表演产业发展具有重要的先导作用。近年来，体育产业发展进入高速增长的战略机遇期，并推动着体育产业以远超同期经济增长的速度蓬勃发展，体育产业总规模实现了由 2014 年的 13574.71 亿元到 2018 年的 26579 亿元，年均增长速度达 15% 以上的巨大突破，体育产业占 GDP 比重也从 2014 年的 0.64% 增长到 2018 年的 1.1%，政府相关政策促使产业发展的巨大推动力越发凸显。从近年来国内体育竞赛表演业的产值变化来看，2015—2021 年国内体育竞赛表演业总规模由 149.5 亿元增长到 343 亿元，但竞赛表演业在体育产业中的占比仍处在一个较低的水平，说明作为本体产业的竞赛表演业发展较为薄弱，产业总规模占比较低，这一瓶颈限制着产业向纵深方向发展。为此，在信息技术蓬勃发展并逐步渗透生产生活各个领域的数字经济背景下，政府相关部门针对竞赛表演产业发展动力不足等问题，也开始通过推动数字经济创新赋能竞赛表演产业，助推数字化技术与竞赛表演业形成发展合力，逐步布局产业等相关政策，多次强调数字化技术应用于竞赛表演业中的动力功能，不断完善"互联网+体育"等相关政策，以助力 5G、大数据、人工智能等与体育实体经济深度融合，其先导作用越发凸显。2019 年，国务院办公厅印发的《关于促进全民健身和体育消费推动体育产业高质量发展的意见》明确提出，要大力发展"互联网+体育"，推动大数据、人工智能等新兴技术在体育领域中的应用。

综上所述，政府相关政策的出台为产业增长动能，推进产业数字化转型提供了动力与方向，这对于实现竞赛表演产业高质量发展有着重要意义。同时，从相关政策来看，目前，国内体育竞赛表演相关政策的顶层设计与数量种类已较为完善，但就具体细分领域而言，无论是运动项目产业化、媒体转播权、知识版权、赞助权益等开发、界定与保障都还缺乏更为细化的政策支撑，尤其是在新业态、新产品、新模式、新技术不断涌现的数字经济时代，数字化技术创新赋能竞赛表演业所涉及的赛事产权开发与保护、赛事转播收益分配、企业数据挖掘与消费者隐私保护的问题仍需更为细化的具体政策作为支撑。这就需要我们深化认识，政府相关政策的出台并不是越多越好，而是要符合经济社会发展与赛事项目特点，要实现从单一追求相关数量向数量与质量相结合转变，实现由目前抓数字体育政策制定向抓数字体育政策制定和政策落实双管齐下转变，从追求产业政策的

"大水漫灌"①向"精准滴灌"转变，坚持问题导向，选取更为恰当的方式，出台数字经济与竞赛表演业深入融合发展的配套政策，发挥配套政策对产业动能转换的引导作用，激发创新主体推进产业转型升级的主观能动性，完善产业数字化转型的配套政策体系，扎实推进相关政策的贯彻落实，发挥政策优势，激活产业发展动力，构建一个横向覆盖各运动项目赛事体系、纵向囊括各级各类赛事相关行为主体的数字化政策保障体系，为促进竞赛表演业数字化转型、推动数字经济与体育竞赛表演业深入融合以及实现竞赛表演业高质量发展营造良好的外部环境。

(二)数字化赋能竞赛表演业转型的内在驱动力

数字化赋能是指通过数字技术来激发和强化行动主体为目标而形成的一种新路径和新方法。② 伴随区块链、5G、物联网等技术的创新应用，我国逐步进入以数字化、网络化、智能化为特征的数字经济时代，新业态、新模式、新技术、新产品的不断涌现，促使产业之间的技术、服务、产品、业务相互交叉渗透，推动着新的产业变革与商业模式出现，打破传统制造流程与服务业态限制，模糊产业边界，打通线上线下融合壁垒，互联互通、共治共享的特点越发凸显，推动产业间的融合发展。数字化从强化竞赛服务产品、推动运动项目产业升级、延伸产业链条三个维度赋能体育竞赛表演业，为包括竞赛表演业在内的各个行业培育新的经济增长点、实现新旧动能转换提供了重要支撑。数字化技术的创新应用，在一定程度上对于深化竞赛表演业供给侧改革，推进竞赛表演产业数字化转型与融合发展，助力竞赛表演产业高质量发展有着至关重要的现实价值与意义。

1. 数字化赋能竞赛表演业强化竞赛服务产品

伴随社会进步和经济的不断发展，现代服务业逐渐产生并日益发展成为国民经济的重要组成部分，成为推动我国经济高速发展的支柱性力量。作为体育服务业核心业态的体育竞赛表演业，是体育产业的主体内容，也是现代服务业的重要部分，是为市场提供各类运动竞技表演服务产品而开展的一系列生产经营活动的集合。就其属性来说，体育竞赛表演业存在的目的就在于向消费者提供多样化运动竞技与赛事观赏等相关服务产品。因而，可以说服务产品就是体育竞赛表演业存在发展的核心载体，强化竞赛

---

① 程林林, 李秦宇, 陈鸥. 我国体育经济"学术流派"的由来与现状解构：兼论中国体育产业的高质量发展[J]. 成都体育学院学报, 2019, 45(4)：1-7, 133.

② 沈克印, 寇明宇, 王戬勋, 等. 体育服务业数字化的价值维度、场景样板与方略举措[J]. 体育学研究, 2020, 34(3)：53-63.

表演服务产品与提升服务产品供给能力就是推进竞赛表演产业深入发展的坚实基础。在数字经济时代背景下，面对数字技术与竞赛表演业深度融合的契机与竞演服务产品供给仍未能有效满足大众多样化需要的现实瓶颈并存的局面，体育消费潜力释放较为有限，① 亟须通过数字化信息技术创新赋能竞赛表演业强化其服务产品，做大做强服务产品载体与市场价值，打通线上线下提升服务产品的供给效率与质量，促进竞赛观赏需求全面升级，实现竞赛服务产品供需关系新的动态平衡，加强个性化服务产品需求培育，激励市场供给高质量服务产品，满足消费者多方需要，为激发竞赛表演业新的经济增长点、促进竞赛表演业数字化转型贡献力量。

从运动员是体育服务产品内容开发载体的视角来看，服务产品供给效率受载体市场价值变化而变化，数字化赋能服务产品载体，能提升运动员商业价值，推动竞赛表演市场做大做强。而就服务产品是参赛者的追求目标的视角来看，服务产品供给质量直接影响参赛者满意度，数字化赋能强化服务产品供给，能极大提升参赛者等的赛事体验与市场价值，助力竞赛表演业数字化转型升级。例如，2019 年成都双遗马拉松首次利用 5G 技术搭配咪咕视频等多个网络平台开展全球同步直播，设置"5G+AI"摄像机实时抓取跑者面部信息，通过设置"亲友专席"打造亲朋线上助力与跑者线下跑马结合的数字化智能场景，并为跑者定制 10 秒钟的专属视频，满足跑者个性化社交需求。数字化技术、智能化场景、网络化平台等的结合应用为商业公司、消费者等提供个性化竞赛服务产品，通过数字化与服务产品的深度融合，为创新竞演服务产品供给提供了坚实的技术支撑。

2. 数字化赋能竞赛表演业运动项目升级

数字化赋能竞赛表演业运动项目升级，有利于提升产业效率与实现产业结构转型，打破传统要素配置方式，推动产业由传统的资本、劳动密集型向数字密集型转变，通过数据作为核心生产要素驱动其他生产要素，提供多元化的线上体育服务与商业变现模式。因此，推动竞赛表演业高质量发展，最关键的就是推动运动项目数字化转型发展，健全体育赛事体系。然而，目前我国竞赛表演业发展中仍存在各类运动项目普及程度差异大和市场化程度不高、赛事总体规模不大与赛事体系不完善，以及数字化水平发展给赛事带来的价值提升不够②等发展难题，而这与新冠疫情暴发导致

①　黄海燕，朱启莹. 中国体育消费发展：现状特征与未来展望[J]. 体育科学，2019，39（10）：11-20.

②　黄海燕，刘蔚宇. 新型冠状病毒肺炎疫情对体育赛事发展的影响研究[J]. 体育学研究，2020，34（2）：51-58.

的全球范围内各类赛事停摆的现实挑战交织在一起，倒逼着数字经济时代下的竞赛表演产业主动变革，利用 5G、物联网、AI 等技术互相匹配并向各类运动项目、各种赛事活动全面渗透，允许复杂场景多态入网、智能协同，借助数字化赋能运动项目产业化发展，发挥"事件经济"的富矿效益，通过产业关联与融合实现产业内传递，驱动运动项目产业效率与质量提升，释放资源活力，激活闲置要素，实现信息共享与数字化合作，为竞赛表演业带来技术创新、产品创新和商业模式创新，实现体育赛事投入产出效率与效益最大化，① 激发高质量发展动力，逐步实现竞赛表演产业数字化转型升级与融合发展。

　　数字化技术赋能传统运动项目发展与创造新生业态，改变现有生产方式与商业模式，积极应用数字化技术、智能化应用场景与网络化交互平台等，深入挖掘国内头部职业赛事数字化潜力，积极支持大众参与率高的品牌赛事数字化转型，大力扶持新兴职业赛事扩大经济增量，推动篮球、马拉松、电子竞技等多个运动项目产业实现数字化转型升级，为竞赛表演产业的发展注入新生动能。从数字化赋能传统运动项目来看，CBA 携手中国移动咪咕公司，利用 5G、VR、AI 等数字化技术成果，结合数字化内容的生产能力、创新技术、渠道与平台优势，打通线上线下多元场景，促进篮球职业赛事数字化转型升级，满足广大篮球迷全场景、多功能的智能观赛需求，带来极佳观赛体验。从数字化赋能大众运动赛事来看，由阿里体育独家推广的 2019 杭州马拉松，将大数据、云计算等数字化技术应用于人脸识别等备赛环节，并借助阿里文娱体育板块内的深度协同与阿里巴巴生态板块内的阿里云、飞猪、天猫、支付宝等的互联互通，构建了联通线上线下的智能化路跑场景与网络化交互平台，建构一套"数字化杭马 2.0"方案以服务赛事运营和跑者利益。从数字技术本身创造新运动项目来看，疫情防控期间，以王者荣耀职业赛事（KPL）、英雄联盟职业联赛（LPL）两大职业电竞赛事为主体的电子竞技运动项目，凭借其人机互动等独有优势，率先实现线上复赛，并通过 5G 技术支持的 4K、8K 超高清赛事视频传播及 VR 技术的应用为用户的全场景、多设备、个性化的沉浸式观赛提供了可能，为体育粉丝呈现了更为奇特的赛事内容与观赛体验。而且，数字化赋能各类传统运动项目，推动着各运动项目线上场景发展与商业价值提升，改变着竞赛表演业的生态格局，推动着运动项目产业数字化转型乃

---

① 李鉴，李刚，黄海燕. 全球体育城市视域下上海体育赛事体系构建战略[J]. 上海体育学院学报，2020，44（3）：17-26.

至整个行业的数字化变革。

3. 数字化赋能竞赛表演业延伸产业链条

自 20 世纪 90 年代我国体育竞赛表演业兴起后，凭借关联产业广、辐射能力强、影响范围大的功能优势，它逐渐形成了以体育竞赛表演资源为链核，以媒体传播、场馆用品、衍生产业等为内容的竞赛表演产业链条，涵盖生产与消费等环节，涉及多方面经济活动及相关商业服务，市场潜力巨大。① 然而，目前竞赛表演产业仍存在商业模式缺乏创新、产业间资源配置不当，数字化应用于赛事场馆、赛事转播、媒体传播等细化链条的水平不足等发展难题，这与新冠疫情期间各类赛事调整导致的媒体、赞助商、营销等多个衍生行业深受重创的现实问题相互交织，倒逼着数字经济时代下的竞赛表演业积极作为。其一，通过数字化赋能竞赛表演业拓展产业链条，加速体育竞赛表演产业链高效互联，紧抓数据这个关键生产要素，利用数据收集、整合、分析、共享与价值创造，实现要素价值倍增与资源配置优化，打通产业互联与资源配置壁垒。其二，利用数字化技术创新体育业态与商业模式，重构网络化交互平台，营造智能应用场景，加快体育企业互联互通、跨界融合与转型升级，拓展现有竞赛表演市场，推进产业链效率与质量提升，形成驱动产业竞争的新动能。其三，通过数字化技术破除信息壁垒与资源垄断，整合全产业链资源效能，加深产业纵向互联与横向互通。赛事场馆作为赛事活动的重要载体，促进场馆数字化转型对于拓展竞赛表演产业链条、实现其数字化转型有着现实意义。

四、数字经济时代体育竞赛表演业发展面临的若干挑战

数字经济以其边际成本递减、供需精准匹配、包容性经济增长等优势，重构竞赛表演产业的商业模式与生产方式，打通了竞赛表演业与关联产业之间的数据壁垒，形成新的经济增长点，结合上述分析、实地调研以及专家学者的相关观点，本研究认为数字经济时代体育竞赛表演业要实现高质量发展仍面临着若干挑战。

（一）体育政策体系不健全

国家在政策层面重视与鼓励数字化技术应用于竞赛表演业领域，培育数字经济与竞赛表演业融合发展的新业态与新模式，助力我国体育竞赛表演业转型升级和融合发展。但是我国目前体育竞赛表演业高质量发展仍缺

---

① 党挺. 国外体育竞赛表演市场发展分析及启示[J]. 体育文化导刊, 2017(6)：139-143.

乏更为细化的指导意见,① 对于推进数字经济与竞赛表演业深度融合仍缺乏必要的体制机制保障。尽管近年来国家层面以及各个地方层面相继出台了推动体育竞赛表演产业发展的系列政策法规, 分别都提到了"互联网+体育""推动足球等项目为主体的智能体育赛事发展""推动大数据等新兴技术在竞赛表演领域应用"等建议。但就现有政策梳理发现, 相关体育部门多是基于数字技术赋能服务产品提升、运动项目产业以及产业链条的角度出台的, 缺乏专门针对数字化赋能竞赛表演业高质量发展的配套相关政策, 尤其是数字化技术赋能竞赛表演业过程中所涉及的信息与资源共享、数据成果产权开发与利益分享保护、体育赛事无形价值范围界定、体育企业数据信息挖掘与消费者隐私保护等现实问题的配套政策还有待完善, 亟须健全横向覆盖各运动项目体系、纵向囊括各类赛事主体的竞赛表演产业数字化政策体系。同时, 由于数字经济的去中心化、跨区域等特征, 现行的层次壁垒、行业垄断、区域与条块分割的体育管理体制机制, 制约着数字化赋能竞赛表演业高质量发展, 急需提高体育竞赛表演业制度与政策的灵活性, 避免体育竞赛表演业数字化转型因缺乏政策保障而陷入发展瓶颈。

(二) 数字技术应用不充分

根据国际发展经验可知, 数字化技术的创新应用是推进体育竞赛表演产业数字化转型与高质量发展的必要支撑。然而, 目前我国体育竞赛表演产业仍处于初级发展阶段, 技术应用不充分影响并制约着数字化技术在体育竞赛表演产业领域的应用。一方面, 技术应用的不充分主要体现在数字化水平不高, 给竞赛表演产业带来的价值提升不够。受我国竞赛表演业起步较晚与体育部门掌握多数赛事资源等的影响, 我国竞赛表演企业多为新创企业和小微企业, 其现金流较为紧张, 高素质复合型的体育企业人才与团队缺乏, 体育企业缺乏自主知识产权以及品牌核心技术, 企业创新能力、营收能力以及抗风险能力不足, 传统体育企业应用数字技术打造特色赛事 IP 的能力有限, 被迫沦为全球体育产业价值链中的中低端附加值环节。另一方面, 技术应用的不充分体现在数字化技术赋能竞赛表演产业的覆盖面有限。从供给端来看, 数字化应用水平与现实应用普及率有待提高, 亟须加强竞赛表演业时空载体的数字基础设施建设;从需求端来看, 技术应用不经济导致部分运动员无法负担较昂贵的智能训练装备, 造成隐

---

①　刘佳昊. 网络与数字时代的体育产业[J]. 体育科学, 2019, 39(10): 56-64.

形的竞赛不平等，进一步拉大体育数字鸿沟。甚至，部分消费者对体育平台等通过大数据等技术全面收集个人隐私信息，生成用户画像进而精准营销引发的隐私安全问题较为担忧，导致部分体育粉丝对大数据等技术的认同度不高。

(三)产品服务供需不匹配

党的十九大报告中提出，要以供给侧结构性改革为主线，推动经济发展质量变革、效率变革、动力变革，提高全要素生产率。时任国务院总理李克强在 2020 年政府工作报告中强调，要坚持以供给侧结构性改革为主线，坚持以改革开放为动力，推动高质量发展。但需注意的是，在体育竞赛表演业供给侧改革中，以传统要素驱动为主的竞赛表演产业市场化水平有限，产业总体规模与发展质量较低，竞赛服务产品有效供给不足与大众的高质量赛事服务产品需求增多之间的矛盾日益凸显，存在较为严重的服务产品供需不匹配态势。[①] 因而，破解竞赛表演产业供需不匹配难题就成为数字经济时代竞赛表演产业高质量发展的内在动力。一方面，竞赛表演领域的高端服务产品有效供给不足、中低端服务产品供给过多且同质化严重。同时，竞赛表演产业中较低的体育资金投入产出率与体育科技成果转化率，也限制了数字经济与竞赛表演产业深度融合中的全要素生产率进一步提升，制约着竞赛表演产业新市场、新业态、新模式、新技术、新产品等的培育。另一方面，受疫情持续蔓延与国际经贸低迷的影响，国内体育投资、出口、消费下滑严重，竞赛表演市场遭受重创，体育粉丝的线下观赛参赛需求较难与疫情期间线上服务产品的有限供给相匹配。阿里体育等体育企业纷纷利用网络化平台优势，转向以存量赛事为主的线上赛事营销与疫情激发的线上马拉松、电子竞技等新生业态布局。但限于竞赛表演业的需求侧数字化基础较弱、供给侧网络化平台服务水平不高与智能化场景应用有限，竞赛表演业产品供需不匹配在一定程度上抑制了数字经济对竞赛表演产业转型升级的推动作用。

(四)体育消费释放较有限

体育消费是体育竞赛表演业发展的基础，释放体育消费是驱动竞赛表演产业数字化转型升级与融合发展的内在动能，对于驱动竞赛表演产业高

---

① 邢金明，刘波，欧阳井凤.体育产业供给侧改革路径研究[J].体育文化导刊，2017
（10）：101-105.

质量发展有着现实意义。然而，疫情突袭造成的经济下滑等连锁反应，可供观看的高质量赛事数量骤降以及数字经济与竞赛表演领域消费深度融合不够等，都制约着体育消费的充分释放。一方面，受新冠疫情影响，国内投资、消费、出口三驾马车下滑严重，我国宏观经济下滑、家庭收入减少以及资本市场的普遍悲观[①]同时并存，由此导致大众消费能力、消费信心受到较大影响，体育消费水平与购买能力相比同期都有一定程度下降。另一方面，受新冠疫情的影响，全球各大职业联赛的全面停摆与各类体育赛事活动的相继延期，以运动项目为内容载体、以体育赛事为价值内核的竞赛表演业发展受损最为严重，致使体育传媒、体育赞助、体育中介等与运动项目产业密切关联的竞赛表演全产业链损失惨重，赛事活动数量的减少，导致体育粉丝的高质量观赛需求得不到满足，体育消费释放受到一定程度的阻滞。虽然，在数字化赋能竞赛表演业过程中，基于智慧化交互平台的客厅马拉松、线上象棋、电子竞技等新生赛事与线上竞赛组织、网络赛事营销等新生业态内容不断涌现，新的体育消费得以释放。但由于竞赛表演产业链供应链循环受限，而线上赛事举办与线上体育营销等新业态短时间内又难以取得新突破，积压已久的高质量观赛参赛需求及体育消费仍难以在短时间内得到充分释放。

五、数字经济时代体育竞赛表演业发展的思路及对策

(一)健全数字体育政策体系，促进竞赛表演产业高质量发展

1. 强化顶层设计，制定体育竞赛表演业数字化发展政策

体育相关部门应高度重视数字经济助力体育竞赛表演业乃至整个体育行业高质量生长的关键引擎作用，从数字中国、健康中国、体育强国等国家战略高度出发，不断深化数字经济与竞赛表演融合发展以实现体育产业高质量发展目标的认识，以"创新、协调、绿色、开放、共享"新发展理念为核心指引，以数字化赋能竞赛表演业做大做强为支撑，以体育产业成为国民经济支柱性产业的美好图景为发展目标，审慎思考产业数字化转型给体育竞赛表演业发展带来的机遇与挑战，主动作为，积极布局，强化顶层设计，出台针对体育竞赛表演业数字化转型发展政策，为数字化赋能竞赛表演业转型升级奠定坚实基础。体育部门要抓住"数字政府"建设契

---

① 孙科，郇昌店，任慧涛，等. 危机与应对：新型冠状病毒肺炎疫情下的中国体育叙事
[J]. 上海体育学院学报，2020，44(5)：1-15，46.

机，强化数据要素应用在体育领域内的相关立法与治理，优化体育服务职能，为发挥数据、信息、知识的新生产要素作用创造条件，推进生产要素市场化配置，进一步推进体育市场有序开放；要制定数字经济与运动项目产业融合发展的中长期规划，不断完善与足球、篮球等传统运动项目数字化转型相适应的政策措施，科学研制马拉松等大众赛事数字化发展规划，健全电子竞技、智能体育等新业态的扶持政策，推动业余精品赛事数字化发展；要充分发挥金融、财政、税收等政策工具的激励作用，支持金融机构对竞赛表演业数字化成果给予重点扶持，鼓励有关部门利用现有资金渠道对竞赛表演业数字化发展的重点项目给予必要资助，设立由政府出资引导、社会资本参与，以精品赛事、重点项目为支撑的竞赛表演业数字化发展引导基金，为产业数字化营造发展环境。

2. 优化监管服务，健全体育竞赛表演业数字化政策体系

体育相关部门应以体育产业供给侧结构性改革为主线，持续推进"放管服"改革，进一步向市场放权，积极发挥政府在监督管理与宏观调控方面的作用，以"服务型政府+电子政务""互联网+监管"建设为支点，优化体育相关部门监管服务，明确监管主体职责及界限，破除不适应数字经济与体育竞赛表演产业融合发展的体制机制障碍，强化体育竞赛表演企业数字化转型的配套政策支持，鼓励竞赛服务产品与运动项目创新，积极扶持体育竞赛表演中小微企业数字化转型发展，逐步健全竞赛表演产业数字化政策体系，推动竞赛表演产业数字化转型升级与高质量发展。第一，针对竞赛表演业数字化转型发展中出现的体育数据产权不清、利益分享机制不明以及体育企业数据信息挖掘与消费者隐私保护①等问题，出台体育数据使用标准等，助力体育数据资源的开放共享，并建立体育部门牵头，工信、财政、交通等多部门联动的监管服务小组具体落实保障。第二，通过政府的宏观调控、审批松绑、政策扶持以及立法监管对体育竞赛表演业数字化发展进行引导、监管、服务，优化竞赛表演产业数字化转型发展的市场环境，为体育企业数字化转型发展创造良好条件。第三，要加大对竞赛表演产业数字化转型过程中违法违规行为的打击力度，加强数据要素在体育领域内应用标准、场景以及过程的监督管理。第四，相关部门应制定配套政策意见与监管措施，建立体育竞赛表演产业数字化治理体系，对体育市场主体进行服务供给与有效监管，保障体育消费者权益。

---

① 郑芳，徐伟康. 我国智能体育：兴起、发展与对策研究[J]. 体育科学，2019，39（12）：14-24.

（二）提升数字技术应用水平，培育体育数字化复合人才

1. 完善技术基础，提升数字技术在竞赛表演业中的应用水平

数字化转型已经成为当前包含体育竞赛表演产业在内的各行各业升级发展的必然选择，数字化技术是体育竞赛表演产业数字化转型的技术基础，要实现竞赛表演产业数字化转型发展，就必须完善数字技术基础，提升数字技术在竞赛表演产业中的应用水平。第一，以重点区域、智慧城市的骨干企业、精品赛事、特色集聚区、体育平台等为数字化试点，推动5G、AI、VR等数字化技术在赛事转播、体育传媒、赛事场馆等关联产业中的运用，逐渐提升数字化体育服务产品的产出效率，降低服务产品成本。第二，逐步明确数字化技术赋能体育竞赛表演产业的应用标准与边界范围，明确网络化交互平台与赛事版权方数据与利益共享的权责界限，要深入处理数字化技术应用于竞赛表演产业中的工具理性与体育感性之间的矛盾。第三，强化数字化技术对体育竞赛表演业转型升级的引擎功能，支持竞赛表演相关企业与体育组织数字化转型发展，鼓励赛事版权方搭建OTT网络交互平台，丰富竞赛表演产业多元应用场景，重点支持足球、篮球等传统运动项目数字化转型，大力扶持数字化技术应用在马拉松、冰雪等大众运动项目中，大力扶持网络象棋、电子竞技、智能体育等新生业态发展。

2. 培育数字人才，打通竞赛表演产业数字化转型的智力瓶颈

根据竞赛表演产业数字化转型发展面临的体育数字人才不足的现实难题，需进一步培育体育数字人才，打通竞赛表演产业数字化转型发展的智力瓶颈。一方面，完善竞赛表演数字化人才培养标准、等级、认证等政策措施，从产业特征与实际需求出发，充分考虑体育部门、体育企业等对数字化人才的实际需求，由体育部门牵头出资引导社会力量参与建设体育服务业数字化人才综合孵化平台，对竞赛表演产业数字化转型所需的各类数字化人才能力培养、等级认证以及资质鉴定等做出要求，推动数字化人才与竞赛表演产业的融合。另一方面，要推动有条件的体育高校或综合院校成立运动项目数字化发展平台与科研中心，深化高校与政府、体育组织、体育企业等长期合作，建立健全跨领域多主体协同创新机制，创新体育数字人才培养模式，探索设立体育数字科技专业，培养具有数字化素养的竞赛表演业复合型人才，加强对AI、大数据、云计算等技术在竞赛表演产业中创新应用的基础研究。

（三）完善体育产品的供给体系，推进竞赛表演产业数字化发展

1. 提升产品供给效率，完善体育服务产品的供给体系

供给侧结构性改革作为我国体育领域改革的主攻方向，① 推进体育竞赛表演产业供给侧结构性改革是顺应大众消费升级与产业数字化发展的必然选择，是实现体育竞赛表演产业数字化转型与高质量发展的现实要求。体育竞赛表演产业数字化转型应发挥数据生产要素在资源配置中的关键引擎作用，放大劳动、资本等传统要素的效能与价值，提升数字化技术创新速度与促进数字化技术在体育竞赛表演领域融合渗透，以网络化数字平台服务与智能化场景构建为支撑，开拓新业态、新产品、新技术、新模式，让体育消费需求升级倒逼竞赛表演服务产品供给效率与质量提升，完善竞赛表演产品的供给体系，破解服务产品供需不匹配难题。第一，要让数据要素畅通体育竞赛表演整个行业，通过数字化技术应用及网络化数字平台服务串联起竞赛表演产业链、供应链、价值链，降低竞赛服务产品供给成本，提升产品供给效率与质量，增加个性化、定制化、多样化的高质量服务产品供给，满足大众多样化体育消费需求；第二，竞赛表演产业数字化转型要充分发挥市场在资源配置中的决定性作用，让生产要素在体育竞赛表演市场内合理流动，完善针对体育市场主体的科技创新、自主品牌打造与体育数字化人才培养的激励机制，提升体育资金投入产出率与科技成果转化率；第三，以供需匹配为导向，提升竞赛表演产品供给体系的灵活性，逐步完善竞赛服务产品供给体系。

2. 拓展体育场域空间，促进竞赛表演产业数字化发展

从我国经济社会发展来看，数字经济已经逐步渗入大众生产生活的方方面面，数字化技术的应用场景与应用范围越来越丰富，为培育经济增长新动能，推动经济发展数字化转型升级创造了良好条件。体育竞赛表演产业作为需要特定场景与大众参与而进行的产业形态，在数字化赋能过程中能进一步拓展体育场域空间，推动竞赛表演业与相关产业跨界融合发展，激活与创造体育消费需求，释放新生增长动能。第一，疫情突袭使得线上场景展示与线下场景筹备的竞赛表演活动开展成为常态，移动互联网较大限度模糊了产品消费者与生产者的边界，从而促使竞赛以线上线下场景交互为特征、以运动 APP-网络化平台-智能穿戴装备/移动终端-社交软件为

---

① 沈克印，吕万刚. 体育产业供给侧改革的现实诉求与实施策略——基于资源要素的视角 [J]. 西安体育学院学报，2017，34（6）：641-646.

闭环的新的体育场域空间得以形成，为竞赛表演产业数字化发展创造条件，例如，2020 年 4 月，线上举行的"与汉同跑：武汉加油马拉松"活动，共有超过 25 万名跑者以多种形式参加。第二，体育场馆与体育赛事企业的数字化转型是竞赛表演业数字化发展的重要载体，引导体育场馆、体育赛事企业数字化转型升级，支持体育赛事场馆数字化改造升级，构建融全民健身、赛事观赏等为一体的智慧体育场域空间，鼓励互联网企业与小微体育企业加强资源共享、平台开放、生产协作，结合新技术应用和网络化平台服务，挖掘竞演活动开展的线上、线下以及线上线下相结合的运动场域空间，结合个性化体育消费需求，对传统竞赛表演产品进行数字化改造，开创全新数字体育产品业务。

（四）扩大数字体育应用场景，释放大众体育消费潜能

1. 激活体育消费市场，持续释放大众体育消费的巨大潜能

从疫情后国民经济复苏发展视角来看，体育消费作为国内消费的重要组成部分，在扩内需、稳就业、稳投资、保市场主体、保产业链供应链稳定等方面发挥着重要作用，对于推动体育竞赛表演产业数字化转型升级、体育产业高质量发展以及助力国民经济复苏发展都有着突出现实意义。因而，激活体育消费市场，进一步释放被积压的新兴大众体育消费成为助推体育竞赛表演产业数字化转型升级的重要动力。一方面，体育企业应积极自救，紧抓产业数字化发展态势，对接受疫情影响的足球等传统项目消费需求与电子竞技等新兴运动消费需求，通过数字化技术创新竞演服务产品生产方式与营销模式，应用网络化平台打通线上线下消费堵点，深入挖掘多元消费场景，开展线上线下相结合的竞赛表演活动，提供优质竞演服务产品，逐步适应消费升级态势。另一方面，由政府部门牵头，联合体育骨干企业或互联网平台发放体育消费券，促进体育消费回补与潜力释放，激活体育消费市场。例如，宁波政府牵头千家企业借助大数据分析，采取联合或独立形式精准推送消费券给需要人群，进一步放大体育消费券的倍增效应，激活被抑制的体育消费市场。

2. 壮大体育消费群体，扩大数字技术在体育场景的开发应用

新冠疫情造成以线下赛事为核心的体育竞赛表演业全面停摆，同时也推动大量体育赛事活动向线上场景集聚，其中以线上线下场景结合为主的客厅马拉松、线上象棋、电子竞技、智能体育、在线赛事组织等新业态、新产品、新模式不断涌现，一定程度上丰富了体育赛事和活动项目供给，也为运动项目产业复苏发展培育了潜在的运动爱好者与体育消费者，为壮

大体育消费群体奠定了良好基础。第一，完善体育数据要素使用标准与权责界限的政策法规，利用大数据等数字化技术挖掘体育消费人群的个人偏好数据，建构用户画像模型，对不同体育消费人群进行精准营销，结合消费升级与技术进步态势，提高特定体育消费人群忠诚度，扩大体育消费受众人群。第二，以"体教融合"与"健康老龄化"为发展契机，结合数字化技术与互联网平台赋能体育课堂、家庭锻炼与观赛参赛等，通过线上线下场景推广提升体育运动技能，积极培养青少年运动参与兴趣与体育消费习惯，鼓励支持青少年的个性运动消费与体育社交消费。结合 NB-loT、大数据、AI 等数字化技术不断丰富老年人体育健身活动供给，大力扶持符合中老年人身心特点的运动健康消费。第三，扩大数字化技术在竞赛表演场景中的开放应用，立足体育消费者"吃穿住用行"传统需求与"学乐康安美"新兴需求，不断丰富数字化技术在体育竞赛表演领域的应用场景，结合体育消费城市、智慧场馆、OTT 数字化平台、运动电商、球迷社区以及智能终端等构建新的体育消费场景。

第八章　数字经济时代体育产业供给侧改革的实践路径

我国经济已由高速增长阶段转向高质量发展阶段，需要优化经济结构，转换增长动力，加快转变发展方式，提高全要素生产率。步入数字经济时代，实施体育产业供给侧改革是实现体育产业高质量发展的主线和抓手，要以新发展理论为指导，从体育要素市场化配置、政府宏观调控、产业结构优化、企业数字化转型、扩大体育消费等层面推进体育产业供给侧改革路径。第一，在体育要素市场化配置层面，要分别从制度要素、土地要素、资本要素、人力要素、创新要素和数据要素六大要素进行供给侧改革；第二，在政府层面，要体现出数字化政府在体育产业供给侧改革中的制度优势；第三，在体育产业的宏观层面上，要实现产业数字化的功能和发展趋势；第四，在体育企业的微观层面上，要加速体育产业的数字化转型与升级，全面实现我国体育企业数字化发展；第五，坚持消费者导向，扩大体育消费，从个体层面推进体育产业供给侧改革路径。

第一节　要素市场化配置：要素层面的体育产业供给侧改革路径

新时代背景下，政府在对我国体育产业宏观经济的管理与调控中，除了要注重需求侧管理以外，还应该从供给侧改革层面提高全要素生产率。在促进体育产业实现高质量发展的过程中，强调需求侧管理的同时，也要保障供给侧管理。根据现代经济理论，现从制度要素、土地要素、人力要素、资本要素、创新要素和数据要素六个要素层面来探讨体育产业供给侧改革的实施策略。①

---

① 胡鞍钢，周绍杰，任皓. 供给侧结构性改革——适应和引领中国经济新常态[J]. 清华大学学报(哲学社会科学版)，2016，31(2)：17-22，195.

一、制度要素：深化体制机制改革，增加供给侧改革的制度供给

中国体育产业进入高速发展时期，在某些方面的制度措施上存在明显的短板，体育经济的潜在增长率难以有效释放，需要增加体育产业供给侧改革中的制度供给。在制度供给与制度创新层面进行供给侧改革，只有通过体育体制改革才能更好地推动体育产业体制机制创新，为全面提升体育产品和服务的质量及效率奠定基础，提高管控的优越性。第一，要在"简政放权、放管结合"理念的基础上，创造新的体育制度供给。政府、体育行政部门在充分认识自身与体育市场关系的同时，注重激发市场活力，规范自身在"简政放权、放管结合"中的行权方式，促进体育产业的创新体制机制。第二，在对体育市场进行管制监督的同时，要加强宏观调控。出台相应的制度政策措施来打造稳固的体育产业机制，在政策法规和体制规划等出台后，政府要转变自身职能，在不轻易干预体育市场微观事务和加强对体育市场微观调控的基础上，再增添体育行业规定、行业条例和行业标准等制度供给来引导体育市场的创新发展。第三，优化体育市场环境，加强对市场的监督与管理。我国不同行业中所涉及的监督管理问题都是较严峻的话题，任何行业市场上都存在利用职位权责和产业的灰色链来谋取自身或他人的利益。因此，政府在管控体育市场的过程中必须加强自身的监督管理，拒绝贪腐，严肃政纪，构建安全和公平的体育市场秩序。

二、土地要素：积极出台土地政策，提高体育场地运营管理效率

2019年，自然资源部在印发的《产业用地政策实施工作指引》中多次提到促进体育产业发展的土地使用政策，着重指出加快推动体育公共设施建设以及冰雪场地设施发展。国务院办公厅在颁布的《关于进一步激发社会领域投资活力的意见》中提出：各地要将文化、养老、教育、医疗、体育等领域用地纳入国土空间规划和年度用地计划。国家46号文件强调，要完善土地规划布局，要求城乡规划和土地利用总体规划中要把体育设施用地纳入进去。一系列政策表明，土地要素伴随体育产业的发展被频繁关注，同样意味着体育产业在我国诸多产业中占据着越发重要的地位。体育运动场馆、室外健身活动中心与室外运动场等是体育产业发展的物质载体，地方政府应当出台配套的体育土地政策，提高体育运动场地和场馆的运营效率，推进体育产业供给侧改革。第一，要大力保障国家重大体育比赛、体育项目的用地，积极出台土地政策和规划来打造体育场馆，各地方政府要保障公共体育设施的建设，提高我国人均体育场地面积。第二，政

府要针对性地出台土地税收政策，促进体育场地的利用率，降低体育运动场馆中涉及工业标准缴费的日常费用，盘活闲置的体育场地设施，支持体育场地设施和居民的文化站共建共享。第三，加强体育场馆建设力度，在科学规划体育场馆的基础上，政府加强出资，并充分保障资金在体育场馆中的利用率，并吸引社会资本进行投资建设。① 第四，要加强对大型体育场馆实行创新性运营管理，对管控的体制机制进行全面改革，运用现代化企业管理制度，探索多种场馆管理模式。②

三、人力要素：实施人力资源战略，培养专业化的体育产业人才

人力资源战略作为企业发展战略的重要组成部分，是企业为实现公司战略目标而在雇佣关系、录用、绩效、薪酬等职业生涯管理等方面所做决策的总称。人力资源要素在体育产业中是一切要素的基础，体育产业供给侧改革中应该科学分析预测人力资源的供给与需求状况。推进体育产业供给侧改革需要制定和规划好体育产业人力资源战略，紧抓体育人力这一要素。首先，要在人才培养计划上遵循"以人为本"的理念，坚持以体育市场的需求为导向，鼓励高层次的本科学校申报体育教育学、运动训练学、社会体育学等与体育产业相关的专业，为体育人才的培养奠定基础。其次，要建立运动员、裁判员和教练员等人才的培养计划和注册制度，尤其要加强对国家级退役运动员在从事体育事业中的专项职业扶持政策，同时培养一些高素质和高价值的体育人才与体育团队，促进体育产业人才聚集计划的实施，打造一批优秀的体育产业人才精英队伍。最后，要合理运用体育市场的媒介作用，充分发挥体育市场在人力资源配置中的主导作用，使不同的体育人才有机会展现自己的能力并体现自身的优势价值。在体育产业供给侧改革过程中，熟悉体育事业、熟知市场规律、熟透经营策略的高端人才较为紧缺，要注重跨界的体育人才培养，制定体育产业人才的激励政策，构建体育产业高端人才的奖励机制，加快培育和扶持体育产业创新创业人才。③

① 文建东，宋斌．供给侧结构性改革：经济发展的必然选择[J]．新疆师范大学学报（哲学社会科学版），2016，37（2）：20-27．

② 霍建新．疫情之下体育场馆业"危"中见"机"[N]．中国体育报，2020-02-13（7）．

③ 荆林波．我国体育产业发展现状、问题与对策建议[J]．南京体育学院学报（社会科学版），2016，30（4）：1-10．

四、资本要素：大力吸引社会投资，促进体育产业进行跨界融合

资本要素是体育产业供给侧改革中所有要素的基础，没有资本的投入与支持，供给侧改革在实施中就会遭遇瓶颈。在体育产业供给改革中，体育企业、政府部门等重视资本要素流动，密切关注一切产业资金的具体流向，并通过吸引社会投资的方式来促进体育产业与其他产业进行融合，可以更好地实行体育产业的跨界融合和实现产业供给侧改革，具体可以从以下四个方面考虑：第一，社会资本是非常重要的资本要素，例如，体育赛事作为体育产业的主体，是产业供给侧改革的关键，政府要合理加快转变自身职能的步伐，吸引更多的社会资本投入体育赛事产业，在取消赛事审批的基础上，简政放权，让体育社会组织和体育协会全身心地投入体育赛事的举办和管理。第二，不同地区的政府体育部门应当设立产业发展引导资金，来激发社会组织更多地参与体育事业，强调对资金的"引导"作用。在政府对体育产业进行宏观调控的同时，通过奖励、贴息、补贴等方式对体育产业贡献者进行激励，在多方协同的体制机制中，逐渐形成由民营资本、国有资本等多种资本共同参与的投资格局。第三，构建体育产业不同资产类型的评估体系和产权价值体系，实现资金在产业内的合理运转。同时，政府要充分协调体育企业、体育社会组织、体育协会和体育市场四者之间的关系，扩大体育产业的市场规模、拓宽体育产业的融资渠道。第四，将我国不同产业制度、资源和市场的优势作用于体育产业领域，借助媒体、营销、资本等媒介或手段，来拓展体育产业的深度与广度，更快地实现体育产业与其他产业的融合模式。①

五、创新要素：实施创新驱动战略，激发体育产业发展的原动力

创新在所有产业中都起到驱动、引领作用，激发产业向更好、更高的层次发展。《关于促进全民健身和体育消费推动体育产业高质量发展的意见》（以下简称《意见》）指出，推动体育产业成为国民经济支柱性产业，到2022年，体育服务业增加值占体育产业增加值的比重达到60%，明确了要打造高质量体育产业的发展共识。此阶段，突出体育产业市场主体的创造活力和创新推动体育产业发展的融合路径显得尤为重要。体育产业供给侧改革要将创新作为改革的主要发展模式，具体可以从以下几个方面来实

---

① 杨强.体育与相关产业融合发展的路径机制与重构模式研究[J].体育科学，2015，35（7）：3-9，17.

行：第一，"体育+互联网"的发展模式是数字经济时代必须坚持的发展和融合模式，人工智能、5G、区块链、物联网等都是建立在互联网的基础上，将不同的数字技术应用在体育产业中是创新驱动模式的具体表现，充分利用数字信息的功能优势赋予体育产业新的创造力。第二，打造创新型体育人才队伍，在建设队伍中要求组织多功能人才招聘计划，多功能体现在体育产业领域、互联网领域和企业经营等体育产业创新发展的几个具体领域，通过体育产业中制定的人才奖励机制来充分调动创新人才的积极性，不断推动体育产业同其他产业的深度融合，促进体育产业的创新发展。第三，在体育产业中实施创新驱动战略，不断激发产业发展的原动力，全面推进体育产业的"大众创业、万众创新"。第四，积极深化体育科技体制的改革，推进体育产业供给侧改革，对创新性产品进行有效投资，提高体育服务和体育产品的科技要素含量，提升体育产业中科技成果的转换率。

六、数据要素：推进体育数据资产化，确保在流通交易中的权责

在数字经济时代，数据要素是体育产业供给侧改革的基础性和战略性发展资源，是创新要素发挥优势的基础，发挥好数据生产要素的创新引擎作用，将有助于体育产业的质量变革、效率变革和动力变革，实现体育产业高质量发展。推动数据生产要素作用于体育产业供给侧改革可以从以下三个方面实施。

第一，加快推进数据权利的确定，在体育产业领域明确数据所有权、处理权、使用权、收益权等各种权利的属性与种类，明确不同数据拥有者的相关权责，同时对涉及个人隐私、体育市场机密和商业秘密的数据进行保护，体育企业在进行大数据营销、数据共享、数据跨区域流动、体育市场治理、公共体育服务等过程中，要保障数据在流通过程中权责分明，对不同场景的数据权利使用采取约束措施，保障数据资源要素的安全性和传播的有效性。

第二，加快推进体育数据资产化，建立一个定价数据的标准。数据在体育市场流通的过程中，很容易出现价位不明的现象，也就是缺乏一个明晰的定价标准，而数据定价标准可以确保数据在交易的过程中具有法定性。建立体育数据资产抵押担保机制、会计入账制度等，能确保体育企业数据在企业资产中得到应有的价值体现。应建设数据资产抵押担保机制，发挥数据贷等金融信贷服务对体育企业的数字创新作用，为其提供更具针对性的体育金融服务保障。

　　第三，促进体育数据进行流通交易。在健全的数据流通业务规则体系的基础上，要增强体育数据的流通和交易，让数字功能在不同的体育企业中发挥出优势。明确涉及企业与个人信息、商业机密和国家安全等不同属性数据的流通交易和使用范围、方式、对象等，确保数据在交易过程中平稳有序流动。同时要加快推动政府数据的共享开放和社会化开发利用，建立促进政务数据流通的技术服务体系，增强数据访问、数据脱敏、数据清洗、数据溯源等保障能力，加强电子认证、访问控制、角色管理、安全审计、数据加密等安全技术应用，确保数据交易可管可控。

第二节　打造数字化政府：政府层面的体育产业供给侧改革路径

　　政府在体育产业供给侧改革中起到宏观调控和引导作用，一系列战略部署都是由政府首先提出，然后再按层级划分到不同体育产业层面。在政府层面如何实行体育产业供给侧改革，其一，要推进政府购买公共体育服务，建立完善的数字体育产业体系；其二，要建立数字化的体育市场机制，充分发挥市场在体育资源配置中的作用；其三，政府要实施强有力的宏观调控，以有效的制度供给激励和规范体育市场；其四，要以体育产业"高质量发展"为前提，保障体育产业政策持续稳定。

一、推进政府购买公共体育服务，建立完善的数字体育产业体系

　　要推进政府购买公共体育服务，解决人民最现实最直接的利益问题，提高公共服务的共建能力和共享水平，使全体人民在共建共享发展中有更多获得感。政府要大力推动体育公共数据按需共享，提升体育数据的价值，通过数据的流通实现政府与公众的"对话"，不断增加"一网通办""一站式"的服务事项。密切关注数字弱势群体，力争做到全民共享数字红利。体育产业数字化发展离不开政府的有力支持，鉴于我国体育产业数字化转型尚不成熟，国家体育总局等相关部门应借鉴国内数字化转型较为成功的文化、交通及医疗健康领域的规划方案，积极推动体育产业数字化转型的体系建设，优化体育产业数字化发展的环境。通过平衡知识产权保护、个人隐私与体育产业发展之间的关系，来推动数据按需进行流通与共享，以便体育产业行业能够利用此类数据进行技术和产品创新，促进体育产业数字化转型。在共享发展理念下，推进政府购买公共体育服务，有利

于构建多元化的公共体育服务体系，使公共体育服务与体育产业协调发展，让广大社会公众享受到体育发展成果。[①] 推进政府购买公共体育服务，要合理配置公共体育服务资源，以多元化主体供给为手段，以供给法治建设为必要保障，引入市场机制，提高公共体育服务的供给效率。政府作为推动体育产业数字化转型的引领者、组织者，要发挥在信息安全和标准规范方面的行政力，整合不同体育企业使用的分散数据标准，形成大数据库，为体育企业提供数据查找和使用的有效途径，推动数据资源的自由流通。在体育产业数字化中采取个人权益保护和产业转型利益相协调的举措，明确政府和体育企业在采集和使用个人数据时的具体程序规定，通过公开、透明的方式获取数据授权，保护体育消费者的隐私信息。我国政府和体育龙头企业要起到正确引导作用，带动我国体育产业不同领域和行业的改革与创新。"数字经济+管理创新""数字经济+技术创新""数字经济+思维创新"和"数字经济+模式创新"是数字经济要发挥优势的四大创新领域，政府要充分发挥在相关领域进行有效创新的职能作用，实现体育产业的数字化改革与创新。

二、建立数字化的体育市场机制，充分发挥市场在体育资源配置中的作用

健全的法律法规是保障市场发挥决定性作用的根本保障，发展体育产业要依据市场价格、市场规则和市场竞争来配置体育资源，实现效率最优化和效益最大化。[②] 市场是"无形之手"，在体育产业供给侧改革中要放开市场"无形之手"，建立数字化市场机制，让市场在体育资源配置中起决定性作用。数字经济时代，数字化转型中存在信息安全管控措施薄弱、应急和维护机制不到位等问题，制度保障与维护技术的双重缺失导致了产业在转型中时常面临各类信息安全隐患。为此，体育产业数字化转型过程中应健全和完善信息安全监管机制，规避数字技术本身引起的新风险，从而提高市场监管效力。

数字化的体育市场机制就是建立在这样一套政务服务流程下，可以充

---

① 张文静，沈克印．政府购买服务视角下我国公共体育资源配置市场化改革研究[J]．体育文化导刊，2020(2)：24-30.

② 王家宏．我国体育资源配置市场化改革中政府职能作用的实现路径[J]．体育学研究，2018，1(3)：5-14.

分发挥市场在体育资源配置中的作用。① 政府部门只有秉承认真负责的态度对待新科技的应用，并积极制定预防机制、紧急预案与补救措施，才能促进体育产业数字化转型。鉴于应用场景的改变导致数字权利发生相应变化，并衍生出新的权利内容，数字权利的多样性和不稳定性使得数据的权属划分和应用保护存在较大难度。这就要求政府在个人数据与商业数据的管理中，要以数字化的方式解决数字化的问题，加强数字政府治理和数字市场监管，从根本上解决体育产业数字化转型中存在的数据安全和隐私保护问题。在我国体育产业的快速发展时期，需要政府"有形之手"提供强大的政策推动力，推进体育产业供给侧改革，构建多层级的体育协同治理体系，要让人力、资本、土地等要素在区域之间和产业之间的流动变得更为合理。②

三、政府要实施强有力的宏观调控，以有效的制度供给激励和规范体育市场

要消除对土地、劳动力、资本等生产要素的供给限制，政府是掌握着大量资源的最大供给主体，是供给侧改革最主要的推动者，通过简政放权和减税来刺激体育市场，实际上都属于政府改革的范畴。③ 在强有力调控的基础上，要保证落实的力度，以数字化的方式提高信息资源的传播效率和信息传播的全面性。在深化社会主义市场经济体制改革背景下，推进体育产业供给侧改革，坚持"放管服"改革，但不能减弱政府的调控和监督作用，要在基于强政府的传统性优势基础上，实现由行政型政府向服务型政府转变。推动体育产业数字化转型的过程中，政府应当始终坚持体育产业供给侧结构性改革这条发展主线，在平衡性与稳定性上最大程度给予体育产业以保障，最终推动体育产业在数字化转型的进程中实现高质量发展。囿于我国体育产业在数字化发展中基础薄弱、监管力度不足、科技应用程度不高、成本控制能力较差、数字化专业人才储备不充分等问题的影响，体育产业数字化转型更加离不开政府层面的政策支持，而更加精细化、具体化的政策能够促使产业在发展中紧跟新一轮技术变革的时代浪

---

① 沈克印，吕万刚.体育产业供给侧改革：投入要素、行动逻辑与实施路径——基于社会主要矛盾转化研究视角[J].中国体育科技，2020，56(4)：44-51，81.

② 刘亮，王惠.供给侧改革视角下我国公共体育资源供需矛盾的消解与改革路径[J].武汉体育学院学报，2016，50(4)：51-55.

③ 范尧.供给侧改革背景下体育用品供需困境与调和[J].体育科学，2017，37(11)：11-20，47.

潮，在较大程度上推动产业数字化进程。

近年来，虽在国家相继出台的体育领域的政策文件中都曾频繁提及推动数字化网络技术应用于体育服务产业各领域的发展，但其内容均较为简略，未形成系统化、整体性的表述，缺乏体育产业数字化转型的整体系统规划，以及多部门协同的专项行动方案。因此，政府要基于体育产业发展的长远目标，结合健康中国、体育强国等国家在体育层面的发展战略，充分研判数字化转型发展对体育产业的影响，充分考虑体育产业的自身特点，完善顶层设计，推动体育部门联合旅游、财政、金融、税收等其他部门制定体育产业数字化发展战略，完善数字经济驱动体育产业的政策体系。① 要基于战略性和全局性视角，明确国家、各区域体育产业数字化转型的方向、目标和重点，加强配套制度的供给，促进体育服务业、体育制造业的数字化改造与转型，完善体育产业数字化的政策支持体系。完善政府相关部门的采购制度，从体育产业的需求侧拉动数字核心技术的发展，促进产业新产品和新服务的出现，实现全面数字化发展的体育产业应用市场。

四、以体育产业"高质量发展"为前提，确保体育产业政策持续稳定

政府要积极实施管理体制与管理观念上的创新并应用于实际工作当中，保证体育产业与时俱进，更好地为社会服务，推动体育产业实现高质量发展。针对体育产业发展的行业政策和市场环境，各级政府可通过深化"放管服"改革、释放体育产业发展潜能、完善体育产业政策、优化体育市场环境等改革举措，来释放体育产业发展的新动能。以体育产业"高质量发展"为前提，坚持数字化的产业发展趋势，确保我国体育产业政策持续稳定。推动体育产业高质量发展，要以推动体育用品制造业转型升级、加快体育服务业全产业链发展、优化体育产业发展环境等为重点，进一步促进体育用品制造业转型升级，补齐体育服务业发展短板，加快全产业链发展。在持续深化"放管服"改革、推动简政放权的背景下，政府应当减少对体育产业发展的直接管理，提高自身权力的边界意识，从而减少冗杂的审批环节，放低市场准入门槛，将职责转变为在宏观上对市场的引导、监督与评价工作。以"数字化"为重点，推动"放管服"改革，推动创新"互联网+市场监管""互联网+政府服务"等模式，还要鼎力培育壮大"双创"

---

① 沈克印，寇明宇，王戬勋，等. 体育服务业数字化的价值维度、场景样板与方略举措 [J]. 体育学研究，2020，34（3）：53-63.

与平台经济。政府也要建立有效的保障机制，提高专项资金扶持力度。结合体育产业数字化中的基础共性数字技术、设施在全国范围内建设标准化体系。以国家推动数字中国和制造强国的经济战略为着力点，结合顶层设计对体育产业数字化转型设计规划蓝图，及时解决转型中存在的新问题、新矛盾，探索出一条具有中国特色的体育产业与数字产业深度融合之路。新时代推进体育产业供给侧改革不仅需要在国家宏观层面进行顶层设计，完善体育产业政策，还需要地方政府和相关部门深入贯彻与落实这些产业政策，围绕劳动力、土地、资本等要素，积极出台配套的体育产业发展规划和制度。

第三节　产业数字化发展：产业层面的体育产业供给侧改革路径

在体育产业数字化发展层面，要着重考虑五个方面的改革路径：第一，推进体育场地设施统筹规划与建设；第二，完善体育产业人才的供给体系；第三，实现体育科技及技术的转型升级；第四，引导和支持社会资本进行有效投资；第五，积极探索"互联网+体育"的产业模式。这五个方面的供给侧改革路径都是建立在以数字化产业发展机制为导向的基础上，通过数字创新，极力打造数字化产业，促进体育产业供给侧改革。

一、以数字化产业发展机制为导向，实现体育产业经济的创新性增长

数字经济时代，实现体育产业高质量发展不仅需要健全的产业发展机制，更需要以数字化产业发展机制为导向，实现体育产业经济的创新性增长。立足于体育产业供给侧改革，以数字化的标准完善我国体育产业机制需要从以下几点着手。第一，创新体育场馆运营体制机制，引入和运用数字化的体育企业制度，推进智慧体育场馆建设，激发体育场馆活力。增强大型体育场馆复合经营能力，鼓励创新场馆运营机制，实现规模化、专业化运营，拓展服务领域，延伸配套服务。第二，支持优势企业、优势品牌和优势项目"走出去"，培育和壮大体育企业发展。充分挖掘品牌价值，鼓励大型体育赛事充分进行市场开发，鼓励大型健身俱乐部跨区域连锁经营，扶持一批具有市场潜力的中小体育企业。第三，因地制宜发展体育产业，优化体育产业布局，改善体育产业结构。以足球、篮球、排球三大球为切入点，推动产业向纵深发展。对发展相对滞后的足球项目制定中长期

发展规划和场地设施建设规划，促进健身休闲项目的普及和提高，大力推广校园足球和社会足球普及和发展，在体育产业发展机制的创新中，实现体育产业的高质量发展。

二、以产业协调发展为准则，推进体育场地设施统筹规划与建设

体育场地设施同样是体育产业发展的重要依托。以"协调"发展为准则，统筹我国区域性的体育场地、场馆等的规划和建设，可以解决我国人均体育场地面积不足和体育场地结构性失衡的问题。① 依托于"协调"的体育产业发展模式，推进我国体育产业的供给侧改革。首先，积极推进场馆管理体制改革和运营机制创新，推行场馆设计、建设、运营、管理一体化模式。其次，合理布点布局，重点建设公众健身活动中心、户外多功能球场、中小型体育场馆、健身步道等场地设施。政府以购买服务等方式，鼓励社会力量建设小型化、多样化的活动场馆和健身设施。最后，根据实际条件，加快推动学校体育场馆向社会开放，积极推动公共体育设施免费或低收费开放。

三、以产业创新驱动为引领，实现体育科技的转型升级

"创新是引领发展的第一动力"，在体育产业供给侧改革中，创新同样是引领产业转型升级的重要动力，也是实现体育技术创新发展的必由之路。《2019 年普华永道体育行业调查报告》指出，未来 5 年内全球体育市场的预计增长率为 6.4%，中国将继续扮演增长领军者的角色。随着科技的发展，数字化转型对体育产业中各行各业的发展都将产生影响。推进新型基础设施建设，实现数字信息技术普惠共享，从而为体育产业的网络化、数字化、智能化发展提供平台和保障，在新业态的助力下，促进我国体育产业转型升级，实现数字信息技术在体育产业内普惠共享也是加快推进我国信息网络基础设施建设的目标之一。各地政府应推动当地体育产业顺应数字经济的发展趋势，在地方通用型数字基础设施大规模落成的基础上，加速体育产业大数据中心、体育市场信息共享平台、数字化管理服务平台等专用平台的建设，为"数字政府""数字企业"转型提供有力支撑。整合优势科技资源，在体育企业内部打造国家体育产业精尖的研究平台。我国很多由体育高等院校和体育企业研发出的相当数量的成果作为"库存

---

① 陈德旭. 社会治理视域下我国农村公共体育服务体系建设与运行研究[D]. 上海：上海体育学院，2017.

成果"，不能在体育市场上充分发挥价值，而打造体育产业精尖研究平台将主要面向这些"库存成果"，提供物理空间、专业技术服务和对接资源服务，促进体育产业的科技成果转化。在实践层面，必须在行动思想上树立引领型的创新发展理念，构建有利于创新发展的体制机制，在体育产业数字化转型的进程中加大投入力度，通过技术创新、服务创新、制度创新等推动体育产业与数字化科技的融合发展，引导体育消费需求，提升创新成果转化效率。通过科技进步和创新驱动，全面激发体育市场活力，提高体育产业的发展动力。要通过服务创新、制度创新、科技创新、产品创新等引导体育消费需求，不断提升体育品牌影响力。[1]

四、以体育产业核心价值为标准，引导和支持社会资本进行有效投资

我国体育产业市场在某种层面上还处于权责不明、投资渠道不畅的局势当中，以体育产业的核心价值为标准支持和引导社会资本对产业进行有效投资，才能更好地解决体育市场无效供给的弊端。在体育产品与服务供给层面，加快智能制造技术在体育产业生产领域的应用，推动生产模式由劳动密集型向技术密集型转化，不断提升企业的生产效率与要素利用率。体育产业要想成功走上数字化转型之路，光靠自身的努力还远远不够，不同社会力量的支持以及多元化主体的多途径参与也是必不可少的。相关制造商以及企业在利用大数据充分进行市场开发的同时，也应鼓励体育草根组织和相关产业协会加大力度培养和完善自身的组织形式和内部结构，使其日常的运营方式与数字经济时代相契合，与网络化、信息化交流方式相衔接。

从产业层面来促进体育产业供给侧改革，找准体育产业发展的核心价值最为关键，支持社会资本是实现体育产业高质量发展的关键因素。[2] 鼓励社会力量依法设立各类体育产业投资基金、创业投资基金等各类投资机构，投资体育产业，利用金融资源做大做强体育产业。鼓励体育中介、体育用品贸易平台等机构的数字化建设，并将数字化技术应用于大型体育赛事中，扩大社会影响力，从而引导各类体育部门和体育市场主体利用数字化技术和平台做强做精，打造一个共赢共享的数字化产业生态圈。也应鼓励大型体育用品制造商加大信息技术研发的投入，并扶持一批在数字经济

① 陈林会．我国体育产业高质量发展的结构升级与政策保障研究[J]．成都体育学院学报，2019，45(4)：8-14，127.

② 丁正军，战焰磊．新时代我国体育产业高质量发展的综合动因与对策思路[J]．学术论坛，2018，41(6)：93-99.

时代彰显潜力的中小型体育用品企业。鼓励和引导两者整合自身资源和发挥长处，在移动互联网、物联网络、大数据、云计算等新一代数字技术的领域进行深度的双向合作。同时，在市场拓展、实施交付、服务运营等各层面形成长期且稳定的产业链伙伴关系，向市场和社会提供适时且较完善的产品和服务，实现数字化转型的共赢。

五、促进体育产业与相关领域跨界融合，积极探索"互联网+体育"的产业模式

当下，体育产业已不再以孤立的产业形态而存在，跨界融合成为体育产业发展的新常态。供给侧改革背景下，体育的多元跨界融合已经成为当代体育发展的新趋势，媒体融合、资本融合、营销融合等跨界力量推动体育产业的供给侧结构性改革。体育产业发展要坚持开放发展理念，在新技术和新业态引领下，推动体育与旅游、健康、养老、文化、教育、培训、传媒、科技、广告等产业融合，拓展体育产业发展空间。2016年9月23日至25日，在北京举办的中国国际冬季体育产业大会秉承"跨界融合"的主题，旨在以更加广泛的形式全面探讨我国冬季体育产业发展。"体育+旅游""体育+医疗""体育+科技"等是我国体育产业需重点融合的产业对象。"2017中国体育旅游博览会"发布了一系列体育旅游十佳精品项目，要在旅游景区不断丰富赛事活动，打造体育旅游的品牌线路，不断推动体育旅游业再上新台阶。健康作为全国人民广泛关注的话题，尤其是2020年之后，体育与健康受到普遍重视，在"体育+医疗"融合模式中一定要针对不同群体采取不同方案，进行规律的科学健身指导，针对不同问题和需求对症下"药"，这个"药方"便是体育运动。同时，"体育+科技"作为创新生活、优化体验的完美呈现，在数字经济时代，以互联网为媒介，科技创新是强大的驱动力和催生力，要让更多的科技创新手段进入体育界，弥补我国体育公共服务短板。在促进体育产业与相关领域进行跨界融合的过程中，要积极探索"互联网+体育"的产业模式。"互联网+"为我国的体育产业提供了前所未有的发展契机，为体育与相关产业进行跨界融合提供了发展动力，[①] 推进我国体育产业供给侧结构性改革必须首抓"互联网"这个强大动力，从而在改革和创新中获得更多发展动能。

---

① 梁枢，王益民．"互联网+"视域下体育制造业供给侧改革研究——O2O商业模式的开发与应用[J]．体育与科学，2016，37（4）：36-41，87．

第四节　企业数字化转型：企业层面的体育产业供给侧改革路径

数字化转型已经成为推动体育企业高质量发展的重要途径，数字经济在疫情防控、保障社会高效运转、经济恢复等多个环节已经显示出了强大作用。[①] 体育企业应当转变发展理念，充分认识到数字技术在企业发展、创新动能转换、优化产业结构等方面的优势，推进企业数字化发展进程。2020 年 5 月 13 日，国家发展改革委官网发布"数字化转型伙伴行动"倡议，提出共同构建"政府引导—平台赋能—龙头引领—机构支撑—多元服务"的联合推进机制，以带动中小微企业数字化转型为重点，推行普惠性"上云用数赋智"服务，提升转型服务供给能力，加快打造数字化企业，形成"数字引领、抗击疫情、携手创新、普惠共赢"的数字化生态共同体。体育企业在现有的政策条件和市场环境下，做好长远规划，战略导向从传统要素驱动向数据驱动转变，特别是要重视"互联网+体育产业"发展模式，最大程度释放体育产业数字化的价值。

一、"云服务"拓宽体育企业运营思路，助推体育产业智能化转型

"云服务"正在重新定义数据中心基础设施的需求，重构数据中心的边界，更为关键的是未来在大数据、人工智能和云计算的带动下，产业智能化转型会加速起航。IDC 在发布的《2020 年中国云计算市场十大预测》中指出，未来中国 90% 以上的企业将依赖于多个公有云、私有云和历史遗留平台的组合，估计到 2023 年，90% 的新数字服务将使用公有云和内部 API 提供的服务构建复合型应用程序，其中 50% 将利用到 ML(机器学习)和 AI(人工智能)；[②] 而到 2024 年，由物联网、人工智能自动化、智能设备需求驱动的数据量将超过 30ZB，1/5 的业务将利用它实现实时结果。"云服务"给予企业的最大驱动力，能够帮助企业降本增效、提高效率、获得发展新动能。例如，华为云能够为智慧城市、交通、环保、物流、无人机巡检等提供一站式服务，为企业研发创造新赛道。

[①] 潘玮，沈克印. 健身休闲业数字化转型：动因、机制与模式[J]. 体育成人教育学刊，2021，37(4)：28-33.

[②] 2019 年全球互联网通信云行业研究报告[A]. 艾瑞咨询系列研究报告(2019 年第 5 期)，上海艾瑞市场咨询有限公司，2019：38.

"云服务"在体育产业数字化发展过程中可以起到关键性作用。例如，阿里体育企业以阿里巴巴的阿里云为媒介，提升了企业大数据分析应用能力，加速实现自身的数字化转型，促进了体育企业的数字化发展模式运作。《智能制造科技发展"十二五"重点专项规划》提出，智能制造是面向产品全生命周期，以各种数字技术、智能技术、网络技术与制造业融合为基础，使生产线上的人、设备、机器具有自感知、人机交互、分析决策和执行的能力，包括设计过程、制造过程和制造装备智能化等内容。数字经济时代的到来，特别是在"新基建"和"上云用数赋智"等政策驱动的大背景之下，体育企业要实现数字化转型和智能化升级的真正落地。以"云服务"为代表的数字技术应用于体育产业领域，可以拓宽体育企业的运营思路和运作效率，助推体育产业实现数字化、智能化转型。① 例如，在体育用品制造业领域，落实"互联网+"行动计划，推动5G、物联网、移动互联网、工业互联网等现代信息通信技术的融合互补，推动行业软硬件设备逐步"上云"，进而增强体育产品制造的网络化和信息化水平。

二、"数字化转型伙伴行动"帮扶体育企业渡过难关，促进体育产业转型升级

国家发展改革委联合17个部门以及互联网平台、行业龙头企业、金融机构等145家单位，为帮扶中小微企业渡过难关和转型发展，加快各行业各领域数字化转型，共同启动"数字化转型伙伴行动"。该行动计划通过构建"政府引导—平台赋能—龙头引领—机构支撑—多元服务"的联动机制，针对中小微企业数字化转型"不能转、不会转、不敢转"的问题，推出普惠性的"上云用数赋智"数字化转型服务。"伙伴行动"支持中小微企业降低数字化转型成本、缩短转型周期、提高转型成功率，现已聚集阿里、腾讯、华为等数十家平台企业，各平台正在探索通过共享模式，联合打造一体化转型服务。"伙伴行动"还打造基于网络空间的"虚拟产业集群"和"虚拟产业园"，汇聚转型合力，提高转型效益，鼓励龙头企业带动上下游企业推进研发设计等数字化共享，并提供有针对性的金融支持。例如，人民银行在参与此次伙伴行动倡议中，联合多家金融基础设施单位，通过更加便捷的服务渠道，提供更加优惠的资金支持，以促进中小企业的数字化转型和发展。

---

① 詹晓宁，欧阳永福.数字经济下全球投资的新趋势与中国利用外资的新战略[J].管理世界，2018，34（3）：78-86.

在体育产业内部，鼓励体育企业平台提供开放资源、信息对接、能力扶持、供应链支撑、软硬件支持等全产业链服务，增强转型动力，降低转型门槛。探索人工智能、5G、数字孪生、大数据、工业互联网、区块链等数字技术应用和体育产业的集成创新。体育企业将致力于协同行动计划促进自身企业以及整个体育产业迅速实现数字化转型。要发挥体育龙头企业数字化转型示范和引领作用。强化体育龙头企业集群发展，组建大型体育企业集团，共同推进"数字化发展+实体经营"的模式，充分放大体育龙头企业效益。体育企业的集群发展会惠及体育产业全领域，通过这些企业的数字化规范引领作用带动整个体育产业集群的数字化发展，同时龙头企业的"集群经济"还会促进体育企业的数字化发展竞争，从而推动更多的体育企业将经营发展模式向数字化方向调整。

三、重构客户、合作伙伴关系与企业边界，铸就新的体育商业形态

新的数字化技术，催生了体育产业中新商业、新管理、新平台的发展，中国企业数字化转型的下一步致力于重构客户、合作伙伴关系与企业边界，铸就新的体育商业形态。数字经济时代体育商业未来的发展趋势是开放与连接，传统的体育企业数字化架构与思维模式是数字化转型最大的挑战。传统的架构本质是"烟囱式"架构，即条块分割，很多孤岛各自为政，整个系统显得"大、笨、重"，数据被分割在每个条块中，获取难度较大。过去的发展思路通常是在企业内部进行管控而非赋能，占有而非连接。现阶段，连接比占有更具优势，唯有开放和连接理念下的数字化转型，才能铸就新的商业形态。新商业实质是要重构价值创造的方式，包括价值主张、客户选择、渠道选择。第一种模式是重构客户关系，让客户参与价值创造的过程，参与企业的研发、生产，这种客户关系不仅仅是单纯的交易关系和通讯联系，同时也是一种为了双方利益形成的某种买卖体育服务合同或者联盟的关系，这种客户关系致力于促进体育产业经济的稳定提高，并快捷、效率化地满足客户的体育服务需求。[①] 客户关系本身具有差异性、多样性、持续性、竞争性和双赢性的特征，而数字化的体育商业形态可以为体育服务交易提供方便和节约成本，还可以为体育企业深入理解客户的需求和双方交流信息提供更多的机会。第二种模式是重构合作伙伴关系，这里所指的合作伙伴关系是指体育企业与体育企业或体育企业与

---

① 周强，杨双燕，周超群.体育产业领域中区块链技术应用的逻辑及其风险规避[J].体育学研究，2020，34(1)：33-41.

非体育企业之间建立的合作伙伴关系，双方有着共同的目标，共同研发、创新的服务，是一种为双方的长期利益而建立的长期的、信赖的合作关系。而数字供应链可以提高双方在合作中的有效性，属于一种协调发展的合作关系，数字供应链可以通过提高信息共享水平，减少体育企业整个供应链中产业的库存总量，降低成本并提高整个产业供应链的运作绩效。第三种模式是重构企业边界，致力于将体育企业传统的体育服务模式打造成数字化、智能化的服务模式，通过在不同产业板块，运用数字技术改变并极大地拓宽企业的战略选择，打造一种数字化的战略架构。以新数字企业发展模式来创造捕捉利润，建立新的、强大的体育企业员工和客户之间的价值理念，是我国体育企业健康成长的正确选择，是更好地创造新体育商业形态的有力举措，并助力于数字经济时代体育产业供给侧的改革。

四、广泛、灵活运用新技术，重塑体育企业的核心竞争力

在数字经济时代，体育企业要灵活运用新技术对企业的竞争力进行重塑，来应对数据中心基础设施、云数智融合、混合多云等领域面临的转型升级需求。基于体育市场和体育消费者的需求变化，体育企业应提升产品价值和服务效率，不断挖掘消费者的潜在需求。例如，在体育培训中，将智能剪辑技术、传输技术和 VR、AR 业务运用到运动项目中，通过生成的运动视频提高教学质量等，增强消费者互动体验，从而推动企业从"随需"向"创需"转变，提高自身的竞争力，帮助体育企业向多元化应用的服务领域延伸，从而向智慧化、服务化、高端化方向发展。体育企业要找准数字化转型的发力方向，并反映数字化转型的价值取向，体现时代进步、科技进步的发展优势。

体育企业要持续加大线上平台建设，努力形成自营平台、第三方电商平台、微信小程序等网络营销闭环，从而增加直面消费者的机会。充分利用好社交媒体的品牌传播效应，通过构建企业品牌社群助力企业价值输出与产业破圈，为线上电商与线下门店引流。同时，通过安装人脸识别装置、无人结算设备、智能识别导购设备等推动线下门店智能化变革，帮助企业减少人力成本。在体育企业的发展、体育企业的数字化转型中，新技术的运用是最为关键的一环，因为随着群众生活水平的提高、消费环境的改变以及数字经济时代的发展趋势，只有在体育产品和体育服务中合理、广泛、灵活运用高新技术，才能更好地满足群众的体育服务需求，并获得长期稳定的竞争优势，重塑体育企业的核心竞争力。

第五节　坚持消费者导向：个体层面的体育产业供给侧改革路径

党的二十大报告对贯彻新发展理念、构建新发展格局、推动高质量发展做出了一系列的重大部署，明确提出了"着力扩大内需，增强消费对经济发展的基础性作用""实施扩大内需战略同深化供给侧结构性改革有机结合起来"，① 为坚持以体育消费需求为导向，推动体育产业供给侧改革提供了行动导引。消费已成为新时代扩大内需的最大动力来源，体育消费在扩大内需战略规划中成为发展重点。数字经济改变了传统生产服务模式下的生产要素及其资源的配置方式，在一定程度上重塑了商业形态，丰富了产品供给，重构了消费场景，细分了消费客群，不断引导消费理念的变化，并激发了数字消费的潜力，推动体育新消费创新发展，派生出体育消费新的特征。进入新发展阶段，我国体育市场基础更加扎实，体育市场主导体育产业循环特征更加明显，体育消费优化升级同数字经济相结合成为发展趋势。

党的十九届五中全会作出构建新发展格局的重大部署，强调要加快培育完整内需体系。党的二十大报告明确指出，要坚持以推动高质量发展为主题，把实施扩大内需战略同深化供给侧结构性改革有机结合起来。体育消费是扩大内需的重要领域，在促进经济增长、扩大消费需求、激发市场活力和提高人民生活质量等方面具有重要作用。2022 年 7 月 7 日，国家体育总局印发的《关于体育助力稳经济促消费激活力的工作方案》提出，要深化体育供给侧结构性改革，不断丰富体育产品和服务，激发体育消费活力，推动体育产业高质量发展。② "十四五"时期，针对实施扩大内需战略主要目标，满足人们日益多元化的体育需求，需要全面促进体育消费，加快体育消费提质升级，坚持供给侧结构性改革，提高体育产品供给质量，提升体育产品供给与国内体育消费需求的适配性。扩大群众体育消费是拉动内需的重要保障，不仅要在传统消费领域发力，还要在数字经济背景下积极培育新型体育消费，满足人民群众对体育的多元化和个性化消费

① 习近平. 高举中国特色社会主义伟大旗帜 为全面建设社会主义现代化国家而团结奋斗：在中国共产党第二十次全国代表大会上的报告[N]. 人民日报，2022-10-26(1).

② 国家体育总局. 关于体育助力稳经济促消费激活力的工作方案[EB/OL]. [2022-07-07]. https：//www. sport. gov. cn/n315/n20001395/c24457160/content. html.

需求。2022 年 12 月 14 日，中共中央、国务院印发的《扩大内需战略规划纲要（2022—2035 年）》指出，要促进群众体育消费，发展在线健身、线上赛事等新业态，提升体育赛事活动质量和消费者观感、体验度。①

一、推进基础设施建设，建立数字体育消费生态体系

现今，数字体育消费等新业态对互联网、流通等配套设施提出了更高要求，因此，需继续推进数字基础设施建设，为新消费提供必要支撑。第一，推进高水平的数字经济基础设施建设。将促进互联网升级扩容作为重点工作，加快 5G 网络建设和覆盖，满足数据采集需求。加大物联网、人脸识别等物网布控，加强服务保障能力。同时，重点加强中西部、农村欠发达地区的信息基础设施建设，为居民数字体育消费参与提供可行性。②第二，加强体育硬件设施改造与提高软件系统支撑能力。依托数字技术推进体育项目建设，系统解决全民健身、体育产业、运动训练等领域的网络平台应用问题，引导一批具备数字化改造条件的企业加快转型，打造集智慧决策、智慧管理与智慧服务于一体的数字体育平台，为消费者提供产品。例如，江苏省五台山体育中心通过打造智慧体育系统，运用其数据资源实现了对体育场馆服务的集约化管理，提高了场馆运营效率。第三，凝聚多方资源推动数字经济与体育产业深度融合。一方面，发挥中央政府的引导作用和地方部门的协调作用，加大数字基础设施建设的政策供给与资金投入力度，不断优化数字体育供给载体与形式，针对区域性特点和发展需要培育区域体育消费增长极。例如，《浙江省数字体育建设"十四五"规划》从政策层面对数字体育基础能力建设做出了详细规划，着力推动浙江省体育公共服务管理综合应用系统、浙江省体育公共数据平台（省体育数据仓）等基础项目建设。

二、加强政策引领，推动数字体育平台监管包容性创新

数字经济时代，新业态和新消费大量涌现，与信息和数据相关的产品或服务占据了越来越大的产业比重，而与之相对应的监管法治建设还较为滞后。因此，应当从消费者的角度加强行业监管，保障消费者权益，营造良好的消费环境。第一，政府部门应出台并细化数字产业的监管政策，提

---

① 中共中央 国务院印发《扩大内需战略规划纲要（2022—2035 年）》[EB/OL].［2022-12-14］. http：//www.gov.cn/xinwen/2022-12/14/content_5732067.htm.

② 梁琳. 数字经济促进农业现代化发展路径研究[J]. 经济纵横，2022(9)：113-120.

升监管效率。政府部门要以制度建设为重点，推进数字经济的健康发展，为产业数字化转型保驾护航，体育领域内也不例外。体育部门要将体育互联网平台建设放在重要地位，落实第三方主体责任，加快制定统一的信息安全标准，明确体育产业数字化转型的大数据管理和应用标准及规范，协调消费者个人数据的有效开发和保护，加强风险管控。如《中华人民共和国网络安全法》《中华人民共和国个人信息保护法》《中华人民共和国数据安全法》等相关法律法规共同构建了网络空间的合规框架。第二，体育企业要发挥主体作用，严格落实数字化体育产品和服务质量标准。体育互联网平台在运用过程中会产生大量的数据资产，在确保数据共享流通和体育产业平稳运行的同时，企业要探寻隐私保护的平衡，赋予用户体育消费场景中的自主界定权，让消费者有充分的权利知晓个人信息流向及应用目的，如运动 APP、智能可穿戴设备等在数据搜集协商机制上，应使用简洁明了的方式向消费者展示用户隐私条款，增强用户对软件的信任程度。第三，完善体育市场评估和监察机制，推动不同主体的多元参与。伴随数字经济的蓬勃发展，市场监管模式需要在多元主体的共同参与下实现平衡，实现公平、效益和安全目标的最优调试。制定统一、规范性文件，明确竞赛表演、健身休闲、运动培训等多领域信息采集、监管流程标准制度，建立与政府部门、征信机构、行业协会等部门的多重协调机制，发挥激励与约束作用。① 同时，监管部门定期向社会公示体育市场黑名单，利用社会评价的方式淘汰掉不合格的企业，改善体育互联网平台的信用环境。

三、强化技术应用，加快培育数字体育新消费新业态

发展由数字技术支撑的新模式、新业态，培育面向体育产业的数字化管理、平台化构建、个性化定制等新模式，推动体育产业实现高质量、高效益的价值创造，培育产业发展的新增长极、新增长点。第一，丰富体育线上消费场景。当前居民消费呈现出智能化、健康化、休闲化、个性化及体验化等多元特征，促使体育企业营销方式由线下向线上转变，并开始广泛使用网络媒介技术发展体验消费，构建营销与购买、产品和用户的双向互动模式，助力畅通国内消费大循环。例如，2020 年，安踏集团宣布全面推进数字化转型战略，在运营上大力推进 DTC 模式，即通过直面消费

---

① 许坚，周勇. 技术赋能体育市场监管体现代化：逻辑、困境与纾解［J］. 沈阳体育学院学报，2022，41(4)：125-130，137.

者来实现"一个中心三个重塑",从而形成从产品开发、运营到营销的良性闭环,推动品牌升级。① 第二,推进体育企业"上云用数赋智"。要发挥数据要素的生产力作用,激发体育产业的数字化转型动能,积极整合体育资源,通过精细化运营管理实现供应链的高效运转,打造体育品牌的核心竞争力。② 同时,应当加快体育产业与制造业、旅游业、农业等业态的深度融合,不断整合政策、产业、数据、资金、人才、技术等多渠道利益链,积极推动建立共生互利的创新生态圈,形成各产业内外互联的高质量经济形态。第三,以数字化人才拉动体育消费升级。高校在专业设置上应对接市场需求,开设与之相关的数字经济专业,培养既懂体育经营管理又擅长数字技术的复合型人才,为企业提供可持续的人才支持。同时,应以居民体育消费需求为导向,在培养和引进数字技术人才的同时,紧抓科技研发,与高校、科研院所、企业等合力开展数字技术应用基础研究,加快体育科技成果转化,提升创新能力。例如,2022 年 7 月,中国技术经济学会数字体育专业委员会成立仪式在福州第五届数字中国建设峰会期间成功举行,可以看作体育产业为开拓数字技术应用市场而进行的一次主动尝试。

四、统筹空间布局,促进区域数字体育消费协调发展

第一,增加居民可支配收入,提高消费能力。可支配收入是居民进行消费的基础,而收入差距会造成消费的空间差异。③ 在新发展阶段,畅通国内大循环、拉动经济增长的关键环节在于刺激消费和扩大内需,而消费行为的产生则与居民的收入水平密不可分。因此,政府部门要积极出台财税、就业等惠民政策,保障和改善民生,提升居民收入水平。省域之间可通过对话、合作与交流的方式打破要素资源块状分割现象,实现区域经济联动发展,实现提高居民收入、提振消费的目标,从而为体育消费的提质扩容助力。例如,疫情后,政府部门为重启消费开始陆续发放旅游、体育等各类消费券,其中,北京市结合城市全民健身日活动,组织体育和运动品牌企业发放优惠券 10 万张,包括线上买、线上订、线上赛、线上学四

① 安踏体育深度报告:DTC 赋能产品、品牌向上,安踏大货步入新阶段[EB/OL]. [2021-12-03]. https://new.qq.com/rain/a/20211203A07OQI00.
② 任波. 数字经济时代中国体育产业与体育消费互动的内在机制与升级策略[J]. 山东体育学院学报,2022,38(3):25-34.
③ 周勇. 中国消费中心空间发展:动力、扩张及路径[J]. 求索,2022(5):106-116.

大板块，不断打造体育消费新场景、新模式。[①] 第二，大力推动国家体育消费试点城市建设，增强区域消费裙带效应。以国家消费城市、体育消费城市建设为基础，培育多层级体育消费城市网络和消费增长极，强化消费城市的辐射带动力和溢出效应。同时，重视二三四线城市的后发优势，找准市场定位，不断扩大消费市场，提升城市消费圈能级程度。借助体育消费试点城市做优平台建设，鼓励品牌集聚与创新，推动传统体育消费向数字化、智能化转型升级。例如，新余市在打造国家体育消费试点城市的过程中，通过智慧体育平台吸引入驻体育商家、场馆、协会及俱乐部等，拉动消费比例 256%，创造间接经济价值 1031.57 万元。[②] 第三，继续实施乡村振兴战略，驱动农村体育消费扩容升级。在党中央大力推动乡村振兴的过程中补齐共同富裕的短板，发展多业态增加农村居民资本性收入，以居民体育消费需求为引领，释放乡村产业发展潜力。[③] 依托现代农业产业园区打造多业态融合发展的平台载体，加强旅游、体育、健康等消费跨界融合，完善电子商务体系和快递物流体系，打通数字体育产品和服务供应链、资源链、消费链中的壁垒，促进体育线上消费品的有效流通，支撑体育新兴业态在乡村产业链中开拓市场空间，升级扩大数字体育消费。[④]

　　体育产业需求侧管理更加注重满足人民群众体育消费的多样化、高品质需要。随着我国人均收入水平的提高和国民经济稳步增长，我国体育消费逐渐由实物型体育产品消费向服务型消费、享受型消费和体验型消费发展，消费方式、消费内容都发生了翻天覆地的变化。[⑤] 在体育消费扩容升级的大环境下，创新驱动体育需求变革具有四个方面的价值效应。消费渠道层面，线上体育消费与线下体育消费相结合成为体育消费新常态，互联网平台、社交平台、移动支付平台的发展，扩大了产品的供给渠道和供给种类，人们的体育消费更加便利。[⑥] 消费内容层面，体育实物消费从最先的运动鞋服和体育器材消费逐渐向可穿戴运动装备、家用智能健身器材转

① 王辉. 多地发放体育消费券助企惠民[N]. 中国体育报，2022-07-14(1).
② 新余市人民政府. 我市全力打造国家体育消费试点城市[EB/OL]. [2022-04-25]. http://www.xinyu.gov.cn/xinyu/xyyw/2022-04/25/content_2f84b1a0dbb64f92880952341bd53b14.shtml.
③ 黄海燕，康露. 新时代体育产业高质量发展的理论逻辑与实施路径[J]. 体育科学，2022，42(1)：15-34，58.
④ 沈克印，林舒婷，董芹芹，等. 我国体育产业数字化转型的现实要求、发展困境与实践策略[J]. 武汉体育学院学报，2022，56(8)：51-59.
⑤ 张军扩，等. 高质量发展的目标要求和战略路径[J]. 管理世界，2019，35(7)：1-7.
⑥ 杨桦. 体育改革：成就、问题与突破[J]. 体育科学，2019，39(1)：7-13.

变，产品的表现形式和种类更加多元，群众体育消费选择更加多元化、高端化。消费空间层面，除了传统实物体育消费以外，技术赋能体育服务产品开发也迈入新的高度，以虚拟化、场景化为代表的体育消费新模式、新服务，延伸了体育运动项目消费的附加值，如 VR、AR 冰雪运动体验中心。① 不仅如此，以技术为核心的体育创新驱动模式，还推动了体育基础设施的智能化改造，提高了场地的利用效率、管理效率，增强了群众体育消费与体育参与的实地体验感，如智能化健身公园、步道等体育数字设施的投入使用，以及运动场馆的网络化连接和智能化改造。

"十四五"时期，数字经济成为我国数字体育消费、智慧体育建设的重要引擎。在数字技术的参与下，体育消费呈现出如下特征：第一，体育新消费模式快速兴起，不断向线上深耕拓展。数字技术的开发与应用不断改变民众体育消费的固有形式，为电子竞技、智慧体育场馆、智慧体育公园、智慧体育综合体等提供全新消费平台与场景。第二，体育消费结构不断优化、生产服务效率不断提升。互联网大环境已经成为大众消费的重要场所，"线上+线下"的深度融合不断丰富体育消费的内容。同时 VR/AR、区块链、人工智能等先进技术在体育产业中的运用可以为消费者带来深度沉浸式体验，体育新零售、电商可以消费者个性化、体验化需求为中心打造柔性化、数字化、生态化的消费产品，最大限度地满足居民发展型、享受型消费需求。第三，体育新消费品牌不断涌现，在供给制造上探索C2M 模式。得益于消费者体育需求增加与优质的数字平台营销环境，我国体育数字化产品获得成长机会，运动类 APP、智能健身器材、智能健康管理、智能穿戴设备等新品类需求倒逼体育电商平台、体育生产线转型升级，加速精准匹配和反向营销。

在新一轮数字革命的推动下，体育消费领域迎来新发展和新机遇。新时代体育消费转型升级、提质增效能够促进体育产业在供需两端精准匹配和有效对接。数字经济与体育深度融合，能够助力消费市场数字化转型升级，数据作为关键生产要素为体育消费数字化奠定基础，促进体育消费场景化、体育消费线上化、体育消费智能化、体育消费定制化和体育消费便捷化。② 目前，我国体育消费的数字监管薄弱、体育消费市场发展不平衡不充分、数字市场消费需求待释放等现实困境依然存在，一定程度上阻碍

---

① 易剑东. 论体育产业的发展逻辑[J]. 体育学研究，2019(4)：1-12.
② 任波. 数字经济时代我国体育消费数字化转型：新动能、新特征与新趋势[J]. 体育教育学刊，2022，38(5)：1-8.

了数字经济对体育消费的助推作用。在未来，需要大力推进数字基础设施建设，强化体育消费新基建；加速数字体育产品服务升级，引领体育消费新需求，统筹区域数字经济协调发展；发展需要从基础设施建设、政策发展规划、区域消费市场以及数字技术应用等方面继续完善，充分激活数字经济的赋能作用，促进数字信息技术与居民体育消费的深度融合。

第九章　数字经济时代体育产业高质量发展与供给侧改革的未来展望

推动高质量发展，是我国保持经济持续健康发展的必然要求，是适应社会主要矛盾变化和全面建设社会主义现代化国家的必然要求，是遵循经济发展规律的必然要求，高质量发展的关键在于供给侧结构性改革。以习近平同志为核心的党中央提出的"创新、协调、绿色、开放、共享"的新发展理念，具有较强的引领性、战略性和纲领性，深刻揭示了实现更高质量、更有效率、更加公平、更加可持续发展的科学路径。中国特色社会主义进入新时代，必须以新发展理念引领高质量发展。党的二十大报告指出，要坚持以推动高质量发展为主题，把实施扩大内需战略同深化供给侧结构性改革有机结合起来，这为"十四五"时期乃至更长时间内实现体育产业高质量发展提供了基本遵循。

第一节　体育产业发展已经进入高质量发展阶段

《"十四五"体育发展规划》提出，坚持供需两端发力，推动体育产业高质量发展。体育产业是幸福产业、民生产业、朝阳产业，在满足人民日益增长的美好生活需要、促进就业、稳定经济等方面发挥着不可替代的作用。在高质量发展的国家战略引导下，推动体育产业高质量发展要以新发展理念为引领，努力实现创新成为第一动力、协调成为内生特点、绿色成为普遍形态、开放成为必由之路、共享成为根本目的的发展。

一、创新发展已成为体育产业高质量发展的第一动力

要坚持创新发展，实施创新驱动发展战略，解决新时代体育产业高质量发展的动力问题。"创新是引领发展的第一动力，是建设现代化经济体系的战略支撑。"创新驱动可以释放新的活力和创造力，塑造引领型发展

新优势，为体育产业高质量发展注入强大的内生动力。推动体育产业高质量发展必须突破传统产业发展模式，树立引领型的创新发展理念，推进体育产业供给侧结构性改革，实施创新驱动发展战略，通过科技创新与管理创新、制度创新、文化创新、商业模式创新和业态创新相结合，逐渐从要素驱动和投资驱动转向创新驱动，不断提升创新驱动力，提高体育产品数量与质量。

（1）调整体育产业发展模式，由劳动密集型产业向技术密集型产业转变。大力发展数字经济，促进互联网、大数据、人工智能等数字技术与体育产业深度融合，为体育产业高质量发展培育新动能；增强体育产业升级和质量提升的技术供给，大力发展"互联网+体育"，不断催生新产品、新业态、新模式；拓展"体育+""+体育"新思维，实施"体育+"行动，促进体育产业与文化旅游、教育培训、医疗卫生、金融保险、广告会展、网络传媒等行业融合发展。

（2）优化体育产业结构，由低附加值产品向高附加值产品转变。改善体育产业结构，促进体育用品制造业的转型升级，通过支持区域体育赛事发展、推动体育赛事职业化、加快发展冰雪产业等方式不断提升体育服务业比重；加快体育产业要素结构升级，丰富体育产品与服务供给，拓展体育产业经营范围，特别是要产出高技术含量、高附加值的产品和服务；提高大型体育场馆规划、建设和运营管理一体化水平，拓展大型体育场馆的服务领域，提高现有体育场馆的公共服务水平，实现体育场馆运营的集中化、规模化、专业化。

（3）优化资源配置，提升体育产业的产出效益，提高全要素生产率。整合体育科技创新主体的要素资源，实现互惠共享和优化配置，引领体育创新能力的提升；要鼓励建设运动休闲特色小镇、体育服务综合体，加强体育产业基地建设与管理，探索体育产业创新试验区建设；要建立产学研深度融合的体育产业协同创新体系，提升原始创新和自主创新能力；建立有利于体育产业高质量发展的服务平台，鼓励建立跨领域、跨区域乃至跨国界的体育产业创新联盟，释放更大的创新活力。

二、协调发展已成为体育产业高质量发展的内生特点

应坚持协调发展，不断提升协调性，解决体育产业高质量发展的不平衡问题。坚持协调发展就是要解决体育产业发展中不平衡、不协调、不可持续的问题，在协调发展中拓宽发展空间，在加强薄弱领域中增强发展后劲，特别是要采取有效措施，逐步缩小城乡、东西部地区之间的发展差

距，解决体育产业高质量发展的不平衡问题。

（1）发展体育产业是体育强国建设的一个重要方面，要与竞技体育、群众体育协调发展，在"互联网+体育"行动计划、2022年北京冬奥会遗产开发、全民健身上升至国家战略等背景下，要把握发展契机，进一步提升体育产业规模和质量。

（2）通过体育产业供给侧改革来补齐体育产业发展短板，缩小区域和城乡之间的发展差距，不断优化体育产业结构和布局，让体育产业在体育强国建设中发挥更大作用；以资源禀赋为依托，结合地方体育特色，支持东北三省等地区大力发展寒地冰雪经济，优化运动项目产业布局，引导各地走特色化的体育产业发展道路。

（3）打造体育产业增长极，实施差异化的区域产业发展战略，发展具有区域特色的体育产业，推动在"一带一路"共建国家举办马拉松、自行车等系列体育赛事；以粤港澳大湾区、长三角、京津冀等区域为重点发展体育产业，培育一批具有较大影响力的体育城市。

三、绿色发展已成为体育产业高质量发展的普遍形态

要坚持绿色发展，倡导积极健康的体育生活方式，解决新时代体育产业高质量发展的可持续性问题。习近平总书记强调，"要坚持在发展中保护、在保护中发展"。坚持绿色发展就是要把生态文明建设贯穿于体育产业发展各方面和全过程，考虑生态环境容量和资源承载力的约束条件，构建以和谐、效率、持续为目标的产业增长方式，让体育产业服务于"美丽中国"和"健康中国"建设。推动形成绿色发展方式和生活方式，就要坚持把生态优先、绿色发展的要求落实到体育产业高质量发展之中，走绿色文明发展新路。

（1）体育产业本身就是一种绿色产业，发展体育产业要始终关注生态文明建设，避免出现破坏生态环境、侵占耕地、浪费水资源等问题，同时在体育场馆建设中倡导节俭理念，增强复合经营能力，并注重赛后综合利用，提升高科技含量，减少维护成本。

（2）居民体育消费已从单纯"量"的满足向追求"质"的提升方向转变，因此必须推动体育产业高质量发展，以绿色生态的思维去引导人民群众进行适度消费、绿色消费和健康消费，倡导积极健康的体育生活方式，不断提高人民的健康水平和生活品质。

（3）在体育产业发展中要扎实践行"绿水青山就是金山银山"的理念，守住生态文明"红线"，完善体育、旅游、环保、公安等行政管理部门之

间的协调联动机制，在体育赛事承办、各类体育产业园区建设中要加强规范化、制度化、常态化管理，防止体育产业项目的盲目投入和同质化、低水平建设。

四、开放发展已成为体育产业高质量发展的必由之路

要坚持开放发展，培育体育市场主体，解决新时代体育产业高质量发展的内外联动问题。体育产业是国民经济发展的重要组成部分，是全社会共同兴办的产业，不是体育部门单干的产业，因此需要多个领域和多个部门齐心协力，培育多方体育市场主体，提升产业开放程度，解决体育产业高质量发展的内外联动问题。在体育产业发展的实践中，各级各地的体育部门要坚持开放发展的理念，不能故步自封，应积极借鉴国外发展经验和吸纳社会资本，实现"引进来"和"走出去"更好结合，促使我国的体育产业深度融入全球产业链、技术链、价值链、创新链。

(1)发展体育产业，要坚持"开放"发展理念，利用我国市场、制度、资源等优势吸引更多的国外知名体育企业或体育组织，支持国内的体育企业走出去，促进开展互利共赢的国际合作。充分吸纳国际和国内资本、技术、管理经验和高素质人才等资源，可以借力"一带一路"构建体育产业的对外开放新格局，在实现体育产业承接转移和分工协作、体育产业投资合作、跨境体育用品产业园区集群发展等方面取得发展。

(2)发展体育产业要以新思路和新举措，改变由政府独家办体育的格局，培育体育市场主体，逐步形成多种所有制经济共同发展的体育产业格局；体育、财政等部门要联合设立政府出资引导、社会资本参与的中国体育产业投资基金，制定政府购买公共体育服务目录和标准，充分释放政府资金引导带动作用。

(3)通过完善国民体质监测指标体系、鼓励医院培养和引进运动康复师、提供运动健身方案或运动指导服务等方式来推动体医融合发展；推动体旅融合发展，实施体育旅游精品示范工程等；通过支持学校与体育部门建立运动员共同培养机制，引进专业教练员和退役运动员为学校体育课外训练和竞赛提供指导，加强普通高校高水平运动队建设等方式来推动体教融合发展。

五、共享发展已成为体育产业高质量发展的根本目的

要坚持共享发展，坚持以人民为中心的发展思想，增加有效的体育产业供给，解决体育产业高质量发展的"短板"问题。习近平总书记多次强

调,"人民对美好生活的向往,就是我们的奋斗目标,让人民共享发展成果,是推动高质量发展的根本出发点和落脚点"。实现体育产业高质量发展要坚持共享发展理念,出发点和落脚点就是要"坚持以人民为中心的发展思想"。发展体育产业要为了人民、依靠人民和成果由人民共享,始终关注广大人民的根本利益,满足人民的体育需求。

(1)发展体育产业实践中,通过有效的制度安排,将"共建"与"共享"有机地结合起来,通过政府、市场、社会组织等主体的协同供给,采取多种方式完善公共体育服务体系,切实满足人民群众日益增长的体育消费需求。

(2)要强化领导责任,始终关注广大人民根本利益,建立多层次、多渠道的利益诉求表达平台。利用政府的体育扶贫、购买公共体育服务等方式,提高公共体育服务的供给效率,完善体育产业的市场供给,让人民群众在共建共享发展中不断提升安全感、幸福感和获得感。

习近平总书记在党的十八大五中全会上提出了"创新、协调、绿色、开放、共享"的新发展理念,标志着我国经济发展进入新时代。新发展理念符合我国国情,顺应了时代要求,对破解发展难题、增强发展动力、厚植发展优势具有重大指导意义。面对改革开放后长期粗放型的经济增长模式所带来的经济社会发展的各种矛盾,党和政府审时度势,从思想上明确了经济发展方向、发展模式和发展的着力点,必须长期予以支持和贯彻,并付诸行动。体育产业作为绿色产业、朝阳产业,是国民经济发展的重要动力源。但是长期以来,受制于外贸型经济发展模式和全球产业链分工影响,我国体育产业无论是在产业结构、产品质量,还是在科技创新、品牌建设等方面与发达国家相比明显处于劣势,其价值链被锁定在低端站位,发展动力问题和发展方向问题始终困扰着体育行业。

五大新发展理念,是中国共产党发展理念的升华,是对中国发展经验、发展规律的新认识和新提炼,要实现高质量发展必须以新发展理念为战略引领。体育产业高质量发展就是新发展理念引领下的发展,是能够更好满足人民日益增长的美好生活需要的发展。当前,我国体育产业发展正处在从"量的扩张"转向"质的提高"的重要关口,处在转变发展方式、优化经济结构、转换增长动力的攻关期,要求将新发展理念作为推动体育产业高质量发展的行动指南。推动新时代我国体育产业高质量发展,必须把提高供给体系质量作为主攻方向,加快推动质量变革、效率变革、动力变革,提高全要素生产率,实现从"体育大国"向"体育强国"转变。

第二节　体育产业供给侧改革是体育产业
高质量发展的主线

体育产业供给侧结构性改革既是体育产业高质量发展的抓手，也是体育产业高质量发展的主线。在数字经济时代，体育产业需要深入贯彻新发展理念，通过深化体育产业供给侧结构性改革，助力构建发展新格局。构建双循环新发展格局是我国根据国内国际形势发展变化而做出的战略决策，对于实现经济新常态下我国经济社会进一步高质量发展具有根本性的指导意义。体育产业具有供给提升、需求扩张、内外联通、分工深化等效应，对于推动国内消费增长、满足国内需求、畅通国内国际两大市场具有重要的促进作用。① 推进体育产业高质量发展需要通过供给侧结构性改革优化体育产业供给，以深化制度改革健全外部发展环境，以创新驱动实现价值链攀升，释放国内需求潜力，助力构建双循环新发展格局。

一、发挥体育企业作用，提升体育企业产品供给质量

体育企业作为微观经济的主体构成，其产品供给的质量很大程度上影响着体育品牌形象的塑造，且间接影响其在市场中的价格区位和客户定位，因此体育产业供给侧结构性改革的发力点仍需以体育产业链的各细分企业为核心主体，通过提高产品的供给质量来缓解供给端无效、同质化供给过剩与高品质、多样化产品供给短缺的结构性矛盾。产品供给理念层面，体育企业应加大投入，延伸产品的附加创收的价值链条，挖掘产品空间形态的存在方式，将提高产品类型的多样性作为抓手，主动刺激和创造体育产品的消费需求，推动商品主导供给逻辑向服务主导供给逻辑转变，适应当下服务经济、国民经济结构向第三产业倾斜的整体环境，视产品高质量发展为企业高质量发展的重要部分，以产品内涵式发展理念逐步替代营销炒作和过度包装等短期势利倾向。同时，体育企业应重视产品的质量把关，提高自律和危机意识，强化产品标准建设与质量检测，建立完善的产品退市机制，避免劣币驱逐良币，大刀阔斧地走产品精品化、定制化道

---

① 黄谦，谭玉姣，荀阳，等.体育产业促进"双循环"新发展格局构建的理论逻辑与实现路径[J].体育科学，2022，42（3）：14-25.

路。产品质量建设层面，"打铁还需自身硬"，因此体育企业应制定产品质量提升相关的战略规划、项目工程和预设可持续创新发展的目标，争做"专精特新""瞪羚"及"小巨人"企业，将企业创新机制纳入产品设计、研发、生产等各流程环节，以强力的激励机制和部门结构的优化驱动产品多维创新，进而延长产品的全生命周期。在具体行动上，体育企业应加强品牌工程建设，分别从产品外形设计、内容设计、功能开发、材料选择和工艺升级等维度来提高产品的科技含量和使用价值，使其兼有具身性、体验性、实用性和精神启发性等特征，确保产品能够做到差异化竞争。产品供给结构层面，体育企业应加快调整产品供给结构，推动产品市场细分化运营，释放其长尾经济效应。具体包括：（1）在确保中低端一次性、可替代性体育实物产品供给存量稳定及按需供给的基础上，逐步扩大可重复利用、可收藏、高精尖等特征的特殊体育实物产品的供给增量。（2）以"双循环"新发展格局为战略机遇，利用好国内国际两大市场，加快体育信息服务类产品、赛事版权产品的国际化输出的步伐，同时以扩大体育内需为基本点，逐步扩大体育服务商品的产出和供给规模，尤其是要扩大我国体育生活性服务产品和生产性服务产品的增量，以应对新型城市化发展过程中人民群众对体育产品促进个人发展和生活幸福的关注，促进参与式服务产品和观赏式服务产品的良性竞争和市场互补。产品供给有效性和精确性层面，体育企业应建立消费者导向型产品供给模式，强化产品需求感知能力，进而减少无效供给和资源浪费，避免当前生产原料成本上升造成的企业利润压缩对产品持续创新更迭的影响。因此，在行动逻辑上，体育企业在产品生产过程中应以前期科学调研为基础，通过与网络信息平台进行连接，及时感知客户偏好和消费行为的变化，并以满足客户的个性化需求为落脚点，动态调整产品生产计划，这种客户价值共创形式下的产品生产方式，有助于扩大体育企业的有效供给。

二、以工匠精神为引领，创新体育产业高质量发展的供给动能

党的十九届四中全会提出，我国经济社会发展已进入新常态，因此新时代需要弘扬科学精神和工匠精神，以创新为新经济发展的动能，引领经济高质量变革。当前，在产业供给侧结构性改革的大背景下，"工匠精神"体现在实体经济以精益求精、细致创新的态度来推动自身产业结构的优化和产业组织形态的现代化改造，提升品牌独立自主的开发能力。体育产业作为体育强国建设的重要推动力量，在建设成为我国国民经济的支柱性产业的新征程中，需要倡导和践行"工匠精神"，借以提高体育产业发

展的内在韧性，激发增长动能。① 当前，体育产业弘扬工匠精神，不仅是顺应产业供给侧结构性改革的现实需要，也是体育产业重塑国际竞争优势的必然选择。长期以来，我国体育产业创新能力不足、创新活力不高的问题直接影响到体育产业国际价值链分工地位和市场格局，供需不匹配和业态发展不充分、不协调不利于体育产业转型升级，因此体育产业需要在质量、技术、品牌、标准、服务等方面形成新的竞争优势，不断提升在全球产业链、供应链、价值链中的地位。以"工匠精神"引领体育产业供给动能创新，需要从以下几个方面入手：一是大力发展以新业态、新产品和新模式为主要内容的体育"三新经济"，即体育新经济。这要求体育市场主体顺应新一轮科技变革和产业变革的时代趋势，推动体育产业与互联网平台经济、共享经济和数字经济深度融合发展，激发新增长点。二是以融合创新为基本手段，加快体育现代产业体系的构建，促进体育创新链、价值链、空间链、企业链的协调联动，以运动项目产业高质量发展为核心，以体育产业新空间、新场景的拓展为突破点，强化体育先进制造业与体育现代服务业深度耦合，助力体育服务型制造规模化普及和体育生产性服务业跨界外延。三是贯彻新发展理念毫不动摇，以生态优先、绿色发展为基本要求，助力体育产业低碳可持续发展，促进产业内部降本增效。四是弘扬"工匠精神"，提高体育产业的供给创新能力，需要优化相应的营商环境和完善相关的体制机制，尤其是建立"工匠型"体育劳模和专业技能人员的培养、激励和评价制度，并适当地提高基本待遇，搭建施展才华的舞台。

三、增加要素有效供给，提高体育高质量发展的要素供给效率

新时代实体经济供给侧结构性改革是以提高供给体系质量为主攻方向，主要是通过增加有效要素供给（技术和制度）、产品供给和制度供给的方式，推动更高水平的供需衔接。其中，增加有效要素供给是供给侧结构性改革过程中促进新旧动能转换的主要着力点。1961 年，肯德里克在《美国的生产率增长趋势》中指出，劳动力供给存量、资本存量是驱动国民经济增长的关键要素，直接影响生产率的提升，即劳动力占总人口比例越高，人力和实物资本积累越快，生产率和生产力水平就越高。后来新古典增长理论学派根据此生产函数对后发型国家经济增长态势分析发现，劳

---

① 谭焱良．新时代呼唤卓越［EB/OL］．［2022-03-22］．https：//www. sports. cn/yjsy/2022/0322/402956. html.

动力和资本存量的规模性扩张，并不能带来经济体量的持续性递增，反而会在一定程度上出现增长停滞和高膨胀，如日本、南非、德国、巴西等。因此，除了基本物质性要素供给外，技术、知识、信息等创新型要素的增加可以用来解释经济稳健增长的现象，即以科学技术为主导的要素投入在提高全要素生产率(要素投入总量在一段时间的总产出)的同时，也带动了生产力水平的跃升。当下，我国体育产业的供给侧结构性改革面临较大的外部压力，具体表现为人口老龄化(劳动力人力资本积累放缓)扩大体育就业市场的缺口、疫情之下资本流动性不畅和投资积极性不高对体育中小企业的冲击，以及制度不健全、科创能力不强对体育产业高级化、合理化发展的内生性束缚。对此，体育产业要提升全要素生产率，提高有效要素供给量，需要做到以下几点。一是以科技创新为根本动力，引领体育产业求变求新，通过增加数据、技术等有效要素的投入比例，提高传统资源型要素的总体产出效率，具体行动逻辑包括加大关键核心技术领域的攻关和促进技术的应用转化。二是加大体育高素质、高水平管理人才的培养力度，建立"产、学、研、用、创"一体化人才输送机制，支持体育教育结构改革，鼓励职业体育教育事业的发展。三是推动体育人才的高质量就业，增加体育从业人口的薪资水平，吸引社会人力资本向体育产业领域流动，同时应支持城乡体育融合，以体育助力新型城镇化建设和体育名城建设为契机，实现劳动力的规模化聚集。四是要大力发展体育先进制造业和现代体育服务业，用以承接全要素生产率的提高，激发和创造大量体育需求，避免要素资源的闲置，同时要鼓励国内体育企业进行全要素生产率的国际化竞争，促进我国体育要素的全球化市场配置。

四、完善产业制度供给，为体育产业高质量发展提供制度激励

虽然我国迈入"十四五"体育产业发展的新阶段，但是纵观体育产业法律法规，依然存在很多不足之处，并对体育产业的营商环境造成了一定的影响。一是目前我国《体育法》并不完善，体育行业法规的立法理念仍停留在体育事业层面，对市场主体的权益保护与纠纷解决制度供给不足。[①] 以体育知识产权保护为例，《著作权》《商标法》《专利法》等相关法律对体育类领域的知识产权问题认识不足，尤其是在体育无形资产创新方面，对其权利主体界定模糊。在竞赛表演业领域，涉及赛事商标权、冠名

---

① 冯蕾，刘瑞东，任波，练碧贞，张承毅．"十四五"时期我国体育产业营商环境建设的逻辑、困境与纾解[J].体育文化导刊，2021(6)：75-81.

权、转播权、纪念品销售等产权纠纷问题，现尚未有明确的法律保护条例加以规制，体育产权仲裁机制有待建立。不仅如此，在体育产业领域，体育市场黑红名单制度和责任失信制度建设也需加快推进，虽然《体育市场黑名单管理方法》明确提出要建立体育市场信用监督体系，但是在具体落地实施层面仍缺乏实践经验指导，有关推进细则和执行标准也有待统一。2020 年 8 月出版的《习近平新时代中国特色社会主义思想基本问题》一书，提及了当前我国供给侧结构性改革的一些基本问题，认为新常态下我国经济的发展需要强有力的制度引领，应坚决贯彻中国特色社会主义制度，同时进一步深化市场经济体制改革，增加有效的制度供给。2021 年，《"十四五"体育发展规划》正式颁布，明确要求从需求侧管理和供给侧改革两端发力，推动有效市场和有为政府更好结合，进而为体育产业的发展营造良好的制度环境。新时代体育产业制度供给创新的本质在于使政府与市场之间形成良性的互动关系，并实现力量的均衡，由过去的"强政府"向"强政府"与"强市场"转变，将经济发展的大棒由政府全面统筹向市场全面主导延伸，进而促进"有形的手"和"无形的手"高效协同，确保宽松的体育市场在体育产业资源配置中的基础性作用。目前，体育政府部门强化体育产业制度供给，需要以中共中央、国务院发布的《关于新时代加快完善社会主义市场经济体制的意见》为基本指导，以实现制度供给的针对性和一致性，具体可概括为协调政商关系、强化产权保护、健全法律法规、强化市场监管与市场准入、维护公平竞争等方面。

　　在政商关系上，近年来中央与各级地方体育行政部门深化"放管服"改革，逐步缩减体育市场准入负面清单，并健全财政、货币、税收、产业、区域、消费、投资等体育经济政策协调机制和体育科技创新的体制机制，如推动了体育赛事项目审批制度改革，出台了体育赛事管理办法等。在健全法律制度上，新修订《体育法》明确提出了强化体育产权保护、支持职业体育发展、强化体育产业统计、鼓励体育产业区域协调联动等内容，其中加快推动体育仲裁制度和机构建设，有助于体育产业领域解决产权方面的经济纠纷。在市场监管方面，2019 年国家体育总局《关于进一步加强和规范体育领域事中事后监管的若干意见》也明确提出，各级体育政府部门自上而下全面梳理本部门职责范围内的监管事项，统一规范监管主体、监管对象、监管措施等内容，形成本部门监管事项目录清单，并实行动态管理。其中，在体育产业领域，该《意见》专门要求政府部门对从事包括体育赛事活动、体育健身休闲、体育社会培训、体育场馆经营、体育中介服务以及其他体育市场经营活动的各类主体一视同仁，公平公正进行监管，做到监管全覆盖，杜绝监管盲区和真空，依法保护市场主体的合法权益。

五、优化体育组织能力，用数字经济助推体育企业数字化转型

产业经济学认为，体育企业实体应具备基本的组织能力，具体反映在企业内部部门设置、职能划分、人事协调、对外交往、教育激励等方面，这关乎企业生产与经营的效率和效果。对此，体育企业作为体育产业供给侧结构性改革的基本单元，需要提升自身的指挥决策、人员组织、资源协调、生产控制和对外公关水平，激发体育产业发展的整体活力。当前，伴随新一轮科技革命与产业革命的到来，数字经济作为一种新兴产业形态，通过数字技术、平台赋能企业数字化转型，能够为体育企业带来组织优化创新的利好机遇。在组织部门建设层面，数字网络办公和企业 ERP 信息管理系统的出现和普及，提高了企业内部的工作效率和管理效率，使原有的非核心部门和冗余人员得到精简，以适应网络化、信息化的部门生态环境，这有助于企业缩减人力资源投入成本。尤其是工业互联网、物联网、5G 通信技术平台的交叉运用，使企业的组织结构模式从垂直化管理模式向扁平化管理模式演变，上层决策者能够直接联通一线操作部门，实现生产、经营信息的可视化监控，且形成具有"智慧大脑"和数据中台特征的分布式、网格式企业治理格局，帮助企业领导层进行精准决策、智慧决策。资源协调层面，数字化供应链、智慧仓储、快速反应配送中心等企业网络生产协同管理软件、物质硬件的双向融合，促进了企业产品或服务从生产到消费等各环节的全流程畅通，加速了产业链之间的资源互换和渠道互补，这对于生产资料的高效、精准配置和产品的极速供给具有重要意义，有助于推动体育产业流通革命。在生产控制层面，"互联网+电子商务平台+数字支付系统+网络直播+大数据分析"为一体的产品信息处理系统的集成化创新，在催生体育用品新零售、数字门店等商业模式的同时，也使企业获得了一手的市场需求数据和产品反馈数据，甚至使企业拥有了根据客户消费偏好和浏览纪录，自行调整产品生产类型、存量和控制库存的能力。在对外互动攻关层面，随着新媒体的发展，以社交平台、短视频平台、流媒体内容平台等为代表的信息传播渠道和介质的出现，使体育企业能够直接开通官方账号，并与粉丝和忠诚客户进行真诚沟通，通过建立私域圈层的方式推销产品服务和培育出多级个人分销商，以解答客户反馈的问题和洞悉客户最新需求，助力产品售后服务机制平台化和高效化。在企业市场营销层面，借助数字化广告，以及搜索引擎、信息门户、新闻资

讯、移动设备等营销工具和平台，体育企业能够通过计算机通信设备将产品和服务信息传达至每一位互联网用户，而用户也可根据自己的兴趣和爱好来选择定制化、个性化的产品和服务，这不仅有助于提升企业的产品曝光度，也有助于节约用户的产品挑选时间。

第三节　数字经济时代体育产业供给侧改革的未来展望

一、以新发展理念指导体育产业供给侧改革

习近平总书记在党的二十大报告中强调，必须完整、准确、全面贯彻新发展理念。以"创新、协调、绿色、开放、共享"为主要内容的新发展理念，是习近平经济思想的重要内容，明确了我国现代化建设的指导原则，进一步科学回答了实现什么样的发展、怎样实现发展的问题。[①] 其中，以共同富裕、生态文明、和平共存、人民幸福和物质与精神文明高度统一为主要内容的"中国式现代化"发展新思路的提出，极大地丰富了新时代高标准贯彻新发展理念的实质性内涵。当前，体育产业正处于体育产业供给侧结构性改革的攻坚期和关键期，各细分业态都面临较大的内外部转型压力、阻力和短板，实现高质量发展成为长期且艰巨的任务，需要以贯彻新发展理念来引领体育产业供给侧改革。在创新发展层面，体育产业应抓住新一轮科技革命和产业变革带来的机遇，大力推动生产工艺创新、材料创新和新兴技术创新，如 3D 打印、柔性制造、高韧性纺织面料和弹性材料技术的研发，突破体育先进制造技术领域的国外封锁，而在体育服务业领域则需要强化品牌文化植入和服务等级认证、资历认证体系的建设，提高研发设计和创意营销层面的创新实力。要推动"链长制"全覆盖，促进"链主"企业与"专精特新"企业联动创新，促进产业链、创新链融合发展，以体育产业创新项目试点工业园区的建设，做大做强做优某一具体领域的创新主导产业，进而形成特色优势产业集群。在协调发展层面，应扩大区域体育产业的整体影响力，助力其实现一体化发展，打破区域行政壁垒和地理边界藩篱对体育资源要素流动的阻隔，加速体育产业经济的资本流、物流、信息流的流通效率。同时，应注重城乡二元格局之间、东中

---

① 刘捷.新发展理念指引经济高质量发展［EB/OL］.［2022-10-31］. http：//theory. people. com. cn/n1/2022/1031/c40531-32555177. html.

西部空间地理格局之间体育产业的协调发展，缩小彼此之间的发展差距，鼓励产业转移和分工体系的重构，发挥好各自优势条件，形成产业链互补和市场互利新机制，促进区域良性竞争和差异化竞争。在绿色发展层面，体育产业应与《奥林匹克 2020+5 议程》紧密结合起来，与 2060 "碳中和"路径远景目标联系起来，助力自身绿色低碳发展。应以体育用品制造业、体育建筑业等碳排放量高的体育细分业态的降碳、减碳为重点任务，实现生产降碳、生活降碳和促进体育碳市场交易，逐步控制固定资本的盲目扩张和一次性体育商品的过剩供给，促进废旧厂房改造成体育生产设施和体育生活服务设施，大力开发节能、环保、土地集约型、全生命周期长、保值高的绿色体育经济，减少体育户外产业对自然生态的破坏。在开放发展层面，体育产业应反对产业链的国际脱钩，借助 "一带一路" 倡议布局海外市场，广泛地与发达国家开展品牌话语权和竞争，团结发展中国家并与之过渡过剩产能，寻求全方位的立体合作，同时积极引入国际体育优秀品牌、技术服务标准和先进营销理念，吸引国外资本参与国内体育中小企业的投融资活动，支持建立跨国分公司和共同成立国际体育产品设计与技术研发中心，助力我国体育产业实现更高水平的对外开放。共享发展层面，体育产业应与乡村振兴战略结合起来，发挥体育产业在助力共同富裕中的重要价值，通过增加就业和丰富产业门类的方式，提升居民收入水平和体育消费水平，营造人人皆可参与体育的社会氛围。

二、以数字化思维实施体育产业供给侧改革

数字经济对供给侧结构性改革意义重大，以数字技术赋能、数据为关键要素的数字经济，加快了经济系统内各要素的相互作用，优化了各方面要素配置与组合方式，推动了产业系统内的调整与变动，以使得产业结构调整和经济增长的动力实现最大化。① 近年来，受新冠疫情的持续冲击和全球经济下行影响，我国经济高质量发展面临较大的下行压力，经济增长的速度明显放缓，因此需要发挥数字经济作用，从供给和需求两端挖掘经济增长的内在潜力，利用好国内庞大的市场优势和新型基础设施，助力中国经济社会稳步向前发展。根据马克思主义政治经济学原理，伴随当下工业经济加速向互联网经济领域延伸，数字经济赋能供给侧结构性改革，有助于生产要素向新兴产业部门转移，提高供给效率；有助于培育新兴市

---

① 戚聿东．数字经济推动经济增长的理论机理及现实意义 [EB/OL]．[2021-11-16]．http：//www. new. qq. com/omn/20211216/20211216A09Q8J00. html.

场，激活供给端的创新；有助于促进企业内部分工优化，激发企业的主体创新潜能；有助于重塑国际产业分工格局，激励企业加大信息技术服务产品的出口。对此，体育产业应抓住数字经济发展的契机，大力推动产业数字化转型升级，以数字赋能业态创新、产品创新、服务创新为基本途径，提高产业发展的竞争力和活力。结合数字经济强渗透性、零边界成本和非排他性等特征，数字赋能体育产业供给侧结构性改革的驱动作用主要表现在：扩大数据资本增量，释放规模经济、范围经济和长尾经济效益；促进体育产业信息化和工业化建设"两化融合"，搭建体育产业跨界融合的桥梁和空间载体，即产业结构高级化和合理化；数字政务平台缩减体育产业项目审批时间，提高体育产业供给的综合效率。而在具体实践上，数字电商、数字金融、智能制造、数字产业园等概念的出现，并在体育产业中的广泛应用，有助于体育产业"去库存""去杠杆""降成本"和"补短板"。鉴于数字经济对体育产业供给侧结构性改革的特殊功效，体育产业在数字化转型过程中，应从宏观、中观、微观三大维度同步推进，具体包括：一是宏观层面强化制度供给，如完善数字产业竞争政策、制定数字法律法规和数字产权保护、健全市场监管机制等；二是中观层面推动体育业态的数字化融合，促进行业数字化标准建设，打造体育数字产业链等；三是微观层面以体育企业为主导，加大数字技术创新、数字人才的培养引进和体育科创新三板市场的 IPO 融资。同时，也需要注意到，数字经济驱动体育产业供给侧结构性改革离不开内在和外在条件的全面赋能，因此需要从夯实新基建、建立统一大市场、发挥企业家精神、重视舆论传播、强化产业数据治理等方面入手，夯实体育产业数字化的基础能力，营造良好的数字生态环境。

三、以新动能培育加快体育产业供给侧改革

　　培育和壮大发展新动能是加快产业转型升级、增强经济发展动力、推动高质量发展的重要举措。[①] 新发展动能是指以新产业、新业态、新商业模式为主要内容的经济发展新动能，是提升实体经济发展韧性和活力的新兴驱动力量和着力点，现已成为推动经济高质量发展的强大支撑。目前，学界将新产业、新业态和新商业模式所催生的增长价值统称为"三新经济"，它是反映一个国家和地区知识能力指数和转型升级指数程度的核心

[①] 杨鹤. 经济发展新动能更加强劲[EB/OL]. [2021-11-16]. http：//www.gov.cn/xinwen/2021-08/14/content_5631264.htm.

指标，也是提升经济发展新动能的关键。其中，经济发展新动能指数是以"三新"为主要内容的统计指标体系，反映经济发展新动能的趋势和进程，包括网络经济指数、经济活力指数、创新驱动指数、知识能力指数、转型升级指数五大分类指标。因此，本质上讲，以"三新"经济为特质的经济增长新动能实则是知识经济和创新经济，一定程度上反映了未来经济发展的趋势。对此，以新动能加快体育产业供给侧结构性改革可以用上述指数作为依据来加以扩展和实践。第一，在网络经济指数层面，应持续贯彻"互联网+"行动计划，支持和鼓励"互联网+体育产业"融合发展，借以提高体育产业的信息化水平，提升企业"上云"率，且通过完善网络基础设施，可有效扩大体育消费的网民规模。为提高体育产业的联网率和扩大网民规模，应支持体育企业参与物联网、5G、大数据、云计算等新基建投资和建设，并在此基础上形成具有一定规模的体育信息技术服务业，以便为体育产业与互联网产业融合创造稳定的条件。不仅如此，在体育互联网经济发展的基础上，体育市场主体应推动业务链条向线上扩展和转移，以O2O模式开发体育用品新零售、线上跨境贸易服务。第二，经济活力指数层面，体育产业经济的活力值大小从根本上取决于体育企业发展的健康状态、竞争优势和抗风险能力。对此，应广泛利用各自社会资本投资体育科技企业的发展，在维持存量的基础上扩大体育创新型企业的增量，政府也应给予体育中小"隐形"企业财政、税收、土地方面的优惠政策措施，工商管理部门在面对新注册体育企业时也应适当优化审批流程，以此提供便利。第三，创新驱动指数层面，体育产业与数字经济、虚拟空间经济紧密融合，打造体育产业新场景，激发体育消费新需求，努力在数据财产权开发与保护、专利开发、数字赛事版权自主创新等方面投入更多资源，借以守护体育产业发展的创新源泉。第四，知识能力指数层面，体育产业应与体育职业培训机构、行业组织协会、高校等进行广泛合作，打造高端智库和经济交流中心，建立专家咨询制度，强化体育高素质人才的培养，推动体育产业就业结构从低端服务和劳动密集型向高端服务和知识密集型转变。第五，产业转型升级指数层面，应优化产业结构，支持体育先进制造业集群式发展，体育生产性服务业、现代服务业高质量发展，扩大体育服务业在体育产业结构中的总比重。

四、以现代化产业体系为重点推进体育产业供给侧改革

习近平总书记在党的二十大报告中指出："没有坚实的物质技术基础，就不可能全面建成社会主义现代化强国，建设现代化产业体

系，是党中央从全面建设社会主义现代化国家的高度作出的重大战略部署。"①建设现代产业体系的重点聚焦于推进新型工业化建设、实施产业基础再造工程和重大技术装备攻关工程、巩固优势产业领先地位、推动战略性新兴产业融合集群发展、构建优质高效的服务业新体系、建立高效顺畅的流通体系、加快发展数字经济等工作任务。当前，构建现代体育产业体系不仅是推动高质量发展的必然要求，也是赢得大国竞争的迫切需要和全面建设社会主义现代化国家的重大举措。建设现代化产业体系对体育产业供给侧结构性改革的意义重大，具体表现为推动体育产业新旧动能转换、助力科技与体育产业无缝对接、促进金融与体育产业良性互动、提高体育人才与体育产业高度匹配、完善适应体育产业发展的制度体系和构建更高层次开放型体育产业服务体系。对此，体育产业推动供给侧结构性改革应把构建现代体育产业体系建设摆在突出位置，在具体行动逻辑上，体育产业应做到：(1)坚持创新引领。创新是发展的第一动力，体育现代产业体系建设应立足于科技创新，推动基础研究和应用实践研究高度衔接，突破相关技术封锁。(2)强化要素协同。体育产业部门应同政府部门联动，通过有为政府和有效市场建设来促进体育要素市场交易便捷化、一体化，实现产业信息公开和资源平台共享，同时注重体育产业政策、体育金融、体育人才等要素之间的协同和适配。(3)坚持提质增效。体育产业应把质量第一、效率优先贯穿现代体育产业体系建设的全过程。一方面，助力体育用品制造业向服务业领域延伸，广泛推行体育服务型制造及智能制造新模式，实施品牌强国战略，以达到转型升级的目标。另一方面，促进体育生产性服务业和体育生活性服务业协同发展，实现体育服务经济扩容提质。(4)坚持共建共享。体育产业应贯彻全民健身、健康中国、体育强国等战略实施要求，与基本公共体育服务事业紧密联系起来。体育产业应坚持"人民至上"的理念，顺应当前社会基本矛盾的变化，适应需求结构变化和消费升级趋势，努力满足人民对高质量产品和服务的需要。

五、以产业高质量发展为目标完成体育产业供给侧改革

习近平总书记在党的二十大报告中明确指出，"高质量发展是全面建设社会主义现代化国家的首要任务"。② 当前，体育产业欲实现高质量发

---

① 习近平. 高举中国特色社会主义伟大旗帜 为全面建设社会主义现代化国家而团结奋斗：在中国共产党第二十次全国代表大会上的报告[N]. 人民日报，2022-10-26(1).

② 何立峰. 高质量发展是全面建设社会主义现代化国家的首要任务[EB/OL].［2022-11-14］. http：//www.gov.cn/xinwen/2022-11/14/content_5726817.htm.

展，需要满足以下几点实质性要求：一是推动发展方式和发展理念的转变，逐步淘汰资源损耗与要素盲目扩张的数量堆积型、粗放型经济增长模式，做到在体育产业供给中体现人民性，即生活性和民生性。二是实现产业体系和产业结构的转型升级。一方面，要推动建立技术和知识密集型产业为主的产业体系，促使我国产业向国际价值链的中高端迈进。另一方面，要建立具有自主知识产权的产品与服务体系，提高产品和服务的附加值和技术含量。三是注重经济社会效益和生态环境效益的有机统一。从环境视角来看，体育产业属于绿色产业，因此在创建环境友好型经济样本的过程中可以发挥榜样作用，通过内生的标签设定约束体育企业自身的生产行为，履行社会责任，进而从根本上消除体育用品制造业、体育建筑行业密集型低端要素投入、高能耗生产、低利润创收的原生土壤。在体育产业高质量发展的践行思路上，要重视产业发展效率的稳步提升，将要素配置效率、生产创新效率、市场组织效率作为重要的评估指标；要坚持经济结构的优化，将产业结构、就业结构、区域结构、城乡结构作为其优化的重要衡量指标；要坚持培育新动力，将依靠要素驱动转向依靠创新驱动、旧制造模式转到新制造模式、投资拉动为主转向消费拉动为主。① 总的来看，目前我国体育产业高质量发展取得了一定的成就，表现为总体规模不断壮大、结构体系渐趋完善、就业规模稳步增长、治理能力显著提升、数字技术支撑作用有效发挥、产业融合发展趋势凸显等，但是仍面临政策制度供给错位、现代产业链创新体系不完善、体育消费动能不足、价值链分工全球低端锁定等问题，需要以高质量发展为目标，大力推动体育产业供给侧结构性改革。

---

① 任保平．我国高质量发展的目标要求和重点［EB/OL］．［2018-12-29］．http：//theory.people.com.cn/n1/2018/1229/c40531-30494750.html.

参 考 文 献

[1] 杭州峰会.《G20 数字经济发展与合作倡议》为世界经济创新发展注入
    新动力[EB/OL].[2016-09-29]. http://www.cac.gov.cn/2016-09/
    29/c_1119648535.htm.

[2] 中国信息化百人会.数字经济:概念、规模、共识与展望[EB/OL].
    [2017-10-23]. http://www.chinainfo100.com/document/201710/article
    13573.htm.

[3] 任保平.数字经济引领高质量发展的逻辑、机制与路径[J].西安财经
    学院学报,2020,33(2):5-9.

[4] 郭晗,廉玉妍.数字经济与中国未来经济新动能培育[J].西北大学学
    报(哲学社会科学版),2020,50(1):65-72.

[5] 杨佩卿.数字经济的价值、发展重点及政策供给[J].西安交通大学学
    报(社会科学版),2020,40(2):57-65,144.

[6] 童锋,张革.中国发展数字经济的内涵特征、独特优势及路径依赖
    [J].科技管理研究,2020,40(2):262-266.

[7] 中国信息通信研究院.数字经济治理白皮书[EB/OL].[2019-12-26].
    http://www.caict.ac.cn/kxyj/qwfb/bps/201912/P020191226515354707
    683.pdf.

[8] 朱玲.我国数字政府治理的现实困境与突破路径[J].人民论坛,2019
    (32):72-73.

[9] 习近平:实施国家大数据战略加快建设数字中国[EB/OL].[2017-12-
    09]. http://www.xinhuanet.com/2017-12/09/c_1122084706.htm.

[10] 衡容,贾开.数字经济推动政府治理变革:外在挑战、内在原因与
     制度创新[J].电子政务,2020(6):55-62.

[11] 政府工作报告[EB/OL].[2020-05-29]. http://www.gov.cn/premier/
     2020-05/29/content_5516072.htm.

[12] 政府工作报告(全文)[EB/OL].[2015-03-16]. http://www.gov.cn/

guowuyuan2015-03/16/content_2835101. htm.

［13］习近平主持中共中央政治局第二次集体学习并讲话［EB/OL］.［2017-
12-09］. http：//www. gov. cn/http：//www. gov. cn/xinwen/2017-12/09/
content_5245520. htm.

［14］习近平在省部级主要领导干部学习贯彻党的十八届五中全会精神专
题研讨班上的讲话［EB/OL］.［2016-05-10］. http：//www. xinhuanet.
com//politics/2016-05/10/c_128972667_3. htm.

［15］任保平. 中国经济高质量发展三维动力体系的系统再造研究［J］. 社
会科学辑刊，2020（3）：5-10.

［16］沈克印，吕万刚. 体育产业供给侧结构性改革：学理逻辑、发展现
实与推进思路［J］. 武汉体育学院学报，2016，50（11）：29-35，41.

［17］殷俊海. 体育产业供给侧改革的方向［N］. 中国体育报，2016-04-22.

［18］王伟光. 当代中国马克思主义的最新理论成果——习近平新时代中
国特色社会主义思想学习体会［J］. 中国社会科学，2017（12）：4-30，
205.

［19］国务院. 关于印发体育强国建设纲要的通知［EB/OL］.［2019-09-
02］. http：//www. gov. cn/zhengce/content/2019-09/02/content_54264
85. htm.

［20］中国人民大学中国宏观经济分析与预测课题组. 2018—2019 年中国
宏观经济报告——改革开放新征程中的中国宏观经济［J］. 经济理论
与经济管理，2019（1）：4-26.

［21］徐开娟，黄海燕，廉涛，等. 我国体育产业高质量发展的路径与关
键问题［J］. 上海体育学院学报，2019，43（4）：29-37.

［22］丁正军，战炤磊. 新时代我国体育产业高质量发展的综合动因与对
策思路［J］. 学术论坛，2018，41（6）：93-99.

［23］王佳宁，盛朝迅. 重点领域改革节点研判：供给侧与需求侧［J］. 改
革，2016（1）：35-51.

［24］论习近平总书记在全国网络安全和信息化工作会议重要讲话［EB/
OL］.［2018-04-21］. http：//www. xinhuanet. com/2018-04/21/c_1122
720249. htm.

［25］江小涓，李姝. 数字化、全球化与职业体育的未来［J］. 上海体育学
院学报，2020，44（3）：1-16.

［26］肖静华，谢康，吴瑶. 数据驱动的产品适应性创新——数字经济的
创新逻辑［J］. 北京交通大学学报：社会科学版，2020，19（1）：7-

18.

[27]肖旭，戚聿东．产业数字化转型的价值维度与理论逻辑[J]．改革，2019(8)：61-70.

[28]国家体育总局．疫情对体育行业造成很大冲击[EB/OL]．[2020-02-26]．http：//www.chinanews.com/ty/2020/02-26/9105574.shtml.

[29]李巧华．新时代制造业企业高质量发展的动力机制与实现路径[J]．财经科学，2019(6)：57-69.

[30][英]威廉·配第．配第经济著作选集[M]．陈冬野，等，译．北京：商务印书馆，1981.

[31][法]萨伊．政治经济学概论[M]．陈福生，等，译．北京：商务印书馆，1963.

[32]方福前．寻找供给侧结构性改革的理论源头[J]．中国社会科学，2017(7)：49-69，205.

[33]陈福中．凯恩斯主义、供给经济学与中国供给侧改革实践[J]．管理学刊，2018，31(3)：11-22.

[34]冯志峰．供给侧结构性改革的理论逻辑与实践路径[J]．经济问题，2016(2)：12-17.

[35]杨洋．基于西方供给经济学的中国供给侧改革分析[J]．经济研究参考，2017(58)：70-73.

[36]王海军，冯乾．供给侧结构性改革的经济学理论内涵——基于总供给总需求的分析框架[J]．西安交通大学学报(社会科学版)，2016，36(6)：9-15.

[37]丁冰，吴世泰．马克思主义政治经济学简史[M]．成都：四川人民出版社，1983.

[38]刘凤义，曲佳宝．马克思主义政治经济学与西方经济学关于供求关系分析的比较——兼谈我国供给侧结构性改革[J]．经济纵横，2019(3)：8-15，2.

[39]张俊山．深刻把握"供给侧结构性改革"的科学内涵——基于马克思主义政治经济学视角的解读[J]．当代经济研究，2019(6)：20-29，113.

[40]习近平主持召开中央财经领导小组第十一次会议[EB/OL]．[2015-11-10]．http：//www.xinhuanet.com/politics/2015/11/10/c_11 17099915.htm.

[41]贾康，苏京春．论供给侧改革[J]．管理世界，2016(3)：1-24.

[42]贾康.新供给：经济学理论的中国创新——在现代化新阶段历史性的考验中，从供给端发力破解中国中长期经济增长、结构调整瓶颈[J].财政研究，2014（2）：6-10.

[43]郑京平.对中国供给侧结构性改革的几点认识[J].开放导报，2016（2）：42-45.

[44]廖清成，冯志峰.供给侧结构性改革的认识误区与改革重点[J].求实，2016（4）：54-60.

[45]马晓河，郭丽岩，付保宗，等.推进供给侧结构性改革的基本理论与政策框架[J].宏观经济研究，2017（3）：3-15，157.

[46]黄新华，马万里.引领经济高质量发展的供给侧结构性改革：目标、领域与路径[J].亚太经济，2019（4）：105-110.

[47]张林，黄海燕，王岩.改革开放30年我国体育产业发展回顾[J].上海体育学院学报，2008，32（4）：1-5.

[48]国家体育总局.体育产业发展纲要（1995—2010 年）[EB/OL].[2004-02-16].http：///www.sport.gov.cn/n16/n1137/n40771/128403.html.

[49]贾康，徐林，李万寿，等.中国需要构建和发展以改革为核心的新供给经济学[J].财政研究，2013（1）：2-15.

[50]方敏，胡涛.供给侧结构性改革的政治经济学[J].山东社会科学，2016（6）：92-98，134.

[51]陈元欣，陈磊，王健.公共体育场（馆）经营权招投标的制度设计、现存问题及优化策略[J].中国体育科技，2018，54（3）：52-59.

[52]陈元欣，王健.大型体育场（馆）运营管理企业化改革研究[J].体育科学，2015，35（10）：17-24.

[53]邢尊明，周良君.我国地方体育产业引导资金政策实践、配置风险及效率改进——基于 8 个省、自治区、直辖市的实证调查及分析[J].体育科学，2015，35（4）：12-21.

[54]Timme S G, W-Timme C. The Financial-SCM Connection [J]. Supply Chain Management Review，2000，4（2）：33-40.

[55]Lamoureux M. A Supply Chain Finance Prime [J]. Supply Chain Finance，2007（4）：4-48.

[56]Hofmann E. The Flow of Financial Resources in the Supply Chain：Creating Shareholder Value through Collaborative Cash Management In：Eighth ELA Doctorate Workshop 2003[M]. Darmstadt：TU Instu，2003：

67-94.

[57]深圳发展银行与中欧国际工商学院供应链金融课题组．供应链金融[M]．上海：远东出版社，2009．

[58]宋华．供应链金融[M]．北京：中国人民大学出版社，2015．

[59]雷蕾，史金召．供应链金融理论综述与研究展望[J]．华东经济管理，2014，28(6)：158-162．

[60]窦亚芹，白少布，储俊．基于供应商回购激励的供应链投融资协调策略[J]．管理评论，2016，28(6)：205-215．

[61]王文利，骆建文．基于价格折扣的供应链预付款融资策略研究[J]．管理科学学报，2014，17(11)：20-32．

[62]供应链融资：李宁牵手渣打[J]．新理财，2010(5)：43-45．

[63]易观智库．2015年中国体育产业专题研究报告[R]．2015．

[64]李燕领，王家宏．基于产业链的我国体育产业整合模式及策略研究[J]．武汉体育学院学报，2016，50(9)：27-33，39．

[65]沈克印．论新时代中国社会主要矛盾与体育产业供给侧改革[J]．体育学研究，2019，2(5)：56-64．

[66]沈克印，寇明宇，王戬勋，等．体育服务业数字化的价值维度、场景样板与方略举措[J]．体育学研究，2020，34(3)：53-63．

[67]黄海燕，张林，陈元欣，等．"十三五"我国体育产业战略目标与实施路径[J]．上海体育学院学报，2016，40(2)：13-18．

[68]宋昱．基于区块链的体育大数据集成与传播创新研究[J]．成都体育学院学报，2018，44(6)：61-67．

[69]Filimonau V, Naumova E. The Blockchain Technology and the Scope of Its Application in Hospitality Operations [J]. International Journal of Hospitality Management, 2019(9)：1-8.

[70]蔡晓晴，邓尧，等．区块链原理及其核心技术[J]．计算机学报，2019(12)：42-47．

[71]张礼卿，吴桐．区块链在金融领域的应用：理论依据、现实困境与破解策略[J]．改革，2019(11)：360-370．

[72]Efanov D, Roschin P. The All-pervasiveness of the Blockchain Technology [J]. Procedia Computer Science, 2018(123)：116-121.

[73]田香凝，刘沫潇．美国体育赛事直播中5G应用的经验与启示——以福克斯体育台为例[J]．电视研究，2019(4)：18-20．

[74]盛松成．更多用区块链服务实体经济[N]．经济日报，2019-11-04

（8）．

［75］朱红灿，王新波．"区块链+民生"：内涵、形势与任务［J］．广西师范大学学报（哲学社会科学版），2020（1）：1-11．

［76］汪明珠．数字经济助推供给侧结构性改革［J］．信息通信技术与政策，2019（10）：69-72．

［77］王戬勋，沈克印．疫情之下体育产业高质量发展的现实困境和推进思路［J］．西安体育学院学报，2020，37（4）：400-407．

［78］鲁俊群．大力发展数字经济是高质量发展必由之路［J］．红旗文稿，2019，387（3）：27-29．

［79］徐晨，吴大华，唐兴伦．数字经济：新经济、新治理、新发展［M］．北京：经济日报出版社，2017．

［80］荆文君，孙宝文．数字经济促进经济高质量发展：一个理论分析框架［J］．经济学家，2019（2）：66-73．

［81］黄道名，郭孟林，杨群茹．体育产业区块链技术的应用选择与实现路径［J］．体育科学，2019，39（8）：22-28．

［82］张礼卿，吴桐．区块链在金融领域的应用：理论依据、现实困境与破解策略［J］．改革，2019（11）：360-370．

［83］王建冬，童楠楠．数字经济背景下数据与其他生产要素的协同联动机制研究［J］．电子政务，2020（3）：22-31．

［84］顾乃华，夏杰长．生产性服务业崛起背景下鲍莫尔-富克斯假说的再检验——基于中国236个样本城市面板数据的实证分析［J］．财贸研究，2010，21（6）：14-22．

［85］OECD．OECD Digital Economy Outlook 2017［R］．Paris：OECD Publishing，2017．

［86］华强森，成政珉，James Manyika，等．数字时代的中国：打造具有全球竞争力的新经济［R］．上海：麦肯锡全球研究院，2017．

［87］［美］克里斯·安德森．长尾理论［M］．乔江涛，译．北京：中信出版社，2006．

［88］温煦，袁冰，李华，周厚栋．论智能可穿戴设备在我国体力活动大数据分析中的应用［J］．中国体育科技，2017，53（2）：80-87．

［89］郑芳，徐伟康．我国智能体育：兴起、发展与对策研究［J］．体育科学，2019，39（12）：14-24．

［90］江小涓．体育产业发展：新的机遇与挑战［J］．体育科学，2019，39（7）：3-11．

［91］中国通信研究院．中国数字经济发展与就业白皮书［R］．北京，2019.

［92］江小涓．高度联通社会中的资源重组与服务业增长［J］．经济研究，2017(3)：4-17.

［93］国务院联防联控机制．2020年2月26日新闻发布会文字实录［EB/OL］．［2020-02-26］．http：//www.gov.cn/xinwen/gwylflkjz32/wzslqt.htm.

［94］陈晓红．数字经济时代的技术融合与应用创新趋势分析［J］．中南大学学报(社会科学版)，2018，24(5)：1-8.

［95］三体云动数据研究中心．2018中国健身行业数据报告——健身房生存白皮书［R］．上海，2019.

［96］毛丰付，郑芳，朱书琦．重大体育赛事对城市经济发展的影响——基于中国70个大中城市面板数据分析［J］．上海体育学院学报，2020，44(5)：24-36.

［97］易剑东．论体育产业的发展逻辑［J］．体育学研究，2019，2(4)：1-12.

［98］体育产业生态圈．IPO太严，借壳太贵：体育企业上市到底有多难？［EB/OL］．［2017-09-20］．https：//36kr.com/p/5094079.

［99］肖淑红，张佳春，侯昀昀．构建体育无形资产价值评估制度的必要性及重要意义［J］．北京体育大学学报，2019，42(8)：1-8.

［100］中国电信．中国电信5G技术白皮书［R］．2018.

［101］吴承忠．5G智能时代的文化产业创新［J］．深圳大学学报(人文社会科学版)，2019，36(4)：51-60.

［102］刘峣．5G让体育赛事更精彩［N］．人民日报海外版，2019-11-04(9).

［103］何大安．互联网应用扩张与微观经济学基础——基于未来"数据与数据对话"的理论解说［J］．经济研究，2018，53(8)：177-192.

［104］郑芳，徐伟康．我国智能体育：兴起、发展与对策研究［J］．体育科学，2019，39(12)：14-24.

［105］中共中央关于全面深化改革若干重大问题的决定［N］．人民日报，2013-11-16(1).

［106］林毅夫．新结构经济学的理论基础和发展方向［J］．经济评论，2017(3)：4-16.

［107］姜士伟．供给侧改革行动逻辑的行政学解读［J］．求实，2016(6)：66-71.

[108]王赫奕，王义保．供给侧改革的动因与规制研究：基于政府与市场的博弈关系[J]．中国软科学，2018(3)：76-85.

[109]陈云贤．中国特色社会主义市场经济：有为政府+有效市场[J]．经济研究，2019，54(1)：4-19.

[110]徐开娟，黄海燕．长三角地区体育产业发展态势、经验与建议[J]．中国体育科技，2019，55(7)：45-55.

[111]徐梦周，吕铁．数字经济的浙江实践：发展历程、模式特征与经验启示[J]．政策瞭望，2020(2)：49-53.

[112]浙江省体育局．从浙江数字体育发展浅论"互联网+"时代下的体育场馆的建设与运营[EB/OL]．[2019-11-17]．http：//www.zjsports.gov.cn/art//2019/11/17/art_1347259_40117535.html.

[113]柴仲学．"互联网+"时代我国体育场馆服务转型升级的发展路径研究[J]．南京体育学院学报(社会科学版)，2017，31(2)：88-92.

[114]张森木．互联网+体育产业发展战略研究[J]．体育文化导刊，2016(3)：121-124，166.

[115]国家体育总局．体育事业发展"十二五"规划[EB/OL]．[2011-04-11]．http：//www.sport.gov.cn/n16/n1077/n1467/n1843577/1843747.html.

[116]国家发改委．体育发展"十三五"规划[EB/OL]．[2017-08-10]．https：//www.ndrc.gov.cn/fggz//fzlgh/gjjzxgh/201708/t20170810_1196892.html.

[117]沈克印，吕万刚．体育产业供给侧改革的现实诉求与实施策略——基于资源要素的视角[J]．西安体育学院学报，2017，34(6)：641-646.

[118]任波，戴俊，黄海燕．中国体育产业结构的形塑逻辑与供给侧改革路径[J]．天津体育学院学报，2019，34(1)：52-59.

[119]郭克莎．中国经济发展进入新常态的理论根据——中国特色社会主义政治经济学的分析视角[J]．经济研究，2016，51(9)：4-16.

[120]易纲．深刻认识我国经济发展新趋势[N]．人民日报，2014-11-03(7).

[121]李佐军．应用"三大发动机"等动力解释"中国增长奇迹"[J]．经济纵横，2016(1)：27-30.

[122]贾康．供给侧结构性改革要领[J]．中国金融，2016(1)：25-28.

[123]结构性改革：改什么 怎么改[EB/OL]．[2015-11-23]．http：//

theory. people. com. cn/n/2015/1123/c40531-27843619. html.

[124]2018 年度中国体育产业数据发布 增加值首次破 1 万亿元[EB/OL].
[2020-01-21]. http：//sports. people. com. cn/n1/2020/0121/c143318-
31557946. html.

[125]国务院. 国务院关于加快发展体育产业促进体育消费的若干意见
[Z]. 2014-10-02.

[126]国务院. 国务院办公厅关于印发体育强国建设纲要的通知[Z].
2019-08-10.

[127]国务院. 国务院办公厅关于加快发展体育竞赛表演产业的指导意见
[Z]. 2018-12-21.

[128]国务院. 国务院办公厅关于加快发展健身休闲产业的指导意见[Z].
2016-10-28.

[129]习近平. 决胜全面建成小康社会 夺取新时代中国特色社会主义伟大
胜利——在中国共产党第十九次全国代表大会上的报告[M]. 北京：
人民出版社，2017.

[130]史丹，赵剑波，邓洲. 推动高质量发展的变革机制与政策措施[J].
财经问题研究，2018(9)：19-27.

[131]任保平，文丰安. 新时代中国高质量发展的判断标准、决定因素与
实现途径[J]. 改革，2018(4)：5-16.

[132]金碚. 关于"高质量发展"的经济学研究[J]. 中国工业经济，2018
(4)：5-18.

[133]林兆木. 关于我国经济高质量发展的几点认识[N]. 人民日报，
2018-01-17(7).

[134]黄速建，肖红军，王欣. 论国有企业高质量发展[J]. 中国工业经
济，2018(10)：19-41.

[135]王子朴，朱亚成. 新时代中国体育强国建设中的体育产业发展逻辑
[J]. 北京体育大学学报，2018，41(3)：8-13，47.

[136]李滨，刘兵. 全球价值链新动向对我国体育用品业发展的启示[J].
上海体育学院学报，2017，41(2)：25-29，46.

[137]赵勇. 新时代中国体育产业发展战略路径和对策措施研究[J]. 体
育文化导刊，2018(3)：1-7.

[138]抢抓重要战略机遇期 坚定迈向高质量发展[EB/OL]. [2018-12-21].
http：//www. xinhuanet. com/2018-12/21/c_11238883 44. htm.

[139]以创新引领体育产业[EB/OL]. [2019-09-04]. http：//finance.

people. com. cn/n1/2019/0904/c1004-31335087. html.

[140]国务院 . 关于积极推进"互联网+"行动的指导意见[Z]. 2015.

[141]全国科学技术名词审定委员会 . 通信科学技术名词[M]. 北京：科学出版社，2007.

[142]刘金婷 ."互联网+"内涵浅议[J]. 中国科技术语，2015(3)：61-64.

[143]黄芙蓉 ."互联网+"文化产业发展的对策与模式创新[J]. 统计与决策，2015(24)：158-161.

[144]左伟，李建英 . 论"互联网+"体育产业的内涵、特征及呈现方式[J]. 山西大学学报(哲学社会科学版)，2016，39(5)：140-144.

[145]王政，朱隽，丁怡婷，等. 成就举世瞩目 发展永不止步[N]. 人民日报，2019-09-21(4).

[146]李晓华 ."互联网+"改造传统产业的理论基础[J]. 经济纵横，2016(3)：57-63.

[147]马德康 . 我国体育竞赛表演业发展状况与影响因素研究[D]. 北京：北京体育大学，2017.

[148]张新秀，邵广天 ."互联网+"环境下体育产业新业态现状与特征分析[J]. 体育科技文献通报，2017，25(4)：41-44.

[149]李东鹏，梁徐静，邓翠莲 ."互联网+"背景下休闲体育产业发展趋势、动力和创新路径研究[J]. 广州体育学院学报，2017，37(4)：33-36.

[150]傅钢强 . 大数据时代体育场馆余裕时间的利用[J]. 上海体育学院学报，2016，40(4)：50-53，72.

[151]体育场馆数字化运营渐显成效[EB/OL]. [2018-01-09]. https：//www. sohu. com/a/215610941_501205.

[152]李滨，刘兵 . 全球价值链新动向对我国体育用品业发展的启示[J]. 上海体育学院学报，2017，41(2)：25-29，46.

[153]刘志勇，李碧珍，叶宋忠，等 . 服务型制造：福建体育用品制造业供给侧改革路径研究[J]. 福建师范大学学报(哲学社会科学版)，2016(5)：17-26.

[154]中共中央 国务院 . 国家创新驱动发展战略纲要[Z]. 2016.

[155]夏元庆 . 融合与创新："互联网+"背景下的体育产业生态趋势[J]. 南京体育学院学报(社会科学版)，2016，30(3)：68-72.

[156]郑文范，刘明伟 . 科技价值与"互联网+"行动对创新创业的作用[J]. 东北大学学报(社会科学版)，2015，17(6)：567-572.

[157] 颜小燕. "互联网+"促进体育产业创新驱动发展及其策略[J]. 体育与科学, 2017, 38(6): 67-72.

[158] 刘亮, 付志华, 黎桂华. 供给侧改革视角下我国体育产业发展的新空间及动力培育[J]. 首都体育学院学报, 2017, 29(1): 8-12.

[159] 江小涓. 中国体育产业: 发展趋势及支柱地位[J]. 管理世界, 2018, 34(5): 1-9.

[160] 刘扬. 体育用品: "非典"带动产业[J]. 当代经理人, 2003(7): 76-77.

[161] 国家体育总局体育经济司. 第六次全国体育场地普查数据汇编[Z]. 2015.

[162] 黄道名, 周民, 陈丛刊, 等. "供给侧改革"视域下我国体育产业的供给困境与治理对策[J]. 中国体育科技, 2018, 54(2): 15-20.

[163] 沈克印, 吕万刚. 体育产业供给侧改革: 投入要素、行动逻辑与实施路径——基于社会主要矛盾转化研究视角[J]. 中国体育科技, 2020, 56(4): 44-51, 81.

[164] 任波, 黄海燕. 供给侧改革视角下我国体育产业的供需矛盾与消解路径[J]. 天津体育学院学报, 2020, 35(3): 295-301, 309.

[165] 王雪莉, 付群, 郑成雯. 中国体育产业高质量发展的现实挑战与路径探索[J]. 北京体育大学学报, 2020, 43(1): 1-15.

[166] 蒋南平, 邹宇. 人工智能与中国劳动力供给侧结构性改革[J]. 四川大学学报(哲学社会科学版), 2018(1): 130-138.

[167] 龙枚梅. 深化人才供给侧结构性改革 推动人才高质量发展[J]. 天津经济, 2019(4): 28-34.

[168] 张建华, 邹凤明. 资源错配对经济增长的影响及其机制研究进展[J]. 经济学动态, 2015(1): 122-136.

[169] 戴小勇. 资源错配视角下全要素生产率损失的形成机理与测算[J]. 当代经济科学, 2018, 40(5): 103-116, 128.

[170] Hsieh C, Klenow P. Misallocation and Manufacturing TFP in China and India[J]. Quarterly Journal of Economics, 2009(4): 1403-1448.

[171] Minho K, Jiyoon O, Yongseok S. Misallocation and Manufacturing TFP in Korea, 1982-2007[J]. Federal Reserve Bank of St. Louis Review, 2017(2): 233-244.

[172] Calligaris S. Misallocation and Total Factor Productivity in Italy: Evidence from Firm-Level Data[J]. Labour, 2015(4): 367-393.

［173］Busso M，Madrigal L，Pages C. Productivity and Resource Misallocation in Latin America［J］. B E Journal of Macroeconomics，2013（1）：1-30.

［174］张雄，张安录，邓超. 土地资源错配及经济效率损失研究［J］. 中国人口·资源与环境，2017，27（3）：170-176.

［175］李力行，黄佩媛，马光荣. 土地资源错配与中国工业企业生产率差异［J］. 管理世界，2016（8）：86-96.

［176］Wu J X，Wu Y R，Wang B. Local Government Debt，Factor Misallocation and Regional Economic Performance in China［J］. China & World Economy，2018（4）：82-105.

［177］Chen C R. Untitled Land，Occupational Choice，and Agricultural Productivity［J］. American Economic Journal-Macroeconomics，2017（4）：91-121.

［178］张少辉，余泳泽. 土地出让、资源错配与全要素生产率［J］. 财经研究，2019，45（2）：73-85.

［179］余泳泽，宋晨晨，容开建. 土地资源错配与环境污染［J］. 财经问题研究，2018（9）：43-51.

［180］刘永健，耿弘，孙文华. 我国建设用地资源错配的测算、因素分解及产出损失研究［J］. 系统工程理论与实践，2019，39（9）：2263-2271.

［181］张俊峰，张安录. 中国土地资源错配效率损失与纠正策略［J］. 华南农业大学学报（社会科学版），2020，19（1）：55-65.

［182］唐健."供给侧改革"，土地政策已发力［N］. 中国国土资源报，2015-12-04（5）.

［183］楚明钦. 产业发展、要素投入与我国供给侧改革［J］. 求实，2016（6）：33-39.

［184］王一鸣. 深化供给侧结构性改革 推动经济高质量发展［J］. 全球化，2019（2）：14-18，133.

［185］张文静，沈克印. 政府购买服务视角下我国公共体育资源配置市场化改革研究［J］. 体育文化导刊，2020（2）：24-30.

［186］雷厉，肖淑红，付群，等. 我国大型体育场馆运营管理：模式选择与路径安排［J］. 北京体育大学学报，2013，36（10）：10-15.

［187］周亚. 中国菲利普斯曲线的时变性研究［D］. 大连：东北财经大学，2017.

［188］董强. 近代江南公共危机与社会应对［D］. 苏州：苏州大学，2012.

[189]罗志恒．新冠疫情对经济、资本市场和国家治理的影响及应对[J]．金融经济，2020(2)：8-15.

[190]国务院发展研究中心课题组．迈向高质量发展：战略与对策[M]．北京：中国发展出版社，2017.

[191]茶洪旺．中国经济的转型、创新与发展研究[M]．北京：人民出版社，2018.

[192]安树军．中国经济增长质量的创新驱动机制研究[D]．西安：西北大学，2019.

[193]朱克力．趋势：高质量发展的关键路径[M]．北京：机械工业出版社，2019.

[194]江小涓．体育产业的经济学分析：国际经验及中国案例[M]．北京：中信出版集团，2018.

[195]江小涓，李姝．数字化、全球化与职业体育的未来[J]．上海体育学院学报，2020，44(3).

[196]张军扩，等．高质量发展的目标要求和战略路径[J]．管理世界，2019，3(7)：1-7.

[197]杨桦．体育改革：成就、问题与突破[J]．体育科学，2019，39(1)：7-13.

[198]鲍明晓．贯彻《体育强国建设纲要》，办好人民满意的体育事业[J]．体育科学，2019，39(9).

[199]易剑东．论体育产业的发展逻辑[J]．体育学研究，2019(4)：1-12.

[200]黄海燕，朱启莹．体育消费的内在逻辑拓展与政策选择[J]．体育学研究，2019，2(4)：13-20.

[201]王一鸣．深化供给侧结构性改革 推动经济高质量发展[J]．全球化，2019，19(2)：14-18.

[202]戴俊，任波，董宏，等．我国健身休闲产业发展面临的困境及对策[J]．体育文化导刊，2019(9)：67-72.

[203]曹树渊，沈克印．健康中国背景下"互联网+体育"的优势、困境与发展策略——以"共享单车热"为例[J]．河北体育学院学报，2017，31(6)：31-36.

[204]沈克印，吕万刚．供给侧结构性改革与体育产业发展：城市"马拉松热"引发的思考[J]．山东体育学院学报，2017，33(5)：9-14.

[205]沈克印，董芹芹．体育特色小镇建设的地方探索与培育路径——以浙江省柯桥酷玩小镇为例[J]．武汉体育学院学报，2018，52(9)：

25-31.

[206] 习近平. 高举中国特色社会主义伟大旗帜为全面建设社会主义现代化国家而团结奋斗——在中国共产党第二十次全国代表大会上的报告[N]. 人民日报, 2022-10-26(1).

[207] 黄谦, 谭玉姣, 苟阳, 等. 体育产业促进"双循环"新发展格局构建的理论逻辑与实现路径[J]. 体育科学, 2022, 42(3): 14-25.

[208] 柴王军, 陈元欣, 李国, 等. "双循环"新发展格局下体育产业阻滞表现、畅通机制与保障措施[J]. 体育学研究, 2021, 35(2): 20-28.

[209] 任波, 黄海燕. 体育产业供给侧改革的内在逻辑与实施路径——基于高质量发展的视角[J]. 上海体育学院学报, 2021, 35(2): 65-77.

[210] 康露, 黄海燕. 体育与科技融合助推体育产业高质量发展: 逻辑、机制及路径[J]. 体育学研究, 2021, 35(5): 39-47.

[211] 林舒婷, 沈克印. 我国体育服务业数字化转型价值、问题与路径[J]. 体育文化导刊, 2022(8): 71-78.

[212] 林舒婷, 沈克印. "双循环"背景下体育用品制造业数字化转型的动力机制与选择路径[J]. 天津体育学院学报, 2022, 37(4): 432-439.

[213] 潘玮, 沈克印. 体育用品制造业服务化转型: 动力结构、内在逻辑与推进思路[J]. 山东体育学院学报, 2022, 38(3): 45-53.

[214] 李增光, 沈克印. 体育用品零售业数字化转型的理论逻辑与实践路径[J]. 湖北体育科技, 2022, 41(4): 289-292, 304.

[215] 潘玮, 沈克印. 数字经济助推体育产业高质量发展的理论基础、动力机制与实施路径[J]. 体育学刊, 2022, 29(3): 59-66.

[216] 牟粼琳, 沈克印. 区块链技术在体育产业中应用的场景、困境与对策[J]. 体育文化导刊, 2020(7): 79-85.

[217] 郭明月, 潘玮. 数字化赋能体育用品制造业转型升级的价值维度与推进策略[J]. 湖北体育科技, 2022, 41(9): 819-824.

[218] 沈克印, 林舒婷, 董芹芹, 等. 我国体育产业数字化转型的现实要求、发展困境与实践策略[J]. 武汉体育学院学报, 2022, 56(8): 51-59.

[219] 沈克印. "双循环"新发展格局下体育产业高质量发展的宏观形态与方略举措[J]. 体育学研究, 2021, 35(2): 11-19.

[220]沈克印，寇明宇，吕万刚．数字经济时代体育产业数字化的作用机理、实践探索与发展之道[J]．上海体育学院学报，2021，45（7）：8-21．

[221]沈克印，吕万刚．体育产业供给侧改革：投入要素、行动逻辑与实施路径——基于社会主要矛盾转化研究视角[J]．中国体育科技，2020，56（4）：44-51，81．

[222]沈克印，林舒婷，董芹芹，等．数字经济驱动体育产业高质量发展的变革机制与推进策略[J]．体育学研究，2022，36（3）：46-59．

[223]沈克印，曾玉兰，董芹芹，等．数字经济驱动体育产业高质量发展的理论阐释与实践路径[J]．武汉体育学院学报，2021，55（10）：5-12．